AF355976

MONTESQUIEU

DE L'ESPRIT

DES

LOIX,

Ou du rapport que les Loix doivent avoir avec la Constitution de chaque Gouvernement, les Moeurs, le Climat, la Religion, le Commerce, &c.

à quoi l'Auteur a ajoûté

Des recherches nouvelles sur les Loix Romaines, touchant les Successions, sur les Loix Françoises, & sur les Loix Féodales.

NOUVELLE EDITION.

Corrigée par l'Auteur, & augmentée d'une Table des Matieres, & d'une Carte Géographique, pour servir à l'intelligence des articles qui concernent le Commerce.

PREMIERE PARTIE.

.... *Prolem sine matre creatam.* Ovid.

A GENEVE,

Chez BARRILLOT & FILS.

M. DCC. XLIX.

PREFACE.

SI dans le nombre infini de chofes qui font dans ce Livre, il y en avoit quelqu'une qui contre mon attente pût offenfer, il n'y en a pas du moins qui y ait été mife avec mauvaife intention. Je n'ai point naturellement l'efprit defapprobateur. *Platon* remercioit le Ciel de ce qu'il étoit né du tems de *Socrate*; & moi je lui rends graces de ce qu'il m'a fait naître dans le Gouvernement où je vis, & de ce qu'il a voulu que j'obéiffe à ceux qu'il m'a fait aimer.

Je demande une grace que je crains qu'on ne m'accorde pas; c'eft de ne pas juger par la lecture d'un moment d'un travail de vingt années, d'approuver ou de condamner le Livre entier & non pas quelques phrafes. Si l'on veut chercher le deffein de l'Auteur, on ne peut le bien découvrir que dans le deffein de l'Ouvrage.

J'ai d'abord examiné les hommes, & j'ai crû que dans cette infinie diverfité de Loix & de mœurs, ils n'étoient pas uniquement conduits par leurs fantaifies.

J'ai pofé les principes, & j'ai vû les cas particuliers s'y plier comme d'eux - mêmes, les

a   Hiftoires

Histoires de toutes les Nations n'en être que les suites, & chaque Loi particuliere liée avec un autre Loi, ou dépendre d'une autre plus générale.

Quand j'ai été rappellé à l'Antiquité , j'ai cherché à en prendre l'esprit, pour ne pas regarder comme semblables des cas réellement différens, & ne pas manquer les différences de ceux qui paroissent semblables.

Je n'ai point tiré mes principes de mes préjugés, mais de la nature des choses.

Ici, bien des vérités ne se feront sentir qu'après qu'on aura vû la chaîne qui les lie à d'autres. Plus on réfléchira sur les détails, plus on sentira la certitude des principes. Ces détails-mêmes, je ne les ai pas tous donnés , car qui pourroit dire tout sans un mortel ennui?

On ne trouvera point ici ces traits saillans qui semblent caractériser les Ouvrages d'aujourd'hui. Pour peu qu'on voye les choses avec une certaine étendue, les saillies s'évanoüissent; elles ne naissent d'ordinaire que parce que l'esprit se jette tout d'un côté & abandonne tous les autres.

Je n'écris point pour censurer ce qui est établi dans quelques pays que ce soit. Chaque Nation trouvera ici les raisons de ses maximes; & on en tirera naturellement cette conséquence,

qu'il

qu'il n'appartient de propofer des changemens qu'à ceux qui font affez heureufement nés pour pénétrer d'un coup de génie toute la Conftitution d'un Etat.

Il n'eft pas indifférent que le Peuple foit éclairé. Les préjugés des Magiftrats ont commencé par être les préjugés de la Nation. Dans un tems d'ignorance on n'a aucun doute, même lorfqu'on fait les plus grands maux; dans un tems de lumiere, on tremble encore lorfqu'on fait les plus grands biens. On fent les abus anciens, on en voit la correction; mais on voit encore les abus de la correction même. On laiffe le mal, fi l'on craint le pire; on laiffe le bien, fi l'on eft en doute du mieux. On ne regarde les parties que pour juger du tout enfemble; on examine toutes les caufes pour voir les réfultats.

Si je pouvois faire enforte que tout le monde eût de nouvelles raifons pour aimer fes devoirs, fon Prince, fa Patrie, fes Loix, qu'on pût mieux fentir fon bonheur dans chaque pays & dans chaque Gouvernement, dans chaque pofte où l'on fe trouve; je me croirois le plus heureux des mortels.

Si je pouvois faire enforte que ceux qui commandent augmentaffent leurs connoiffances fur ce qu'ils doivent prefcrire, & que ceux qui

a 2

obéiffent

obéiſſent trouvaſſent un nouveau plaiſir à obéir, je me croirois le plus heureux des mortels.

Je me croirois le plus heureux des mortels, ſi je pouvois faire que les hommes puſſent ſe guérir de leurs préjugés. J'appelle ici préjugés, non pas ce qui fait qu'on ignore de certaines choſes, mais ce qui fait qu'on s'ignore ſoi-même.

C'eſt en cherchant à inſtruire les hommes que l'on peut pratiquer cette vertu générale qui comprend l'amour de tous. L'homme, cet Etre flexible ſe pliant dans la Société aux penſées & aux impreſſions des autres, eſt également capable de connoître ſa propre nature lorſqu'on la lui montre, & d'en perdre juſqu'au ſentiment lorſqu'on la lui dérobe.

J'ai bien des fois commencé & bien des fois abandonné cet Ouvrage; j'ai mille fois envoyé aux (a) vents les feuilles que j'avois écrites ; je ſentois tous les jours les mains paternelles tomber (b) ; je ſuivois mon objet ſans former de deſſein ; je ne connoiſſois ni les regles ni les exceptions ; je ne trouvois la vérité que pour la perdre. Mais quand j'ai découvert mes principes, tout ce que je cherchois eſt venu à moi; & dans le cours de vingt années, j'ai vû mon Ouvrage commencer, croître, s'avancer & finir.

(a) *Ludibria ventis.*   (b) *Bis patriæ cecidere manus.....*

Si

Si cet Ouvrage a du fuccès, je le devrai beaucoup à la majefté de mon fujet ; cependant je
ne crois pas avoir totalement manqué de génie.
Quand j'ai vu ce que tant de Grands hommes
en France, en Angleterre & en Allemagne ont
écrit avant moi, j'ai été dans l'admiration, mais
je n'ai point perdu le courage : *& moi auffi je
fuis (a) peintre*, ai-je dit avec le *Corrège*.

(a) *Ed io anche fon pittore.*

NOus donnons une nouvelle Edition de l'Efprit des Loix, dont nous pouvons affûrer fans témérité, que le Public fera plus content que des précédentes: elle eft infiniment plus correcte, plus finie, & plus ornée. On n'y verra aucune des fautes typographiques, qui défiguroient celles-là prefque à chaque page. L'Auteur a eu la bonté de nous envoyer un errata de fa main, auquel nous nous fommes exactement conformés. Il a même porté l'éponge jufques fur quelques légeres négligences de ftyle, mais toûjours fans faire aucune altération au fond des matieres, qui font traitées trop judicieufement, pour qu'il foit dans le cas d'y rien réformer. Si quelqu'un cependant avoit là-deffus des défiances, rien n'eft-fi facile que de lever fes foupçons: Il refte des pieces de comparaifon; les précédentes Editions ne font pas anéanties.

Bien loin de donner une Edition aucunement mutilée ou frelatée, nous avons pouffé la délicateffe, jufqu'à ne pas vouloir réformer par des cartons, quelques endroits pour lefquels l'Auteur nous a envoyé de nouvelles corrections depuis l'impreffion. Les cartons n'ont point de faveur dans le Public, on y auroit crû bien du myftere. Cependant afin de fatisfaire tout à la fois le Public & l'Auteur : Voilà les deux plus effentielles de ces corrections venues après coup.

Page 112. *Changez le dernier article du Chap. VI & mettez ainfi.* Il eft étonnant qu'on puiffe imputer à ce grand homme d'avoir méconnu l'efprit de fa propre Religion, qu'il n'ait pas fçu diftinguer les ordres pour l'établiffement du Chriftianifme d'avec le Chriftianifme même, ni les préceptes de l'Évangile d'avec fes confeils : lorfque le Légiflateur, au lieu de donner des Loix, a donné des confeils, c'eft qu'il a vû que fes confcils, s'ils étoient ordonnés comme des Loix, feroient contraires à l'efprit de fes Loix.

Page 146. *Otez toute la partie du Chap. V. qui commence depuis ces mots, Que dans le troifiéme il leur avoit rendu, jufqu'à la fin dudit Chap. & mettez ainfi.* Que dans le troifiéme il leur avoit rendu infupportable une vie qu'ils trouvoient tant de difficulté à foûtenir. La Loi n'envifageoit plus le pere & le fils que comme deux Citoyens, ne ftatuoit plus que fur des vûes politiques & civiles, elle confidéroit que dans une bonne République il faut furtout des mœurs. Je crois bien que la Loi de Solon étoit bonne dans les deux premiers cas, foit celui où la nature laiffe ignorer au fils quel eft fon pere, foit celui où elle femble même lui ordonner de le méconnoître : mais on ne fauroit l'approuver dans le troifiéme où le pere n'avoit violé qu'un Réglement civil.

Les autres corrections ne méritent pas même place dans un Errata, parce que ce font moins des corrections proprement dites, que des retouches.

Nous avons auffi augmenté cette Edition d'une Table de Matieres très-ample, qui forme un précis exact, & un répertoire commode, à l'aide duquel on trouvera rangées dans un ordre alphabétique toutes les matieres intéreffantes éparfes dans l'Ouvrage.

Enfin, dans la vûe de ne laiffer rien à défirer au Lecteur, nous avons fait faire pour l'intelligence des matieres de commerce, une Carte Géographique dans laquelle on trouve la fituation des Places de commerce, Échelles, Bureaux, Étapes, &c. En un mot, nous n'avons rien omis de ce que nous avons cru capable de rendre la préfente Edition utile & agréable au Public.

TABLE

Des Livres & Chapitres contenus en cette Premiere Partie.

Partie I.   b   *son*

LIVRE QUATRIEME.

Que les Loix de l'Education doivent être relatives aux Principes du Gouvernement.

LIVRE

LIVRE CINQUIEME.

Que les Loix que le Légiſlateur donne doivent être relatives au Principe du Gouvernement.

LIVRE SIXIEME.

Conséquences des Principes des divers Gouvernemens par rapport à la simplicité des Loix Civiles & Criminelles, la Forme des Jugemens & l'Etablissement des Peines.

LIVRE

LIVRE SEPTIEME.

Conséquences des différens Principes des trois Gouvernemens par rapport aux Loix somptuaires, au Luxe, & à la Condition des Femmes.

LIVRE HUITIEME.

De la Corruption des Principes des trois Gouvernemens.

LIVRE NEUVIEME.

DES LOIX dans le rapport qu'elles ont avec la Force Défenfive.

CHAP.

LIVRE DIXIEME.

Des Loix dans le rapport qu'elles ont avec la Force Offensive.

LIVRE ONZIEME.

Des Loix qui forment la liberté politique dans son rapport avec la Constitution.

LIVRE DOUZIEME.

Des Loix qui forment la Liberté politique dans son rapport
avec le Citoyen.

CHAP.

Partie I.   c   *LIVRE*

L I V R E   T R E I Z I E M E.

Des Rapports que la levée des Tributs & la grandeur des
Revenus publics ont avec la Liberté.

LIVRE QUATORZIEME.

Des Loix dans le rapport qu'elles ont avec la Nature du Climat.

LIVRE QUINZIE '

Comment les Loix de l'Efclavage Civil ont du rapport avec la Nature du Climat.

L I V R E   S E I Z I E M E.

Comment les Loix de l'Esclavage domestique ont du rapport
avec la Nature du Climat.

                                                              CHAP.

LIVRE DIX-SEPTIEME.

Comment les Loix de la servitude politique ont du rapport avec la Nature du Climat.

LIVRE DIX-HUITIEME.

Des Loix dans le rapport qu'elles ont avec la Nature du Terrain.

LIVRE

LIVRE DIX-NEUVIEME.

Des Loix dans le rapport qu'elles ont avec les Principes qui forment l'efprit général, les mœurs & les manieres d'une Nation.

TABLE.

Fin de la Table des Livres & Chapitres contenus dans cette premiere Partie.

DE

DE L'ESPRIT

·DES·

LOIX.

LIVRE PREMIER.

DES LOIX EN GENERAL.

CHAPITRE PREMIER.

Des Loix dans le rapport qu'elles ont avec les divers Etres.

LEs Loix, dans la fignification la plus étendue, font les rapports néceffaires qui dérivent de la nature des chofes; & dans ce fens tous les Etres ont leurs Loix, la Divinité (*a*) a fes loix, le Monde matériel a fes loix, les Intelligences fupérieures à l'homme ont leurs loix, les Bêtes ont leurs loix, l'Homme a fes loix.

Ceux qui ont dit qu'*une fatalité aveugle a produit tous les effets que nous voyons dans le Monde*, ont dit une grande abfurdité; car quelle plus grande abfurdité qu'une fatalité aveugle qui auroit produit des Etres intelligens?

Il y a donc une Raifon primitive; & les Loix font les rapports qui fe trouvent entr'elle & les différens Etres, & les rapports de ces divers Etres entr'eux.

Dieu a du rapport avec l'Univers comme Créateur & comme Confervateur; les Loix felon lefquelles il a créé font celles felon lefquelles il conferve : il agit felon ces régles, parce qu'il les connoît, il les connoît parce qu'il les a faites, il les a faites parce qu'elles ont du rapport avec fa Sageffe & fa Puiffance.

(*a*) La Loi dit, *Plutarque*, eft la Reine de tous Mortels & Immortels. Au Traité, *qu'il eft requis qu'un Prince foit favant.*

Partie I.   A   comme

Comme nous voyons que le Monde, formé par le mouvement de la Matiere & privé d'intelligence, subsiste toûjours, il faut que ses mouvemens aient des loix invariables; & si l'on pouvoit imaginer un autre Monde que celui-ci, il auroit des regles constantes, ou il seroit détruit.

Ainsi la création qui paroît être un acte arbitraire, suppose des regles aussi invariables que la fatalité des Athées. Il seroit absurde de dire que le Créateur sans ces regles pourroit gouverner le monde, puisque le Monde ne subsisteroit pas sans elles.

Ces regles sont un rapport constamment établi. Entre un corps mû & un autre corps mû, c'est suivant les rapports de la masse & de la vitesse que tous les mouvemens sont reçûs, augmentés, diminués, perdus; chaque diversité est *uniformité*, chaque changement est *constance*.

Les Etres particuliers intelligens peuvent avoir des loix qu'ils ont faites: mais ils en ont aussi qu'ils n'ont pas faites. Avant qu'il y eût des Etres intelligens, ils étoient possibles; ils avoient donc des rapports possibles, & par conséquent des loix possibles. Avant qu'il y eût des loix faites, il y avoit des rapports de Justice possible. Dire qu'il n'y a rien de juste ni d'injuste que ce qu'ordonnent ou défendent les loix positives, c'est dire qu'avant qu'on eût tracé de Cercle tous les rayons n'étoient pas égaux.

Il faut donc avoüer des rapports d'Equité antérieurs à la Loi positive qui les établit, comme par exemple, que supposé qu'il y eût des Sociétés d'Hommes, il seroit juste de se conformer à leurs Loix; que s'il y avoit des Etres intelligens qui eussent reçû quelque bienfait d'un autre Etre, ils devroient en avoir de la reconnoissance; que si un Etre intelligent avoit créé un Etre intelligent, le créé devroit rester dans la dépendance qu'il a eue dès son origine; qu'un Etre intelligent qui a fait du mal à un Etre intelligent, mérite de recevoir le même mal, & ainsi du reste.

Mais il s'en faut bien que le Monde intelligent soit aussi bien gouverné que le Monde physique. Car quoi que celui-là ait aussi des Loix qui par leur nature sont invariables, il ne les suit pas constamment comme le Monde physique suit les siennes. La raison en est que les Etres particuliers intelligens sont bornés par leur nature & par conséquent sujets à l'erreur; & d'un autre côté, il est de leur nature qu'ils agissent par eux-mêmes. Ils ne suivent donc pas constamment leurs Loix primitives; & celles même qu'ils se donnent, ils ne les suivent pas toûjours.

On,

On ne fait fi les Bêtes font gouvernées par les Loix générales du mouvement ou par une motion particuliere. Quoi qu'il en foit, elles n'ont point avec Dieu de rapport plus intime que le refte du Monde matériel ; & le fentiment ne leur fert que dans le rapport qu'elles ont entr'elles, ou avec d'autres Etres particuliers, ou avec elles-mêmes.

Par l'attrait du plaifir elles confervent leur Etre particulier, & par le même attrait elles confervent leur Efpece. Elles ont des Loix naturelles, parce qu'elles font unies par le fentiment ; elles n'ont point de Loix pofitives, parce qu'elles ne font point unies par la connoiffance. Elles ne fuivent pourtant pas invariablement leurs Loix naturelles ; les Plantes, en qui nous ne remarquons ni Connoiffance ni Sentiment, les fuivent mieux.

Les Bêtes n'ont point les fuprèmes avantages que nous avons ; elles en ont que nous n'avons pas. Elles n'ont point nos efpérances, mais elles n'ont pas nos craintes ; elles fubiffent comme nous la mort, mais c'eft fans la connoître ; la plûpart même fe confervent mieux que nous, & ne font pas un auffi mauvais ufage de leurs paffions.

L'homme, comme Etre phyfique, eft, ainfi que les autres Corps, gouverné par des Loix invariables. Comme Etre intelligent, il viole fans ceffe les Loix que Dieu a établies, & change celles qu'il établit lui-même. Il faut qu'il fe conduife, & cependant il eft un Etre borné, il eft fujet à l'ignorance & à l'erreur comme toutes les Intelligences finies ; les foibles connoiffances qu'il a, il les perd encore comme Créature fenfible ; il devient fujet à mille paffions. Un tel Etre pouvoit à tous les inftans oublier fon Créateur ; Dieu l'a rappellé à lui par les Loix de la Religion. Un tel Etre pouvoit à tous les inftans s'oublier lui-même ; les Philofophes l'ont averti par les Loix de la Morale. Fait pour vivre dans la Société, il y pouvoit oublier les autres ; les Légiflateurs l'ont rendu à fes devoirs par les Loix Politiques & Civiles.

CHAPITRE II.

Des Loix de la Nature.

AVANT toutes ces Loix font celles de la Nature, ainfi nommées, parce qu'elles dérivent uniquement de la conftitution de notre Etre. Pour les connoître bien, il faut confidérer un homme avant l'établiffement des Sociétés. Les Loix de la Nature feront celles qu'il recevroit dans un état pareil.

Cette Loi, qui en imprimant dans nous-mêmes l'idée d'un Créateur nous porte vers lui, eft la premiere des *Loix Naturelles* par fon importance, & non pas dans l'ordre de ces Loix. L'Homme dans l'état de Nature auroit plutôt la faculté de connoître qu'il n'auroit des connoiffances. Il eft clair que fes premieres idées ne feroient point des idées fpéculatives : il fongeroit à la confervation de fon Etre avant que de chercher l'origine de fon Etre. Un homme pareil ne fentiroit d'abord que fa foibleffe ; fa timidité feroit extrême, & fi l'on avoit là-deffus befoin de l'expérience, l'on a trouvé dans les forêts des hommes fauvages (*a*) ; tout les fait trembler, tout les fait fuir.

Dans cet état chacun fe fent inférieur; à peine chacun fe fent-il égal. On ne chercheroit donc point à s'attaquer, & la Paix feroit la premiere Loi naturelle.

Le défir que *Hobbes* donne d'abord aux hommes de fe fubjuguer les uns les autres, n'eft pas raifonnable. L'idée de l'Empire & de la domination, eft fi compofée, & dépend de tant d'autres idées, que ce ne feroit pas celle qu'il auroit d'abord.

HOBBES demande *pourquoi, fi les Hommes ne font pas naturellement en état de guerre, ils vont toûjours armés, & pourquoi ils ont des clefs pour fermer leurs maifons?* Mais on ne fent pas que l'on attribue aux hommes avant l'établiffement des Sociétés, ce qui ne peut leur arriver qu'après cet établiffement, qui leur fait trouver des motifs pour s'attaquer & pour fe défendre.

Au fentiment de fa foibleffe, l'Homme joindroit le fentiment de fes befoins. Ainfi une autre Loi naturelle feroit celle qui lui infpireroit de chercher à fe nourrir.

(*a*) Témoin le Sauvage qui fut trouvé dans les forêts de Hanover, & que l'on vit en Angleterre fous le Régne de *George I.*

J'ai

J'ai dit que la crainte porteroit les hommes à se fuir : mais les marques d'une crainte réciproque les engageroient bien-tôt à s'approcher. Ils y seroient portés d'ailleurs par le plaisir qu'un animal sent à l'approche d'un animal de même espece. De plus ce charme que les deux sexes inspirent par leur différence, augmenteroit ce plaisir, & la priere naturelle qu'ils se font toûjours l'un à l'autre, seroit une troisieme Loi.

Outre le sentiment que les hommes ont d'abord, ils parviennent encore à avoir des connoissances ; ainsi ils ont un second lien que les autres Animaux n'ont pas. Ils ont donc un nouveau motif de s'unir ; & le désir de vivre en société est une quatrieme Loi Naturelle.

CHAPITRE III.

Des Loix positives.

SI-tôt que les Hommes sont en société, ils perdent le sentiment de leur foiblesse ; l'égalité qui étoit entr'eux cesse, & l'état de guerre commence.

Chaque société particuliere vient à sentir sa force ; ce qui produit un état de guerre de Nation à Nation. Les Particuliers dans chaque Société commencent à sentir leur force ; ils cherchent à tourner en leur faveur les principaux avantages de cette Société, ce qui fait entr'eux un état de guerre.

Ces deux sortes d'état de guerre font établir les Loix parmi les hommes. Considérés comme habitans d'une si grande Planete, qu'il est nécessaire qu'il y ait différens Peuples, ils ont des Loix dans le rapport que ces Peuples ont entr'eux ; & c'est le Droit des Gens. Considérez comme vivans dans une Société qui doit être maintenue, ils ont des Loix dans le rapport qu'ont ceux qui sont gouvernés ; & c'est le Droit Politique. Ils en ont encore dans le rapport que tous les Citoyens ont entr'eux ; & c'est le Droit Civil.

Le *Droit des Gens* est naturellement fondé sur ce principe, que les diverses Nations doivent se faire dans la Paix le plus de bien, & dans la Guerre, le moins de mal qu'il est possible, sans nuire à leurs véritables intérêts.

L'objet de la Guerre c'est la Victoire ; celui de la Victoire la

A 3

Conquête

Conquête ; celui de la Conquête la Confervation. De ce principe & du précédent, doivent dériver toutes les loix qui forment le *Droit des Gens*.

Toutes les Nations ont un Droit des Gens, & les *Iroquois* même, qui mangent leurs prifonniers, en ont un. Ils envoyent & reçoivent des Ambaffades ; ils connoiffent des droits de la Guerre & de la Paix ; le mal eft que ce Droit des Gens n'eft pas fondé fur les vrais principes.

Outre le Droit des Gens qui regarde toutes les Sociétés, il y a un *Droit politique* pour chacune. Une Société ne fauroit fubfifter fans un Gouvernement. *La réunion de toutes les forces particulieres*, dit très-bien GRAVINA, *forme ce qu'on appelle l'État Politique.*

La force générale peut être placée entre les mains d'*un feul*, ou entre les mains de *plufieurs*. Quelques-uns ont penfé que la Nature ayant établi le pouvoir paternel, le Gouvernement d'un feul étoit le plus conforme à la Nature. Mais l'exemple du Pouvoir Paternel ne prouve rien. Car fi le pouvoir du pere a du rapport au Gouvernement d'un feul, après la mort du pere, le pouvoir des freres, ou après la mort des freres, celui des Coufins germains, ont du rapport au Gouvernement de plufieurs. La Puiffance Politique comprend néceffairement l'Union de plufieurs familles.

Il vaut mieux dire que le Gouvernement le plus conforme à la Nature, eft celui dont la difpofition particuliere fe rapporte mieux à la difpofition du Peuple pour lequel il eft établi.

Les forces particulieres ne peuvent fe réunir, fans que toutes les volontés fe réuniffent. *La réunion de ces volontés*, dit encore très-bien GRAVINA, *eft-ce qu'on appelle l'ETAT CIVIL.*

La Loi en général eft la Raifon humaine, entant qu'elle gouverne tous les Peuples de la Terre ; & les Loix Politiques & Civiles de chaque Nation, ne doivent être que les cas particuliers où s'applique cette raifon humaine.

Elles doivent être tellement propres au Peuple pour lequel elles font faites, que c'eft un très-grand hafard fi celles d'une Nation peuvent convenir à une autre.

Il faut qu'elles fe rapportent à la nature & au principe du Gouvernement qui eft établi ou qu'on veut établir ; foit qu'elles le forment comme font les Loix Politiques, foit qu'elles le maintiennent, comme font les Loix Civiles.

Elles

Elles doivent être relatives au *physique* du Pays, au Climat glacé, brûlant ou tempéré; à la qualité du Terrain, à sa situation, à sa grandeur, au genre de vie des peuples, laboureurs, chasseurs ou pasteurs; elles doivent se rapporter au degré de Liberté, que la Constitution peut souffrir; à la Religion des habitans, à leurs inclinations, à leurs richesses, à leur nombre, à leur commerce, à leurs mœurs, à leurs manieres. Enfin elles ont des rapports entr'elles, elles en ont avec leur origine, avec l'objet du Législateur, avec l'ordre des choses sur lesquelles elles sont établies; c'est dans toutes ces vûes qu'il faut les considérer.

C'est ce que j'entreprens de faire dans cet Ouvrage. J'examinerai tous ces rapports, ils forment tous ensemble ce que l'on appelle l'Esprit des Loix.

Je n'ai point séparé les Loix *Politiques* des *Civiles*; car comme je ne traite point des Loix, mais de l'Esprit des Loix, & que cet Esprit consiste dans les divers rapports que les Loix peuvent avoir avec diverses choses, j'ai dû moins suivre l'ordre naturel des Loix, que celui de ces rapports & de ces choses.

J'examinerai d'abord les rapports que les Loix ont avec la nature & avec le principe de chaque Gouvernement; & comme ce principe a sur les Loix une suprème influence, je m'attacherai à le bien connoître; & si je puis une fois l'établir, on en verra couler les Loix comme de leur source. Je passerai ensuite aux autres rapports qui semblent être plus particuliers.

LIVRE SECOND.

Des Loix qui dérivent directement de la nature du Gouvernement.

CHAPITRE PREMIER.

De la Nature des trois divers Gouvernemens.

IL y a trois especes de Gouvernemens. Le Republicain, le Monarchique & le Despotique. Pour en découvrir la nature, il suffit de l'idée qu'en ont les hommes les moins instruits;

je

je suppose trois définitions, ou plutôt trois faits; l'un que *le Gou-*
vernement Républicain est celui où le Peuple en Corps, ou seulement
une partie du Peuple a la souveraine Puissance. Le Monarchique, celui
où un seul gouverne, mais par des Loix fixes & établies; au lieu que
dans le Despotique, un seul, sans Loi & sans Régle, entraîne tout
par sa volonté & par ses caprices.

Voilà ce que j'appelle la nature de chaque Gouvernement; il
faut voir quelles sont les Loix qui suivent directement cette nature, & qui par conséquent sont les premieres Loix fondamentales.

CHAPITRE II.

Du Gouvernement Républicain, & des Loix relatives à la Démocratie.

LORSQUE dans la République le Peuple en Corps a la Souveraine Puissance; c'est une *Démocratie.* Lorsque la Souveraine Puissance est entre les mains d'une partie du Peuple, cela
s'appelle une *Aristocratie.*

Le Peuple dans la Démocratie, est à certains égards le Monarque, à certains autres il est le Sujet.

Il ne peut être Monarque que par ses suffrages qui sont ses volontés. La volonté du Souverain est le Souverain lui-même. Les
Loix qui établissent le Droit de suffrage sont donc fondamentales
dans ce Gouvernement. En effet, il est aussi important d'y régler comment, par qui, à qui, sur quoi, les suffrages doivent
être donnés, qu'il l'est dans une Monarchie de savoir quel est le
Monarque, & de quelle maniere il doit gouverner.

LIBANIUS (a) dit, qu'à *Athenes un Etranger qui se mêloit dans*
l'Assemblée du Peuple étoit puni de mort. C'est qu'un tel homme
usurpoit le Droit de Souveraineté.

Il est essentiel de fixer le nombre des Citoyens qui doivent former les Assemblées; sans cela on pourroit ignorer si le Peuple a
parlé, ou seulement une partie du Peuple. A Lacédémone il falloit dix mille Citoyens. A Rome née dans la petitesse pour aller
à la Grandeur, à Rome faite pour éprouver toutes les vicissitudes

(a) Déclamation 17. & 28.

de

de la fortune, à Rome qui avoit tantôt prefque tous fes Citoyens hors de fes murailles, tantôt toute l'Italie & une partie de la Terre dans fes murailles, on n'avoit point fixé ce nombre (*a*), & ce fut une des grandes caufes de fa ruine.

Le Peuple qui a la Souveraine Puiffance, doit faire par lui-même tout ce qu'il peut bien faire; & ce qu'il ne peut pas bien faire, il faut qu'il le faffe par fes Miniftres.

Ses Miniftres ne font point à lui s'il ne les nomme : c'eft donc une maxime fondamentale de ce Gouvernement, que le Peuple nomme fes Miniftres, c'eft-à-dire fes Magiftrats.

Il a befoin comme les Monarques, & même plus qu'eux, d'être conduit par un Confeil ou Sénat. Mais pour qu'il y ait confiance, il faut qu'il en élife les Membres, foit qu'il les choififfe lui-même, comme à Athenes, ou par quelque Magiftrat qu'il a établi pour les élire, comme cela fe pratiquoit à Rome dans quelques occafions.

Le Peuple eft admirable pour choifir ceux à qui il doit confier quelque partie de fon autorité. Il n'a à fe déterminer que par des chofes qu'il ne peut ignorer, & des faits qui tombent fous les fens. Il fait très-bien qu'un homme a été fouvent à la Guerre, qu'il y a eu tels ou tels fuccès : il eft donc très-capable d'élire un Général. Il fait qu'un Juge eft affidu, que beaucoup de gens fe retirent de fon Tribunal contens de lui, qu'on ne l'a pas convaincu de corruption ; en voilà affez pour qu'il élife un Préteur. Il a été frappé de la magnificence ou des richeffes d'un Citoyen, cela fuffit pour qu'il puiffe choifir un Edile. Toutes ces chofes font des faits dont il s'inftruit mieux dans la Place publique, qu'un Monarque dans fon Palais. Mais faura-t-il conduire une affaire, connoître les lieux, les occafions, les momens, en profiter ? Non : il ne le faura pas.

Si l'on pouvoit douter de la capacité naturelle qu'a le Peuple pour difcerner le mérite, il n'y auroit qu'à jetter les yeux fur cette fuite continuelle de choix étonnans que firent les *Atheniens* & les *Romains* ; ce qu'on n'attribuera pas fans doute au hafard.

On fait qu'à *Rome*, quoique le Peuple fe fût donné le Droit d'élever aux charges les *Plébéyens*, il ne pouvoit fe réfoudre à les élire ; & quoiqu'à *Athenes* on pût, par la Loi d'*Ariftide*, tirer les

(*a*) Voy. les Confidérations fur les Caufes de la Grandeur des Romains & de leur Décadence, Chap. IX.

Magiſtrats de toutes les Claſſes, il n'arriva jamais, dit *Xenophon* (*a*), que le bas-Peuple demandât celles qui pouvoient intéreſſer ſon Salut ou ſa Gloire.

Comme la plûpart des Citoyens, qui ont aſſez de ſuffiſance pour élire, n'en ont pas aſſez pour être élûs; de même le Peuple, qui a aſſez de capacité pour ſe faire rendre compte de la geſtion des autres, n'eſt pas propre à gérer par lui-même.

Il faut que les affaires aillent, & qu'elles aillent un certain mouvement qui ne ſoit ni trop lent ni trop vîte. Mais le Peuple a toûjours trop d'action ou trop peu. Quelquefois avec cent mille bras il renverſe tout; quelquefois avec cent mille pieds il ne va que comme les Inſectes.

Dans l'Etat populaire on diviſe le Peuple en de certaines Claſſes. C'eſt dans la maniere de faire cette diviſion, que les Grands Légiſlateurs ſe ſont ſignalés; & c'eſt de-là, qu'ont toûjours dépendu & la durée de la Démocratie, & ſa proſpérité.

Servius-Tullius ſuivit dans la compoſition de ſes Claſſes, l'eſprit de l'Ariſtocratie. Nous voyons dans *Tite-Live* (*b*) & dans *Denis-d'Halicarnaſſe* (*c*), comment il mit le Droit de ſuffrage entre les mains des principaux Citoyens. Il avoit diviſé le Peuple de Rome en cent quatre-vingts treize Centuries, qui formoient ſix Claſſes; & mettant les Riches, mais en plus petit nombre, dans les premieres Centuries; les moins riches, mais en plus grand nombre, dans les ſuivantes; il jetta toute la foule des Indigens dans la derniere; & chaque Centurie n'ayant qu'une voix (*d*); c'étoient les moyens & les richeſſes qui donnoient le ſuffrage plutôt que les perſonnes.

Solon diviſa le Peuple d'*Athénes* en quatre Claſſes. Conduit par l'eſprit de la Démocratie, il ne les fit pas pour fixer ceux qui devoient élire, mais ceux qui pouvoient être élûs, & laiſſant à chaque Citoyen le Droit d'Election, il voulut (*e*) que dans chacune de ces quatres Claſſes on pût élire des Juges; mais que ce ne fût que dans les trois premieres, où étoient les Citoyens aiſés, qu'on pût prendre les Magiſtrats.

(*a*) Pages 691. & 692. Edition de Wechelius de l'an 1596.

(*b*) Liv. I.

(*c*) Liv. IV. art. 15. & ſuiv.

(*d*) Voy. dans les Conſidérations ſur les Cauſes de la Grandeur des Romains & de leur Décadence, Chap. IX. commem cet eſprit de *Servius-Tullius* ſe conſerva dans la République.

(*e*) Denis d'Halicar. éloge d'Iſocrate, pag. 97. tom. 2. Edition de Wechelius. Pollux Liv. 8. Chap. 10. Art. 130.

Comme

Comme la division de ceux qui ont droit de Suffrage, est, dans la République, une Loi fondamentale; la maniere de le donner est une autre Loi fondamentale.

Le Suffrage par le *Sort* est de la nature de la Démocratie; le Suffrage par *Choix* est de celle de l'Aristocratie.

Le Sort est une façon d'élire qui n'afflige personne; il laisse à chaque Citoyen une espérance raisonnable de servir sa Patrie.

Mais comme il est défectueux par lui-même, c'est à le régler & à le corriger que les grands Législateurs se font surpassés.

Solon établit à *Athénes* que l'on nommeroit par choix à tous les Emplois militaires, & que les Sénateurs & les Juges seroient élûs par le Sort.

Il voulut que l'on donnât par choix les Magistratures Civiles qui exigeoient une grande dépense, & que les autres fussent données par le sort.

Mais pour corriger le Sort, il régla qu'on ne pourroit élire que dans le nombre de ceux qui se présenteroient; que celui qui auroit été élû seroit examiné par des Juges, (*a*) & que chacùn pourroit l'accuser d'en être indigne; (*b*) cela tenoit en même tems du sort & du choix. Quand on avoit fini le tems de sa Magistrature, il falloit essuyer un autre jugement sur la maniere dont on s'étoit comporté. Les gens sans capacité devoient avoir bien de la répugnance à donner leur nom pour être tirés au sort.

La Loi qui fixe la maniere de donner les billets de suffrage est encore une Loi fondamentale dans la Démocratie. C'est une grande question si les suffrages doivent être publics ou secrets. *Ciceron* (*c*) écrit que les Loix (*d*) qui les rendirent secrets dans les derniers tems de la République Romaine furent une des grandes causes de sa chûte. Comme ceci se pratique diversement dans différentes Républiques, voici, je crois, ce qu'il en faut penser.

Sans doute que, lorsque le Peuple donne ses suffrages, ils doivent être publics; (*e*) & ceci doit être regardé comme une Loi fondamentale de la Démocratie. Il faut que le petit Peuple soit éclairé par les Principaux & contenu par la gravité de certains Per-

---

(*a*) Voyez l'Oraison de Démosthene *de falsa legat.* & l'Oraison contre Timarque.

(*b*) On tiroit même pour chaque place deux billets, l'un qui donnoit la place, l'autre qui nommoit celui qui devoit succéder, en cas que le premier fût rejetté.

(*c*) Liv. I. & III. des Loix.

(*d*) Elles s'appelloient *Lois Tabulaires*; on donnoit à chaque Citoyen deux Tables, la premiere marquée d'un A, pour dire *Antiquo*, l'autre d'un U & d'une R, *uti rogas*.

(*e*) A Athenes on levoit les mains.

B 2   sonnages

fonnages : Ainfi dans la République Romaine en rendant les fuffrages fecrets on détruifit tout; il ne fut plus poffible d'éclairer
une Populace qui fe perdoit. Mais lorfque dans une Ariftocratie
le Corps des Nobles donne les fuffrages, (*a*) ou dans une Démocratie le Sénat, (*b*) comme il n'eft là queftion que de prévenir les brigues, les fuffrages ne fauroient être trop fecrets.

La brigue eft dangereufe dans un Sénat; elle eft dangereufe
dans un Corps de Nobles; elle ne l'eft pas dans le Peuple dont
la nature eft d'agir par paffion. Dans les Etats où il n'a point de
part au Gouvernement, il s'échauffera pour un Acteur, comme il
auroit fait pour les affaires. Le malheur d'une République, c'eft
lors qu'il n'y a plus de brigues; & cela arrive lors qu'on a corrompu
le Peuple à prix d'argent, il devient de fang-froid, il s'affectionne à
l'argent, mais il ne s'affectionne plus aux affaires : Sans fouci du
Gouvernement & de ce qu'on y propofe, il attend tranquillement
fon falaire.

C'eft encore une Loi fondamentale de la Démocratie que le
Peuple feul faffe des Loix; il y a pourtant mille occafions où il eft
néceffaire que le Sénat puiffe ftatuer, il eft même fouvent à propos d'effayer une Loi avant de l'établir. La Conftitution de Rome
& celle d'Athenes étoient très-fages. Les Arrêts (*c*) du Sénat
avoient force de Loi pendant un an, ils ne devenoient perpétuels
que par la volonté du Peuple.

CHAPITRE III.

Des Loix relatives à la nature de l'Ariftocratie.

DAns l'Ariftocratie la Souveraine Puiffance eft entre les
mains d'un certain nombre de Perfonnes. Ce font elles qui
font les Loix & qui les font exécuter, & le refte du Peuple n'eft
tout au plus à leur égard, que comme dans une Monarchie les
Sujets font à l'égard du Monarque.

On n'y doit point donner le fuffrage par fort, on n'en auroit
que les inconvéniens. En effet, dans un Gouvernement qui a

(*a*) Comme à Venife.
(*b*) Les trente Tyrans d'Athenes voulurent que les Suffrages des *Aréopagites* fuffent publics, pour les diriger à leur fantaifie. *Lifias Orat. contra Agorat. cap.* 8.
(*c*) Voyez Denis d'Halicarnaffe, **Liv.**
IV. & IX.

déjà

déjà établi les diftinctions les plus affligeantes, quand on feroit choifi par le fort, on n'en feroit pas moins odieux; c'eft le Noble qu'on envie & non pas le Magiftrat.

Lorfque les Nobles font en grand nombre, il faut un Sénat qui regle les Affaires que le Corps des Nobles ne fauroit décider & qui prépare celles dont il décide. Dans ce cas on peut dire que l'Ariftocratie eft en quelque forte dans le Sénat, la Démocratie dans le Corps des Nobles, & que le Peuple n'eft rien.

Ce fera une chofe très-heureufe dans l'Ariftocratie, fi par quelque voie indirecte on fait fortir le Peuple de fon anéantiffement : ainfi à Genes la Banque de Saint-George qui eft dirigée par le Peuple lui donne une certaine influence dans le Gouvernement, qui en fait toute la profpérité.

Les Sénateurs ne doivent point avoir le droit de remplacer ceux qui manquent dans le Sénat, rien ne feroit plus capable de perpétuer les abus. A Rome, qui fut dans les premiers tems une efpéce d'Ariftocratie, le Sénat ne fe fuppléoit pas lui-même, les Sénateurs nouveaux étoient nommés (*a*) par les Cenfeurs.

Une Autorité exorbitante donnée tout-à-coup à un Citoyen dans une République forme une Monarchie ou plus qu'une Monarchie. Dans celle-ci les Loix ont pourvû à la Conftitution ou s'y font accommodées; le Principe du Gouvernement arrête le Monarque : mais dans une République où un Citoyen fe fait donner (*b*) un Pouvoir exorbitant, l'abus de ce pouvoir eft plus grand, parce que les Loix qui ne l'ont point prévû n'ont rien fait pour l'arrêter.

L'exception à cette régle eft lorfque la Conftitution de l'Etat eft telle qu'il a befoin d'une Magiftrature qui ait un Pouvoir exorbitant. Telle étoit Rome avec fes Dictateurs, telle eft Venife avec fes Inquifiteurs d'Etat; ce font des Magiftratures terribles qui ramennent violemment l'Etat à la Liberté. Mais d'où vient que ces Magiftratures fe trouvent fi différentes dans ces deux Républiques? C'eft que Rome défendoit les reftes de fon Ariftocratie contre le Peuple, au lieu que Venife fe fert de fes Inquifiteurs d'Etat pour maintenir fon Ariftocratie contre les Nobles. De la il fuivoit qu'à Rome la Dictature ne devoit durer que peu de tems, parce que le Peuple agit par fa fougue & non pas par fes deffeins.

(*a*) Ils le furent d'abord par les Confuls. Caufes de la Grandeur des Romains & de
(*b*) C'eft ce qui renverfa la République de leur Décadence.
Romaine. *Voy*. les Confidérations fur les

Il falloit que cette Magistrature s'exerçât avec éclat, parce qu'il s'agissoit d'intimider le Peuple & non pas de le punir; que le Dictateur ne fût créé que pour une seule Affaire, & n'eût une autorité sans bornes qu'à raison de cette Affaire, parce qu'il étoit toûjours créé pour un cas imprévû. A Venise, au contraire, il faut une Magistrature permanente; c'est là que les desseins peuvent être commencés, suivis, suspendus, repris; que l'ambition d'un seul devient celle d'une Famille, & l'ambition d'une Famille celle de plusieurs. On a besoin d'une Magistrature cachée, parce les crimes qu'elle punit, toûjours profonds, se forment dans le secret & dans le silence. Cette Magistrature doit avoir une Inquisition générale, parce qu'elle n'a pas à arrêter les maux que l'on connoît, mais à prévenir même ceux qu'on ne connoît pas. Enfin cette derniere est établie pour venger les crimes qu'elle soupçonne, & la premiere employoit plus les menaces que les punitions pour les crimes, même avoüés par leurs Auteurs.

Dans toute Magistrature, il faut compenser la grandeur de la Puissance par la brieveté de sa durée. Un an est le tems que la plûpart des Législateurs ont fixé, un tems plus long seroit dangereux, un plus court seroit contre la nature de la chose. Qui est-ce qui voudroit gouverner ainsi ses affaires domestiques? A Raguse (a) le Chef de la République change tous les mois, les autres Officiers toutes les semaines, le Gouverneur du Château tous les jours. Ceci ne peut avoir lieu que dans une petite République (b) environnée de Puissances formidables qui corromproient aisément de petits Magistrats.

La meilleure Aristocratie est celle où la partie du Peuple qui n'a point de part à la Puissance est si petite & si pauvre, que la partie dominante n'a aucun intérêt à l'opprimer. Ainsi quand *Antipater* (c) établit à Athenes que ceux qui n'auroient pas deux mille drachmes, seroient exclus du Droit de suffrage; il forma la meilleure Aristocratie qui fût possible, parce que ce Cens étoit si petit qu'il n'excluoit que peu de gens, & personne qui eût quelque considération dans la Cité. Les familles Aristocratiques doivent donc être Peuple, autant qu'il est possible. Plus une Aristocratie approchera de la Démocratie, plus elle sera parfaite, & elle le deviendra moins à mesure qu'elle approchera de la Monarchie.

(a) Voyages de Tournefort.
(b) A Lucques les Magistrats ne sont établis que pour deux mois.

(c) Diodore, Liv. XVIII. pag. 601. Edition de Rhodoman.

La plus imparfaite de toutes, eſt celle où la partie du Peuple qui obéit eſt dans l'eſclavage civil de celle qui commande, comme l'Ariſtocratie de *Pologne*, où les Païſans ſont eſclaves de la Nobleſſe.

CHAPITRE IV.

Des Loix dans leur rapport à la nature du Gouvernement Monarchique.

LES Pouvoirs intermédiaires ſubordonnés & dépendans conſtituent la nature du Gouvernement Monarchique, c'eſt-à-dire, de celui où un ſeul gouverne par des Loix fondamentales. J'ai dit les Pouvoirs intermédiaires, ſubordonnés & dépendans : en effet dans la Monarchie le Prince eſt la ſource de tout pouvoir, politique & civil. Ces Loix fondamentales ſuppoſent néceſſairement des canaux moyens par où coule la Puiſſance : car s'il n'y a dans l'Etat que la volonté momentanée & capricieuſe d'un ſeul, rien ne peut être fixe, & par conſéquent aucune Loi fondamentale.

Le Pouvoir intermédiaire ſubordonné le plus naturel eſt celui de la Nobleſſe. Elle entre en quelque façon dans l'eſſence de la Monarchie, dont la maxime fondamentale eſt, *point de Monarque, point de Nobleſſe ; point de Nobleſſe, point de Monarque ;* mais on a un Deſpote.

Il y a des gens qui avoient imaginé dans quelques états en Europe d'abolir toutes les Juſtices des Seigneurs. Ils ne voyoient pas qu'ils vouloient faire ce que le Parlement d'Angleterre a fait. Aboliſſez dans une Monarchie les prérogatives des Seigneurs, du Clergé, de la Nobleſſe & des Villes ; vous aurez bien-tôt un Etat Populaire, ou bien un Etat Deſpotique.

Les Tribunaux d'un grand Etat en Europe frappent ſans ceſſe depuis pluſieurs Siecles ſur la Juriſdiction patrimoniale des Seigneurs & ſur l'Eccléſiaſtique. Nous ne voulons pas cenſurer des Magiſtrats ſi ſages : mais nous laiſſons à décider juſqu'à quel point la Conſtitution en peut être changée.

Je ne ſuis point entêté des priviléges des Eccléſiaſtiques : mais je voudrois qu'on fixât bien une fois leur Juriſdiction. Il n'eſt point

queſtion

queſtion de ſavoir ſi on a eu raiſon de l'établir ; mais ſi elle eſt établie, ſi elle fait une partie des Loix du pays, & ſi elle y eſt par-tout relative, ſi entre deux Pouvoirs que l'on reconnoît indépendans, les conditions ne doivent pas être réciproques, & s'il n'eſt pas égal à un bon ſujet de défendre la Juſtice du Prince ou les limites qu'elle s'eſt de tout tems preſcrites.

Autant que le Pouvoir du Clergé eſt dangereux dans une République, autant eſt-il convenable dans une Monarchie ; ſur-tout dans celles qui vont au Deſpoſtiſme. Où en ſeroient l'Eſpagne & le Portugal depuis la perte de leurs Loix, ſans ce Pouvoir qui arrête ſeul la Puiſſance arbitraire ? Barriere toujours bonne lorſqu'il n'y en a point d'autre : car comme le Deſpotiſme cauſe à la Nature humaine des maux effroyables, le Mal même qui le limite eſt un Bien.

Comme la Mer qui ſemble vouloir couvrir la Terre, eſt arrêtée par les herbes & les moindres graviers qui ſe trouvent ſur le rivage ; ainſi les Monarques dont le Pouvoir paroît ſans bornes, s'arrêtent par les plus petits obſtacles & ſoûmettent leur fierté naturelle à la plainte & à la priere.

Les Anglois pour favoriſer la liberté, ont ôté toutes les Puiſſances intermédiaires qui formoient leur Monarchie. Ils ont bien raiſon de conſerver cette liberté ; s'ils venoient à la perdre, ils ſeroient un des peuples les plus eſclaves de la Terre.

Mr. *Law*, par une ignorance égale de la Conſtitution Républicaine & de la Monarchique, fut un des plus grands promoteurs du Deſpotiſme que l'on eût encore vû en Europe. Outre les changemens qu'il fit ſi bruſques, ſi inuſités, ſi inouis ; il vouloit ôter les rangs intermédiaires, & anéantir les Corps politiques : il diſſolvoit (*a*) la Monarchie par ſes chimériques rembourſemens, & ſembloit vouloir racheter la Conſtitution même.

Il ne ſuffit pas qu'il y ait dans une Monarchie des rangs intermédiaires ; il faut encore un dépôt de Loix. Ce dépôt ne peut être que dans les Corps Politiques, qui annoncent les Loix lorſqu'elles ſont faites, & les rappellent lorſqu'on les oublie. L'ignorance naturelle à la Nobleſſe, ſon inattention, ſon mépris pour le Gouvernement Civil, exigent qu'il y ait un Corps qui faſſe ſans ceſſe ſortir les Loix de la pouſſiere où elles ſeroient enſeve-

(*a*) Ferdinand Roi d'Arrangon ſe fit Grand Maître des Ordres, & cela ſeul altéra la Conſtitution.

lies.

lies. Le Conseil du Prince n'est pas un dépôt convenable. Il est par sa nature le dépôt de la volonté momentanée du Prince qui exécute, & non pas le dépôt des Loix fondamentales. De plus le Conseil du Monarque change sans cesse; il n'est point permanent; il ne sauroit être nombreux; il n'a point à un assez haut degré la confiance du Peuple; il n'est donc pas en état de l'éclairer dans les tems difficiles, ni de le ramener à l'obéissance.

Dans les Etats Despotiques où il n'y a point de Loix fondamentales, il n'y a pas non plus de dépôt de Loix. De là vient que dans ces Pays la Religion a ordinairement tant de force; c'est qu'elle forme une espece de dépôt & de permanence, & si ce n'est pas la Religion, ce sont les Coûtumes qu'on y vénere au lieu des Loix.

CHAPITRE V.

Des Loix relatives à la nature de l'Etat Despotique.

IL résulte de la nature du pouvoir despotique, que l'homme seul qui l'exerce, le fasse de même exercer par un seul. Un homme à qui ses cinq Sens disent sans cesse qu'il est tout, & que les autres ne sont rien, est naturellement paresseux, ignorant, voluptueux. Il abandonne donc les affaires. Mais s'il les confioit à plusieurs, il y auroit des disputes entr'eux; on feroit des brigues pour être le premier esclave; le Prince seroit obligé de rentrer dans l'administration. Il est donc plus simple qu'il l'abandonne à un Vizir (*a*) qui aura d'abord la même puissance que lui. L'établissement d'un Vizir est dans cet Etat une Loi fondamentale.

On dit qu'un Pape à son élection, pénétré de son incapacité, fit d'abord des difficultés infinies. Il accepta enfin, & livra à son neveu toutes les affaires. Il étoit dans l'admiration & disoit: " Je " n'aurois jamais crû que cela eût été si aisé. „ Il en est de même des Princes d'Orient. Lorsque de cette prison, où des Eunuques leur ont affoibli le cœur & l'esprit, & souvent leur ont laissé ignorer leur état même; on les tire pour les placer sur le Trône; ils sont d'abord étonnés: mais quand ils ont fait un Vizir, & que dans leur Serrail ils se sont livrés aux passions les plus bru-

____

(*a*) Les Rois d'Orient ont toûjours des Vizirs, dit Mr. *Chardin.*

Partie I.   C   tales,

tales, lors qu'au milieu d'une Cour abbatue, ils ont suivi leurs caprices les plus stupides, ils n'auroient jamais crû que cela eût été si aisé.

Plus l'Empire est étendu, plus le Serrail s'agrandit, & plus par conséquent le Prince est enyvré de plaisirs. Ainsi dans ces Etats, plus le Prince a de peuples à gouverner, moins il pense au Gouvernement; plus les affaires y sont grandes, & moins on y délibere sur les affaires.

LIVRE TROISIEME.

Des principes des trois Gouvernemens.

CHAPITRE PREMIER.

Différence de la nature du Gouvernement & de son principe.

APRE's avoir examiné quelles sont les Loix relatives à la nature de chaque Gouvernement, il faut voir celles qui le font à son principe.

Il y a cette différence (*a*) entre la nature du Gouvernement & son principe, que sa nature est ce qui le fait être tel, & son principe ce qui le fait agir. L'une est sa structure particuliere, & l'autre les passions humaines qui le font mouvoir.

Or, les Loix ne doivent pas être moins relatives au principe de chaque Gouvernement qu'à sa nature. Il faut donc chercher quel est ce principe. C'est ce que je vais faire dans ce Livre-ci.

(*a*) Cette distinction est très-importante, & j'en tirerai bien des conséquences; elle est la clé d'une infinité de Loix.

CHAPITRE

CHAPITRE II.

Du Principe des divers Gouvernemens.

J'Ai dit que la nature du Gouvernement Républicain, est que
le Peuple en Corps, ou de certaines familles, y aient la souveraine Puissance: celle du Gouvernement Monarchique, que
le Prince y ait la souveraine Puissance, mais qu'il l'exerce selon
des Loix établies; celle du Gouvernement despotique, qu'un
seul y gouverne selon ses volontés & ses caprices. Il ne m'en faut
pas davantage pour trouver leurs trois principes; ils en dérivent
naturellement. Je commencerai par le Gouvernement Républicain, & je parlerai d'abord du Démocratique.

CHAPITRE III.

Du principe de la Démocratie.

IL ne faut pas beaucoup de probité pour qu'un Gouverne-
nement Monarchique ou un Gouvernement despotique se
maintiennent ou se soûtiennent. La force des Loix dans l'un, le
bras du Prince toujours levé dans l'autre, reglent ou contiennent
tout. Mais dans un Etat populaire il faut un ressort de plus, qui
est la Vertu.

Ce que je dis est confirmé par le corps entier de l'Histoire, &
est très-conforme à la nature des choses. Car il est clair que dans
une Monarchie, où celui qui fait exécuter les Loix, se juge au-
dessus des Loix, on a besoin de moins de vertu que dans un
Gouvernement populaire, où celui qui fait exécuter les Loix
sent qu'il y est soumis lui-même, & qu'il en portera le poids.

Il est clair encore que le Monarque, qui par mauvais conseil
ou par négligence, cesse de faire exécuter les Loix, peut aisément réparer le mal; il n'a qu'à changer de Conseil, ou se corriger de cette négligence même. Mais lorsque, dans un Gouvernement populaire, les Loix ont cessé d'être exécutées, comme

C 2

cela

cela ne peut venir que de la corruption de la République, l'Etat est déjà perdu.

Ce fut un assez beau spectacle dans le siecle passé, de voir les efforts impuissans des Anglois pour établir parmi eux la Démocratie. Comme ceux qui avoient part aux affaires n'avoient point de vertu, que leur ambition étoit irritée par le succès de celui qui avoit le plus osé (*a*), que l'esprit d'une faction n'étoit reprimé que par l'esprit d'une autre; le Gouvernement changeoit sans cesse; le Peuple étonné cherchoit la Démocratie, & ne la trouvoit nulle part. Enfin, après bien des mouvemens, des chocs & des secousses, il fallut se reposer dans le Gouvernement même qu'on avoit proscrit.

Quand *Sylla* voulut rendre à Rome la Liberté, elle ne put plus la recevoir; elle n'avoit plus qu'un foible reste de vertu; & comme elle en eut toûjours moins, au lieu de se réveiller après *César*, *Tibere*, *Caïus*, *Claude*, *Neron*, *Domitien*, elle fut toûjours plus esclave, tous les coups porterent sur les Tyrans; aucun sur la Tyranie.

Les politiques Grecs qui vivoient dans le Gouvernement populaire, ne reconnoissoient d'autre force qui pût les soûtenir, que celle de la Vertu. Ceux d'aujourd'hui ne nous parlent que de Manufactures, de Commerce, de Finances, de Richesses & de Luxe même.

Lorsque cette Vertu cesse, l'ambition entre dans les cœurs qui peuvent la recevoir, & l'avarice entre dans tous. Les desirs changent d'objets; ce qu'on aimoit on ne l'aime plus; on étoit libre avec les Loix, on veut être libre contr'elles; chaque Citoyen est comme un esclave échapé de la maison de son Maître; ce qui étoit *maxime*, on l'appelle *rigueur*; ce qui étoit *regle*, on l'appelle *gêne*; ce qui étoit *attention*, on l'appelle *crainte*. C'est la frugalité qui y est l'avarice, & non pas le désir d'avoir. Autrefois le bien des Particuliers faisoit le trésor public; mais pour lors le trésor public devient le patrimoine des particuliers. La République est une dépouille; & sa force n'est plus que le pouvoir de quelques Citoyens & la licence de tous.

Athenes eut dans son sein les mêmes forces pendant qu'elle domina avec tant de gloire & pendant qu'elle servit avec tant de honte. Elle avoit vingt mille Citoyens (*b*), lorsqu'elle défendit

(*a*) Cromwel.
(*b*) Plutarque *in Pericle*, Platon *in Critia*.

les

les Grecs contre les Perses, qu’elle disputa l’Empire à Lacédémone, & qu’elle attaqua la Sicile. Elle en avoit vingt mille, lorsque *Demetrius de Phalere* les dénombra (*a*) comme dans un marché l’on compte les esclaves. Quand *Philippe* osa dominer dans la Grece, quand il parut aux portes d’Athenes (*b*) elle n’avoit encore perdu que le tems. On peut voir dans *Demosthene* quelle peine il fallut pour la réveiller : on y craignoit *Philippe*, non pas comme l’ennemi de la liberté, mais des plaisirs (*c*). Cette Ville, qui avoit résisté à tant de défaites, qu’on avoit vû renaître après ses destructions, fut vaincue à *Cheronée*, & le fut pour toûjours. Qu’importe que Philippe renvoie les prisonniers ? Il ne renvoie pas des hommes. Il étoit toûjours aussi aisé de triompher des forces d’Athenes, qu’il auroit été difficile de triompher de sa vertu.

Comment *Carthage* auroit-elle pû se soûtenir ? Lorsque Annibal devenu Préteur, voulut empêcher les Magistrats de piller la République, n’allerent-ils pas l’accuser devant les Romains ? Malheureux, qui vouloient être Citoyens sans qu’il y eût de Cité, & tenir leurs richesses de la main de leurs destructeurs ! Bientôt Rome leur demanda pour otages, trois cens de leurs principaux Citoyens ; elle se fit livrer les armes & les Vaisseaux, & ensuite leur déclara la guerre. Par les choses que fit le désespoir dans Carthage désarmée (*d*), on peut juger de ce qu’elle auroit pû faire avec sa vertu, lorsqu’elle avoit les forces.

CHAPITRE IV.

Du principe de l’Aristocratie.

COMME il faut de la vertu dans le Gouvernement Populaire, il en faut aussi dans l’Aristocratique. Il est vrai qu’elle n’y est pas si absolument requise.

Le Peuple, qui est à l’égard des Nobles, ce que les sujets sont à l’égard du Monarque, est contenu par leurs Loix. Il a donc

---

(*a*) Il s’y trouva vingt-un mille Citoyens, dix mille étrangers, quatre cens mille esclaves. *Voy. Athenée liv.* VI.

(*b*) Elle avoit vingt mille Citoyens. *Voy. Demosthene in Aristog.*

(*c*) Ils avoient fait une Loi pour punir de mort celui qui proposeroit de convertir aux usages de la Guerre l’argent destiné pour les Théâtres.

(*d*) Cette Guerre dura trois ans.

moins

moins befoin de vertu, que le Peuple de la Démocratie. Mais comment les Nobles feront-ils contenus? Ceux qui doivent faire exécuter les Loix contre leurs Collegues, fentiront d'abord qu'ils agiffent contr'eux-mêmes; il faut donc de la vertu dans ce Corps par la nature de la conftitution.

Le Gouvernement Ariftocratique a par lui-même une certaine force que la Démocratie n'a pas. Les Nobles y forment un Corps, qui par fa prérogative & pour fon intérêt particulier, réprime le Peuple; il fuffit qu'il y ait des Loix, pour qu'à cet égard elles foient exécutées.

Mais autant qu'il eft aifé à ce Corps de réprimer les autres, autant eft-il difficile qu'il fe réprime lui-même (a). Telle eft la nature de cette Conftitution, qu'il femble qu'elle mette les mêmes gens fous la puiffance des Loix & qu'elle les en retire.

Or, un Corps pareil ne peut fe réprimer que de deux manieres; ou par une grande vertu, qui fait que les Nobles fe trouvent en quelque façon égaux à leur Peuple, ce qui peut former une grande République; ou par une vertu moindre, qui eft une certaine modération qui rend les Nobles au moins égaux à eux-mêmes, ce qui fait leur confervation.

La modération eft donc l'ame de ces Gouvernemens. J'entends celle qui eft fondée fur la vertu, non pas celle qui vient d'une lâcheté & d'une pareffe de l'ame.

CHAPITRE V.

Que la Vertu n'eft point le principe du Gouvernement Monarchique.

DANS les Monarchies, la politique fait faire les grandes chofes avec le moins de vertu qu'elle peut; comme dans les plus belles machines, l'Art emploie auffi peu de mouvemens, de forces & de roues qu'il eft poffible.

L'Etat fubfifte indépendamment de l'amour pour la Patrie,

(a) Les crimes publics y pourront être punis, parce que c'eft l'affaire de tous, les crimes particuliers n'y feront pas punis, parce que l'affaire de tous eft de ne les pas punir.

du

du défir de la vraie gloire, du renoncement à foi-même, du facrifice de fes plus chers intérêts & de toutes ces vertus héroïques que nous trouvons dans les anciens, & dont nous avons feulement entendu parler.

Les Loix y tiennent la place de toutes ces vertus dont on n'a aucun befoin; l'Etat vous en difpenfe: une action qui fe fait fans bruit, y eft en quelque façon fans conféquence.

Quoique tous les crimes foient publics par leur nature, on diftingue pourtant les crimes véritablement publics d'avec les crimes privés, ainfi appellés, parce qu'ils offenfent plus un particulier, que la fociété entiere.

Or, dans les Républiques, les crimes privés font plus publics, c'eft-à-dire, choquent plus la Conftitution de l'Etat, que les particuliers; & dans les Monarchies, les crimes publics font plus privés, c'eft-à-dire, choquent plus les fortunes particulieres, que la Conftitution de l'Etat même.

Je fupplie qu'on ne s'offenfe pas de ce que j'ai dit; je parle après toutes les Hiftoires. Je fai très-bien qu'il n'eft pas rare qu'il y ait des Princes vertueux; mais je dis que dans une Monarchie il eft très-difficile que le Peuple le foit (*a*).

Qu'on life ce que les Hiftoriens de tous les tems ont dit fur la Cour des Monarques; qu'on fe rappelle les converfations des hommes de tous les Païs fur le miférable caractere des Courtifans; ce ne font point des chofes de fpéculation, mais d'une trifte expérience.

L'ambition dans l'oifiveté, la baffeffe dans l'orgueil, le défir de s'enrichir fans travail, l'averfion pour la vérité, la flaterie, la trahifon, la perfidie, l'abandon de tous fes engagemens, le mépris des devoirs du Citoyen, la crainte de la vertu du Prince, l'efpérance de fes foibleffes, & plus que tout cela, le ridicule perpétuel jetté fur la vertu, font, je crois, le caractere de la plûpart des Courifans, marqué dans tous les lieux & dans tous les tems. Or, il eft très mal-aifé que les principaux d'un Etat foient malhonnêtes-gens, & que les inférieurs foient gens de bien, que ceux-là foient trompeurs, & que ceux-ci confentent à n'être que dupes.

____

(*a*) Je parle ici de la vertu politique, qui eft la vertu morale dans le fens qu'elle fe dirige au bien général, fort peu des vertus morales particulieres, & point du tout de cette vertu qui a du rapport aux vérités révélées; on verra bien ceci au liv. V. chap. II.

Que

Que si dans le Peuple il se trouve quelque malheureux honnête-homme (*a*), le Cardinal de Richelieu dans son Testament
politique (*b*). insinue qu'un Monarque doit se garder de s'en servir (*c*). Tant il est vrai que la vertu n'est pas le ressort de ce Gouvernement !

CHAPITRE VI.

Comment on supplée à la Vertu dans le Gouvernement Monarchique.

JE me hâte & je marche à grands pas, afin qu'on ne croye pas
que je fasse une satyre du Gouvernement Monarchique. Non ;
s'il manque d'un ressort, il en a un autre. L'honneur, c'est-à-dire,
le préjugé de chaque personne & de chaque condition, prend la
place de la vertu, & la représente partout ; il y peut inspirer les
plus belles actions ; il peut, joint à la force des Loix, conduire
au but du Gouvernement comme la vertu même.

Ainsi dans les Monarchies bien réglées, tout le monde sera à
peu près bon Citoyen, & on trouvera rarement quelqu'un qui
soit homme de bien ; car pour être homme de bien, il faut avoir
intention de l'être (*d*).

CHAPITRE VII.

Du principe de la Monarchie.

LE Gouvernement Monarchique suppose, comme nous
avons dit, des prééminences, des rangs & même une Noblesse d'origine. La nature de *l'honneur* est de demander des pré-
férences & des distinctions ; il est donc, par la chose même,
placé dans ce Gouvernement.

L'ambition est pernicieuse dans une République. Elle a de

(*a*) Entendez ceci dans le sens de la note précédente.

(*b*) Ce Livre a été fait sous les yeux & sur les Mémoires du Cardinal de Richelieu par Mrs. de Bourseis & de . . . . . qui lui étoient attachés.

(*c*) Il ne faut pas, *y est-il dit*, se servir de gens de bas lieu ; ils sont trop austeres & trop difficiles.

(*d*) Voy. la note de la pag. 37.

bons

bons effets dans la Monarchie ; elle donne la vie à ce Gouvernement ; & on y a cet avantage, qu'elle n'y eſt pas dangereuſe, parce qu'elle y peut être ſans ceſſe réprimée.

Vous diriez qu'il en eſt comme du ſiſtème de l'Univers, où il y a une force qui éloigne ſans ceſſe du centre tous les Corps, & une force de péſanteur qui les y ramene. L'honneur fait mouvoir toutes les parties du Corps politique ; il les lie par ſon action même, & il ſe trouve que chacun va au bien commun, croyant aller à ſes intérêts particuliers.

Il eſt vrai que, philoſophiquement parlant, c'eſt un honneur faux qui conduit toutes les parties de l'Etat : mais cet honneur faux eſt auſſi utile au Public, que le vrai le ſeroit aux particuliers qui pourroient l'avoir.

Et n'eſt-ce pas beaucoup, d'obliger les hommes à faire toutes les actions difficiles, & qui demandent de la force, ſans autre récompenſe que le bruit de ces actions ?

CHAPITRE VIII.

Que l'honneur n'eſt point le principe des Etats Deſpotiques.

CE n'eſt point l'*Honneur* qui eſt le principe des Etats deſpotiques ; les hommes y étant tous égaux, on n'y peut ſe préférer aux autres ; les hommes y étant tous eſclaves, on n'y peut ſe préférer à rien.

De plus, comme l'honneur a ſes loix & ſes regles, & qu'il ne ſauroit plier, qu'il dépend bien de ſon propre caprice, & non pas de celui d'un autre ; il ne peut ſe trouver que dans des Etats où la Conſtitution eſt fixe, & qui ont des Loix certaines.

Comment ſeroit-il ſouffert chez le *Deſpote ?* Il fait gloire de mépriſer la vie, & le Deſpote n'a de force que parce qu'il peut l'ôter. Comment pourroit-il ſouffrir le Deſpote ? il a des regles ſuivies, & des caprices ſoûtenus ; le Deſpote n'a aucune regle, & ſes caprices détruiſent tous les autres.

L'honneur inconnu aux Etats deſpotiques, où ſouvent même on n'a pas de mot pour l'exprimer, (*a*) regne dans les Monarchies ; il y donne la vie à tout le Corps Politique, aux Loix & aux Vertus même.

(*a*) Voy. *Perry,* pag. 447.

CHAPITRE IX.

Du principe du Gouvernement Despotique.

COMME il faut de la vertu dans une République, & dans une Monarchie de l'honneur, il faut de la crainte dans un Gouvernement Despotique : pour la vertu, elle n'y est point nécessaire, & l'honneur y seroit dangereux.

Le pouvoir immense du Prince y passe tout entier à ceux à qui il le confie. Des gens capables de s'estimer beaucoup eux-mêmes seroient en état d'y faire des révolutions. Il faut donc que la Crainte y abbatte tous les courages, & y éteigne jusqu'au moindre sentiment d'ambition.

Un Gouvernement modéré peut tant qu'il veut, & sans péril, relâcher ses ressorts. Il se maintient par ses Loix & par sa force même. Mais lorsque dans le Gouvernement Despotique le Prince cesse un moment de lever le bras, quand il ne peut pas anéantir à l'instant ceux qui ont les premieres places (a), tout est perdu : car le ressort du Gouvernement qui est la crainte n'y étant plus, le Peuple n'a plus de protecteur.

C'est apparemment dans ce sens que des *Cadis* ont soûtenu que le Grand-Seigneur n'étoit point obligé de tenir sa parole ou son serment, lorsqu'il bornoit par-là son Autorité (b).

Il faut que le Peuple soit jugé par les Loix, & les Grands par la fantaisie du Prince; que la tête du dernier Sujet soit en sûreté & celle des Bachas toûjours exposée. On ne peut parler sans frémir de ces Gouvernemens monstrueux. Le Sophi de Perse détrôné de nos jours par *Miriveis*, vit le Gouvernement périr avant la Conquête, parce qu'il n'avoit pas versé assez de Sang (c).

L'Histoire nous dit que les horribles cruautés de Domitien effrayerent les Gouverneurs au point que le Peuple se rétablit un peu sous son regne (d). C'est ainsi qu'un torrent qui ravage tout d'un côté, laisse de l'autre des campagnes où l'œil voit de loin quelques prairies.

(a) Comme il arrive souvent dans l'Aristocratie militaire.
(b) Ricault *de l'Empire Ottoman*.
(c) Voy. l'Histoire de cette révolution par le P. Ducerceau.
(d) Son Gouvernement étoit militaire, ce qui est une des especes du Gouvernement Despotique.

CHAPITRE

CHAPITRE X.

Différence de l'obéïssance dans les Gouvernemens modérés &
dans les Gouvernemens Despotiques.

DANS les Etats Despotiques la nature du Gouvernement demande une obéïssance extrème ; & la volonté du Prince une fois connue, doit avoir aussi infailliblement son effet, qu'une boule jettée contre une autre doit avoir le sien.

Il n'y a point de tempérament, de modification, d'accommodemens, de termes d'équivalens, de pourparlers, de remontrances, rien d'égal ou de meilleur à proposer ; l'homme est une créature qui obéit à une créature qui veut.

On n'y peut pas plus représenter ses craintes sur un évenement futur, qu'excuser ses mauvais succès sur le caprice de la fortune; le partage des hommes comme des bêtes, y est l'instinct, l'obéïssance, le châtiment.

Il ne sert de rien d'opposer les sentimens naturels, le respect pour un Pere, la tendresse pour ses enfans & ses femmes, les Loix de l'honneur, l'état de sa santé; on a reçû l'ordre, & cela suffit.

En *Perse*, lorsque le Roi a condamné quelqu'un, on ne peut plus lui en parler ni demander grace. S'il étoit ivre ou hors de sens, il faudroit que l'Arrêt s'exécutât tout-de-même ; (*a*) sans cela il se contrediroit, & la Loi ne peut se contredire. Cette maniere de penser y a été de tout tems ; l'ordre que donna *Assuérus* d'exterminer les Juifs ne pouvant être révoqué, on prit le parti de leur donner la permission de se défendre.

Il y a pourtant une chose que l'on peut quelquefois opposer à la volonté du Prince; (*b*) c'est la Religion. On abandonnera son Pere; on le tuera même, si le Prince l'ordonne : mais on ne boira pas du vin, s'il le veut & s'il l'ordonne. Les Loix de la Religion sont d'un précepte supérieur, parce qu'elles sont données sur la tête du Prince comme sur celle des sujets. Mais quand au Droit naturel, il n'en est pas de même ; le Prince est supposé n'être plus un homme.

(*a*) Voy. *Chardin.*   (*b*) Ibid.

        Dans

Dans les Etats Monarchiques & modérés, la Puissance est bornée par ce qui en est le ressort, je veux dire l'honneur, qui regne comme un Monarque sur le Prince & sur le Peuple. On n'ira point lui alléguer les Loix de la Religion; un Courtisan se croiroit ridicule. On lui alléguera sans cesse celles de l'honneur. De-là résultent des modifications nécessaires dans l'obéissance; l'honneur est naturellement sujet à des bisarreries, & l'obéissance les suivra toutes.

Quoique la maniere d'obéir soit différente dans ces deux Gouvernemens, le pouvoir est pourtant le même. De quelque côté que le Monarque se tourne, il emporte & précipite la balance, & est obéi. Toute la différence est que dans la Monarchie le Prince a des lumieres, & que les Ministres y sont infiniment plus habiles & plus rompus aux affaires, que dans l'Etat despotique.

CHAPITRE XI.

Réflexion sur tout ceci.

TELS sont les principes des trois Gouvernemens; ce qui ne signifie pas que dans une certaine République on soit vertueux, mais qu'on devroit l'être. Cela ne prouve pas non plus que dans une certaine Monarchie, on ait de l'honneur, & que dans un Etat despotique particulier, on ait de la crainte; mais qu'il faudroit en avoir, sans quoi le Gouvernement sera imparfait.

LIVRE QUATRIEME.

*Que les Loix de l'éducation doivent être relatives
aux principes du Gouvernement.*

CHAPITRE PREMIER.

Des Loix de l'éducation.

LEs *Loix de l'éducation* font les premieres que nous recevons;
& comme elles nous préparent à être Citoyens, chaque famille particuliere doit être gouvernée fur le plan de la grande famille qui les comprend toutes.

Si le Peuple en général a un principe, les parties qui le com-
pofent, c'eft-à-dire, les familles, l'auront auffi. Les Loix de l'é-
ducation feront donc différentes dans chaque efpece de Gouvernement; dans les Monarchies elles auront pour objet l'honneur,
dans les Républiques la Vertu, dans le Defpotifme la crainte.

CHAPITRE II.

De l'éducation dans les Monarchies.

CE n'eft point dans les maifons publiques où l'on inftruit l'enfance, que l'on reçoit dans les Monarchies la principale
éducation; c'eft lors que l'on entre dans le monde, que l'éducation en quelque façon commence. Là eft l'école de ce que l'on
appelle *l'honneur*, ce maître univerfel qui doit partout nous conduire.

C'eft-là que l'on voit & que l'on entend toûjours dire trois chofes, *qu'il faut mettre dans les vertus une certaine nobleffe, dans les
mœurs une certaine franchife, dans les manieres une certaine politeffe.*

Les vertus qu'on nous y montre font toûjours moins ce que

D 3   l'on

l'on doit aux autres, que ce que l'on fe doit à foi-même, elles ne font pas tant ce qui nous appelle vers nos Concitoyens, que ce qui nous en diftingue.

On n'y juge pas les actions des hommes comme bonnes, mais comme belles; comme juftes, mais comme grandes, comme raifonnables, mais comme extraordinaires.

Dès que l'honneur y peut trouver quelque chofe de noble, il eft ou le Juge qui les rend, légitimes, ou le Sophifte qui les juftifie.

Il permet la galanterie lors qu'elle eft unie à l'idée du fentiment du cœur, ou à l'idée de conquête; & c'eft la vraie raifon pour laquelle les mœurs ne font jamais fi pures dans les Monarchies, que dans les Gouvernemens Républicains.

Il permet la rufe, lorfqu'elle eft jointe à l'idée de la grandeur de l'efprit ou de la grandeur des affaires, comme dans la Politique dont les fineffes ne l'offenfent pas.

Il ne défend l'adulation que lorfqu'elle eft féparée de l'idée d'une grande fortune, & n'eft jointe qu'au fentiment de fa propre baffeffe.

A l'égard des mœurs, j'ai dit que l'éducation des Monarchies doit y mettre une certaine franchife. On y veut donc de la vérité dans les difcours. Mais eft-ce par amour pour elle? point du tout. On la veut parce qu'un homme qui eft accoutumé à la dire paroît être hardi & libre. En effet, un tel homme femble ne dépendre que des chofes, & non pas de la maniere dont un autre les reçoit.

C'eft ce qui fait qu'autant que l'on y recommande cette efpece de franchife, autant on y méprife celle du peuple, qui n'a que la vérité & la fimplicité pour objet.

Enfin, l'éducation dans les Monarchies exige dans les manieres une certaine politeffe. Les hommes nés pour vivre enfemble, font nés auffi pour fe plaire; & celui qui n'obferveroit pas les bienféances, choquant tous ceux avec qui il vivroit, fe décréditeroit au point qu'il deviendroit incapable de faire aucun bien.

Mais ce n'eft pas d'une fource fi pure que la politeffe a coûtume de tirer fon origine. Elle naît de l'envie de fe diftinguer. C'eft par orgueil que nous fommes polis: nous nous fentons flatés d'avoir des manieres qui prouvent que nous ne fommes pas dans la baffeffe, & que nous n'avons pas vécu avec cette forte de gens que l'on a abandonnés dans tous les âges.

Dans

Dans les Monarchies la politesse est naturalisée à la Cour. Un homme excessivement grand rend tous les autres petits. De-là les égards que l'on doit à tout le monde ; de-là naît la politesse, qui flatte autant ceux qui sont polis que ceux à l'égard de qui ils le sont, parce qu'elle fait comprendre qu'on est de la Cour, ou qu'on est digne d'en être.

L'air de la Cour consiste à quitter sa grandeur propre pour une grandeur empruntée. Celle-ci flatte plus un Courtisan que la sienne même. Elle donne une certaine modestie superbe qui se répand au-loin, mais dont l'orgueil diminue insensiblement, à proportion de la distance où l'on est de la source de cette grandeur.

On trouve à la Cour une délicatesse de goût en toutes choses, qui vient d'un usage continuel des superfluités d'une grande fortune, de la variété & surtout de la lassitude des plaisirs, de la multiplicité, de la confusion même des fantaisies, qui lorsqu'elles sont agréables y sont toûjours reçûes.

C'est sur toutes ces choses que l'éducation se porte pour faire ce qu'on appelle l'honnête-homme, qui a toutes les qualités & toutes les vertus que l'on demande dans ce Gouvernement.

Là, l'honneur se mêlant par-tout entre dans toutes les façons de penser & toutes les manieres de sentir, & dirige même les principes.

Cet honneur bisarre fait que les vertus ne sont que ce qu'il veut & comme il les veut ; il met de son chef des regles à tout ce qui nous est prescrit ; il étend ou il borne nos devoirs à sa fantaisie, soit qu'ils aient leur source dans la Religion, dans la politique, ou dans la morale.

Il n'y a rien dans la Monarchie que les Loix, la Religion & l'honneur prescrivent tant que l'obéissance aux volontés du Prince : mais cet honneur nous dicte que le Prince ne doit jamais nous prescrire une action qui nous deshonore, parce qu'elle nous rendroit incapable de le servir.

Gruillon refusa d'assassiner le *Duc de Guise*, mais il offrit à Henri III. de se battre contre lui. Après la Saint Barthelemi, Charles IX. ayant écrit à tous les Gouverneurs de faire massacrer les Huguenots, le Vicomte *Dorte*, qui commandoit dans Bayonne, écrivit au Roi (*a*) : " SIRE, je n'ai trouvé parmi les

(*a*) *Voy.* l'Histoire de d'Aubigné.

　　　　　　　　　　　　　　　　　,, habitans

,, habitans & les gens de guerre, que de bons Citoyens, de bra-
,, ves foldats, & pas un bourreau; ainfi eux & moi fupplions
,, Votre Majefté d'employer nos bras & nos vies à chofes faifa-
,, bles. ,, Ce grand & généreux courage regardoit une lâcheté
comme une chofe impoffible.

Il n'y a rien que l'honneur prefcrive plus à la Nobleffe, que
de fervir le Prince à la guerre. En effet, c'eft la profeffion dif-
tinguée, parce que fes hafards ; fes fuccès & fes malheurs même
conduifent à la grandeur. Mais en impofant cette loi, l'honneur
veut en être l'arbitre, & s'il fe trouve choqué, il exige ou permet
qu'on fe retire chez foi.

Il veut qu'on puiffe indifféremment afpirer aux emplois ou les
refufer; il tient cette liberté au-deffus de la fortune même.

L'honneur a donc fes regles fuprèmes, & l'éducation eft
obligée de s'y conformer. Les principales font, qu'il nous eft
bien permis de faire cas de notre fortune, mais qu'il nous eft
fouverainement défendu d'en faire aucun de notre vie.

La feconde eft, que lorfque nous avons été une fois placés
dans un rang, nous ne devons rien faire ni fouffrir qui faffe voir
que nous nous tenons inférieurs à ce rang même.

La troifieme, que les chofes que l'honneur défend, font plus
rigoureufement défendues, lorfque les Loix ne concourent point
à les profcrire, & que celles qu'il exige font plus fortement exi-
gées, lorfque les Loix ne les demandent pas.

CHAPITRE III.

De l'Education dans le Gouvernement defpotique.

COMME l'Education dans les Monarchies ne travaille qu'à
élever le cœur, elle ne cherche qu'à l'abbaiffer dans les
Etats defpotiques. Il faut qu'elle y foit fervile; ce fera un bien
même dans le commandement de l'avoir eue telle, perfonne n'y
étant tyran fans être en même tems efclave.

L'extrème obéiffance fuppofe de l'ignorance dans celui qui
obéit; elle en fuppofe même dans celui qui commande; il n'a
point à délibérer, à douter, ni à raifonner; il n'a qu'à vouloir.

Dans les Etats defpotiques, chaque maifon eft un empire féparé. L'éducation qui confifte principalement à vivre avec les
autres,

autres, y est donc très-bornée; elle se réduit à mettre la crainte dans le cœur, & à donner à l'esprit la connoissance de quelques principes de Religion fort simple. Le savoir y sera dangereux, l'émulation funeste; & pour les vertus, *Aristote* ne peut croire qu'il y en ait quelqu'une de propre aux esclaves (*a*); ce qui borneroit bien l'Education dans ce Gouvernement.

L'Education y est donc en quelque façon nulle; il faut ôter tout, afin de donner quelque chose, & commencer par faire un mauvais sujet pour faire un bon esclave.

Eh! pourquoi l'Education s'attacheroit-elle à y former un bon Citoyen qui prît part au malheur public? S'il aimoit l'Etat, il seroit tenté de relâcher les ressorts du Gouvernement; s'il ne réussissoit pas, il se perdroit; s'il réussissoit, il courroit risque de se perdre, lui, le Prince & l'Empire.

CHAPITRE IV.

Différence des effets de l'Education chez les anciens & parmi nous.

L A plûpart des peuples anciens vivoient dans des Gouvernemens qui ont la vertu pour principe; & lorsqu'elle y étoit dans sa force, on y faisoit des choses que nous ne voyons plus aujourd'hui, & qui étonnent nos petites ames.

Leur Education avoit un autre avantage sur la nôtre; elle n'étoit jamais démentie. *Epaminondas*, la derniere année de sa vie, disoit, écoutoit, voyoit, faisoit les mêmes choses que dans l'âge où il avoit commencé d'être instruit.

Aujourd'hui nous recevons trois Educations différentes ou contraires; celle de nos peres, celle de nos maîtres, celle du monde. Ce qu'on nous dit dans la derniere, renverse toutes les idées des premieres. Cela vient en quelque partie du contraste qu'il y a parmi nous entre les engagemens de la Religion & ceux du monde; chose que les anciens ne connoissoient pas.

(*a*) Politiq. liv. I.

CHAPITRE V.

De l'Education dans le Gouvernement Républicain.

C'Est dans le Gouvernement Républicain, que l'on a besoin de toute la puissance de l'Éducation. La crainte des
Gouvernemens despotiques naît d'elle-même parmi les menaces
& les châtimens; l'honneur des Monarchies est favorisé par les
passions, & les favorise à son tour : mais la vertu est un renoncement à soi-même, qui est toûjours une chose très-pénible.

On peut définir cette vertu, l'amour des Loix & de la Patrie.
Cet amour demandant une préférence continuelle de l'intérêt
public au sien propre, donne toutes les vertus particulieres; elles
ne sont que cette préférence.

Cet amour est singulierement affecté aux Démocraties. Dans
elles seules le Gouvernement est confié à chaque Citoyen. Or,
le Gouvernement est comme toutes les choses du monde; pour
le conserver il faut l'aimer.

On n'a jamais oüi dire que les Rois n'aimassent pas la Monarchie, & que les Despotes haïssent le despotisme.

Tout dépend donc d'établir dans la République cet amour,
& c'est à l'inspirer que l'Education doit être attentive : mais pour
que les enfans puissent l'avoir, il y a un moyen sûr, c'est que les
peres l'aient eux-mêmes.

On est ordinairement le maître de donner à ses enfans ses connoissances; on l'est encore plus de leur donner ses passions.

Si cela n'arrive pas, c'est que ce qui a été fait dans la maison
paternelle, est détruit par les impressions du dehors.

Ce n'est point le peuple naissant qui dégénere, il ne se perd
que lorsque les hommes faits sont déjà corrompus.

CHAPITRE VI.

De quelques Institutions des Grecs.

L Es anciens Grecs pénétrés de la nécessité que les Peuples
qui vivoient sous un Gouvernement populaire, fussent
élevés à la vertu, firent pour l'inspirer des Institutions singulieres.
Quand

Quand vous voyez dans la vie de *Lycurgue* les Loix qu'il donna aux Lacédémoniens, vous croyez lire l'Histoire des *Sévarambes*. Les Loix de Crete étoient l'original de celles de Lacédémone; & celles de *Platon* en étoient la correction.

Je prie qu'on fasse un peu d'attention à l'étendue de génie qu'il fallut à ces Législateurs, pour voir qu'en choquant tous les usages reçûs, en confondant toutes les vertus, ils montreroient à l'Univers leur sagesse. *Licurgue* mêlant le larcin avec l'esprit de justice, le plus dur esclavage avec l'extrème liberté, les sentimens les plus atroces avec la plus grande modération, donna de la stabilité à sa Ville. Il sembla lui ôter toutes les ressources, les arts, le commerce, l'argent, ses murailles: on y a de l'ambition sans espérance d'être mieux; on y a les sentimens naturels, & on n'y est ni enfant, ni mari, ni pere; la pudeur même est ôtée à la chasteté. C'est par ces chemins que *Sparte* est menée à la grandeur & à la gloire; mais avec une telle infaillibilité de ses Institutions, qu'on n'obtenoit rien contr'elle en gagnant des batailles, si on ne parvenoit à lui ôter sa police (*a*).

La Crete & la Laconie furent gouvernées par ces Loix. Lacédémone céda la derniere aux Macédoniens, & la Crete (*b*) fut la derniere proie des Romains. Les Samnites eurent ces mêmes Institutions, & elles furent pour ces Romains, le sujet de vingt-quatre triomphes (*c*).

Cet extraordinaire que l'on voyoit dans les Institutions de la Grece, nous l'avons vû dans la lie & la corruption de nos Tems modernes (*d*). Un Législateur honnête-homme a formé un Peuple, où la probité paroît aussi naturelle que la bravoure chez les Spartiates. Mr. *Pen* est un véritable Lycurgue; & quoi que le premier ait eu la Paix pour objet, comme l'autre a eu la Guerre, ils se ressemblent dans la voie singuliere, où ils ont mis leur Peuple, dans l'ascendant qu'ils ont eu sur des hommes libres, dans les préjugés qu'ils ont vaincus, dans les passions qu'ils ont soûmises.

Le *Paragay* peut nous fournir un autre exemple. On a voulu

(*a*) *Philopœmen* contraignit les Lacédémoniens d'abandonner la maniere de nourrir leurs enfans, sachant bien que sans cela ils auroient toûjours une ame grande & le cœur haut. *Plutarq.* vie de *Philopœmen.* Voy. *Tite-Liv.* liv. XXXVIII.

(*b*) Elle défendit pendant trois ans ses Loix & sa liberté. *Voyez* les liv. XCVIII. XCIX. & C. de *Tite-Live* dans l'Epitome de *Florus*; elle fit plus de résistance que les plus grands Rois.

(*c*) Florus liv. I.

(*d*) *In fæce Romuli*, Ciceron.

en faire un crime à la *Société* qui regarde le plaisir de commander, comme le seul bien de la vie : mais il sera toûjours beau de gouverner les hommes en les rendant plus heureux (*a*).

Il est glorieux pour elle d'avoir été la premiere qui ait montré dans ces contrées, l'idée de la Religion jointe à celle de l'humanité. En réparant les dévastations des Espagnols, elle a commencé à guérir une des grandes plaies qu'ait encore reçûes le Genre-humain.

Un sentiment exquis pour tout ce qu'elle appelle honneur, son zele pour une Religion qui humilie bien plus ceux qui l'écoutent que ceux qui la prêchent, lui ont fait entreprendre de grandes choses, & elle y a réussi. Elle a retiré des bois des Peuples dispersés, elle leur a donné une subsistance assurée, elle les a vêtus ; & quand elle n'auroit fait par là qu'augmenter l'industrie parmi les hommes, elle auroit beaucoup fait.

Ceux qui voudront faire des Institutions pareilles, établiront la communauté des biens de la République de *Platon*, ce respect qu'il demandoit pour les Dieux, cette séparation d'avec les étrangers pour la conservation des mœurs, & la Cité faisant le commerce & non pas les Citoyens : ils donneront nos arts sans notre luxe, & nos besoins sans nos désirs.

Ils proscriront l'argent, dont l'effet est de grossir la fortune des hommes au-delà des bornes que la nature y avoit mises, d'apprendre à conserver inutilement ce qu'on avoit amassé de même, de multiplier à l'infini les désirs, & de suppléer à la nature qui nous avoit donné des moyens très bornés, d'irriter nos passions, & de nous corrompre les uns les autres.

« Les *Epidamniens* (*b*) sentant leurs mœurs se corrompre par » leur communication avec les Barbares, élûrent un Magistrat « pour faire tous les marchés au nom de la Cité & pour la Cité. » Pour lors le Commerce ne corrompt pas la Constitution, & la Constitution ne prive pas la société des avantages du Commerce.

(*a*) Les Indiens du *Paragay*, ne dependent point d'un Seigneur particulier, ne payent qu'un cinquieme des tributs, & ont des armes à feu pour se défendre.

(*b*) Plutarque, *demande des choses Greques.*

CHAPITRE

CHAPITRE VII.

En quels cas ces Inſtitutions ſingulieres peuvent être bonnes.

CES ſortes d'Inſtitutions peuvent convenir dans les Républiques, parce que la vertu en eſt le principe : mais pour porter à l'honneur dans les Monarchies, ou pour inſpirer de la crainte dans les Etats deſpotiques, il ne faut pas tant de ſoins.

Elles ne peuvent d'ailleurs avoir lieu que dans un petit Etat (*a*), où l'on peut donner une éducation générale, & élever tout un peuple comme une famille.

Les Loix de *Minos*, de *Lycurgue* & de *Platon*, ſuppoſent une attention ſinguliere de tous les Citoyens les uns ſur les autres. On ne peut ſe promettre cela dans la confuſion, dans les négligences, dans l'étendue des affaires d'un grand peuple.

Il faut, comme on l'a dit, bannir l'argent dans ces Inſtitutions. Mais dans les grandes ſociétés, le nombre, la variété, l'embarras, l'importance des affaires, la facilité des achats, la lenteur des échanges, demandent une meſure commune. Pour porter partout, ſa puiſſance, ou la défendre partout, il faut avoir ce à quoi les hommes ont attaché partout la puiſſance.

CHAPITRE VIII.

Explication d'un Paradoxe des anciens par rapport aux mœurs.

POLYBE, le judicieux Polybe, nous dit que la Muſique étoit néceſſaire pour adoucir les mœurs des *Arcades*, qui habitoient un Païs où l'air eſt triſte & froid ; que ceux de *Cynete* qui négligerent la muſique, ſurpaſſerent en cruauté tous les Grecs, & qu'il n'y a point de Ville où l'on ait vû tant de crimes. *Platon* ne craint point de dire que l'on ne peut faire de changement dans la Muſique, qui n'en ſoit un dans la conſtitution de l'Etat. *Ariſtote*, qui ſemble n'avoir fait ſa politique, que pour oppoſer

(*a*) Comme étoient les Villes de la Grece.

ſes ſentimens à ceux de *Platon*, eſt pourtant d'accord avec lui touchant la puiſſance de la Muſique ſur les mœurs. *Theophraſte*, *Plutarque* (*a*), tous les anciens ont penſé de même. Ce n'eſt point une opinion jettée ſans reflexion; c'eſt un des principes de leur politique (*b*). C'eſt ainſi qu'ils donnoient des Loix, c'eſt ainſi qu'ils vouloient qu'on gouvernât les Cités.

Je crois que je pourrois expliquer ceci. Il faut ſe mettre dans l'eſprit que dans les Villes Grecques, ſur tout celles qui avoient pour principal objet la guerre, tous les travaux & toutes les proſeſſions qui pouvoient conduire à gagner de l'argent, étoient regardés comme indignes d'un homme libre. « La plupart des « arts, dit *Xenophon* (*c*) corrompent le corps de ceux qui les « exercent; ils obligent de s'aſſeoir à l'ombre ou près du feu. On « n'a de tems ni pour ſes amis, ni pour la République. » Ce ne fut que dans la corruption de quelques démocraties, que les artiſans parvinrent à être Citoyens. C'eſt ce qu'*Ariſtote* (*d*) nous apprend, & il ſoutient qu'une bonne République ne leur donnera jamais le droit de Cité (*e*).

L'agriculture étoit encore une profeſſion ſervile, & ordinairement c'étoit quelque peuple vaincu qui l'exerçoit. Les *Ilotes* chez les Lacédémoniens, les *Perieciens* chez les Crétois, les *Peneſtes* chez les Theſſaliens, d'autres (*f*) peuples eſclaves dans d'autres Républiques.

Enfin tout bas commerce (*g*) étoit infame chez les Grecs. Il auroit fallu qu'un Citoyen eût rendu des ſervices à un eſclave, à un locataire, à un étranger. Cette idée choquoit l'eſprit de la liberté Grecque : auſſi *Platon* (*h*) veut-il dans ſes Loix qu'on puniſſe un Citoyen qui feroit le commerce.

On étoit donc fort embarraſſé dans les Républiques Grecques. On ne vouloit pas que les Citoyens travaillaſſent au commerce,

---

(*a*) Vie de *Pelopidas.*

(*b*) *Platon* liv. IV. des Loix, dit que les Préfectures de la Muſique & de la Gymnaſtique, ſont les plus importans Emplois de la Cité ; & dans ſa Répub. liv. III. » Damon « vous dira, *dit-il*, quels ſont les ſons capables de faire naitre la baſſeſſe de l'ame, « l'inſolence & les vertus contraires. »

(*c*) Liv. 5. *dits mémorables.*

(*d*) *Politiq.* liv. 3. chap. 4.

(*e*) Diophante, dit *Ariſtote*, Polit. ch. 7. établit autrefois à Athenes, que les artiſans feroient eſclaves du public.

(*f*) Auſſi *Platon & Ariſtote* veulent-ils que les eſclaves cultivent les terres, *Loix, liv.* VII. *Polit. liv.* VII. *chap.* 10. Il eſt vrai que l'Agriculture n'étoit pas partout exercée par des eſclaves: au contraire, comme dit *Ariſtote,* les meilleures Républiques étoient celles où les Citoyens s'y attachoient: mais cela n'arriva que par la corruption des anciens Gouvernemens devenus démocratiques ; car dans les premiers tems, les Villes de Grece vivoient dans l'Ariſtocratie.

(*g*) Cauponatio.

(*h*) Liv. II.

à l'agriculture ni aux arts; on ne vouloit pas non plus qu'ils fuſſent oiſifs (*a*). Ils trouvoient une occupation dans les exercices qui dépendoient de la Gymnaſtique, & dans ceux qui avoient du rapport à la guerre (*b*). L'inſtitution ne leur en donnoit point d'autres. Il faut donc regarder les Grecs comme une ſociété d'Athletes & de combattans. Or, ces exercices ſi propres à faire des gens durs & ſauvages, avoient beſoin d'être tempérés par d'autres qui puſſent adoucir les mœurs (*c*). La Muſique qui tient à l'eſprit par les organes du corps, étoit très-propre à cela. C'eſt un milieu entre les exercices du corps qui rendent les hommes rudes, & les ſciences de ſpéculation qui les rendent ſauvages. On ne peut pas dire que la Muſique inſpirât la vertu; cela ſeroit inconcevable: mais elle empêchoit l'effet de la férocité de l'inſti- tution, & faiſoit que l'ame avoit dans l'éducation, une part qu'elle n'y auroit point eue.

Je ſuppoſe qu'il y ait parmi nous une ſociété de gens ſi paſ- ſionnés pour la chaſſe, qu'ils s'en occupaſſent uniquement; il eſt ſûr qu'ils en contracteroient une certaine rudeſſe. Si ces mêmes gens venoient à prendre encore du goût pour la Muſique, on trouveroit bientôt de la différence dans leurs manieres & dans leurs mœurs. Enfin les exercices des Grecs n'exci- toient en eux qu'un genre de paſſions, la rudeſſe, la co- lere, la cruauté. La Muſique les excite toutes, & peut faire ſentir à l'ame la douceur, la pitié, la tendreſſe, le doux plaiſir. Nos Auteurs de morale, qui parmi nous, proſcrivent ſi fort les Théatres, nous font aſſez ſentir le pouvoir que la Muſique a ſur nos ames.

Si à la ſociété dont j'ai parlé, on ne donnoit que des tambours & des airs de trompette, n'eſt-il pas vrai que l'on parviendroit moins à ſon but, que ſi l'on donnoit une Muſique tendre ? Les anciens avoient donc raiſon, lorſque dans certaines circon- ſtances, ils préféroient pour les mœurs, un mode à un autre.

Mais dira-t'on, pourquoi choiſir la Muſique par préférence ? C'eſt que de tous les plaiſirs des ſens, il n'y en a aucun qui cor- rompe moins l'ame. Nous rougiſſons de lire dans *Plutarque* (*d*),

___

(*a*) *Ariſtote*, politiq. liv. **X.**

(*b*) Ars corporum exercendorum gym- naſtica, variis certaminibus terendorum pædotribica. *Arſtote*, Politiq. liv. VIII. chap. 3.,

(*c*) *Ariſtote* dit que les enfans des Lacé- démoniens qui commençoient ces exerci- ces dès l'âge le plus tendre, en contrac- toient trop de férocité.

[*d*] Vie de *Pelopidas*.

que les Thébains, pour adoucir les mœurs de leurs jeunes-gens, établirent par les Loix un amour qui devroit être proscrit par toutes les Nations du monde.

LIVRE CINQUIEME.

Que les Loix que le Législateur donne, doivent être relatives au principe du Gouvernement.

CHAPITRE PREMIER.

Idée de ce Livre.

NOus venons de voir que les Loix de l'éducation doivent être relatives au principe de chaque Gouvernement. Celles que le Législateur donne à toute la société, font de même. Ce rapport des Loix avec ce principe, tend tous les ressorts du Gouvernement, & ce principe en reçoit à son tour une nouvelle force. C'est ainsi que dans les mouvemens physiques, l'action est toûjours suivie d'une réaction.

Nous allons examiner ce rapport dans chaque Gouvernement, & nous commencerons par l'Etat Républicain, qui a la vertu pour principe.

CHAPITRE II.

Ce que c'est que la vertu dans l'Etat politique.

LA Vertu dans une République est une chose très-simple; c'est l'Amour de la République; c'est un sentiment, & non une suite de connoissances; le dernier homme de l'Etat peut avoir ce sentiment comme le premier. Quand le peuple a une fois de bonnes maximes, il s'y tient plus long-tems, que ce qu'on appelle les honnêtes-gens. Il est rare
que

que la corruption commence par lui ; fouvent il a tiré de la médiocrité de fes lumieres un attachement plus fort pour ce qui eſt établi.

L'Amour de la Patrie conduit à la bonté des mœurs, & la bonté des mœurs mene à l'amour de la Patrie. Moins nous pouvons fatisfaire nos paſſions particulieres, plus nous nous livrons aux générales. Pourquoi les Moines aiment-ils tant de leur Ordre ? C'eſt juſtement par l'endroit qui fait qu'il leur eſt infupportable. Leur Regle les prive de toutes les chofes fur lefquelles les paſſions ordinaires s'appuient : reſte donc cette paſſion pour la Regle même qui les afflige. Plus elle eſt auſtere, c'eſt-à-dire, plus elle retranche de leurs penchans, plus elle donne de force à ceux qu'elle leur laiſſe.

CHAPITRE III.

Ce que c'eſt que l'amour de la République dans la Démocratie.

L'AMOUR de la République dans une démocratie eſt celui de la démocratie ; l'amour de la démocratie eſt celui de l'égalité.

L'amour de la démocratie eſt encore l'amour de la frugalité. Chacun devant y avoir le même bonheur & les mêmes avantages, y doit goûter les mêmes plaiſirs & former les mêmes efpérances ; chofe qu'on ne peut attendre que de la frugalité générale.

L'amour de l'égalité dans une démocratie borne l'ambition au feul défir, au feul bonheur de rendre de plus grands fervices à fa Patrie que les autres Citoyens. Ils ne peuvent pas lui rendre tous des fervices égaux : mais ils doivent tous également lui en rendre. En naiſſant, on contracte envers elle une dette immenfe, dont on ne peut jamais s'acquitter.

Ainſi les diſtinctions y naiſſent du principe de l'égalité, lors même qu'elle paroît ôtée par des fervices heureux ou par des talens fupérieurs.

L'amour de la frugalité borne le *défir d'avoir* à l'attention que demande le néceſſaire pour la famille & même le fuperûu pour fa Patrie. Les richeſſes donnent une puiſſance dont un Citoyen ne peut pas uſer pour lui; car il ne ſeroit pas égal. Elles procurent des délices, dont il ne doit pas joüir non plus, parce qu'elles choqueroient l'égalité tout de même.

Auſſi les bonnes démocraties, en établiſſant la frugalité domeſtique, ont-elles ouvert la porte aux dépenſes publiques, comme on fit à Athenes & à Rome. Pour lors la magnificence & la profuſion naiſſoient du fonds de la frugalité même; & comme la Religion demande qu'on ait les mains pures pour faire des offrandes aux Dieux, les loix vouloient des mœurs frugales pour que l'on pût donner à ſa Patrie.

Le bon-ſens & le bonheur des particuliers conſiſte beaucoup dans la médiocrité de leurs talens & de leurs fortunes. Une République où les Loix auront formé beaucoup de gens médiocres; compoſée de gens ſages, ſe gouvernera ſagement; compoſée de gens heureux, elle ſera très-heureuſe.

CHAPITRE IV.

Comment on inſpire l'amour de l'Egalité & de la Frugalité.

L'AMOUR de l'*Egalité* & celui de la *Frugalité* ſont extrêmement excités par l'Egalité & la Frugalité mêmes, quand on vit dans une Societé où les Loix ont établi l'une & l'autre.

Dans les Monarchies & les Etats deſpotiques, perſonne n'aſpire à l'égalité; cela ne vient pas même dans l'idée; chacun y tend à la ſupériorité. Les gens des conditions les plus baſſes ne déſirent d'en ſortir que pour être les maîtres des autres.

Il en eſt de même de la frugalité. Pour l'aimer il faut en joüir. Ce ne ſeront point ceux qui ſont corrompus par les délices, qui aimeront la vie frugale; & ſi cela avoit été naturel & ordinaire, *Alcibiade* n'auroit pas fait l'admiration de l'Univers. Ce ne ſeront pas non plus ceux qui envient ou qui admirent le luxe des autres, qui aimeront la frugalité; des gens qui n'ont devant les yeux que des hommes riches ou des hommes miſérables comme eux, déteſtent leur miſere, ſans aimer ou connoître ce qui fait le terme de la miſere.

C'eſt

C'eſt donc une maxime très vraie, que pour que l'on aime l'égalité & la frugalité dans une République, il faut que les Loix les y aient établies.

CHAPITRE V.

Comment les Loix établiſſent l'Egalité dans la Démocratie.

QUELQUES Légiſlateurs anciens, comme *Lycurgue* & *Romulus*, partagerent également les terres. Cela ne pouvoit avoir lieu que dans la fondation d'une République nouvelle, ou bien lorſque l'ancienne étoit ſi corrompue & les eſprits dans une telle diſpoſition, que les pauvres ſe croyoient obligés de chercher, & les riches obligés de ſouffrir, un pareil remede.

Si lorſque le Légiſlateur fait un pareil partage il ne donne pas des Loix pour le maintenir, il ne fait qu'une conſtitution paſſagere ; l'inégalité entrera par le côté que les Loix n'auront pas défendu, & la République ſera perdue.

Il faut donc que l'on regle dans cet objet les dots des femmes, les donations, les ſucceſſions, les teſtamens, enfin toutes les manieres de contracter. Car s'il étoit permis de donner ſon bien à qui on voudroit & comme on voudroit, chaque volonté particuliere troubleroit la diſpoſition de la Loi ſondamentale.

Solon, qui permettoit à Athenes de laiſſer ſon bien à qui on vouloit par teſtament, pourvû qu'on n'eût point d'enfans (*a*), contrediſoit les Loix anciennes qui ordonnoient que les biens reſtaſſent dans la famille du Teſtateur (*b*); il contrediſoit les ſiennes propres; car en ſupprimant les dettes, il avoit cherché l'Egalité.

C'étoit une bonne Loi pour la démocratie, que celle qui défendoit d'avoir deux hérédités (*c*). Elle prenoit ſon origine du partage égal des terres & des portions données à chaque Citoyen. La Loi n'avoit pas voulu qu'un ſeul homme eût pluſieurs portions.

(*a*) *Plutarque*, vie de Solon.
(*b*) Ibid.
(*c*) *Philolaus* de Corinthe établit à Athenes, que le nombre des portions de terre & celui des hérédités ſeroit toûjours le même. *Ariſtote*, Polit. liv. II. Chap. 12.

Les Loix qui ordonnoient que le plus proche parent époufât l'héritiere, naiffoient d'une fource pareille. Elle eft donnée chez les Juifs après un pareil partage. *Platon* (*a*), qui fonde fes Loix fur ce partage, la donne de même, & c'étoit une Loi Athénienne.

Il y avoit à Athenes une Loi, dont je ne fache pas que perfonne ait connu l'efprit. Il étoit permis d'époufer fa fœur confanguine, & non pas fa fœur utérine (*b*). Cet ufage tiroit fon origine des Républiques, dont l'efprit étoit de ne pas mettre fur la même tête deux portions de fonds de terre, & par conféquent deux hérédités. Quand un homme époufoit fa fœur du côté du pere, il ne pouvoit avoir qu'une hérédité, qui étoit celle de fon pere : mais quand il époufoit fa fœur utérine, il pouvoit arriver que le pere de cette fœur n'ayant pas d'enfans mâles, lui laiffât fa fucceffion, & que par conféquent fon frere, qui l'avoit époufée, en eût deux.

Qu'on ne m'objecte pas ce que dit *Philon* (*c*), que quoiqu'à Athenes, on époufât fa fœur confanguine, & non pas fa fœur utérine, on pouvoit à Lacédémone époufer fa fœur utérine, & non pas fa fœur confanguine. Car je trouve dans *Strabon* (*d*), que quand à Lacédémone, une fœur époufoit fon frere, elle avoit pour fa dot la moitié de la portion du frere. Il eft clair que cette feconde Loi étoit faite pour prévenir les mauvaifes fuites de la premiere. Pour empêcher que le bien de la famille de la fœur ne paffât dans celle du frere, on donnoit en dot à la fœur, la moitié du bien du frere.

Seneque (*e*) parlant de *Silanus*, qui avoit époufé fa fœur, dit qu'à Athenes la permiffion étoit reftreinte, & qu'elle étoit générale à Alexandrie. Dans le Gouvernement d'un feul, il n'étoit guere queftion de maintenir le partage des biens.

Pour maintenir ce partage des terres dans la Démocratie, c'étoit une bonne Loi, que celle qui vouloit qu'un pere qui avoit plufieurs enfans, en choifît un pour fuccéder à fa portion (*f*), & donnât les autres en adoption à quelqu'un qui n'eût point d'en-

(*a*) République, liv. VIII.

(*b*) *Cornelius-Nepos in præfat.* Cet ufage étoit des premiers tems. Auffi Abraham, dit-il, de Sara, *elle eft ma fœur, fille de mon pere & non pas de ma mere.* Les mêmes raifons avoient fait établir une même Loi chez différens peuples.

(*c*) *De Specialibus legibus quæpertinent ad præcepta Decalogi.*

(*d*) Liv. X.

(*e*) *Athenis dimidium licet, Alexandriæ totum.* Seneque de *Morte Claudii.*

(*f*) *Platon* fait une pareille Loi, liv. 3. des Loix.

fans,

fans, afin-que le nombre des Citoyens pût toûjours fe maintenir égal à celui des partages.

Phaleas de Calcédoine (*a*) avoit imaginé une façon de rendre égales les fortunes dans une République où elles ne l'étoient pas. Il vouloit que les riches'donnaffent des dots aux pauvres & n'en reçûffent pas, & que les pauvres reçûffent de l'argent pour leurs filles, & n'en donnaffent pas. Mais je ne fache point qu'aucune République fe foit accommodée d'un reglement pareil. Il met les Citoyens fous des conditions, dont les différences font fi frappantes, qu'ils haïroient cette égalité même que l'on chercheroit à introduire. Il eft bon quelquefois que les Loix ne paroiffent pas aller fi directement au but qu'elles fe propofent.

Quoique dans la Démocratie, l'Egalité réelle foit l'ame de l'Etat: cependant elle eft fi difficile à établir, qu'une exactitude extrème à cet égard, ne conviendroit pas toûjours. Il fuffit'que l'on établiffe un cens (*b*), qui réduife ou fixe les différences à un certain point; après quoi c'eft à des Loix particulieres à égalifer, pour ainfi-dire, les inégalités, par les charges qu'elles impofent aux riches, & le foulagement qu'elles accordent aux pauvres. Il n'y a que les richeffes médiocres qui puiffent donner ou fouffrir ces fortes de compenfations; car pour les fortunes immodérées, tout ce qu'on ne leur accorde' pas de puiffance & d'honneurs, elles le regardent comme une injure.

Toute inégalité dans la Démocratie, doit être tirée de la nature de la Démocratie & du principe même de l'Egalité. Par exemple, on y peut craindre que des gens qui auroient befoin d'un travail continuel pour vivre, ne fuffent trop appauvris par une Magiftrature, ou qu'ils n'en négligeaffent les fonctions; que des artifans ne s'enorgueilliffent, que des affranchis trop nombreux ne devinffent plus puiffans que les anciens Citoyens. Dans ces cas l'Egalité entre les Citoyens, (*c*) peut être ôtée dans la Démocratie pour l'utilité de la Démocratie. Mais ce n'eft qu'une Egalité apparente que l'on ôte: car un homme ruiné par une Magiftrature, feroit dans une pire condition que les autres Citoyens, & ce même homme qui feroit obligé d'en négliger les fonctions,

---

(*a*) *Ariftote*, Politique, liv. 2. chap. 7.
(*b*) *Solon* fit quatre Claffes, la premiere, de ceux qui avoient cinq cens mines de revenu, tant en grains qu'en fruits liquides; la feconde, de ceux qui en avoient trois cens, & pouvoient entretenir un cheval; la troifieme, de ceux qui n'en avoient que deux cens; la quatrieme, de tous ceux qui vivoient de leurs bras. *Plutarque*, vie de Solon.

(*c*) *Solon* exclut des charges, tous ceux du quatrieme cens.

mettroit les autres Citoyens dans une condition pire que la sienne, & ainsi du reste.

CHAPITRE VI.

Comment les Loix doivent entretenir la Frugalité dans la Démocratie.

IL ne suffit pas dans une bonne Démocratie, que les portions de terres soient égales ; il faut qu'elles soient petites, comme chez les Romains. « A Dieu ne plaise, *disoit Curius à ses sol- « dats* (a), qu'un Citoyen estime peu de terre, ce qui est suffi- « sant pour nourrir un homme. »

Comme l'égalité des fortunes entretient la Frugalité, la Frugalité maintient l'égalité des fortunes. Ces choses quoique différentes, sont telles qu'elles ne peuvent subsister l'une sans l'autre ; chacune d'elles est la cause & l'effet ; si l'une se retire de la Démocratie, l'autre la suit toûjours.

Il est vrai que lorsque la Démocratie est fondée sur le commerce, il peut fort bien arriver, que des particuliers y aient de grandes richesses, & que les mœurs n'y soient pas corrompues. C'est que l'esprit de commerce entraîne avec soi celui de Frugalité, d'économie, de modération, de travail, de sagesse, de tranquillité, d'ordre & de regle. Ainsi tandis que cet esprit subsiste, les richesses qu'il produit n'ont aucun mauvais effet. Le mal arrive, lorsque l'excès des richesses détruit cet esprit de commerce ; on voit tout-à-coup naître les désordres de l'inégalité, qui ne s'étoient pas encore fait sentir.

Pour maintenir l'esprit de commerce, il fau que les principaux Citoyens le fassent eux-mêmes ; que cet esprit regne seul, & ne soit point croisé par un autre ; que toutes les Loix le favorisent ; que ces mêmes Loix, par leurs dispositions, divisant les fortunes à mesure que le commerce les grossit, mettent chaque Citoyen pauvre dans une assez grande aisance, pour pouvoir travailler comme les autres, & chaque Citoyen riche dans une telle mé-

(*a*) Ils demandoient une plus grande Oeuvres morales, vies des anciens Rois portion de la terre conquise. *Plutarque,* & Capitaines.

diocrité,

diocrité, qu'il ait befoin de fon travail, pour conferver ou pour acquérir.

C'eft une très-bonne Loi dans une République commerçante, que celle qui donne à tous les enfans une portion égale dans la fucceffion des peres. Il fe trouve par-là que quelque fortune que le pere ait faite, fes enfans toûjours moins riches que lui, font portés à fuir le luxe, & à travailler comme lui. Je ne parle que des Républiques commerçantes; car pour celles qui ne le font pas, le Légiflateur a bien d'autres réglemens à faire (*a*).

Il y avoit dans la Grece deux fortes de Républiques. Les unes étoient militaires, comme Lacédémone; d'autres étoient commerçantes, comme Athenes. Dans les unes on vouloit que les Citoyens fuffent oififs; dans les autres on cherchoit à donner de l'amour pour le travail. *Solon* fit un crime de l'oifi-veté, & voulut que chaque Citoyen rendit compte de la ma-niere dont il gagnoit fa vie. En effet, dans une bonne démo-cratie où l'on ne doit dépenfer que pour le néceffaire, cha-cun doit l'avoir; car de qui le recevroit-on?

C H A P I T R E V I I.

Autres moyens de favorifer le principe de la Démocratie.

ON ne peut pas établir un partage égal des terres dans tou-tes les démocraties. Il y a des circonftances où un tel ar-rangement feroit impraticable, dangereux, & choqueroit mê-me la Conftitution. On n'eft pas toûjours obligé de prendre les voîes extrèmes. Si l'on voit dans une démocratie que ce par-tage, qui doit maintenir les mœurs n'y convienne pas, il faut avoir recours à d'autres moyens.

Si l'on établit un Corps fixe qui foit par lui-même la regle des mœurs, un Sénat où l'âge, la vertu, la gravité, les fervi-ces donnent entrée; les Sénateurs expofés à la vûe du peuple comme les Simulacres des Dieux, infpireront des fentimens qui feront portés dans le fein de toutes les familles.

Il faut furtout que ce Sénat s'attache aux Inftitutions an-

(*a*) On y doit borner beaucoup les dots des femmes.

ciennes , & faffe enforte que le Peuple & les Magiftrats ne s'en départent jamais.

Il y a beaucoup à gagner, en fait de mœurs , à garder les coûtumes anciennes. Comme les Peuples corrompus font rarement de grandes chofes , qu'ils n'ont guere établi de Sociétés , fondé de Villes, donné des Loix , & qu'au contraire ceux qui avoient des mœurs fimples ou aufteres ont fait la plûpart des établiffemens ; rappeller les hommes aux maximes anciennes , c'eft ordinairement les ramener à la vertu.

De plus , s'il y a eu quelque révolution, & que l'on ait donné à l'Etat une forme nouvelle, cela n'a guere pû fe faire qu'avec des peines & des travaux infinis, rarement avec l'oifiveté & des mœurs corrompues. Ceux-mêmes qui ont fait la révolution ont voulu la faire goûter , & ils n'ont guere pû y réuffir que par de bonnes Loix. Les Inftitutions anciennes font donc ordinairement des corrections, & les nouvelles des abus. Dans le cours d'un long Gouvernement, on va au mal par une pente infenfible , & on ne remonte au bien que par un effort.

On a douté fi les Membres du Sénat dont nous parlons, doivent être à vie , ou choifis pour un tems. Sans doute qu'ils doivent être choifis pour la vie, comme cela fe pratiquoit à Rome (*a*), à Lacédémone (*b*) & à Athenes même. Car il ne faut pas confondre ce qu'on appelloit le Sénat à Athenes, qui étoit un Corps qui changeoit tous les trois mois avec l'Aréopage, dont les Membres étoient établis pour la vie, comme des modeles perpétuels.

Maxime générale. Dans un Sénat fait pour être la regle, & pour ainfi-dire, le dépôt des mœurs , les Sénateurs doivent être élus pour la vie. Dans un Sénat fait pour préparer les affaires , les Sénateurs peuvent changer.

L'efprit, dit *Ariftote*, vieillit comme le corps. Cette réflexion n'eft bonne qu'à l'égard d'un Magiftrat unique, & ne peut être appliquée à une Affemblée de Sénateurs.

Outre L'Aréopage, il y avoit à Athenes des Gardiens des mœurs, & des Gardiens des Loix (*c*). A Lacédémone, tous les

---

(*a*) Les Magiftrats y étoient annuels, & les Sénateurs pour la vie.

(*b*) *Lycurgue*, dit Xenophon *de Repub. Lacedem.* voulut "qu'on élût les Sénateurs „ parmi les vieillards, pour qu'ils ne fe né- „ gligeaffent pas même à la fin de la vie ;

„ & en les établiffant Juges du courage des „ jeunes-gens, il a rendu la vieilleffe de „ ceux-là plus honorable, que la force de „ ceux-ci.

(*c*) L'Aréopage lui-même étoit foumis à la cenfure.

vieillards

vieillards étoient Cenfeurs. A Rome, deux Magiftrats particuliers avoient la Cenfure. Comme le Sénat veille fur le peuple,
il faut que des Cenfeurs aient les yeux fur le peuple & fur le Sénat. Il faut qu'ils rétabliffent dans la République tout ce qui a été
corrompu, qu'ils notent la tiédeur, jugent les négligences, &
corrigent les fautes, comme les Loix puniffent les crimes.

La Loi Romaine, qui vouloit que l'accufation de l'adultere
fût publique, étoit admirable pour maintenir la pureté des mœurs;
elle intimidoit les femmes, elle intimidoit auffi ceux qui devoient
veiller fur elles.

Rien ne maintient plus les mœurs qu'une extrème fubordination des jeunes-gens envers les vieillards. Les uns & les autres feront contenus, ceux-là par le refpect qu'ils auront pour les vieillards, & ceux-ci par le refpect qu'ils auront pour eux-mêmes.

Rien ne donne plus de force aux Loix, que la fubordination
extrème des Citoyens aux Magiftrats. « La grande différence que
« Lycurgue a mife entre Lacédémone & les autres Cités, dit
« *Xenophon* (*a*), confifte en ce qu'il a furtout fait, que les Ci-
« toyens obéiffent aux Loix; ils courent lorfque le Magiftrat les
« appelle. Mais à Athenes, un homme riche feroit au défef-
« poir que l'on crût qu'il dépendît du Magiftrat. »

L'autorité paternelle eft encore très-utile pour maintenir les
mœurs. Nous avons déja dit, que dans une République, il n'y
a pas une force fi réprimante, que dans les autres Gouvernemens. Il faut donc que les Loix cherchent à y fuppléer; elles le
font par l'autorité paternelle.

A Rome, les peres avoient droit de vie & de mort fur leurs
enfans (*b*). A Lacédémone, chaque pere avoit droit de corriger l'enfant d'un autre.

La puiffance paternelle fe perdit à Rome avec la République.
Dans les Monarchies, où l'on n'a que faire de mœurs fi pures,
on veut que chacun vive fous la puiffance des Magiftrats.

Les Loix de Rome qui avoient accoûtumé les jeunes-gens à
la dépendance, établirent une longue minorité. Peut-être avons-
nous eu tort de prendre cet ufage; dans une Monarchie on n'a
pas befoin de tant de contrainte.

___

(*a*) Répub. de Lacédem.
(*b*) On peut voir dans l'Hiftoire Romaine, avec quel avantage pour la République, on fe fervit de cette Puiffance. Je
ne parlerai que du tems de la plus grande
corruption. *Aulus-Fulvius* s'étoit mis en
chemin pour aller trouver *Catilina*; fon pere
le rappella & le fit mourir. Salufte *de bello
Catil.*

Partie I.   G   Cette

Cette même subordination dans la République, y pourroit demander que le pere restât pendant sa vie, le maître des biens de ses enfans, comme il fut reglé à Rome. Mais cela n'est pas de l'esprit de la Monarchie.

CHAPITRE VIII.

Comment les Loix doivent se rapporter au principe du Gouvernement dans l'Aristocratie.

SI dans l'Aristocratie, le peuple est vertueux, on y joüira à-peu-près du bonheur du Gouvernement populaire, & l'Etat deviendra puissant. Mais comme il est rare que là où les fortunes des hommes sont si inégales, il y ait beaucoup de vertu, il faut que les Loix tendent à donner autant qu'elles peuvent, un esprit de modération, & cherchent à rétablir cette égalité, que la constitution de l'Etat ôte nécessairement.

L'esprit de modération, est ce qu'on appelle la vertu dans l'Aristocratie ; il y tient la place de l'esprit d'égalité dans l'Etat populaire.

Si le faste & la splendeur qui environnent les Rois, font une partie de leur puissance, la modestie & la simplicité des manieres, font la force des Nobles Aristocratiques (*a*). Quand ils n'affectent aucune distinction, quand ils se confondent avec le Peuple, quand ils sont vêtus comme lui, quand ils lui font partager tous leurs plaisirs, il oublie sa foiblesse.

Chaque Gouvernement a sa nature & son principe. Il ne faut donc pas que l'Aristocratie prenne la nature & le principe de la Monarchie ; ce qui arriveroit si les Nobles avoient quelques prérogatives personnelles & particulieres, distinctes de celles de leur corps ; les priviléges doivent être pour le Sénat, & le simple respect pour les Sénateurs.

Il y a deux sources principales de désordres dans les Etats Aristocratiques : l'inégalité extrême entre ceux qui gouvernent & ceux qui sont gouvernés, & la même inégalité entre les differens

____

(*a*) De nos jours les Vénitiens, qui à bien des égards, se sont conduits très-sagement, déciderent sur une dispute entre un Noble Vénitien, & un Gentilhomme de Terre-ferme, pour une préséance dans une Eglise, que hors de Venise un Noble Vénitien n'avoit point de prééminence sur un autre Citoyen.

membres

membres du Corps qui gouverne. De ces deux inégalités résultent des haines & des jalousies que les Loix doivent prévenir ou arrêter.

La premiere inégalité se trouve principalement lorsque les priviléges des Principaux ne sont honorables que parce qu'ils sont honteux au Peuple. Telle fut à Rome la Loi qui défendoit aux Patriciens de s'unir par mariage aux Plébeyens (*a*); ce qui n'avoit d'autre effet que de rendre d'un côté les Patriciens plus superbes, & de l'autre plus odieux. Il faut voir les avantages qu'en tirerent les Tribuns dans leurs harangues.

Cette inégalité se trouvera encore si la condition des Citoyens est différente par rapport aux subsides : ce qui arrive de quatre manieres; lorsque les Nobles se donnent le privilége de n'en point payer; lorsqu'ils font des fraudes pour s'en exempter (*b*); lorsqu'ils les appellent à eux sous prétexte de rétributions ou d'appointemens pour les emplois qu'ils exercent; enfin quand ils rendent le Peuple tributaire & se partagent les impôts qu'ils levent sur eux. Ce dernier cas est rare; une Aristie en cas pareil est le plus dur de tous les Gouvernemens.

Pendant que Rome inclina vers l'Aristocratie, elle évita très bien ces inconvéniens. Les Magistrats ne tiroient jamais d'appointemens de leur Magistrature. Les Principaux de la République furent taxés comme les autres ; ils le furent même plus, & quelquefois ils le furent seuls. Enfin bien-loin de se partager les revenus de l'Etat, tout ce qu'ils pûrent tirer du Trésor puplic, tout ce que la fortune leur envoya de richesses, ils le distribuerent au peuple pour se faire pardonner leurs honneurs (*c*).

C'est une maxime fondamentale, qu'autant que les distributions faites au Peuple ont de pernicieux effets dans la démocratie, autant en ont-elles de bons dans le Gouvernement Aristocratique. Les premieres font perdre l'esprit du Citoyen, les autres y ramenent.

Si l'on ne distribue point les revenus au Peuple, il faut lui faire voir qu'ils sont bien administrés; les lui montrer c'est en quelque maniere l'en faire jouïr. Cette chaîne d'or que l'on tendoit à Venise, les richesses que l'on portoit à Rome dans les triomphes, les Trésors que l'on gardoit dans le Temple de Saturne, étoient véritablement les richesses du Peuple.

(*a*) Elle fut mise par les Decemvirs dans les deux dernieres Tables. *Voyez Denis d'Halicarn. liv.* X.

(*b*) Comme dans quelques Aristocraties de nos jours; rien n'affoiblit plus l'Etat.

(*c*) *Voyez dans Strabon liv.* 14. comment les Rhodiens se conduisirent à cet égard.

Il eſt ſurtout eſſentiel dans l'Ariſtocratie que les Nobles ne-levent pas les tributs. Le premier ordre de l'Etat ne s'en mé-loit point à Rome; on en chargea le ſecond, & cela même eut dans la ſuite de grands inconvéniens. Dans une Ariſto-cratie où les Nobles leveroient les tributs, tous les particuliers ſeroient à la diſcrétion des Gens d'affaires; il n'y auroit point de Tribunal ſupérieur qui les corrigeât. Ceux d'entr'eux pré-poſés pour ôter les abus aimeroient mieux joüir des abus. Les Nobles feroient comme les Princes des Etats deſpotiques, qui confiſquent les biens de qui il leur plaît.

Bien-tôt les profits qu'on y feroit ſeroient regardés comme un patrimoine, que l'avarice étendroit à ſa fantaiſie. On baiſ-feroit les fermes, on réduiroit à rien les revenus publics. C'eſt par-là que quelques Etats, ſans avoir reçu d'échec qu'on puiſ-ſe remarquer, tombent dans une foibleſſe dont les voiſins ſont ſurpris, & qui étonne les Citoyens mêmes.

Il faut que les Loix leur défendent auſſi le Commerce : des Marchands ſi accrédités feroient toutes ſortes de monopoles. Le Commerce eſt la profeſſion des gens égaux; & parmi les Etats deſpotiques, les plus miſérables ſont ceux où le Prince eſt Marchand.

Les Loix de Veniſe (a) défendent aux Nobles le Com-merce, qui pourroit leur donner même innocemment des ri-cheſſes exorbitantes.

Les Loix doivent employer les moyens les plus efficaces pour que les Nobles rendent juſtice au Peuple. Si elles n'ont point un Tribun, il faut qu'elles ſoient un Tribun elles-mêmes.

Toute ſorte d'aſile contre l'exécution des Loix perd l'Ariſ-tocratie, & la tyrannie en eſt tout auprès.

Elles doivent mortifier dans tous les tems l'orgueil de la Domination. Il faut qu'il y ait pour un tems ou pour toû-jours un Magiſtrat qui faſſe trembler les Nobles, comme les Ephores à Lacédémone, & les Inquiſiteurs d'Etat à Veniſe, Magiſtratures qui ne ſont ſoûmiſes à aucunes formalités. Ce Gouvernement a beſoin de reſſorts bien violents; une bouche de pierre (b) s'ouvre à tout délateur à Veniſe; vous diriez que c'eſt celle de la tyrannie.

(a) *Amelot* de la Houſſaye, du Gouver-nement de Veniſe, Part. 3. La Loi *Claudia* défendoit aux Sénateurs d'avoir en mer au-cun Vaiſſeau qui tint plus de quarante muids, *Tite-Liv.* liv. 21.

(b) Les délateurs y jettent leurs billets.

Ces

Ces Magiftratures tyranniques dans l'Ariftocratie ont du rapport à la Cenfure de la Démocratie, qui par fa nature n'eft pas moins indépendante. En effet, les Cenfeurs n'y doivent point être recherchés fur les chofes qu'ils ont faites pendant leur Cenfure ; il faut leur donner de la confiance, jamais du découragement. Les Romains étoient admirables ; on pouvoit faire rendre à tous les Magiftrats raifon de leur conduite (*a*), excepté aux Cenfeurs (*b*).

Deux chofes font pernicieufes dans l'Ariftocratie ; la pauvreté extrème des Nobles, & leurs richeffes exorbitantes. Pour prévenir leur pauvreté, il faut fur-tout les obliger de bonne heure à payer leurs dettes. Pour modérer leurs richeffes, il faut des difpofitions fages & infenfibles ; non pas des confifcations, des Loix agraires, des abolitions de dettes, qui font des maux infinis.

Les Loix doivent ôter le droit d'aîneffe entre les Nobles (*c*), afin que par le partage continuel des fucceffions, les fortunes fe remettent toûjours dans l'égalité.

Il ne faut point de fubftitution, de retraits lignagers, de majorats, d'adoption. Tous les moyens inventés pour perpétuer la grandeur des familles dans les Etats Monarchiques, ne fçauroient être d'ufage dans l'Ariftocratie (*d*).

Quand les Loix ont égalifé les familles, il leur refte à maintenir l'union entr'elles. Les différends des Nobles doivent être promptement décidés ; fans cela les conteftations entre les perfonnes deviennent des conteftations entre les familles. Des arbitres peuvent terminer les procès, ou les empêcher de naître.

Enfin, il ne faut point que les Loix favorifent les diftinctions que la vanité met entre les Familles, fous prétexte qu'elles font plus nobles ou plus anciennes ; cela doit être mis au rang des petiteffes des particuliers.

On n'a qu'à jetter les yeux fur Lacédémone ; on verra comment les Ephores fçurent mortifier les foibleffes des Rois, celles des Grands & celles du Peuple.

(*a*) Voy. *Tite-Live*, liv. XLIX. un Cenfeur ne pouvoit pas même être troublé par un Cenfeur : chacun faifoit fa note fans prendre l'avis de fon Collegue ; & quand on fit autrement, la Cenfure fut, pour ainfi dire, renverfée.

(*b*) A Athenes les *Logiftes* qui faifoient rendre compte à tous les Magiftrats, ne rendoient point compte eux-mêmes.

(*c*) Cela eft ainfi établi à Venife, *Amelot de la Houffaye*, p. 30. & 31.

(*d*) Il femble que l'objet de quelques Ariftocraties, foit moins de maintenir l'Etat, que ce qu'elles appellent leur Nobleffe.

          CHAPITRE

CHAPITRE IX.

Comment les Loix sont relatives à leur principe dans la Monarchie.

L'Honneur étant le principe de ce Gouvernement, les Loix doivent s'y rapporter.

Il faut qu'elles y travaillent à soûtenir cette Noblesse, dont l'honneur est, pour ainsi-dire, l'enfant & le pere.

Il faut qu'elles la rendent héréditaire, non pas pour être le terme entre le pouvoir du Prince & la foiblesse du Peuple, mais le lien de tous les deux.

Les substitutions qui conservent les biens dans les familles, seront très utiles dans ce Gouvernement, quoi qu'elles ne conviennent pas dans les autres.

Le retrait lignager rendra aux familles nobles les terres que la prodigalité d'un parent aura aliénées.

Les terres nobles auront des priviléges comme les personnes. On ne peut pas séparer la dignité du Monarque de celle du Royaume ; on ne peut guere séparer non plus la dignité du Noble de celle de son fief.

Toutes ces prérogatives seront particulieres à la Noblesse, & ne passeront point au Peuple, si l'on ne veut choquer le principe du Gouvernement, si l'on ne veut diminuer la force de la Noblesse, & celle du Peuple.

Les substitutions gênent le Commerce ; le retrait lignager fait une infinité de procès nécessaires ; & tous les fonds du Royaume vendus, sont au moins en quelque façon sans maître, pendant un an. Des prérogatives attachées à des fiefs, donnent un pouvoir très à charge, à ceux qui les souffrent. Ce sont des inconvéniens particuliers de la Noblesse, qui disparoissent devant l'utilité générale qu'elle procure : mais quand on les communique au peuple, on choque inutilement tous les principes.

On peut dans les Monarchies permettre de laisser la plus grande partie de ses biens à un seul de ses enfans ; cette permission n'est même bonne que là.

Il faut que les Loix favorisent tout le Commerce (*a*) que la
constitution de ce Gouvernement peut donner, afin que les Sujets puissent, sans périr, satisfaire aux besoins toûjours renaissans
du Prince & de sa Cour.

Il faut qu'elles mettent un certain ordre dans la maniere de lever des tributs, afin qu'elle ne soit pas plus pesante que les charges
mêmes.

La pésanteur des charges produit d'abord le travail, le travail
l'accablement, l'esprit de paresse.

CHAPITRE X.

De la promptitude de l'exécution dans la Monarchie.

LE Gouvernement Monarchique a un grand avantage
sur le Républicain : les affaires étant menées par un seul, il y
a plus de promptitude dans l'exécution. Mais comme cette promptitude pourroit dégénérer en rapidité, les Loix y mettront une
certaine lenteur. Elles ne doivent pas seulement favoriser la nature de chaque Constitution, mais encore remédier aux abus qui
pourroient résulter de cette même nature.

Le Cardinal de Richelieu (*b*), veut que l'on évite dans les
Monarchies, les épines des compagnies, qui forment des difficultés sur tout. Quand cet homme n'auroit pas eu le despotisme
dans le cœur, il l'auroit eu dans la tête.

Les corps qui ont le dépôt des Loix, n'obéissent jamais mieux,
que quand ils vont à pas tardifs, & qu'ils apportent dans les affaires du Prince, cette réflexion qu'on ne peut gueres attendre
du défaut de lumieres de la Cour sur les Loix de l'Etat, ni de la
précipitation de ses Conseils (*c*).

Que seroit devenue la plus belle Monarchie du monde, si les
Magistrats par leurs lenteurs, par leurs plaintes, par leurs prieres,
n'avoient arrêté le cours des vertus mêmes de ses Rois, lorsque
ces Monarques, ne consultant que leur grande ame, auroient

(*a*) Elle ne le permet qu'au peuple.
Voy. la Loi troisieme, au Code de *Comm.*
& *Mercatoribus*, qui est pleine de bon
sens.

(*b*) Testam. politique.

(*c*) Barbaris cunctatio servilis, statim
exequi regium videtur. *Tacit.* Annal. liv.
V.

voulu récompenfer fans mefure des fervices rendus avéc un courage & une fidélité auffi fans mefure?

CHAPITRE XI.

De l'Excellence du Gouvernement Monarchique.

LE Gouvernement Monarchique a un grand avantage fur le defpotique. Comme il eft de fa nature qu'il y ait fous le Prince plufieurs Ordres qui tiennent à la Conftitution, l'Etat eft plus fixe, la Conftitution plus inébranlable, la perfonne de ceux qui gouvernent plus affurée.

Ciceron (*a*) croit que l'établiffement des Tribuns de Rome fut le falut de la République. « En effet, *dit-il*, la force du peu- « ple qui n'a point de chef eft plus terrible. Un chef fent que l'af- « faire roule fur lui, il y penfe : mais le peuple dans fon impé- « tuofité, ne connoît point le péril où il fe jette. » On peut appliquer cette réflexion à un Etat defpotique, qui eft un peuple fans Tribuns, & à une Monarchie, où le peuple a en quelque façon des Tribuns.

En effet, on voit par-tout que dans les mouvemens du Gouvernement defpotique, le Peuple mené par lui-même porte toûjours les chofes auffi loin qu'elles peuvent aller. Tous les défordres qu'il commet font extrèmes ; au lieu que dans les Monarchies, les chofes font très-rarement portées à l'excès. Les Chefs craignent pour eux-mêmes, ils ont peur d'être abandonnés ; les Puiffances intermédiaires dépendantes (*b*) ne veulent pas que le Peuple prenne trop le deffus. Il eft rare que les Ordres de l'Etat foient entierement corrompus. Le Prince tient à ces Ordres, & les féditieux qui n'ont ni la volonté ni l'efpérance de renverfer l'Etat, ne peuvent ni ne veulent renverfer le Prince.

Dans ces circonftances, les gens qui ont de la fageffe & de l'autorité s'entremettent ; on prend des tempéramens, on s'arrange, on fe corrige ; les Loix reprennent leur vigueur & fe font écouter.

(*a*) Liv. III. des Loix.
(*b*) Voyez ci-deffus la premiere note du liv. II. ch. 4.

Auffi

'Auffi toutes nos hiftoires font-elles pleines de guerres civi-les fans révolutions; celles des Etats defpotiques font pleines de révolutions fans guerres civiles.

Ceux qui ont écrit l'hiftoire des guerres civiles de quelques Etats, ceux-mêmes qui les ont fomentées, prouvent affez com-bien l'autorité que les Princes laiffent à de certains Ordres pour leur fervice, leur doit être peu fufpecte; puifque dans leur éga-rement même ils ne foûpiroient qu'après les Loix & leur de-voir, & retardoient la fougue & l'impétuofité des factieux plus qu'ils ne pouvoient la fervir (*a*).

Le Cardinal de Richelieu, penfant peut-être qu'il avoit trop avili les Ordres de l'Etat, a recours pour le foûtenir aux ver-tus du Prince & des Miniftres (*b*); & il exige tant de chofes, qu'en vérité il n'y a qu'un Ange qui puiffe avoir tant d'atten-tion, tant de lumieres, tant de fermeté, tant de connoiffances; & on peut à peine fe flatter que d'ici à la diffolution des Mo-narchies il puiffe y avoir un Prince & des Miniftres pareils.

Comme les Peuples qui vivent fous une bonne police, font plus heureux que ceux qui fans regle & fans chefs errent dans les forêts; ainfi les Monarques qui vivent fous les Loix fonda-mentales de leur Etat, font-ils plus heureux que les Princes def-potiques, qui n'ont rien qui puiffe régler le cœur de leurs Peu-ples ni le leur.

CHAPITRE XII.

Continuation du même fujet.

QU'on n'aille point chercher de la magnanimité dans les Etats defpotiques; le Prince n'y donneroit point une gran-deur qu'il n'a pas lui-même: chez lui il n'y a pas de gloire.

C'eft dans les Monarchies que l'on verra autour du Prince les Sujets recevoir fes rayons; c'eft-là que chacun tenant, pour ain-fi dire, un plus grand efpace, peut exercer ces vertus qui don-nent à l'ame, non pas de l'Indépendance, mais de la Gran-deur.

(*a*) Memoires du Cardinal de Retz &   (*b*) Teftament politique.
autres Hiftoires.

Partie I.   H   CHAPITRE

CHAPITRE XIII.

Idée du Despotisme.

QUAND les Sauvages de la Louïsiane veulent avoir du fruit, ils coupent l'arbre au pié & cueillent le fruit (*a*). Voilà le Gouvernement despotique.

CHAPITRE XIV.

Comment les Loix font relatives aux principes du Gouvernement despotique.

LE Gouvernement despotique a pour principe la crainte : mais à des Peuples timides, ignorans, abattus, il ne faut pas beaucoup de loix.

Tout y doit rouler fur deux ou trois idées ; il n'en faut donc pas de nouvelles. Quand vous inftruifez une bête, vous vous donnez bien de garde de lui faire changer de maître, de leçon & d'allure ; vous frappez fon cerveau par deux ou trois mouvemens, pas davantage.

Lorfque le Prince eft enfermé, il ne peut fortir du féjour de la volupté fans défoler tous ceux qui l'y retiennent. Ils ne peuvent fouffrir que fa Perfonne & fon pouvoir paffent en d'autres mains. Il fait donc rarement la guerre en perfonne, & il n'ofe guere la faire par fes Lieutenans.

Un Prince pareil, accoûtumé dans fon Palais à ne trouver aucune réfiftance, s'indigne de celle qu'on lui fait les armes à la main ; il eft donc ordinairement conduit par la colere ou par la vengeance. D'ailleurs il ne peut avoir d'idée de la vraie gloire. Les guerres doivent donc s'y faire dans toute leur fureur naturelle, & le Droit des gens y avoir moins d'étendue qu'ailleurs.

Un tel Prince a tant de défauts qu'il faudroit craindre d'ex-

(*a*) Lettres édif. 11. Recueil, pag. 315.

pofer

poser au grand jour fa ftupidité naturelle. Il eft caché, & l'on gnore l'état où il fe trouve. Par bonheur les hommes font tels dans ces Pais qu'ils n'ont befoin que d'un nom qui les gouverne.

Charles XII. étant à *Bender*, trouvant quelque réfiftance dans le *Sénat de Suede*, écrivit qu'il leur enverroit une de fes bottes pour les commander. Cette botte auroit gouverné comme un Roi defpotique.

Si le Prince eft prifonnier, il eft cenfé être mort, & un autre monte fur le Trône. Les Traités que fait le prifonnier font nuls, fon Succeffeur ne les ratifieroit pas ; en effet, comme il eft les Loix, l'Etat & le Prince, & que fi-tôt qu'il n'eft plus le Prince, il n'eft rien ; s'il n'étoit pas cenfé mort, l'Etat feroit détruit.

Une des chofes qui détermina le plus les Turcs à faire leur paix feparée avec *Pierre I.* fut que les Mofcovites dirent au Vizir, qu'en Suede on avoit mis un autre Roi fur le Trône (*a*).

La confervation de l'Etat n'eft que la confervation du Prince, ou plutôt du Palais ou il eft enfermé. Tout ce qui ne menace pas directement ce Palais ou la Ville capitale, ne fait point d'impreffion fur des efprits ignorans, orgueilleux & prévenus ; & quant à l'enchaînement des évenemens, ils ne peuvent le fuivre, le prévoir, y penfer même. La Politique, fes refforts, & fes Loix, y doivent être très bornées, & le Gouvernement politique y eft auffi fimple que le Gouvernement civil (*b*).

Tout fe réduit à concilier le Gouvernement politique & civil avec le Gouvernement domeftique, les Officiers de l'Etat avec ceux du Serrail.

Un pareil Etat fera dans la meilleure fituation lorfqu'il pourra fe regarder comme feul dans le monde, qu'il fera environné de déferts & féparé des Peuples qu'il appellera Barbares. Ne pouvant compter fur la Milice, il fera bon qu'il détruife une partie de lui-même.

Comme le principe du Gouvernement defpotique eft la crainte, le but en eft la tranquilité ; mais ce n'eft point une paix, c'eft le filence de ces Villes que l'ennemi eft prêt d'occuper.

La force n'étant pas dans l'Etat, mais dans l'Armée qui l'a fondé, il faudroit pour défendre l'Etat, conferver cette armée :

(*a*) Suite de *Pufendorff*, Hift. Univerfelle, au Traité de la Suede, ch. 10.
(*b*) Selon Mr. *Chardin*, il n'y a point de Confeil d'Etat en Perfe.

H 2

mais

mais elle est formidable au Prince. Comment donc concilier la sûreté de l'Etat avec la sûreté de la personne ?

Voyez, je vous prie, avec quelle industrie le Gouvernement Moscovite cherche à sortir du Despotisme, qui lui est plus pesant qu'aux peuples mêmes. On a cassé les grands Corps de troupes, on a diminué les peines des crimes, on a établi des Tribunaux, on a commencé à connoître les Loix, on a instruit les peuples. Mais il y a des causes particulieres qui le rameneront peut-être au malheur qu'il voudroit fuir.

Dans ces Etats, la Religion a plus d'influence que dans aucun autre; elle est une crainte ajoûtée à la crainte. Dans les Empires Mahométans, c'est de la Religion que les Peuples tirent en partie le respect étonnant qu'ils ont pour leur Prince.

C'est la Religion qui corrige un peu la Constitution Turque. Les Sujets qui ne font pas attachés à la gloire & à la grandeur de l'Etat par honneur, le font par la force & par le principe de la Religion.

De tous les Gouvernemens despotiques, il n'y en a point qui s'accable plus lui-même, que celui où le Prince se déclare propriétaire de tous les fonds de terre, & l'héritier de tous ses Sujets. Il en résulte toûjours l'abandon de la culture des terres ; & si d'ailleurs le Prince est Marchand, toute espece d'industrie est ruinée.

Dans ces Etats on ne répare, on n'améliore rien (a). On ne bâtit de maisons que pour la vie, on ne fait point de fossés, on ne plante point d'arbres, on tire tout de la terre, on ne lui rend rien ; tout est en friche, tout est désert.

Pensez-vous que des Loix qui ôtent la propriété des fonds de terre & la succession des biens, diminueront l'avarice & la cupidité des grands ? Non : elles irriteront cette cupidité & cette avarice. On sera porté à faire mille vexations, parce qu'on ne croira avoir en propre que l'or ou l'argent, que l'on pourra voler ou cacher.

Pour que tout ne soit pas perdu, il est bon que l'avidité du Prince soit modérée par quelque coûtume. Ainsi en Turquie le Prince se contente de prendre un droit de trois pour cent, sur la valeur de la succession (b). Mais comme le Grand Seigneur don-

---

(a) Voy. Ricaut, Etat de l'Emp. Ottoman, p. 196.

(b) Voy. sur les Successions des Turcs, Lacédémone ancienne & moderne. Voy. aussi Ricaut de l'Emp. Ottoman.

ne la plûpart des Terres à sa milice, & en dispose à sa fantaisie, comme il se saisit de toutes les successions des Officiers de l'Empire, comme lorsqu'un homme meurt sans enfans mâles, le Grand Seigneur a la propriété, & que les filles n'ont que l'usufruit; il arrive que la plûpart des biens de l'Etat sont possédés d'une maniere précaire.

Par la Loi de *Bantam* (*a*), le Roi prend toute la succession, même la femme, les enfans & la maison. On est obligé pour éluder la plus cruelle disposition de cette Loi, de marier les enfans à huit, neuf ou dix ans, & quelquefois plus jeunes, afin qu'ils ne se trouvent pas faire une malheureuse partie de la succession du pere.

Dans les Etats où il n'y a point de Loix fondamentales, la succession à l'Empire ne sauroit être fixe. La Couronne y est élective par le Prince dans sa famille, ou hors de sa famille. En vain seroit-il établi que l'aîné succéderoit; le Prince en pourroit toûjours choisir un autre. Le successeur est déclaré par le Prince lui-même, ou par ses Ministres, ou par une guerre civile. Ainsi cet Etat a une raison de dissolution de plus qu'une Monarchie.

Chaque Prince de la famille Royale, ayant une égale capacité pour être élû, il arrive que celui qui monte sur le Trône, fait d'abord étrangler ses freres, comme en Turquie, ou les fait aveugler, comme en Perse, ou les rend foux, comme chez le Mogol; ou si l'on ne prend point ces précautions, comme à Maroc, chaque vacance de Trône est suivie d'une affreuse guerre civile.

Par les Constitutions de Moscovie (*b*), le Czar peut choisir qui il veut pour son successeur, soit dans sa famille, soit hors de sa famille. Un tel établissement de succession, cause mille révolutions, & rend le Trône aussi chancelant que la succession est arbitraire. L'ordre de succession étant une des choses qu'il importe le plus au Peuple de savoir, le meilleur est celui qui frappe le plus les yeux, comme la naissance, & un certain ordre de naissance. Une telle disposition arrête les brigues, étouffe l'ambition; on ne captive plus l'esprit d'un Prince foible, & l'on ne fait point parler les mourans.

(*a*) Recueil des Voyages qui ont servi à l'étab. de la Comp. des Indes, Tom. I. La Loi du *Pégu* est moins cruelle; si l'on a des enfans, le Roi ne succede qu'aux deux tiers. *Ibid. tom. III. pag.* 1.

(*b*) *Voy.* les différentes Constitutions, surtout celle de 1722.

H 3   Lorsque

Lorſque la ſucceſſion eſt établie par une Loi fondamentale, un ſeul Prince eſt le ſucceſſeur, & ſes freres n'ont aucun droit réel ou apparent, de lui diſputer la Couronne. On ne peut préſumer ni faire valoir une volonté particuliere du pere. Il n'eſt donc pas plus queſtion d'arrêter, ou de faire mourir le frere du Roi, que quelqu'autre ſujet que ce ſoit.

Mais dans les Etats deſpotiques, où les freres du Monarque ſont également ſes eſclaves & ſes rivaux, la prudence veut que l'on s'aſſure de leurs perſonnes ; ſur-tout dans les Païs Mahométans où la Réligion regarde la victoire ou le ſuccès comme un jugement de Dieu ; de ſorte que perſonne n'y eſt Monarque de droit, mais ſeulement de fait.

L'ambition eſt bien plus irritée dans des Etats où des Princes du Sang voyent que s'ils ne montent pas ſur le Trône ils ſeront enfermés ou mis à mort, que parmi nous où les Princes du ſang joüiſſent d'une condition qui, ſi elle n'eſt pas ſi ſatisfaiſante pour l'ambition , l'eſt peut-être plus pour les deſirs modérés.

Les Princes des Etats deſpotiques ont toûjours abuſé du Mariage. Ils prennent ordinairement pluſieurs femmes, ſur-tout dans la partie du monde où le deſpotiſme eſt, pour ainſi dire, naturaliſé , qui eſt l'Aſie. Ils en ont tant d'enfans qu'ils ne peuvent guere avoir d'affection pour eux, ni ceux-ci pour leurs freres.

La famille régnante reſſemble à l'Etat ; elle eſt trop foible & ſon chef eſt trop fort ; elle paroît étendue, & elle ſe réduit à rien. *Artaxerxès* (a) fit mourir tous ſes enfans pour avoir conjuré contre lui. Il n'eſt pas vrai-ſemblable que cinquante enfans conſpirent contre leur pere , & encore moins qu'ils conſpirent parce qu'il n'a pas voulu céder ſa concubine à ſon fils aîné. Il eſt plus ſimple de croire qu'il y a là quelque intrigue de ces ſérails d'Orient, de ces lieux où l'artifice , la méchanceté , la ruſe regnent dans le ſilence, & ſe couvrent d'une épaiſſe nuit, où un vieux Prince, devenu tous les jours plus imbécile, eſt le premier priſonnier du Palais.

Après tout ce que nous venons de dire, il ſembleroit que la nature humaine ſe ſoûleveroit ſans ceſſe contre le Gouvernement deſpotique. Mais malgré l'amour des hommes pour la liberté , malgré leur haîne contre la violence, la plûpart des peuples y ſont ſoumis. Cela eſt aiſé à comprendre. Pour former un Gouvernement modéré, il faut combiner les Puiſſances, les régler,

(a) Voy. *Juſtin.*

les

les tempérer, les faire agir, donner, pour ainfi-dire, un left à l'une, pour la mettre en état de réfifter à une autre; c'eft un chef-d'œuvre de légiflation, que le hafard fait rarement, & que rarement on laiffe faire à la prudence. Un Gouvernement defpotique au contraire faute, pour ainfi dire, aux yeux; il eft uniforme partout; comme il ne faut que des paffions pour l'établir, tout le monde eft bon pour cela.

CHAPITRE XV.

Continuation du même fujet.

DANS les climats chauds où regne ordinairement le defpotifme, les paffions fe font plutôt fentir, & elles font auffi plutôt amorties (*a*); l'efprit y eft plus avancé; les périls de la diffipation des biens y font moins grands; il y a moins de facilité de fe diftinguer, moins de commerce entre les Jeunes-gens renfermés dans la maifon; on s'y marie de meilleure heure; on y peut donc être majeur plutôt que dans nos climats d'Europe. En Turquie la majorité commence à quinze ans (*b*).

La ceffion des biens n'y peut avoir lieu; dans un Gouvernement où perfonne n'a de fortune affurée, on prête plus à la perfonne qu'aux biens.

Elle entre naturellement dans les Gouvernemens moderés (*c*) & fur-tout dans les Républiques, à caufe de la plus grande confiance que l'on doit avoir dans la probité des Citoyens, & de la douceur que doit infpirer une forme de Gouvernement que chacun femble s'être donnée lui-même.

Si dans la République Romaine les Légiflateurs avoient établi la Ceffion de biens (*d*), on ne feroit pas tombé dans tant de féditions & de difcordes civiles, & on n'auroit point effuyé les dangers des maux ni les périls des remedes.

La pauvreté & l'incertitude des fortunes dans les Etats defpotiques y naturalifent l'ufure, chacun augmentant le prix de

---

(*a*) *Voy.* le Liv. des Loix dans le rapport avec la nature du climat.

(*b*) *Laguilletiere*, Lacédémone ancienne & nouvelle, pag. 463.

(*c*) Il en eft de même des Atermoye-mens dans les banqueroutes de bonne foi.

(*d*) Elle ne fut établie que par la Loi Julia, *De Ceffione bonorum*; on évitoit la prifon & la Section ignominieufe des biens.

son

fon argent à proportion du péril qu'il y a à le prêter. La misère vient donc de toutes parts dans ces païs malheureux ; tout y eft ôté jufqu'à la reffource des emprunts.

Il arrive de-là qu'un Marchand n'y fauroit faire un grand commerce ; il vit au jour la journée ; s'il fe chargeoit de beaucoup de marchandifes, il perdroit plus par les interêts qu'il donneroit pour les payer, qu'il ne gagneroit fur les marchandifes. Auffi les Loix fur le Commerce n'y ont-elles guere de lieu ; elles fe réduifent à la fimple police.

Le Gouvernement ne fçauroit être injufte fans avoir des mains qui exercent fes injuftices : or il eft impoffible que ces mains ne s'employent pour elles-mêmes. Le Péculat eft donc naturel dans les États defpotiques.

Ce crime y étant le crime ordinaire ; les confifcations y font utiles. Par-là on confole le Peuple ; l'argent qu'on en tire eft un tribut confidérable que le Prince léveroit difficilement fur des fujets abîmés : il n'y a même dans ces païs aucune famille qu'on veuille conferver.

Dans les Etats modérés c'eft toute autre chofe. Les confifcations rendroient la propriété des biens incertaine, elles dépouilleroient des enfans innocens, elles détruiroient une famille lorfqu'il ne s'agiroit que de punir un coupable. Dans les Républiques elles feroient le mal d'ôter l'égalité qui en fait l'ame en privant un Citoyen de fon néceffaire phyfique (*a*).

Une Loi Romaine (*b*), veut qu'on ne confifque que dans le cas du crime de leze-Majefté au premier chef. Il feroit fouvent très-fage de fuivre l'efprit de cette Loi, & de borner les confifcations à de certains crimes. Dans les Païs où une Coûtume locale a difpofé des *propres*, Bodin (*c*), dit très-bien qu'il ne faudroit confifquer que les *acquêts*.

CHAPITRE XVI.

De la communication du Pouvoir.

DANS le Gouvernement defpotique, le *Pouvoir* paffe tout entier dans les mains de celui à qui on le confie. Le Vizir eft le Defpote lui-même ; & chaque Officier particulier eft le

(*a*) Il me femble qu'on aimoit trop les confifcations dans la République d'Athenes.

(*b*) Autentica bona damnatorum. *Cod. de bon. damn.*

(*c*) Liv. V. ch. 3.

Vizir. Dans le Gouvernement Monarchique, le Pouvoir s'applique moins immédiatement ; le Monarque en le donnant le tempere (*a*). Il fait une telle diftribution de fon autorité, qu'il n'en donne jamais une plus grande.

Ainfi dans les Etats Monarchiques, les Gouverneurs particuliers des Villes, ne relevent pas tellement du Gouverneur de la Province, qu'ils ne relevent du Prince encore davantage ; & les Officiers particuliers des corps militaires ne dépendent pas tellement du Général, qu'ils ne dépendent du Prince encore plus.

Dans la plûpart des Etats Monarchiques, on a fagement établi, que ceux qui ont un commandement un peu étendu, ne foient attachés à aucun Corps de milice ; de forte que n'ayant de commandement que par une volonté particuliere du Prince, pouvant être employés & ne l'être pas, ils font en quelque façon dans le fervice, & en quelque façon dehors.

Ceci eft incompatible avec le Gouvernement defpotique. Car fi ceux qui n'ont pas un emploi actuel, avoient néantmoins des prérogatives & des titres, il y auroit dans l'Etat des hommes grands par eux-mêmes ; ce qui choqueroit la nature de ce Gouvernement.

Que fi le Gouverneur d'une Ville étoit indépendant du Bacha, il faudroit tous les jours des tempéramens pour les accommoder ; chofe abfurde dans un Gouvernement defpotique. Et de plus, le Gouverneur particulier pouvant ne pas obéir, comment l'autre pourroit-il répondre de fa Province fur fa tête ?

Dans ce Gouvernement, l'autorité ne peut être balancée ; celle du moindre Magiftrat ne l'eft pas plus que celle du Defpote. Dans les Pays modérés, la Loi eft partout fage, elle eft partout connue, & les plus petits Magiftrats peuvent la fuivre. Mais dans le Defpotifme où la Loi n'eft que la volonté du Prince, quand le Prince feroit fage, comment un Magiftrat pourroit-il fuivre une volonté qu'il ne connoît pas ? Il faut qu'il fuive la fienne.

Il y a plus, c'eft que la Loi n'étant que ce que le Prince veut, & le Prince ne pouvant vouloir que ce qu'il connoît, il faut bien qu'il y ait une infinité de gens qui veuillent pour lui & comme lui.

Enfin la Loi étant la volonté momentanée du Prince, il eft

(*a*) Ut effe Phœbi dulcius lumen folet
Jamjam cadentis . . . . .

néceſſaire que ceux qui veulent pour lui, veuillent ſubitement comme lui.

CHAPITRE XVII.

Des Préſens.

C'EST un uſage reçû dans les Pays deſpotiques, que l'on n'aborde qui que ce ſoit au-deſſus de ſoi, ſans lui faire un préſent, pas même les Rois. L'Empereur du Mogol (*a*) ne reçoit point les Requêtes de ſes ſujets, qu'il n'en ait reçû quelque choſe. Ces Princes vont juſqu'à corrompre leurs propres graces.

Cela doit être ainſi dans un Gouvernement où perſonne n'eſt Citoyen, dans un Gouvernement où l'on eſt plein de l'idée, que le ſupérieur ne doit rien à l'inférieur, dans un Gouvernement où les hommes ne ſe croient liés que par les châtimens que les uns exercent ſur les autres, dans un Gouvernement où il y a peu d'affaires, & où il eſt rare que l'on ait beſoin de ſe préſenter devant un Grand, lui faire des demandes, & encore moins des plaintes.

Dans une République, les préſens ſont une choſe odieuſe, parce que la vertu n'en a pas beſoin. Dans une Monarchie, l'honneur eſt un motif plus fort que les préſens. Mais dans l'Etat deſpotique où il n'y a ni honneur ni vertu, on ne peut être déterminé à agir que par l'eſpérance des commodités de la vie.

C'eſt dans les idées de la République, que Platon (*b*) vouloit que ceux qui recevoient des préſens pour faire leur devoir, fuſſent punis de mort. *Il n'en faut prendre*, diſoit-il, *ni pour les choſes bonnes, ni pour les mauvaiſes.*

C'étoit une mauvaiſe Loi que cette Loi Romaine (*c*), qui permettoit aux Magiſtrats de prendre de petits préſens (*d*), pourvû qu'ils ne paſſaſſent pas cent écus dans toute l'année. Ceux à qui on ne donne rien, ne déſirent rien ; ceux à qui on donne un peu déſirent bien-tôt un peu plus, & enſuite beaucoup. D'ailleurs il eſt plus aiſé de convaincre celui qui ne devant rien prendre,

---

(*a*) Recueil des Voyages qui ont ſervi à l'établiſſement de la Compagnie des *Indes*, Tom. I. pag. 80.

(*b*) Liv. XII. des Loix.
(*c*) Leg. 5. §. ad leg. jul. repet.
(*d*) Munuſcula.

prend

prend quelque chofe, que celui qui prend plus, lorfqu'il devroit prendre moins, & qui trouve toûjours pour cela des prétextes, des excufes, des caufes plaufibles.

CHAPITRE XVIII.

Des Récompenfes que le Souverain donne.

DANS les Gouvernemens defpotiques, où, comme nous avons dit, on n'eft determiné à agir que par l'efpérance des commodités de la vie, le Prince qui récompenfe n'a que de l'argent à donner. Dans une Monarchie où l'honneur regne feul, le Prince ne récompenferoit que par des diftinctions, fi les diftinctions que l'honneur établit n'étoient jointes à un luxe qui donne néceffairement des befoins : le Prince y récompenfe donc par des honneurs qui menent à la fortune. Mais dans une République où la vertu regne, motif qui fe fuffit à lui-même & qui exclut tous les autres, l'Etat ne récompenfe que par des témoignages de cette vertu.

C'eft une regle générale, que les grandes récompenfes dans une Monarchie & dans une République, font un figne de leur décadence ; parce qu'elles prouvent que leurs principes font corrompus, que d'un côté l'idée de l'honneur n'y a plus tant de force, que de l'autre la qualité de Citoyen s'eft affoiblie.

Les plus mauvais Empereurs Romains ont été ceux qui ont le plus donné, par exemple, *Caligula, Claude, Neron, Othon, Vitellius, Commode, Heliogabale & Caracalla.* Les meilleurs, comme *Augufte, Vefpafien, Antonin-Pie, Marc-Aurele* & *Pertinax*, ont été économes. Sous les bons Empereurs l'Etat reprenoit fes principes ; le tréfor de l'honneur fuppléoit aux autres tréfors.

CHAPITRE XIX.

Nouvelles conféquences des principes des trois Gouvernemens.

JE ne puis me réfoudre à finir ce Livre fans faire encore quelques applications de mes trois principes.

PREMIERE QUESTION. C'eft une queftion de favoir fi les Loix

 doivent

doivent forcer un Citoyen à accepter les emplois publics. Je dis qu'elles le doivent dans le Gouvernement Républicain, & non pas dans le Monarchique. Dans le premier, les Magistratures font des témoignages de vertu, des dépôts que la Patrie confie à un Citoyen, qui ne doit vivre, agir, & penfer que pour elle; il ne peut donc pas les refufer (*a*). Dans le fecond les Magistratures font des témoignages d'honneur : or telle est la bifarrerie de l'honneur, qu'il fe plaît à n'en accepter aucun que quand il veut & de la maniere qu'il veut.

Le feu Roi de Sardaigne (*b*) puniffoit ceux qui refufoient les dignités & les emplois de fon Etat; il fuivoit fans le favoir des idées Républicaines. Sa maniere de gouverner d'ailleurs prouve affez que ce n'étoit pas là fon intention.

SECONDE QUESTION. Eft-ce une bonne maxime qu'un Citoyen puiffe être obligé d'accepter dans l'Armée une place inférieure à celle qu'il a occupée? On voyoit fouvent chez les Romains le Capitaine fervir l'année d'après fous fon Lieutenant (*c*). C'eft que dans les Républiques la vertu demande qu'on faffe à l'Etat un facrifice continuel de foi-même & de fes répugnances. Mais dans les Monarchies l'honneur vrai ou faux ne peut fouffrir ce qu'il appelle fe dégrader.

Dans les Gouvernemens defpotiques, où l'on abufe également de l'honneur, des poftes & des rangs, on fait indifféremment d'un Prince un goujat, & d'un goujat un Prince.

TROISIEME QUESTION. Mettra-t-on fur une même tête les emplois civils & militaires? Il faut les unir dans la République, & les féparer dans la Monarchie. Dans les Républiques il feroit bien dangereux de faire de la profeffion des armes un état particulier, diftingué de celui qui a les fonctions civiles; & dans les Monarchies il n'y auroit pas moins de péril à donner les deux fonctions à la même perfonne.

On ne prend les armes dans la République qu'en qualité de défenfeur des Loix & de la Patrie; c'eft parce que l'on eft Citoyen que l'on fe fait pour un tems foldat. S'il y avoit deux états

---

(*a*) *Platon*, dans fa République, Liv. VIII. met ces refus au nombre des marques de la corruption de la République. Dans les Loix, Liv. VI. il veut qu'on les puniffe par une amende; à *Venife* on les punit par l'exil.

(*b*) Victor Amedée.

(*c*) Quelques Centurions ayant appellé au Peuple pour demander l'emploi qu'ils avoient eu : *Il eft jufte, mes Compagnons, dit un Centurion, que vous regardiez comme honorables, tous les poftes où vous défendrez la République.* Tite-Live, liv. XLII.

diftingués,

diftingués , on feroit fentir à celui qui fous les armes fe croit Citoyen, qu'il n'eft que foldat.

Dans les Monarchies les gens de guerre n'ont pour objet que la gloire, ou du moins l'honneur ou la fortune. On doit bien fe garder de donner les emplois civils à des hommes pareils ; il faut au contraire qu'ils foient contenus par les Magiftrats civils, & que les mêmes gens n'aient pas en même tems la confiance du Peuple & la force pour en abufer (*a*).

Voyez dans une Nation où la République fe cache fous la forme de la Monarchie , combien l'on craint un état particulier de Gens de guerre , & comment le Guerrier refte toûjours Citoyen, ou même Magiftrat , afin que ces qualités foient un gage pour la Patrie & qu'on ne l'oublie jamais.

Cette divifion de Magiftratures en civiles & militaires, faite par les Romains après la perte de la République , ne fut pas une chofe arbitraire. Elle fut une fuite du changement de la conftitution de Rome ; elle étoit de la nature du Gouvernement Monarchique ; & ce qui ne fut commencé que fous *Auguste* (*b*) les Empereurs fuivans (*c*) furent obligés de l'achever, pour tempérer le Gouvernement militaire.

Ainfi *Procope*, concurrent de *Valens* à l'Empire, n'y entendoit rien, lorfque donnant à Hormifdas, Prince du Sang-Royal de Perfe , la dignité de Proconful (*d*.), il rendit à cette Magiftrature le Commandement des Armées qu'elle avoit autrefois ; à moins qu'il n'eût des raifons particulieres. Un homme qui afpire à la Souveraineté, cherche moins ce qui eft utile à l'Etat, que ce qui l'eft à fa caufe.

QUATRIEME QUESTION. Convient-il que les Charges foient vénales? Elle ne doivent pas l'être dans les Etats Defpotiques, où il faut que les Sujets foient placés ou déplacés dans un inftant par le Prince.

Cette vénalité eft bonne dans les Etats Monarchiques, parce qu'elle fait faire comme un métier de famille ce qu'on ne voudroit pas entreprendre pour la vertu, qu'elle deftine chacun à fon devoir, & rend les ordres de l'Etat plus permanens. *Suidas* (*e*) dit très-bien qu'Anaftafe avoit fait de l'Empire une efpece d'Ariftocratie en vendant toutes les Magiftratures.

(*a*) Ne imperium ad optimos nobilium transferretur, Senatum militia vetuit Gallienus, etiam adire exercitum. *Aurelius Victor* de Viris illuftrib.

(*b*) Augufte ôta aux Sénateurs , Proconfuls & Gouverneurs le Droit de porter les armes. *Dion*, Liv. XXXIII.

(*c*) Conftantin. Voy. *Zozime*, Liv. II

(*d*) Ammian Marcellin , Liv. XXVI. *More veterum & bella recturo.*

(*e*) Fragmens tirés des Ambaffades de Conftantin-Prophirogenete.

Platon (*a*) ne peut souffrir cette vénalité. « C'est, *dit-il*, comme « si dans un Navire on faisoit quelqu'un Pilote ou Matelot pour « son argent. Seroit-il possible que la regle fût mauvaise dans quel- « qu'autre emploi que ce fût de la vie, & bonne seulement pour « conduire une République » ? Mais Platon parle d'une République fondée sur la vertu, & nous parlons d'une Monarchie. Or dans une Monarchie où, quand les charges ne se vendroient pas par un reglement public, l'indigence & l'avidité des Courtisans les vendroient tout de même ; le hazard donnera de meilleurs sujets que le choix du Prince. Enfin la maniere de s'avancer par les richesses inspire & entretient l'industrie (*b*) ; chose dont cette espece de Gouvernement a grand besoin.

Cinquieme Question. Dans quel Gouvernement faut-il des Censeurs ? Il en faut dans une République, où le principe du Gouvernement est la vertu. Ce ne sont pas seulement les crimes qui détruisent la vertu, mais encore les négligences, les fautes, une certaine tiédeur dans l'amour de la Patrie, des exemples dangereux, des semences de corruption, ce qui ne choque point les Loix, mais les élude, ce qui ne les détruit pas, mais les affoiblit ; tout cela doit être corrigé par les Censeurs.

On est étonné de la punition de cet Aréopagite, qui avoit tué un moineau, qui, poursuivi par un épervier, s'étoit réfugié dans son sein. On est surpris que l'Aréopage ait fait mourir un enfant qui avoit crevé les yeux à son oiseau. Qu'on fasse attention qu'il ne s'agit point là d'une condamnation pour crime, mais d'un jugement de mœurs dans une République fondée sur les mœurs.

Dans les Monarchies il ne faut point de Censeurs ; elles sont fondées sur l'honneur, & la nature de l'honneur est d'avoir pour censeur tout l'Univers. Tout homme qui y manque, est soûmis aux reproches de ceux-mêmes qui n'en ont point.

Là les Censeurs seroient gâtés par ceux-mêmes qu'ils devroient corriger : ils ne seroient pas bons contre la corruption d'une Monarchie ; mais la corruption d'une Monarchie seroit trop forte contre eux.

On sent bien qu'il ne faut point de Censeurs dans les Gouvernemens despotiques. L'exemple de la Chine semble déroger à cette regle ; mais nous verrons dans la suite de cet ouvrage les raisons singulieres de cet établissement.

(*a*) Rep. liv. VIII.
(*b*) Paresse de l'Espagne ; on y donne tous les emplois.

LIVRE

LIVRE SIXIEME.

*Conséquences des principes des divers Gouver-
nemens , par rapport à la simplicité des Loix
Civiles & Criminelles , la forme des Jugemens
& l'établissement des peines.*

CHAPITRE PREMIER.

De la simplicité des Loix Civiles dans les divers Gouvernemens.

LE Gouvernement Monarchique ne comporte pas des Loix aussi simples que le despotique; il y faut des Tribunaux. Ces Tribunaux donnent des décisions; elles doivent être conservées, elles doivent être apprises pourque l'on y juge aujourd'hui comme l'ont jugea hier, & que la propriété & la vie des Citoyens y soient assurées & fixes comme la Constitution même de l'Etat.

Dans une Monarchie , l'administration d'une Justice qui ne décide pas seulement de la vie & des biens, mais aussi de l'honneur, demande des recherches scrupuleuses. La délicatesse du Juge augmente à mesure qu'il a un plus grand dépôt, & qu'il prononce sur de plus grands intérêts.

Il ne faut donc pas être étonné de trouver dans les Loix de ces Etats tant de regles, de restrictions , d'extensions qui multiplient les cas particuliers & semblent faire un Art de la raison même.

La différence de rang, d'origine, de condition, qui est établie dans le Gouvernement Monarchique , entraîne souvent des distinctions dans la nature des biens ; & des Loix relatives à la constitution de cet Etat peuvent augmenter le nombre de ces distinctions. Ainsi parmi nous les biens sont propres, acquêts ou conquêts, dotaux, paraphernaux, paternels & maternels; meubles de plusieurs especes; libres , substitués , du lignage ou non , Nobles en franc-aleu, ou roturiers, rentes foncieres, ou constituées à prix d'argent. Chaque sorte de biens est soûmise à des

regles

regles particulieres ; il faut les fuivre pour en difpofer : ce qui ôte encore de la fimplicité.

Dans nos Gouvernemens, les fiefs font devenus héréditaires. Il a fallu que la Nobleffe eût une certaine confiftence, afin que le propriétaire du fief fût en état de fervir le Prince. Cela a dû produire bien des variétés; par exemple, il y a des païs où l'on n'a pu partager les fiefs entre les freres ; dans d'autres les cadets ont pu avoir leur fubfiftance avec plus d'étendue.

Le Monarque qui connoît chacune de fes Provinces peut établir diverfes Loix , ou fouffrir différentes Coûtumes. Mais le defpote ne connoît rien, & ne peut avoir d'attention fur rien ; il lui faut une allure générale; il gouverne par une volonté rigide qui eft partout la même ; tout s'applanit fous fes piés.

A mefure que les Jugemens des Tribunaux fe multiplient dans les Monarchies, la Jurifprudence fe charge de décifions, qui quelquefois fe contredifent , cu parce que les Juges qui fe fuccedent penfent différemment, ou parce que les mêmes affaires font tantôt bien , tantôt mal défendues , ou enfin par une infinité d'abus qui fe gliffent dans tout ce qui paffe par la main des hommes. C'eft un mal néceffaire, que le Légiflateur corrige de tems-en-tems, comme contraire même à l'efprit des Gouvernemens modérés. Car quand on eft obligé de recourir aux Tribunaux, il faut que cela vienne de la nature de la Conftitution, & non pas des contradictions & de l'incertitude des Loix.

Dans les Gouvernemens où il y a néceffairement des diftinctions dans les perfonnes, il faut qu'il y ait des priviléges. Cela diminue encore la fimplicité & fait mille exceptions.

Un des priviléges les moins à charge à la Société & furtout à celui qui le donne , c'eft de plaider devant un Tribunal plutôt que devant un autre. Voilà de nouvelles affaires, c'eft-à-dire, celles où il s'agit de favoir devant quel Tribunal il faut plaider.

Les Peuples des Etats defpotiques font dans un cas bien différent; Je ne fçai fur quoi dans ce païs le Légiflateur pourroit ftatuer, ou le Magiftrat juger. Il fuit de ce que les terres appartiennent au Prince, qu'il n'y a prefque point de Loix Civiles fur la propriété des terres. Il fuit du droit que le Souverain a de fuccéder , qu'il n'y en a pas non plus fur les fucceffions. Le négoce exclufif qu'il fait dans quelques païs , rend inutiles toutes fortes de Loix fur le Commerce. Les mariages que l'on y contracte avec des filles efclaves font qu'il n'y a guere de loix Civiles fur les dots & fur les

avantages

avantages des femmes. Il réfulte encore de cette prodigieuse multitude d'efclaves, qu'il n'y a prefque point de gens qui aient une
volonté propre, & qui parconféquent doivent répondre de leur
conduite devant un Juge. La plûpart des actions morales, qui ne
font que les volontés du pere, du mari, du maître, fe reglent par
eux & non par les Magiftrats.

J'oubliois de dire que ce que nous appellons l'honneur, étant
à peine connu dans ces Etats, toutes les affaires qui regardent cet
honneur, qui eft un fi grand chapitre parmi nous, n'y ont point de
lieu. Le defpotifme fe fuffit à lui-même; tout eft vuide autour de
lui. Auffi lorfque les Voyageurs nous décrivent les païs où il régne, rarement nous parlent-ils de loix Civiles (*a*).

Toutes les occafions de difpute & de procès y font donc ôtées.
C'eft ce qui fait en partie qu'on y maltraite fi fort les plaideurs :
l'injuftice de leur demande paroît à découvert, n'étant pas cachée,
palliée, ou protégée par une infinité de Loix.

CHAPITRE II.

De la fimplicité des Loix Criminelles dans les divers Gouvernemens.

ON entend dire fans ceffe qu'il faudroit que la juftice fût rendue par-tout comme en Turquie. Il n'y aura donc que les
plus ignorans de tous les Peuples qui auront vû clair dans la chofe
du monde qu'il importe le plus aux hommes de favoir ?

Si vous examinez les formalités de la Juftice par rapport à la
peine qu'a un Citoyen à fe faire rendre fon bien ou à obtenir fatis-
faction de quelque outrage, vous en trouverez fans doute trop ;
fi vous les regardez dans le rapport qu'elles ont avec la liberté &
la fûreté des Citoyens, vous en trouverez fouvent trop peu; & vous
verrez que les peines, les dépenfes, les longueurs, les dangers
même de la Juftice, font le prix que chaque Citoyen donne pour
fa liberté.

En *Turquie* où l'on fait très-peu d'attention à la fortune,

(*a*) Au *Mazulipatan* on n'a pû découvrir qu'il y eût de Loi écrite. Voy. *Recueil
des Voyages qui ont fervi à l'établiffement de
la Compagnie des Indes, Tom. IV. Part. I.
p. 391.* Les Indiens ne fe reglent dans les
Jugemens, que fur de certaines Coûtumes.
Le *Vedan* & autres Livres pareils, ne contiennent point de Loix civiles, mais des
préceptes Religieux. Voy. *Lettres édif.*
quatorzieme Recueil.

à la vie, à l'honneur des sujets, on termine promptement d'u-
ne façon ou d'autre toutes les disputes. La maniere de les finir
est indifférente pourvû qu'on finisse. Le Bacha d'abord éclairci,
fait distribuer à sa fantaisie des coups de bâton sur la plante des
piés des plaideurs, & les renvoye chez eux.

Et il seroit bien dangereux que l'on y eût les passions des Plaideurs; elles supposent un désir ardent de se faire rendre justice,
une haine, une action dans l'esprit, une constance à poursuivre.
Tout cela doit être évité dans un Gouvernement où il ne faut
avoir d'autre sentiment que la crainte, & où tout mene tout-à-
coup & sans qu'on le puisse prévoir à des révolutions. Chacun
doit connoître qu'il ne faut point que le Magistrat entende parler de lui, & qu'il ne tient sa sûreté que de son anéantisse-
ment.

Mais dans les Etats modérés, où la tête du moindre Citoyen
est considérable, on ne lui ôte son honneur & ses biens qu'a-
près un long examen, on ne le prive de la vie que lorsque la
Patrie elle-même l'attaque, & elle ne l'attaque qu'en lui laissant
tous les moyens possibles de la défendre.

Aussi lorsqu'un homme se rend plus absolu (*a*), songe-t-il d'a-
bord à simplifier les Loix. On commence dans cet État à être
plus frappé des inconvéniens particuliers, que de la liberté des
Sujets dont on ne se soucie point du tout.

On voit que dans les Républiques il faut pour le moins autant de formalités que dans les Monarchies. Dans l'un & dans
l'autre Gouvernement elles augmentent en raison du cas que
l'on y fait de l'honneur, de la fortune, de la vie, de la liberté
des Citoyens.

Les hommes sont tous égaux dans le Gouvernement Républicain; ils sont égaux dans le Gouvernement despotique; dans
le premier, c'est parce qu'ils sont tout; dans le second, c'est parce qu'ils ne sont rien.

(*a*) César, Cromwel & tant d'autres.

CHAPITRE

CHAPITRE III.

Dans quels Gouvernemens, & dans quels cas on doit juger selon un texte précis de la Loi.

PLus le Gouvernement approche de la République, plus la maniere de juger devient fixe; & c'étoit un vice de la République de *Lacédémone* que les *Ephores* jugeassent arbitrairement sans qu'il y eût des Loix pour les diriger. A Rome les premiers Consuls jugerent comme les Ephores; on en sentit les inconvéniens, & l'on fit des Loix précises.

Dans les Etats despotiques il n'y a point de Loi ; le Juge est lui-même sa regle. Dans les Etats Monarchiques il y a une Loi; & là où elle est précise le Juge la suit, là où elle ne l'est pas il en cherche l'esprit. Dans le Gouvernement Républicain il est de la nature de la Constitution que les Juges suivent la lettre de la Loi. Il n'y a point de Citoyen contre qui on puisse interpréter une Loi, quand il s'agit de ses biens, de son honneur ou de sa vie.

A Rome les Juges prononçoient seulement que l'accusé étoit coupable d'un certain crime, & la peine se trouvoit dans la Loi, comme on le voit dans diverses Loix qui furent faites. En Angleterre les Jurés décident si le fait qui a été porté devant eux est prouvé ou non, & s'il est prouvé, le Juge prononce la peine que la Loi inflige pour ce fait, & pour cela il ne lui faut que des yeux.

CHAPITRE IV.

De la maniere de former les Jugemens.

DE-LA suivent les différentes manieres de former les jugemens. Dans les Monarchies les Juges prennent la maniere des arbitres ; ils déliberent ensemble, ils se communiquent leurs pensées, ils se concilient ; on modifie son avis pour le rendre conforme à celui d'un autre ; les avis les moins nombreux

breux font rappellés aux deux plus grands. Cela n'eft point de la nature de la République. A Rome & dans les Villes Grecques, les Juges ne fe communiquoient point : chacun donnoit fon avis d'une de ces trois manieres, *J'abfous, e condamne, Il ne paroît pas* (*a*) : c'eft que le Peuple jugeoit ou étoit cenfé juger. Mais le Peuple n'eft pas Jurifconfulte ; toutes ces modifications & tempéramens des arbitres ne font pas pour lui ; Il faut lui préfenter un feul objet, un fait & un feul fait, & qu'il n'ait qu'à voir s'il doit condamner, abfoudre, ou remettre le jugement.

Les Romains, à l'exemple des Grecs, introduifirent des formules d'actions (*b*) & établirent la néceffité de diriger chaque affaire par l'action qui lui étoit propre. Cela étoit néceffaire dans leur maniere de juger ; il falloit fixer l'état de la queftion, pour que le Peuple l'eût toûjours devant les yeux. Autrement dans le cours d'une grande affaire, cet état de la queftion changeroit, continuellement, & on ne le reconnoîtroit plus.

De-là il fuivoit que les Juges chez les Romains n'accordoient que la demande précife, fans rien augmenter, diminuer ni modifier. Mais les *Préteurs* imaginerent d'autres formules d'actions qu'on appella *de bonne foi* (*c*), où la maniere de prononcer étoit plus dans la difpofition du Juge. Ceci étoit plus conforme à l'efprit de la Monarchie. Auffi les Jurifconfultes François difentils, *En France* (*d*), *toutes les actions font de bonne foi.*

CHAPITRE V.

Dans quels Gouvernemens le Souverain peut être Juge.

MACHIAVEL (*e*) attribue la perte de la liberté de Florence à ce que le Peuple ne jugeoit pas en corps comme à Rome des crimes de Leze-majefté commis contre lui. Il y avoit pour cela huit Juges établis : *Mais*, dit Machiavel, *peu font corrompus par peu.* J'adopterois bien la maxime de ce grand homme. Mais comme dans ces cas, l'intérêt politique force,

(*a*) Non liquet.
(*b*) Quas actiones ne populus prout vellet inftitueret, certas folemnefque effe voluerunt. L. 2. §. 6. Digeft. de Orig. jur.
(*c*) Dans lefquelles on mettoit ces mots, *ex bonâ fide.*

(*d*) On y condamne aux dépens celuilà même à qui on demande plus qu'il ne doit, s'il n'a offert & configné ce qu'il doit.
(*e*) Difcours fur la premiere Décade de Tite-Live, Liv. I. ch. 7.

pour

pour ainſi dire , l'intérêt civil (car c'eſt toûjours un inconvénient que le Peuple juge lui-même ſes offenſes ,) il faut pour y remédier, que les Loix pourvoyent autant qu'il eſt en elles à la ſûreté des particuliers.

Dans cette idée les Légiſlateurs de Rome firent deux choſes; ils permirent aux Accuſés de s'exiler (*a*) avant le jugement (*b*) , & ils voulurent que les biens des condamnés fuſſent conſacrés , pour que le Peuple n'en eût pas la confiſcation. On verra dans le Livre XI. les autres limitations que l'on mit à la puiſſance que le Peuple avoit de juger.

Solon ſçut bien prévenir l'abus que le Peuple pourroit faire de ſa puiſſance dans le jugement des crimes : il voulut que l'Aréopage revît l'affaire ; que s'il croyoit l'accuſé injuſtement abſous (*c*) , il l'accuſât de nouveau devant le Peuple ; que s'il le croyoit injuſtement condamné (*d*) , il arrêtât l'exécution, & lui fit rejuger l'affaire. Loi admirable qui ſoûmettoit le Peuple à la cenſure de la Magiſtrature qu'il reſpectoit le plus , & à la ſienne même !

Il ſera bon de mettre quelque lenteur dans des affaires pareilles , ſurtout du moment que l'accuſé ſera priſonnier , afin que le Peuple puiſſe ſe calmer & juger de ſang-froid.

Dans les Etats deſpotiques, le Prince peut juger lui-même. Il ne le peut dans les Monarchies ; la Conſtitution ſeroit détruite , les pouvoirs intermédiaires dépendans , anéantis; on verroit ceſſer toutes les formalités des jugemens ; la crainte s'empareroit de tous les eſprits ; on verroit la pâleur ſur tous les viſages ; plus de confiance , plus d'honneur , plus d'amour , plus de ſûreté , plus de Monarchie.

Voici d'autres réflexions. Dans les Etats Monarchiques , le Prince eſt la Partie qui pourſuit les accuſés & les fait punir ou abſoudre ; s'il jugeoit lui-même , il ſeroit le Juge & la Partie.

Dans ces mêmes Etats , le Prince a ſouvent les confiſcations ; s'il jugeoit les crimes, il ſeroit encore le Juge & la Partie.

De plus, il perdroit le plus bel attribut de ſa Souveraineté , qui eſt celui de faire grace (*e*) : il ſeroit inſenſé qu'il fît & défît

----

(*a*) Cela eſt bien expliqué dans l'Oraiſon de Ciceron , *pro Cæcina* , à la fin.

(*b*) C'étoit une Loi d'Athenes , comme il paroît par *Démoſthene. Socrate* refuſa de s'en ſervir.

(*c*) Demoſthene ſur la Couronne, pag. 494. Edit. de Fancfort de l'an 1604.

(*d*) Voy. *Philoſtrate* , vie des Sophiſtes , Liv. I. vie d'Æſchines.

(*e*) *Platon* ne penſe pas que les Rois qui ſont, dit-il , Prêtres, puiſſent aſſiſter au Jugement où l'on condamne à la mort, à l'exil, à la priſon.

fes jugemens : il ne voudroit pas être en contradiction avec lui-même. Outre que cela confondroit toutes les idées ; on ne fauroit fi un homme feroit abfous, ou s'il recevroit fa grace.

Lorfque Loüis XIII. voulut être Juge dans le Procès du Duc de *la Valette* (*a*), & qu'il appella pour cela dans fon cabinet quelques Officiers du Parlement & quelques Confeillers d'Etat ; le Roi les ayant forcés d'opiner fur le Décret de prife de corps, le Préfident de *Believre* dit, « Qu'il voyoit dans cette « affaire une chofe étrange, un Prince opiner au procès d'un de « fes Sujets ; que les Rois ne s'étoient réfervés que les graces, « & qu'ils renvoyoient les condamnations vers leurs Officiers ; & « Votre Majefté voudroit bien voir fur la Sellette un homme « devant Elle, qui par fon jugement iroit dans une heure à la « mort ? que la face du Prince, qui porte les graces, ne peut foûte-« nir cela, que fa vûe feule levoit les interdits des Eglifes ; qu'on « ne devoit fortir que content de devant le Prince. » Lorfqu'on jugea le fonds, le même Préfident dit dans fon avis, « Cela eft « un jugement fans exemple, voire contre tous les exemples du « paffé jufqu'à huis, qu'un Roi de France ait condamné en qua-« lité de Juge par fon avis un Gentilhomme à mort (*b*). »

Les jugemens rendus par le Prince feroient une fource intariffable d'injuftice & d'abus ; les Courtifans extorqueroient par leur importunité fes jugemens. Quelques Empereurs Romains eurent la fureur de juger ; nuls regnes n'étonnerent plus l'Univers par leurs injuftices.

« Claude, *dit Tacite* (*c*) ayant attiré à lui le jugement des affai-« res & les fonctions des Magiftrats, donna occafion à toutes for-« tes de rapines. » Auffi *Néron* parvenant à l'Empire après *Claude*, voulant fe concilier les efprits, déclara, « Qu'il fe garderoit bien « d'être le juge de toutes les affaires, pour que les Accufateurs & « les Accufés dans les murs d'un Palais ne fuffent pas expofés à « l'inique pouvoir de quelques affranchis (*d*). »

« Sous le regne d'Arcadius, *dit Zozime* (*e*), la Nation des ca-« lomniateurs fe répandit, entoura la Cour & l'infecta. Lorfqu'un « homme étoit mort, on fuppofoit qu'il n'avoit point laiffé d'en-« fans (*f*) ; on donnoit fes biens par un refcript. Car comme le

(*a*) Voy. la Relation du Procès fait à M. le Duc de *la Valette*. Elle eft imprimée dans les Mémoires de *Montrefor*, Tom. II. page 62.

(*b*) Il fut changé dans la fuite. Voy. la même Relation.

(*c*) Annal. Liv. XI.

(*d*) Ibid. Liv. XIII.

(*e*) Hift Liv. V.

(*f*) Même défordre fous *Théodofe le jeune.*

Prince

» Prince étoit étrangement stupide & l'Imperatrice entreprenante
» à l'excès, élle servoit l'insatiable avarice de ses domestiques &
» de ses confidentes ; de sorte que pour les gens modérés, il
» n'y avoit rien de plus désirable que la mort. »

« Il y avoit autrefois, *dit Procope* (a), fort peu de gens à la
» Cour : mais sous *Justinien*, comme les Juges n'avoient plus la
» liberté de rendre justice, leurs Tribunaux étoient déserts, tandis
» que le Palais du Prince retentissoit des clameurs des Parties qui
» y sollicitoient leurs affaires. » Tout le monde sait comment on y
vendoit les Jugemens & même les Loix.

Les Loix sont les yeux du Prince ; il voit par elles ce qu'il ne
pourroit pas voir sans elles. Veut-il faire la fonction des Tribunaux:
il travaille non pas pour lui, mais pour ses Séducteurs contre lui.

CHAPITRE VI.

Que dans la Monarchie les Ministres ne doivent pas juger.

C'EST encore un grand inconvénient dans la Monarchie que
les Ministres du Prince jugent eux-mêmes les Affaires con-
tentieuses. Nous voyons encore aujourd'hui des Etats où il y a
des Juges sans nombre pour décider les affaires fiscales, & où
les Ministres, qui le croiroit ! veulent encore les juger. Les réflé-
xions viennent en foule ; je ne ferai que celle-ci.

Il y a par la nature des choses une espece de contradiction entre
le Conseil du Monarque & ses Tribunaux. Le Conseil des Rois
doit être composé de peu de personnes ; & les Tribunaux de Judicature en demandent beaucoup. La raison en est que dans les premiers on doit prendre les affaires avec une certaine passion, & les
suivre de même, ce qu'on ne peut guere espérer que de quatre ou
cinq hommes qui en font leur affaire. Il faut au conraire des Tribunaux de Judicature de sang-froid, & à qui toutes les affaires soient
en quelque façon indifférentes.

(a) Histoire secrette.

CHAPITR

CHAPITRE VII.

Du Magiſtrat unique.

UN tel Magiſtrat ne peut avoir lieu que dans le Gouvernement deſpotique. On voit dans l'Hiſtoire Romaine, à quel point un Juge unique peut abuſer de ſon Pouvoir. Comment *Appius* ſur ſon Tribunal n'auroit-il pas mépriſé les Loix, puiſqu'il viola même celle qu'il avoit faite (*a*) ? *Tite-Live* nous apprend l'inique diſtinction du Décemvir. Il avoit apoſté un homme qui réclamoit devant lui *Virginie* comme ſon eſclave; les parens de Virginie lui demanderent qu'en vertu de ſa Loi on la leur remît juſqu'au jugement définitif. Il déclara que ſa Loi n'avoit été faite qu'en faveur du pere, & que Virginius étant abſent, elle ne pouvoit avoir d'aplication (*b*).

CHAPITRE VIII.

Des accuſations dans les divers Gouvernemens.

A Rome (*c*) il étoit permis à un Citoyen d'en accuſer un autre; cela étoit établi ſelon l'eſprit de la République, où chaque Citoyen doit avoir pour le bien public un zele ſans bornes, où chaque Citoyen eſt cenſé tenir tous les droits de la Patrie dans ſes mains. On ſuivit ſous les Empereurs les maximes de la République; & d'abord on vit paroître un genre d'hommes funeſte, une troupe de délateurs. Quiconque avoit bien des vices & bien des talens, une ame bien baſſe & un eſprit ambitieux, cherchoit un Criminel dont la condamnation pût plaire au Prince; c'étoit la voie pour aller aux honneurs & à la fortune (*d*), choſe que nous ne voyons point parmi nous.

(*a*) Voy. la Loi 2. §. 24. ff. *de Orig. jur.*

(*b*) Quòd Pater puellæ abeſſet locum injuriæ eſſe ratus, *Tite-Live*, Decade I. Liv. III.

(*c*) Et dans bien d'autres Cités.

(*d*) Voy. dans *Tacite* les récompenſes accordées à ces Délateurs.

Nous

Nous avons aujourd'hui une Loi admirable : c'eſt celle qui veut que le Prince établi pour faire exécuter les Loix, prépoſe un Officier dans chaque Tribunal pour pourſuivre en ſon nom tous les crimes : de ſorte que la fonction des délateurs eſt inconnue parmi nous; & ſi ce vengeur public étoit ſoupçonné d'abuſer de ſon miniſtere, on l'obligeroit de nommer ſon dénonciateur.

Dans les Loix de Platon (*a*), ceux qui négligent d'avertir les Magiſtrats, ou de leur donner du ſecours, doivent être punis. Cela ne conviendroit point aujourd'hui. La Partie publique veille pour les Citoyens; elle agit, & ils ſont tranquiles.

CHAPITRE IX.

De la ſévérité des peines dans les divers Gouvernemens.

LA ſévérité des peines convient mieux au Gouvernement deſpotique dont le principe eſt la terreur, qu'à la Monarchie & à la République qui ont pour reſſort l'honneur & la vertu.

Dans les Etats modérés, l'amour de la Patrie, la honte & la crainte du blâme, ſont des motifs réprimans, qui peuvent arrêter bien des crimes. La plus grande peine d'une mauvaiſe action, ſera d'en être convaincu. Les Loix civiles y corrigeront donc plus aiſément, & n'auront pas beſoin de tant de force.

Dans ces Etats, un bon Légiſlateur s'attachera moins à punir les crimes qu'à les prévenir; il s'appliquera plus à donner des mœurs qu'à infliger des ſupplices.

C'eſt une remarque perpétuelle des Auteurs Chinois (*b*), que plus dans leur Empire on voyoit augmenter les ſupplices, plus la révolution étoit prochaine. C'eſt qu'on augmentoit les ſupplices à meſure qu'on manquoit de mœurs.

Il ſeroit aiſé de prouver que dans tous ou preſque tous les Etats d'Europe, les peines ont diminué ou augmenté à meſure qu'on s'eſt plus approché ou plus éloigné de la liberté.

Dans les Païs deſpotiques on eſt ſi malheureux, que l'on y

(*a*) Liv. IX.
(*b*) Je ferai voir dans la ſuite que la Chine à cet égard eſt dans le cas d'une République ou d'une Monarchie.

craint plus la mort qu'on ne regrette la vie ; les supplices y doivent donc être plus rigoureux. Dans les Etats modérés, on craint plus de perdre la vie qu'on ne redoute la mort en elle-même ; les supplices qui ôtent simplement la vie y sont donc suffisans.

Les hommes extrèmement heureux & extrèmement malheureux sont également portés à la dureté ; témoins les Moines & les Conquérans. Il n'y a que la médiocrité & le mélange de la bonne & de la mauvaise fortune, qui donne de la douceur & de la pitié.

Ce que l'on voit dans les hommes en particulier se trouve dans les diverses Nations. Chez les Peuples sauvages qui menent une vie très-dure, & chez les Peuples des Gouvernemens despotiques où il n'y a qu'un homme exorbitamment favorisé de la fortune, tandis que tout le reste en est outragé, on est également cruel. La douceur regne dans les Gouvernemens modérés.

Lorsque nous lisons dans les Histoires les exemples de la justice atroce des Sultans, nous sentons avec une espece de douleur les maux de la nature humaine.

Dans les Gouvernemens modérés, tout pour un bon Législateur peut servir à former des peines. N'est-il pas bien extraordinaire qu'à *Sparte* une des principales fût de ne pouvoir prêter sa femme à un autre, ni recevoir celle d'un autre, de n'être jamais dans sa maison qu'avec des Vierges ? En un mot tout ce que la Loi appelle une peine est effectivement une peine.

CHAPITRE X.

Des anciennes Loix Françoises.

ON trouve bien dans les anciennes Loix Françoises l'esprit de la Monarchie. Dans les cas où il s'agit de peines pécuniaires, les non-Nobles sont moins punis que les Nobles (*a*). C'est tout le contraire dans les crimes (*b*) ; le Noble perd l'honneur & réponse en Cour, pendant que le vilain qui n'a point d'honneur est puni en son corps.

« (*a*) Si comme pour briser un Arrêt, « les non-Nobles doivent une amende de « quarante sous, & les Nobles de soixante « livres, » *Somme Rurale*, Liv. II. pag. 198. édit. Got. de l'an 1512.

(*b*) Voy. le Conseil de *Pierre Défontaines*, chap. 13. surtout l'art. 22.

CHAPITRE

CHAPITRE XI.

Que lorsqu'un Peuple est vertueux, il faut peu de peines.

LE Peuple Romain avoit de la probité. Cette probité eut tant de force que souvent le Légiflateur n'eut befoin que de lui montrer le bien pour le lui faire fuivre; il fembloit qu'au lieu d'Ordonnances il fuffifoit de lui donner des confeils.

Les peines des Loix Royales & celles des Loix des douze Tables furent prefque toutes ôtées dans la République, foit par une fuite de la Loi *Valérienne* (a), foit par une conféquence de la Loi *Porcie* (b). On ne remarqua pas que la République en fût plus mal réglée, & il n'en réfulta aucune léfion de Police.

Cette Loi Valérienne qui défendoit aux Magiftrats toute voie de fait contre un Citoyen qui avoit appellé au Peuple, n'infligeoit à celui qui y contreviendroit que la peine d'être réputé méchant (c).

CHAPITRE XII.

De la puiffance des Peines.

L'EXPERIENCE a fait remarquer que dans les Païs où les peines font douces, l'efprit du Citoyen en eft frappé comme il l'eft ailleurs par les grandes.

Quelque inconvénient fe fait-il fentir dans un Etat : un Gouvernement violent veut foudain le corriger; & au lieu de fonger à faire exécuter les anciennes Loix, on établit une peine cruelle qui arrête le mal fur le champ. Mais on ufe le reffort du Gouvernement; l'imagination fe fait à cette grande peine comme elle s'étoit faite à la moindre; & comme on diminue la crainte pour celle-

---

(a) Elle fut faite par *Valerius Publicola,* bien-tôt après l'expulfion des Rois; elle fut renouvellée deux fois, toûjours par des Magiftrats de la même famille, comme le dit *Tite Live.* liv. X. Il n'étoit pas queftion de lui donner plus de force, mais d'en perfectionner les difpofitions. *Diligentius factum*, dit *Tite Live. Ibid.*

(b) *Lex Porcia pro tergo civium lata ;* Elle fut faite en 454 de la Fond. de Rome.

(c) *Nihil ultrà quàm improbè factum adjicit,* Tite-Live.

ci , l'on eſt bien-tôt forcé d'établir l'autre dans tous les cas. Les vols
ſur les grands chemins étoient communs dans quelques Etats ; on
voulut les arrêter; on inventa le ſupplice de la roüe qui les ſuſ-
pendit pendant quelque tems. Depuis ce tems on a volé comme
auparavant ſur les grands chemins.

De nos jours la déſertion fut très-fréquente ; on établit la peine
de mort contre les déſerteurs , & la déſertion ne fut pas diminuée.
La raiſon en eſt bien naturelle ; un ſoldat accoûtumé tous les jours
à expoſer ſa vie , en mépriſe ou ſe flatte d'en mépriſer le danger.
Il eſt tous les jours accoûtumé à craindre la honte ; il falloit donc
laiſſer une peine qui faiſoit porter une flétriſſure pendant la vie ;
on a prétendu augmenter la peine , & on l'a réellement diminuée.

Il ne faut point mener les hommes par les voies extrèmes ; on
doit être ménager des moyens que la nature nous donne pour les
conduire. Qu'on examine la cauſe de tous les relâchemens ; on
verra qu'elle vient de l'impunité des crimes , & non pas de la
modération des peines.

Suivons la Nature , qui a donné aux hommes la honte comme
leur fléau; & que la plus grande partie de la peine ſoit l'infamie de
la ſouffrir.

Que s'il ſe trouve des Païs où la honte ne ſoit pas une ſuite du
ſupplice , cela vient de la Tyrannie qui a infligé les mêmes peines
aux ſcélérats & aux gens de bien.

Et ſi vous en voyez d'autres , où les hommes ne ſont retenus
que par des ſupplices cruels , comptez encore que cela vient en
grande partie de la violence du Gouvernement, qui a employé ces
ſupplices pour des fautes légeres.

Souvent un Légiſlateur qui veut corriger un mal ne ſonge qu'à
cette correction ; ſes yeux ſont ouverts ſur cet objet , & fermés ſur
les inconvéniens. Lorſque le mal eſt une fois corrigé, on ne
voit plus que la dureté du Légiſlateur : mais il reſte un vice dans
l'Etat que cette dureté a produit ; les eſprits ſont corrompus, ils
ſe ſont accoûtumés au deſpotiſme.

Lyzandre (a) ayant remporté la victoire ſur les Athéniens, on
jugea les priſonniers , on accuſa les Athéniens d'avoir précipité
tous les Captifs de deux Galeres , & réſolu en pleine aſſemblée
de couper le poing aux priſonniers qu'ils feroient. Ils furent tous
égorgés , excepté *Adymante* qui s'étoit oppoſé à ce Décret. *Ly-*

____

(a) *Xenophon*, Hiſt. Liv. II.

zandre reprocha à *Philoclès*, avant de le faire mourir, qu'il avoit dépravé les esprits, & fait des leçons de cruauté à toute la Grece.

« Les Argiens, *dit Plutarque* (*a*), ayant fait mourir quinze cens « de leurs Citoyens, les Athéniens firent apporter les facrifices « d'expiation, afin qu'il plût aux Dieux de détourner du cœur des « Athéniens une fi cruelle penfée. »

Il y a deux genres de corruption; l'un lorfque le Peuple n'obferve point les Loix ; l'autre lorfqu'il eft corrompu par les Loix : mal incurable, parce qu'il eft dans le remede même.

CHAPITRE XIII.

Impuiffance des Loix Japonoifes.

LEs peines outrées peuvent corrompre le defpotifme même; jettons les yeux fur le Japon.

On y punit de mort prefque tous les crimes (*b*), parce que la défobéiffance à un fi grand Empereur que celui du Japon, eft un crime énorme. Il n'eft pas queftion de corriger le coupable, mais de venger le Prince. Ces idées font tirées de la fervitude, & viennent fur-tout de ce que l'Empereur étant propriétaire de tous les biens, prefque tous les crimes fe font directement contre fes intérêts.

On punit de mort les menfonges qui fe font devant les Magif-trats (*c*); chofe contraire à la défenfe naturelle.

Ce qui n'a point l'apparence d'un crime eft là féverement puni ; par exemple, un homme qui hafarde de l'argent au jeu eft puni de mort.

Il eft vrai que le caractere étonnant de ce Peuple opiniâtre, capricieux, déterminé, bifarre, & qui brave tous les périls & tous les malheurs, femble à la premiere vûe abfoudre fes Légif-lateurs de l'atrocité de leurs Loix. Mais des gens qui naturelle-ment méprifent la mort, & qui s'ouvrent le ventre pour la moindre fantaifie, font-ils corrigés ou arrêtés par la vûe continuelle des fupplices, & ne s'y familiarifent-ils pas ?

(*a*) Oeuvres Morales, *de ceux qui ma-*
nient les affaires d'Etat.
(*b*) Voy. *Kempfer.*

(*c*) Recueil des Voyages qui ont fervi à l'établiffement de la Compagnie des In-des, Tom. III. part. 2. p. 428.

Les Relations nous difent, au fujet de l'éducation des Japonois, qu'il faut traiter les enfans avec douceur, parce qu'ils s'obftinent contre les peines; que les efclaves ne doivent point être trop rudement traités, parce qu'ils fe mettent d'abord en défenfe. Par l'efprit qui doit régner dans le Gouvernement domeftique, n'auroit-on pas pû juger de celui qu'on devoit porter dans le Gouvernement politique & civil?

Un Légiflateur fage auroit cherché à ramener les efprits par un jufte tempérament des peines & des récompenfes, par des maximes de Philofophie, de Morale & de Religion afforties à ces caractères, par la jufte application des regles de l'honneur, par la jouiffance d'un bonheur conftant & d'une douce tranquilité. Mais le defpotifme ne connoît point ces refforts; il ne mene pas par ces voyes; il peut abufer de lui-même, mais c'eft tout ce qu'il peut faire : au Japon il a fait un effort, il eft devenu plus cruel que lui-même.

Des ames par-tout effarouchées & rendues plus atroces, n'ont pû être conduites que par une atrocité plus grande. Voilà l'origine, voilà l'efprit des Loix du Japon. Mais elles ont eu plus de fureur que de force. Elles ont réuffi à détruire le Chriftianifme : mais des efforts fi inoüis font une preuve de leur impuiffance. Elles ont voulu établir une bonne police, & leur foibleffe a paru encore mieux.

Il faut lire la Relation de l'entrevûe de l'Empereur & du Deyro à *Meaco* (*a*). Le nombre de ceux qui y furent étouffés, ou tués par des garnemens fut incroyable; on enleva les jeunes filles & les garçons, on les retrouvoit tous les jours expofés dans des lieux publics à des heures indûes, tous nuds, coufus dans des facs de toiles, afin qu'ils ne connuffent pas les lieux par où ils avoient paffé ; on vola tout ce qu'on voulut, on fendit le ventre à des chevaux pour faire tomber ceux qui les montoient, on renverfa des voitures pour dépouiller les Dames. Les Hollandois à qui l'on dit qu'ils ne pouvoient paffer la nuit fur des échaffauts fans être affaffinés, en defcendirent, &c.

Je pafferai vîte fur un autre trait. L'Empereur adonné à des plaifirs infames ne fe marioit point; il couroit rifque de mourir fans fucceffeur. Le Deyro lui envoya deux filles très-belles; il en

____

(*a*) Recueil des Voyages qui ont fervi à l'établiffement de la Compagnie des Indes , Tom. V. p. 2.

époufa

épousa une par respect, mais il n'eut aucun commerce avec elle. Sa nourrice fit chercher les plus belles femmes de l'Empire ; tout étoit inutile ; la fille d'un armurier étonna son goût (*a*) ; il se détermina, il en eut un fils. Les Dames de la Cour indignées de ce qu'il leur avoit préféré une personne d'une si basse naissance, étoufferent l'enfant. Ce crime fut caché à l'Empereur, il auroit versé un torrent de sang. L'atrocité des Loix en empêche donc l'exécution ; lorsque la peine est sans mesure, on est souvent obligé de lui préférer l'impunité.

CHAPITRE XIV.

De l'esprit du Sénat de Rome.

SOUS le Consulat d'Acilius Glabrio & de Pison, l'on fit la Loi *Acilia* (*b*) pour arrêter les brigues. Dion dit (*c*) que le Sénat engagea les Consuls à la proposer, parce que le Tribun C. Cornelius avoit résolu de faire établir des peines terribles contre ce crime, à quoi le Peuple étoit fort porté. Le Sénat pensoit que des peines immodérées jetteroient bien la terreur dans les esprits, mais qu'elles auroient cet effet qu'on ne trouveroit plus personne, pour accuser ni pour condamner ; au lieu qu'en proposant des peines modiques, on auroit des Juges & des accusateurs.

CHAPITRE XV.

Des Loix des Romains, à l'égard des peines.

JE me trouve fort dans mes maximes lorsque j'ai pour moi les Romains, & je crois que les peines tiennent à la nature du Gouvernement lorsque je vois ce grand Peuple changer à cet égard de Loix civiles, à mesure qu'il changeoit de Loix politiques.

(*a*) Ibid.
(*b*) Les coupables étoient condamnés à une amende, ils ne pouvoient plus être admis dans l'ordre des Sénateurs, & nommés à aucune Magistrature, *Dion*, Livre XXXVI.
(*a*) Ibid.

Les

Les Loix *Royales*, faites pour un Peuple compofé de fugitifs, d'efclaves & de brigands, furent très-féveres. L'efprit de la République auroit demandé que les Décemvirs n'euffent pas mis ces Loix dans leurs douze Tables : mais des gens qui afpiroient à la tyrannie n'avoient garde de fuivre l'efprit de la République.

Tite-live (*a*) dit, fur le fupplice de Metius Suffétius, Dictateur d'Albe, qui fut condamné par Tullus Hoftilius à être tiré par deux chariots, que ce fut le premier & le dernier fupplice où l'on témoigna avoir perdu la mémoire de l'humanité. Il fe trompe, la Loi des douze Tables eft pleine de difpofition très-cruelles (*b*).

Celle qui découvre le mieux le deffein des Décemvirs eft la peine capitale prononcée contre les Auteurs des libelles & les Poëtes. Cela n'eft guere du génie de la République, où le Peuple aime à voir les Grands humiliés. Mais des gens qui vouloient renverfer la Liberté, craignoient des écrits qui pouvoient rappeller l'efprit de la Liberté (*c*).

Après l'expulfion des Décemvirs, prefque toutes les Loix qui avoient fixé les peines furent ôtées. On ne les abrogea pas expreffément : mais la Loi *Porcia* ayant défendu de mettre à mort un Citoyen Romain, elles n'eurent plus d'application.

Voilà le tems auquel on peut rapporter ce que *Tite Live* (*d*) dit des Romains, que jamais Peuple n'a plus aimé la modération des peines.

Que fi l'on ajoûte à la douceur des peines, le droit qu'avoit un accufé de fe retirer avant le Jugement, on verra bien que les Romains avoient fuivi cet efprit que j'ai dit être naturel à la République.

Sylla qui confondit la Tyrannie, l'Anarchie & la Liberté, fit les Loix *Cornéliennes*. Il fembla ne faire des reglemens que pour établir des crimes. Ainfi qualifiant une infinité d'actions du nom de meurtre, il trouva par-tout des meurtriers ; & par une pratique qui ne fut que trop fuivie, il tendit des piéges, fema des épines, ouvrit des abymes fur le chemin de tous les Citoyens.

Prefque toutes les Loix de Sylla ne portoient que l'interdiction de l'eau & du feu. Céfar y ajoûta la confifcation des biens (*e*),

_____

(*a*) L. I.

(*b*) On y trouve le fupplice du feu, des peines prefque toûjours capitales, le vol puni de mort, &c.

(*c*) *Sylla* animé du même efprit que les Décemvirs, augmenta comme eux les peines contre les Ecrivains fatyriques.

(*d*) Liv. I.

(*e*) Pœnas facinorum auxit, cùm locupletes eò faciliùs fcelere fe obligarent.

parce

parce que les riches gardant dans l'exil leur patrimoine, ils étoient plus hardis à commettre des crimes.

Les Empereurs ayant établi un Gouvernement militaire, ils sentirent bientôt qu'il n'étoit pas moins terrible contr'eux que contre les Sujets; ils chercherent à le temperer; ils crurent avoir besoin des dignités & du respect qu'on avoit pour elles.

On s'approcha un peu de la Monarchie, & l'on divisa les peines en trois classes (*a*); celles qui regardoient les premieres personnes de l'Etat (*b*) & qui étoient assez douces; celles qu'on infligeoit aux personnes d'un rang (*c*) inférieur, & qui étoient plus séveres; enfin celles qui ne concernoient que les conditions basses (*d*), & qui furent les plus rigoureuses.

Le féroce & insensé *Maximin* irrita, pour ainsi-dire, le Gouvernement militaire qu'il auroit fallu adoucir. Le Sénat apprenoit, dit Capitolin (*e*), que les uns avoient été mis en croix, les autres exposés aux bêtes, ou enfermés dans des peaux de bêtes récemment tuées, sans aucun égard pour les dignités. Il sembloit vouloir exercer la discipline militaire, sur le modele de laquelle il prétendoit régler les affaires civiles.

Il faut voir dans les *Considérations sur la Grandeur des Romains & sur leur décadence*, comment Constantin changea le Despotisme militaire en un Despotisme militaire & civil, & s'approcha de la Monarchie. On y peut suivre les diverses révolutions de cet Etat, comment on y passa de la rigueur à l'indolence, & de l'indolence à l'impunité.

CHAPITRE XVI.

De la juste proportion des Peines avec le crime.

IL est essentiel que les Peines aient de l'harmonie entr'elles; parce qu'il est essentiel que l'on évite plutôt un grand crime qu'un moindre, ce qui attaque plus la Société que ce qui la choque moins.

---

quòd integris patrimoniis exularent. Suetone *in Julio Cesare.*

(*a*) Voy. la Loi 3. §. legis ad leg. Cornel. *de Sicariis,* & un très-grand nombre d'autres au Digeste & au Code.

(*b*) Sublimiores.
(*c*) Medios.
(*d*) Infimos, leg. 3. §. legis ad leg. Cornel. de *Sicar.*
(*e*) Jul. Cap. *Maximini duo.*

« Un impofteur (*a*), qui fe difoit *Conftantin Ducas*, fufcita un
« grand foûlevement à Conftantinople. Il fut pris& condamné au
« fouet : mais ayant accufé des perfonnes confidérables, il fut
« condamné comme calomniateur à être brûlé. » Il eft fingulier
« qu'on eût ainfi proportionné les peines entre le crime de Le-
« fe-Majefté & celui de calomnie.

Cela fait fouvenir d'un mot de Charles II. Roi d'Angleterre.
Il vit en paffant un homme au Pilori, *Pourquoi l'a t'on mis là*,
dit-il ? *Sire, lui répondit on, il a fait des écrits Satyriques contre
vos Miniftres. Le grand fot !* dit le Roi, *que ne les écrivoit-il contre moi ? on ne lui auroit rien fait.*

« Soixante-dix perfonnes confpirerent contre l'Empereur Bafi-
« le (*b*) ; il les fit fuftiger ; on leur brûla les cheveux & le poil.
« Un cerf l'ayant pris avec fon bois par la ceinture, quelqu'un
« de fa fuite tira fon épée, coupa la ceinture, & le délivra ; il lui fit
« trancher la tête, parce qu'il avoit, *difoit-il*, tiré l'épée contre
« lui. » Qui pourroit penfer que fous le même Prince on eût
rendu ces deux jugemens ?

C'eft un grand mal parmi nous de faire fubir la même peine
à celui qui vole fur un grand chemin, & à celui qui vole &
affaffine. Il eft vifible que pour la fûreté publique il faudroit
mettre quelque différence dans la peine.

A la *Chine* les voleurs cruels font coupés en morceaux (*c*),
les autres non ; cette différence fait que l'on y vole, mais que
l'on n'y affaffine pas.

En *Mofcovie*, où la peine des voleurs & celle des affaffins
font les mêmes, on affaffine (*d*) toujours. Les morts, y dit-on,
ne racontent rien.

Quand il n'y a point de différence dans la peine, il faut en
mettre dans l'efpérance de la grace. En Angleterre on n'affaffine point, parce que les voleurs peuvent efpérer d'être tranfportés dans les colonies, non pas les affaffins.

C'eft un grand reffort des Gouvernemens modérés que les
lettres de grace. Ce pouvoir que le Prince a de pardonner,
exécuté avec fageffe, peut avoir d'admirables effets. Le principe du Gouvernement defpotique qui ne pardonne pas, & à
qui on ne pardonne jamais, le prive de ces avantages.

(*a*) Hift. de Nicephore, Patriarche de
Conftantinople.
　(*b*) Id. Ibid.

(*c*) Duhalde, Tom. I. p. 6.
　(*d*) Etat préfent de la Grande Ruffie par
Perry.

CHAPITRE

CHAPITRE XVII.

De la Question ou torture contre les Criminels.

PARCE que les hommes font méchans, la Loi eft obligée de les fuppofer meilleurs qu'ils ne font. Ainfi la dépofition de deux témoins fuffit dans la punition de tous les crimes. La Loi les croit comme s'ils parloient par la bouche de la Vérité. L'on juge auffi que tout enfant conçu pendant le mariage eft légitime; la Loi a confiance en la mere comme fi elle étoit la pudicité même. Mais la *Queftion* contre les criminels n'eft pas dans un cas forcé comme ceux-ci. Nous voyons aujourd'hui une Nation (*a*) très-bien policée la rejetter fans inconvénient. Elle n'eft donc pas néceffaire par fa nature (*b*).

Tant d'habiles gens & tant de beaux génies ont écrit contre l'ufage de la torture, que je n'ofe parler après eux. J'allois dire qu'elle pourroit convenir dans les Gouvernemens defpotiques, où tout ce qui infpire la crainte entre plus dans les refforts du Gouvernement; j'allois dire que les efclaves chez les Grecs & chez les Romains......... Mais j'entends la voix de la nature qui crie contre moi.

CHAPITRE XVIII.

Des Peines pécuniaires, & des Peines corporelles.

NOs peres les Germains n'admettoient gueres que des peines pécuniaires. Ces hommes guerriers & libres eftimoient que leur fang ne devoit être verfé que les armes à la main.

(*a*) La Nation Angloife.

(*b*) Les Citoyens d'Athenes ne pouvoient être mis à la queftion (*Lifias , orat. in Argorat.*) excepté dans le crime de Lefe-Majefté. On donnoit la queftion trente jours après la condamnation (*Curius fortunatus Rhetor. Schol. liv. II.*) Il n'y avoit pas de queftion préparatoire : quant aux Romains, la Loi 3. & 4. *ad leg. juliam majeft.* fait voir que la naiffance , la dignité , la profeffion de la Milice garantiffoient de la queftion, fi ce n'eft dans le cas du crime de Lefe-Majefté. Voyez les fages reftrictions que les Loix des Wifigoths mettoient à cette pratique.

　Les

Les Japonois (*a*), au contraire, rejettent ces fortes de peines, fous prétexte que les gens riches éluderoient la punition. Mais les gens riches ne craignent-ils pas de perdre leurs biens? les peines pécuniaires ne peuvent-elles pas fe proportionner aux fortunes? & enfin ne peut-on pas joindre l'infamie à ces peines?

Un bon Légiflateur prend un jufte milieu; il n'ordonne pas toûjours des peines pécuniaires, il n'inflige pas toûjours des peines corporelles.

CHAPITRE XIX.

De la Loi du Talion.

LEs Etats defpotiques qui aiment les Loix fimples, ufent beaucoup de la *Loi du Talion* (*b*). Les Etats modérés la reçoivent quelquefois: mais il y a cette différence, que les premiers la font exercer rigoureufement, & que les autres lui donnent prefque toûjours des tempéramens.

La Loi des douze Tables en admettoit deux; elle ne condamnoit au Talion que lorfqu'on n'avoit pû appaifer celui qui fe plaignoit (*c*). On pouvoit après la condamnation payer les dommages & intérets (*d*), & la peine corporelle fe convertiffoit en peine pécuniaire (*e*).

CHAPITRE XX.

De la punition des Peres pour leurs enfans.

ON punit à la Chine les Peres pour les fautes de leurs enfans. C'étoit l'ufage du Pérou (*f*). Ceci eft encore tiré des idées defpotiques.

On a beau dire qu'on punit à la Chine le pere pour n'avoir

(*a*) *Voy.* Kempfer.

(*b*) Elle eft établie dans l'Alcoran. Voy. le Chapitre *de la Vache.*

(*c*) Si membrum rupit ni cum eo pacit, talio efto. *Aulugele,* Liv. XX. ch. 1.

(*d*) Ibid.

(*e* Voy. auffi la Loi des Wifigoths, Liv. VI. tit. 4. §. 3. & 5.

(*f*) Voy. *Garcillaffo,* Hift. des guerres civiles des Efpagnols.

pas

pas fait ufage de ce pouvoir paternel que la nature a établi &
que les Loix mêmes y ont augmenté. Cela fuppofe toûjours
qu'il n'y a point d'honneur chez les Chinois. Parmi nous les
peres dont les enfans font condamnés au fupplice, & les enfans (*a*) dont les peres ont fubi le même fort, font auffi punis par la honte, qu'ils le feroient à la Chine par la perte de la
vie.

CHAPITRE XXI.

De la Clémence du Prince.

L A *Clémence* eft la qualité diftinctive des Monarques. Dans
la République où l'on a pour principe la Vertu, elle eft
moins néceffaire. Dans l'Etat defpotique où regne la crainte,
elle eft moins en ufage, parce qu'il faut contenir les Grands de
l'Etat par des exemples de févérité. Dans les Monarchies où
l'on eft gouverné par l'honneur, qui fouvent exige ce que la
Loi défend, elle eft plus néceffaire. La difgrace y eft un équivalent à la peine; les formalités même des jugemens y font des
punitions. C'eft-là que la honte vient de tous côtés pour former
des genres particuliers de peine.

Les Grands y font fi fort punis par la difgrace, par la perte
fouvent imaginaire de leur fortune, de leur crédit, de leurs habitudes, de leurs plaifirs, que la rigueur à leur égard eft inutile; elle ne peut fervir qu'à ôter aux fujets l'amour qu'ils ont
pour la perfonne du Prince, & le refpect qu'ils doivent avoir
pour les places.

Comme l'inftabilité des Grands eft de la nature du Gouvernement defpotique, leur fûreté entre dans la nature de la
Monarchie.

Les Monarques ont tant à gagner par la clémence, elle eft
fuivie de tant d'amour, ils en tirent tant de gloire, que c'eft
prefque toûjours un bonheur pour eux d'avoir occafion de l'exercer; & on le peut prefque toûjours dans nos contrées.

On leur difputera peut-être quelque branche de l'autorité, pref-

______

(*a*) Au lieu de les punir, *difoit Platon*, il faut les loüer de ne pas reffembler à leur
pere. Liv. IX. *des Loix.*

que jamais l'autorité entiere ; & fi quelquefois ils combattent pour la Couronne , ils ne combattent point pour la vie.

Mais, dira-t-on, quand faut-il punir ? quand faut-il pardonner ? C'eft une chofe qui fe fait mieux fentir qu'elle ne peut fe prefcrire. Quand la clémence a des dangers , ces dangers font très-vifibles ; on la diftingue aifément de cette foibleffe qui mene le Prince au mépris , & à l'impuiffance même de punir.

L'Empereur *Maurice* (a) prit la réfolution de ne verfer jamais le fang de fes Sujets. *Anaftafe* (b) ne puniffoit point les crimes. *Ifaac l'Ange* jura que de fon regne il ne feroit mourir perfonne. Les Empereurs Grecs avoient oublié que ce n'étoit pas en vain qu'ils portoient l'épée.

LIVRE SEPTIEME.

Conféquences des différens principes des trois Gouvernemens, par rapport aux Loix fomptuaires au luxe, & à la condition des femmes.

CHAPITRE PREMIER.

Du Luxe.

L E *Luxe* eft toûjours en proportion avec l'inégalité des fortunes. Si dans un Etat les richeffes font également partagées, il n'y aura point de luxe ; car il n'eft fondé que fur les commodités qu'on fe donne par le travail des autres.

Pour que les richeffes reftent également partagées , il faut que la Loi ne donne à chacun que le néceffaire phyfique. Si l'on a au-de-là, les uns dépenferont , les autres acquerront , & l'inégalité s'établira.

Suppofant le néceffaire phyfique égal à une fomme donnée , le luxe de ceux qui n'auront que le néceffaire fera égal à *zero* ;

(a) *Evagre*, Hift.
(b) Fragm. de Suidas dans *Conftant. Porphyrog.*

celui

celui qui aura le double , aura un luxe égal à un ; celui qui aura
le double du bien de ce dernier, aura un luxe égal à trois ; quand
on aura encore le double , on aura un luxe égal à fept : de forte
que le bien du particulier qui fuit , étant toûjours fuppofé double
de celui du précédent , le luxe croîtra du double plus une unité ,
dans cette progreffion o. 1. 3. 7. 15. 31. 63. 127.

Dans la République de Platon (*a*), le luxe auroit pû fe calculer
au jufte. Il y avoit quatre fortes de cens établis. Le premier étoit
précifement le terme où finiffoit la pauvreté, le fecond étoit double , le troifieme triple , le quatrieme quadruple du premier. Dans
le premier cens le Luxe étoit égal à *zero* ; il étoit égal à un dans
le fecond, à deux dans le troifieme, à trois dans le quatrieme ;
& il fuivoit ainfi la proportion arithmétique.

En confidérant le luxe des divers Peuples les uns à l'égard
des autres, il eft dans chaque Etat en raifon compofée de l'inégalité des fortunes qui eft entre les Citoyens, & de l'inégalité
des richeffes des divers Etats. En Pologne , par exemple , les
fortunes font d'une inégalité extrème ; mais la pauvreté du total
empêche qu'il y ait autant de luxe que dans un Etat plus riche.

Le Luxe eft encore en proportion avec la grandeur des villes
& fur-tout de la Capitale ; enforte qu'il eft en raifon compofée
des richeffes de l'Etat , de l'inégalité des fortunes des particuliers,
& du nombre d'hommes qu'on affemble dans de certains lieux.

Plus il y a d'hommes enfemble , plus il font vains & fentent
naître en eux l'envie de fe fignaler par de petites chofes (*b*). S'ils
font en fi grand nombre, que la plûpart foient inconnus les uns
aux autres, l'envie de fe diftinguer redouble, parce qu'il y a plus
d'efpérance de réuffir. Le Luxe donne cette efpérance ; chacun
prend les marques de la condition qui précede la fienne. Mais
à force de vouloir fe diftinguer, tout devient égal, & on ne fe
diftingue plus ; comme tout le monde veut fe faire regarder, on
ne remarque perfonne.

Il réfulte de tout cela une incommodité générale. Ceux qui ex-
cellent dans une profeffion mettent à leur art le prix qu'ils veulent ;
les plus petits talens fuivent cet exemple ; il n'y a plus d'harmonie

<hr>

(*a*) Le premier cens étoit le fort héréditaire en terre , & *Platon* ne vouloit pas
qu'on pût avoir en autres effets plus du triple du fort héréditaire. *Voy. fes Loix, Liv.*
V.

(*b*) Dans une grande Ville, dit l'Auteur
de la *Fable des Abeilles* , Tom. I p. 133.
on s'habille au-deffus de fa qualité, pour être
eftimé plus qu'on n'eft par la multitude.
C'eft un plaifir pour un efprit foible prefqu'auffi grand que celui de l'accompliffe-
ment de fes défirs.

entre

entre les befoins & les moyens. Lorfque je fuis forcé de plaider,
il eft néceffaire que je puiffe payer un Avocat ; lorfque je fuis
malade , il faut que je puiffe avoir un Medecin.

Quelques gens ont penfé qu'en affemblant tant de Peuple
dans une Capitale , on diminuoit le Commerce, parce que les
hommes ne font plus à une certaine diftance les uns des autres.
Je ne le crois pas ; on a plus de defirs , plus de befoins , plus de
fantaifies quand on eft enfemble.

CHAPITRE II.
Des Loix fomptuaires dans la Démocratie.

NOus avons dit que dans les Républiques , où les richeffes
font également partagées , il ne peut point y avoir de luxe ;
& comme cette égalité de diftribution fait l'excellence d'une République , il fuit que moins il y a de luxe dans une République ,
plus elle eft parfaite. Il n'y en avoit point chez les premiers Romains;
il n'y en avoit point chez les Lacédémoniens ; & dans les Républiques où l'égalité n'eft pas tout-à-fait perdue , l'efprit de commerce,
de travail & de vertu, fait que chacun y peut, & que chacun y veut,
vivre de fon propre bien, & que par conféquent il y a peu de luxe.

Les Loix du nouveau partage des champs demandé avec tant
d'inftance dans quelques Républiques , étoient falutaires par leur
nature. Elles ne font dangereufes que comme action fubite. En
ôtant tout-à-coup les richeffes aux uns , & augmentant de même
celles des autres, elles font dans chaque famille une révolution ,
& en doivent produire une générale dans l'Etat.

A mefure que le luxe s'établit dans une République , l'efprit
fe tourne vers l'intérêt particulier. A des gens à qui il ne faut rien
que le néceffaire , il ne refte à defirer que la gloire de la Patrie
& la fienne propre. Mais une ame corrompue par le luxe a bien
d'autres defirs. Bien-tôt elle devient ennemie des Loix qui la gênent. Le luxe que la garnifon de *Rhége* commença à connoître
fit qu'elle en égorgea les habitans.

Si-tôt que les Romains furent corrompus , leurs defirs devinrent
immenfes. On en peut juger par le prix qu'ils mirent aux chofes.
Une cruche de vin de Falerne (*a*) fe vendoit cent deniers Ro-

______

(*a*) Fragment du 365. Livre de Diodore, rapporté par Conft. Porphirog. *Extrait des vertus & des vices.*

mains;

mains; un baril de chair salée du Pont en coûtoit quatre cens; un bon cuisinier quatre talens; les jeunes garçons n'avoient point de prix. Quand par une impétuosité (*a*) générale tout le monde se portoit à la Volupté, que devenoit la Vertu?

CHAPITRE III.

Des Loix somptuaires dans l'Aristocratie.

L'ARISTOCRATIE mal constituée a ce malheur, que les Nobles y ont les richesses, & que cependant ils ne doivent pas dépenser; le luxe contraire à l'esprit de modération en doit être banni. Il n'y a donc que des gens très-pauvres, qui ne peuvent pas recevoir, & des gens très-riches qui ne peuvent pas dépenser.

A *Venise* les Loix forcent les Nobles à la modestie. Ils se font tellement accoûtumés à l'épargne, qu'il n'y a que les Courtisannes qui puissent leur faire donner de l'argent. On se sert de cette voie pour entretenir l'industrie; les femmes les plus méprisables y dépensent sans danger, pendant que leurs tributaires y menent la vie du monde la plus obscure.

Les bonnes Républiques Grecques avoient à cet égard des institutions admirables. Les riches employoient leur argent en fêtes, en chœurs de musique, en chariots, en chevaux pour la course, en Magistrature onéreuse. Les richesses y étoient aussi à charge que la pauvreté.

CHAPITRE IV.

Des Loix somptuaires dans les Monarchies.

« LES *Suions*, nation Germanique, rendent honneur aux « richesses, *dit Tacite* (*b*); ce qui fait qu'il vivent sous le « Gouvernement d'un seul. » Cela signifie bien que le luxe est singulierement propre aux Monarchies, & qu'il n'y faut point de loix somptuaires.

Comme par la constitution des Monarchies les richesses y sont

______

(*a*) Cùm maximus omnium impetus ad luxuriam esset, *ibid.*
(*b*) De morib. German.

inégalement partagées, il faut bien qu'il y ait du luxe. Si les Riches n'y dépenfent pas beaucoup, les Pauvres mourront de faim. Il faut même que les Riches y dépenfent à proportion de l'inégalité des fortunes, & que, comme nous avons dit, le luxe y augmente dans cette proportion. Les richeffes particulieres n'ont augmenté, que parce qu'elles ont ôté à une partie des Citoyens le néceffaire phyfique; il faut donc qu'il leur foit rendu.

Ainfi pour que l'Etat Monarchique fe foûtienne, le luxe doit aller en croiffant, du Laboureur à l'Artifan, au Négociant, aux Nobles, aux Magiftrats, aux grands Seigneurs, aux Traitans principaux, aux Princes; fans quoi tout feroit perdu.

Dans le Sénat de Rome compofé de graves Magiftrats, de Jurifconfultes & d'hommes pleins de l'idée des premiers tems, on propofa fous Augufte la correction des mœurs & du luxe des femmes. Il eft curieux de voir dans *Dion* (*a*) avec quel art il éluda les demandes importunes de ces Sénateurs. C'eft qu'il fondoit une Monarchie, & diffolvoit une République.

Sous Tibere les Elides propoferent dans le Sénat le rétabliffement des anciennes Loix fomptuaires (*b*). Ce Prince qui avoit des lumieres s'y oppofa : « l'Etat ne pourroit fubfifter, *difoit-il*, « dans la fituation où font les chofes. Comment Rome pourroit- « elle vivre ? comment pourroient vivre les Provinces ? nous « avions de la frugalité lorfque nous étions Citoyens d'une feule ville; « aujourd'hui nous confommons les richeffes de tout l'Univers ; « on fait travailler pour nous les maîtres & les efclaves. » Il voyoit bien qu'il ne falloit plus de Loix fomptuaires.

Lorfque fous le même Empereur on propofa au Sénat de défendre aux Gouverneurs de mener leurs femmes dans les Provinces, à caufe des déreglemens qu'elles y apportoient; cela fut rejetté. On dit, *que les exemples de la dureté des anciens avoient été changés en une façon de vivre plus agréable* (*c*). On fentit qu'il falloit d'autres mœurs.

Le Luxe eft donc néceffaire dans les Etats Monarchiques; il l'eft encore dans les Etats Defpotiques. Dans les premiers, c'eft un ufage que l'on fait de ce qu'on poffede de liberté : dans les autres c'eft un abus qu'on fait des avantages de fa fervitude ; lorfqu'un efclave choifi par fon maître pour tyrannifer fes autres efclaves, incertain pour le lendemain de la fortune de chaque jour,

---

(*a*) Dion Caffius, Liv. LIV.
(*b*) Tacite, Annal. Liv. III.

(*c*) *Multa duritiei veterum meliùs & latiùs mutata*, Tacit. Annal. Liv. III.

n'a d'autre félicité que celle d'affouvir l'orgueil, les defirs & les voluptés de chaque jour.

Tout ceci mene à une réflexion. Les Républiques finiffent par le luxe; les Monarchies par la pauvreté (*a*).

CHAPITRE V.

Dans quels cas les Loix fomptuaires font utiles dans une Monarchie.

CE fut dans l'efprit de la République, ou dans quelques cas particuliers, qu'au milieu du treizieme Siecle on fit en Arragon des Loix fomptuaires. Jacques I. ordonna que le Roi ni aucun de fes fujets, ne pourroient manger plus de deux fortes de viandes à chaque repas, & que chacune ne feroit préparée que d'une feule maniere, à moins que ce ne fût du gibier qu'on eût tué foi-même (*b*).

On a fait auffi de nos jours en Suede des Loix fomptuaires; mais elles ont un objet différent de celles d'Arragon.

Un Etat peut faire des Loix fomptuaires dans l'objet d'une frugalité abfolue; c'eft l'efprit des Loix fomptuaires des Républiques; & la nature de la chofe fait voir que ce fut l'objet de celles d'Arragon.

Les Loix fomptuaires peuvent avoir auffi pour objet une frugalité relative, lorfqu'un Etat fentant que des marchandifes étrangeres d'un trop haut prix, demanderoient une telle exportation des fiennes, qu'il fe priveroit plus de fes befoins par celle-ci, qu'il n'en fatisferoit par celles-là, en défend abfolument l'entrée; & c'eft l'efprit des Loix que l'on a fait de nos jours en Suede (*c*). Ce font les feules Loix fomptuaires, qui conviennent aux Monarchies.

En général plus un Etat eft pauvre, plus il eft ruiné par fon luxe relatif; & plus par conféquent il lui faut des Loix fomptuaires relatives. Plus un Etat eft riche, plus fon luxe relatif l'enrichit, & il faut bien fe garder d'y faire des Loix fomptuaires relatives,

(*a*) Opulentia paritura mox egeftatem. *Florus L.* 3.

(*b*) Conftitution de Jacques I. de l'an 1234. art. 6. dans Marca-Hifpanica, p. 1429.

(*c*) On y a défendu les vins exquis & autres marchandifes précieufes.

Nous expliquerons mieux ceci dans le Livre fur le Commerce (*a*). Il n'eft ici queftion que du luxe abfolu.

CHAPITRE VI.

Du Luxe à la Chine.

DES raifons particulieres demandent des Loix fomptuaires dans quelques Etats. Le Peuple par la force du climat peut devenir fi nombreux, & d'un autre côté les moyens de le faire fubfifter peuvent être fi incertains, qu'il eft bon de l'appliquer tout entier à la culture des terres. Dans ces Etats le luxe eft dangereux, & les Loix fomptuaires y doivent être rigoureufes. Ainfi pour çavoir s'il faut encourager le luxe ou le profcrire, on doit d'abord jetter les yeux fur le rapport qu'il y a entre le nombre du peuple, & la facilité de le faire vivre. En Angleterre le fol produit beaucoup plus de grain qu'il ne faut pour nourrir ceux qui cultivent les terres, & ceux qui procurent les vêtemens. Il peut donc y avoir des arts frivoles, & par conféquent du luxe. En France il croît affez de bled pour la nourriture des laboureurs & de ceux qui font employés aux Manufactures. De plus le Commerce avec les étrangers peut rendre pour des chofes frivoles tant de chofes néceffaires, qu'on n'y doit guere craindre le luxe.

A la Chine, au contraire, les femmes font fi fécondes, & l'efpece humaine s'y multiplie à un tel point, que les terres, quelque cultivées qu'elles foient, fuffifent à peine pour la nourriture ces habitans. Le luxe y eft donc pernicieux, & l'efprit de travail & d'économie y eft auffi requis que dans quelques Républiques que ce foit (*b*). Il faut qu'on s'attache aux arts néceffaires, & qu'on fuie ceux de la volupté.

Voilà l'efprit des belles Ordonnances des Empereurs Chinois. « Nos Anciens, *dit un Empereur de la famille des Tang* (*c*), tenoient « pour maxime, que s'il y avoit un homme qui ne labourât point, « ou une femme qui ne s'occupât point, quelqu'un fouffroit le « froid ou la faim dans l'Empire »......... & fur ce principe il fit détruire une infinité de Monafteres de Bonzes.

(*a*) *Voy* ci-deffous, Liv. XX. chap. 20.
(*b*) Le luxe y a toujours été arrêté.

(*c*) Dans une Ordonnance rapportée par le P. Duhalde, Tom. II. pag. 497.

Le

Le troisieme Empereur de la vingt-unieme Dynastie (*a*), à qui on apporta des pierres précieuses trouvées dans une mine, la fit fermer, ne voulant pas fatiguer son peuple à travailler pour une chose qui ne pouvoit ni le nourrir ni le vêtir.

« Notre luxe est si grand, *dit Kiayuenti* (*b*), que le peuple « orne de broderies les souliers des jeunes garçons & des filles, « qu'il est obligé de vendre ; » tant d'hommes étant occupés à faire des habits pour un seul, le moyen qu'il n'y ait bien des gens qui manquent d'habits ? Il y a dix hommes qui mangent le revenu des Terres contre un laboureur : le moyen qu'il n'y ait bien des gens qui manquent d'alimens ?

CHAPITRE VII.

Fatale conséquence du Luxe à la Chine.

ON voit dans l'Histoire de la Chine qu'elle a eu vingt-deux Dynasties qui se sont succédées, c'est-à-dire qu'elle a éprouvé vingt-deux révolutions générales, sans compter une infinité de particulieres. Les trois premieres Dynasties durerent assez long-tems, parce qu'elles furent sagement gouvernées, & que l'Empire étoit moins étendu qu'il ne le fut depuis. Mais on peut dire en général que toutes ces Dynasties commencerent assez bien. La vertu, l'attention, la vigilance sont nécessaires à la Chine ; elles y étoient dans le commencement des Dynasties, & elles manquoient à la fin. En effet, il étoit naturel que des Empereurs nourris dans les fatigues de la guerre, qui parvenoient à faire descendre du Trône une famille noyée dans les délices, conservassent la vertu qu'ils avoient éprouvée si utile, & craignissent les voluptés qu'ils avoient vûes si funestes. Mais après ces trois ou quatre premiers Princes, la corruption, le luxe, l'oisiveté, les délices, s'emparent des successeurs ; ils s'enferment dans le Palais, leur esprit s'affoiblit, leur vie s'accourcit, la famille décline ; les Grands s'elévent, les Eunuques s'accréditent, on ne met sur le Trône que des enfans, le Palais devient ennemi de l'Empire,

____

(*a*) Hist. de la Chine, vingt-unieme Dynastie dans l'Ouvrage du P. Duhalde, Tom. I.

(*b*) Dans un discours rapporté par le P. Duhalde, Tom. II. p. 418.

un peuple oisif qui l'habite , ruine celui qui travaille, l'Empereur est tué ou détruit par un Usurpateur, qui fonde une famille, dont le troisieme ou quatrieme successeur va dans le même Palais se renfermer encore.

CHAPITRE VIII.

De la Continence publique.

IL y a tant d'imperfections attachées à la perte de la vertu dans les femmes, toute leur ame en est si fort dégradée ; ce point principal ôté en fait tomber tant d'autres, que l'on peut regarder dans un Etat populaire l'incontinence publique comme le dernier des malheurs & la certitude d'un change-ment dans la Constitution.

Aussi les bons Législateurs y ont-ils exigé des femmes une certaine gravité de mœurs. Ils ont proscrit de leurs Républiques non seulement le vice, mais l'apparence même du vice. Ils ont banni jusqu'à ce commerce de galanterie qui produit l'oisive-té , qui fait que les femmes corrompent avant même d'être corrompues, qui donne un prix à tous les riens, & rabaisse ce qui est important, & qui fait que l'on ne se conduit plus que sur les maximes du ridicule que les femmes entendent si bien à établir.

CHAPITRE IX.

De la condition des femmes dans les divers Gouvernemens.

LEs femmes ont peu de retenue dans les Monarchies, parce que la distinction des rangs les appellant à la Cour, elles y vont prendre cet esprit de liberté qui est le seul qu'on y tolere. Chacun se sert de leurs agrémens & de leurs passions pour avancer sa fortune ; & comme leur foiblesse ne leur per-met pas l'orgueil, mais la vanité ; le luxe y regne toûjours avec elles.

Dans les Etats Despotiques les femmes n'introduisent point

le

le luxe; mais elles sont elles-mêmes un objet du luxe. Elles doivent être extrèmement esclaves. Chacun suit l'esprit du Gouvernement, & porte chez soi ce qu'il voit établi ailleurs. Comme les Loix y sont séveres & exécutées sur le champ, on a peur que la liberté des femmes n'y fasse des affaires. Leurs brouilleries, leurs indiscrétions, leurs répugnances, leurs penchans, leurs jalousies, leurs piques, cet art qu'ont les petites ames d'intéresser les grandes, n'y sauroient être sans conséquence.

De plus, comme dans ces Etats les Princes se jouent de la nature humaine, ils ont plusieurs femmes, & mille considérations les obligent de les renfermer.

Dans les Républiques les femmes sont libres par les Loix, & captivées par les mœurs; le luxe en est banni, & avec lui la corruption & les vices.

Dans les villes Grecques, où l'on ne vivoit pas sous cette Religion qui établit que chez les hommes même la pureté des mœurs est une partie de la vertu; dans les villes Grecques où un vice aveugle régnoit d'une maniere effrénée, où l'amour n'avoit qu'une forme que l'on n'ose dire, tandis que la seule amitié s'étoit retirée dans le mariage (*a*); la vertu, la simplicité, la chasteté des femmes y étoient telles, qu'on n'a guere jamais vû de peuple qui ait eu à cet égard une meilleure police (*b*).

C H A P I T R E X.

Du Tribunal domestique chez les Romains.

LEs Romains n'avoient pas comme les Grecs des Magistrats particuliers qui eussent inspection sur la conduite des femmes. Les Censeurs n'avoient l'œil sur elles que comme sur le reste de la République. L'institution du Tribunal domestique (*c*) suppléa à la Magistrature établie chez les Grecs (*d*).

(*a*) " Quant au vrai amour, *dit Plutarque*, les femmes n'y ont aucune part. „ *Oeuvres Morales, Traité de l'Amour*, peg. 600. Il parloit comme son siecle. Voy. Xenophon au Dialogue, intitulé *H eron.*

(*b*) A Athenes il y avoit un Magistrat particulier qui veilloit sur la conduite des femmes.

(*c*) Romulus institua ce Tribunal, comme il paroit par *Denis d'Halicarnasse*, Liv. II. p. 56.

(*d*) Voy. dans *Tite-Live*, L. XXXIX. l'usage que l'on fit de ce Tribunal, lors de la Conjuration des Bacchanales: on appella Conjuration contre la République des Assemblées où l'on corrompoit les mœurs des femmes & des jeunes-gens.

Le Mari affembloit les parens de la femme, & la jugeoit devant eux (*a*). Ce Tribunal maintenoit les mœurs dans la République. Mais ces mêmes mœurs maintenoient ce Tribunal. Il devoit juger non feulement de la violation des Loix, mais auffi de la violation des mœurs. Or pour juger de la violation des mœurs, il faut en avoir.

Les peines de ce Tribunal devoient être arbitraires, & l'étoient en effet : car tout ce qui regarde les mœurs, tout ce qui regarde les regles de la modeftie, ne peut guere être compris fous un Code de Loix. Il eft aifé de régler par des Loix ce qu'on doit aux autres ; il eft difficile d'y comprendre tout ce qu'on fe doit à foi-même.

Le Tribunal domeftique regardoit la conduite générale des femmes : mais il y avoit un crime qui, outre l'animadverfion de ce Tribunal, étoit encore foûmis à une accufation publique : c'étoit l'Adultere ; foit que dans une République une fi grande violation de mœurs intéreffât le Gouvernement, foit que le déreglement de la femme pût faire foupçonner celui du mari, foit enfin que l'on craignît que les honnêtes-gens même n'aimaffent mieux cacher ce crime que le punir, l'ignorer que le venger.

CHAPITRE XI.

Comment les Inftitutions changerent à Rome avec le Gouvernement.

COMME le Tribunal domeftique fuppofoit des mœurs, l'accufation publique en fuppofoit auffi ; & cela fit que ces deux chofes tomberent avec les mœurs, & finirent avec la République (*b*).

L'établiffement des Queftions perpétuelles, c'eft-à-dire, du partage de la Jurifdiction entre les Préteurs, & la coûtume qui

---

(*a*) Il paroît par *Denis d'Halicarnaffe*, *Liv. II.* que l'Inftitution de Romulus étoit que dans les cas ordinaires, le mari jugeoit devant les parens de la femme, mais que dans les grands crimes, il la jugeoit avec cinq d'entr'eux. Auffi *Ulpien* au tit. 6. §. 9. 12. & 13. diftingue-t'il dans les jugemens des mœurs, celles qu'il appelle *graves* d'avec celles qui l'étoient moins, *graviores, leviores.*

(*b*) *Judicio de moribus* (*quod antea quidem in antiquis legibus pofitum erat, non autem frequentabatur*) *penitùs abolito*, leg. 11. *Cod. de Repud.*

s'introduifit de plus en plus que ces Préteurs jugeaffent eux-mêmes (*a*) toutes les affaires, affoiblirent l'ufage du Tribunal domeftique ; ce qui paroît par la furprife des Hiftoriens, qui regardent comme des faits finguliers & comme un renouvelle-
ment de la pratique ancienne, les jugemens que Tibere fit rendre par ce Tribunal.

L'établiffement de la Monarchie & le changement des mœurs
firent encore ceffer l'accufation publique. On pouvoit craindre
qu'un malhonnête-homme piqué des mépris d'une femme, indigné de fes refus, outré de fa vertu même, ne formât le deffein de la perdre. La Loi *Julie* ordonna qu'on ne pourroit accufer une femme d'adultere qu'après avoir accufé fon mari de
favorifer fes déreglemens ; ce qui reftreignit beaucoup cette accufation & l'anéantit pour-ainfi-dire (*b*).

Sixte-Quint fembla vouloir renouveller l'accufation publique
(*c*). Mais il ne faut qu'un peu de réflexion pour voir que cette
Loi, dans une Monarchie telle que la fienne, étoit encore plus
déplacée que dans toute autre.

CHAPITRE XII.

De la Tutelle des femmes chez les Romains.

LEs Inftitutions des Romains mettoient les femmes dans
une perpétuelle tutelle, à moins qu'elles ne fuffent fous l'autorité d'un mari (*d*). Cette tutelle étoit donnée au plus proche
des parens par mâles ; & il paroît par une expreffion vulgaire (*e*)
qu'elles étoient très-gênées. Cela étoit bon pour la République,
& n'étoit point néceffaire dans la Monarchie (*f*).

Il paroît par les divers Codes de Loix des Barbares, que les
femmes chez les premiers Germains étoient auffi dans une perpétuelle tutelle (*g*). Cet ufage paffa dans les Monarchies qu'ils
fonderent : mais il ne fubfifta pas.

(*a*) *Judicia extraordinaria.*
(*b*) Conftantin l'ôta entierement : C'eft
une chofe indigne, *difoit-il* " que des ma-
" riages tranquilles foient troublés par l'au-
" dace des étrangers. „
(*c*) Sixte V. ordonna qu'un mari qui
n'iroit point fe plaindre à lui des débauches
de fa femme, feroit puni de mort. V. *Leti.*

(*d*) *Nifi conveniffent in manum viri.*
(*e*) *Ne fis mihi patruus oro.*
(*f*) La Loi Papienne ordonna fous Augufte, que les femmes qui auroient eu trois
enfans, feroient hors de cette tutelle.
(*g*) Cette tutelle s'appelloit chez les
Germains *Mundeburdium.*

CHAPITRE XIII.

Des Peines établies par les Empereurs, contre les débauches des femmes.

LA Loi *Julie* établit une Peine contre l'adultere. Mais bien-loin que cette Loi, & celles que l'on fit depuis là-dessus, fussent une marque de la bonté des mœurs, elles furent au-contraire une marque de leur dépravation.

Tout le Sistème politique à l'égard des femmes changea dans la Monarchie. Il ne fut plus question d'établir chez elles la pureté des mœurs, mais de punir leurs crimes. On ne faisoit de nouvelles Loix pour punir ces crimes, que parce qu'on ne punissoit plus les violations qui n'étoient point ces crimes.

L'affreux débordement des mœurs obligeoit bien les Empereurs de faire des Loix pour arrêter à un certain point l'impudicité : mais leur intention ne fut pas de corriger les mœurs en général. Des faits positifs rapportés par les Historiens prouvent plus cela que toutes ces Loix ne sçauroient prouver le contraire. On peut voir dans *Dion* la conduite d'Auguste à cet égard, & comment il éluda, & dans sa Préture & dans sa Censure, les demandes qui lui furent faites (*a*).

On trouve bien dans les Historiens des jugemens rigides, rendus sous Auguste & sous Tibere contre l'impudicité de quelques Dames Romaines : mais en nous faisant connoître l'esprit de ces regnes, ils nous font connoître l'esprit de ces jugemens.

Auguste & Tibere songerent principalement à punir les débauches de leurs parentes. Ils ne punissoient point le déreglement des mœurs, mais un certain crime d'impiété ou de Lese-Majesté (*b*) qu'ils avoient inventé, utile pour le respect, uti-

---

(*a*) Comme on lui eut amené un jeune-homme qui avoit épousé une femme avec laquelle il avoit eu auparavant un mauvais commerce, il hésita long-tems, n'osant ni approuver ni punir ces choses. " Enfin reprenant ses esprits " les séditions ont été " cause de grands maux, *dit-il*, oublions-" les ,, *Dion*, Liv. LIV. Les Sénateurs lui ayant demandé des Reglemens sur les mœurs des femmes, il éluda cette demande, en leur disant qu'ils corrigeassent leurs femmes, comme il corrigeoit la sienne ; surquoi ils le prierent de leur dire comment il en usoit avec sa femme ; (question, me semble , fort indiscrete.)

(*b*) Culpam inter viros & fœminas vulgatam gravi nomine læsarum Religionum appellando, clementiam majorum suasque ipse leges egrediebatur, *Tacite*, Annal. Liv. III.

le

le pour leur vengeance. De-là vient que les Auteurs Romains s'élevent si fort contre cette tyrannie.

La peine de la Loi *Julie* étoit légere (*a*). Les Empereurs voulurent que dans les jugemens on augmentât la peine de la Loi qu'ils avoient faite. Cela fut le sujet des invectives des Historiens. Ils n'examinoient pas si les femmes méritoient d'être punies, mais si l'on avoit violé la Loi pour les punir.

Une des principales tyrannies de Tibere (*b*) fut l'abus qu'il fit des anciennes Loix. Quand il voulut punir quelque Dame Romaine au-de-là de la peine portée par la Loi *Julie*, il rétablit contr'elles le Tribunal domestique (*c*).

Ces dispositions à l'égard des femmes ne regardoient que les familles des Sénateurs, & non pas celles du peuple. On vouloit des prétextes aux accusations contre les Grands, & les déportemens des femmes en pouvoient fournir sans nombre.

Enfin ce que j'ai dit que la bonté des mœurs n'est point le principe du Gouvernement d'un seul, ne se vérifia jamais mieux que sous ces premiers Empereurs; & si l'on en doutoit, on n'auroit qu'à lire *Tacite*, *Suetone*, *Juvenal* & *Martial*.

CHAPITRE XIII.

Loix somptuaires chez les Romains.

NOUS avons parlé de l'incontinence publique, parce qu'elle est jointe avec le luxe, qu'elle en est toûjours suivie, & qu'elle le suit toûjours. Si vous laissez en liberté les mouvemens du cœur; comment pourrez-vous gêner les foiblesses de l'esprit?

A Rome, outre les institutions genérales, les Censeurs firent faire par les Magistrats plusieurs Loix particulieres pour maintenir les femmes dans la frugalité. Les Loix *Fannienne*, *Licinienne* & *Oppienne* eurent cet objet. Il faut voir dans *Tite-Live* (*d*) comment le Sénat fut agité, lorsqu'elles demanderent la

(*a*) Cette Loi est rapportée au Digeste; mais on n'y a pas mis la peine. On juge qu'elle n'étoit que de la rélégation, puisque celle de l'Inceste n'étoit que de la déportation. Leg. *si quis viduam*, ff. de Quest.

(*b*) *Proprium id Tiberio fuit scelera nu-* *per reperta priscis verbis obtegere.* Tacit.

(*c*) *Adulterii graviorem pœnam deprecatus, ut exemplo majorum propinquis suis ultrà ducentesimum lapidem removeretur, suasit. Adultero Manlio Italiâ atque Africâ interdictum est,* Tacite *Annal.* Liv. II.

(*d*) Décade IV. Liv. IV.

      révocation

révocation de la Loi *Oppienne*. *Valere-Maxime* met l'époque du luxe chez les Romains à l'abrogation de cette Loi.

CHAPITRE XV.

Des Dots & des avantages nuptiaux dans les diverses Constitutions.

LE s *Dots* doivent être considérables dans les Monarchies ; afin que les maris puissent soûtenir leur rang & le luxe établi. Elles doivent être médiocres dans les Républiques où le luxe ne doit pas régner (*a*) ; elles doivent être à-peu-près nulles dans les Etats Despotiques, où les femmes sont en quelque façon esclaves.

La communauté des biens introduite par les Loix Françoises entre le mari & la femme, est très-convenable dans le Gouvernement Monarchique ; parce qu'elle intéresse les femmes aux affaires domestiques, & les rappelle comme malgré elles au soin de leur maison. Elle l'est moins dans la République, où les femmes ont plus de vertu. Elle seroit absurde dans les Etats despotiques, où presque toûjours les femmes sont elles-mêmes une partie de la propriété du Maître.

Comme les femmes par leur état sont assez portées au mariage, les gains que la Loi leur donne sur les biens de leur mari sont inutiles. Mais ils seroient très-pernicieux dans une République, parce que leurs richesses particulieres produisent le luxe. Dans les Etats Despotiques les gains de nôces doivent être leur subsistance, & rien de plus.

(*b*) Marseille fut la plus sage des Républiques de son tems ; les dots ne pouvoient passer cent écus en argent, & cinq en habits, dit *Strabon*, Liv. IV.

CHAPITRE XVI.

Belle coûtume des Samnites.

LES *Samnites* avoient une Coûtume qui dans une petite République, & furtout dans la fituation où étoit la leur, devoit produire d'admirables effets. On affembloit tous les jeunes-gens, & on les jugeoit. Celui qui étoit déclaré le meilleur de tous, prenoit pour fa femme la fille qu'il vouloit ; celui qui avoit les fuffrages après lui choififfoit encore, & ainfi de fuite (*a*). Il étoit admirable de ne regarder entre les biens des garçons que les belles qualités & les fervices rendus à la Patrie. Celui qui étoit le plus riche de ces fortes de biens choififfoit une fille dans toute la Nation. L'amour, la beauté, la chafteté, la vertu, la naiffance, les richeffes même, tout cela étoit, pour-ainfi-dire, la dot de la vertu. Il feroit difficile d'imaginer une récompenfe plus noble, plus grande, moins à charge à un petit Etat, plus capable d'agir fur l'un & l'autre fexe.

Les Samnites defcendoient des Lacédémoniens ; & Platon, dont les inftitutions ne font que la perfection des Loix de Lycurgue, donna à-peu-près une pareille Loi (*b*).

CHAPITRE XVII.

De l'adminiftration des Femmes.

IL eft contre la raifon & contre la nature que les femmes foient maîtreffes dans la maifon, comme cela étoit établi chez les Egyptiens ; mais il ne l'eft pas qu'elles gouvernent un Empire. Dans le premier cas l'état de foibleffe où elles font ne leur permet pas la prééminence ; dans le fecond, leur foibleffe même leur donne ordinairement plus de douceur & de modération ; ce qui peut faire un bon gouvernement, plutôt que les vertus dures & féroces.

(*a*) Fragm. de *Nicolas de Damas*, tiré de Stobée dans le Recueil de Conftantin Porphyrogenete.

(*b*) Il leur permet même de fe voir plus fréquemment.

                    Dans

Dans les Indes on se trouve très-bien du gouvernement des femmes ; & il est établi que si les mâles ne viennent pas d'une mere du même sang, les filles qui ont une mere du Sang-Royal succedent (*a*). On leur donne un certain nombre de personnes pour les aider à porter le poids du Gouvernement. Si l'on ajoute à cela l'exemple de la Moscovie & de l'Angleterre, on verra qu'elles réüssissent également & dans le Gouvernement modéré & dans le Gouvernement Despotique.

LIVRE HUITIEME.

De la corruption des principes des trois Gouvernemens.

CHAPITRE PREMIER.

Idée générale de ce Livre.

LA corruption de chaque Gouvernement commence presque toûjours par celle des principes.

CHAPITRE II.

De la corruption du principe de la Démocratie.

LE principe de la Démocratie se corrompt, non-seulement lorsqu'on perd l'esprit d'égalité, mais encore quand on prend l'esprit d'égalité extrème, & que chacun veut être égal à ceux qu'il choisit pour lui commander. Pour lors le peuple, ne pouvant souffrir le pouvoir même qu'il confie, veut tout faire par lui-même, délibérer pour le Sénat, exécuter pour les Magistrats, & dépouiller tous les Juges.

Il ne peut plus y avoir de vertu dans la République. Le peuple veut faire les fonctions des Magistrats ; on ne les respecte

(*a*) Lettres édif. 14. Recueil.

donc

donc plus. Les délibérations du Sénat ne font plus pefées; on n’a donc plus d’égards pour les Sénateurs & par conféquent pour les vieillards. Que fi l’on n’a pas du refpect pour les vieillards on n’en aura pas non plus pour les peres ; les maris ne méritent pas plus de déférence, ni les maîtres plus de foûmiffion. Tout le monde parviendra à aimer ce libertinage ; la gêne du commandement fatiguera comme celle de l’obéiffance. Les femmes, les enfans, les efclaves, n’auront de foûmiffion pour perfonne. Il n’y aura plus de mœurs, plus d’amour de l’ordre, enfin plus de vertu.

On voit dans le *banquet de Xenophon* une peinture bien naïve d’une République où le peuple a abufé de l’égalité. Chaque Convive donne à fon tour la raifon pourquoi il eft content de lui. « Je fuis content de moi, *dit Chamides*, à caufe de ma pau- « vreté. Quand j’étois riche, j’étois obligé de faire ma Cour aux « Calomniateurs, fachant bien que j’étois plus en état de re- « cevoir du mal d’eux que de leur en faire. La République me « demandoit toûjours quelque nouvelle fomme; je ne pouvois « m’abfenter. Depuis que je fuis pauvre j’ai acquis de l’autorité ; « perfonne ne me menace, je menace les autres ; je puis m’en « aller ou refter. Déja les riches fe levent de leurs places & me « cedent le pas; je fuis un Roi, j’étois efclave; je payois un tri- « but à la République ; aujourd’hui elle me nourrit; je ne crains « plus de perdre, j’efpere d’acquérir. »

Le peuple tombe dans ce malheur, lorfque ceux à qui il fe confie, voulant cacher leur propre corruption, cherchent à le corrompre. Pour qu’il ne voie pas leur ambition, ils ne lui parlent que de fa grandeur; pour qu’il n’apperçoive pas leur avarice, ils flattent fans ceffe la fienne.

La corruption augmentera parmi les corrupteurs, & elle augmentera parmi ceux qui font déja corrompus. Le peuple fe diftribuera tous les deniers publics; & comme il aura joint à fa pareffe la geftion des affaires, il voudra joindre à fa pauvreté les amufemens du luxe. Mais avec fa pareffe & fon luxe, il n’y aura que le tréfor public qui puiffe être un objet pour lui.

Il ne faudra pas s’étonner fi l’on voit les fuffrages fe donner pour de l’argent. On ne peut donner beaucoup au peuple fans retirer encore plus de lui : mais pour retirer de lui, il faut renverfer l’Etat. Plus il paroîtra tirer d’avantage de fa liberté, plus il s’approchera du moment où il doit la perdre. Il fe forme de

petits

petits Tyrans qui ont tous les vices d'un feul. Bien-tôt ce qui reſte de liberté devient inſupportable; un feul Tyran s'éleve, & le peuple perd tout juſqu'aux avantages de ſa corruption.

La Démocratie a donc deux excès à éviter, l'eſprit d'inégalité, qui la mene à l'Ariſtocratie ou au Gouvernement d'un feul; & l'eſprit d'égalité extrème, qui la conduit au deſpotiſme d'un feul, comme le deſpotiſme d'un feul finit par la conquête.

Il eſt vrai que ceux qui corrompirent les Républiques Grecques ne devinrent pas toûjours Tyrans. C'eſt qu'ils s'étoient plus attachés à l'éloquence qu'à l'Art militaire : outre qu'il y avoit dans le cœur de tous les Grecs une haine implacable contre ceux qui renverſoient le Gouvernement Républicain; ce qui fit que l'Anarchie dégénéra en anéantiſſement, au lieu de ſe changer en Tyrannie.

Mais *Syracuſe*, qui ſe trouva placée au milieu d'un grand nombre de petites Oligarchies changées en tyrannies (*a*), Syracuſe qui avoit un Sénat (*b*) dont il n'eſt preſque jamais fait mention dans l'Hiſtoire, eſſuya des malheurs que la corruption ordinaire ne donne pas. Cette Ville toûjours dans la licence (*c*) ou dans l'oppreſſion, également travaillée par ſa liberté & par ſa ſervitude, recevant toûjours l'une & l'autre comme une tempête, & malgré ſa puiſſance au dehors, toûjours déterminée à une révolution par la plus petite force étrangere, avoit dans ſon ſein un peuple immenſe, qui n'eût jamais que cette cruelle alternative de ſe donner un Tyran, ou de l'être lui-même.

CHAPITRE III.

De l'eſprit d'Egalité extrème.

Autant que le Ciel eſt éloigné de la terre, autant le véritable eſprit d'égalité l'eſt-il de l'eſprit d'égalité extrème. Le premier ne conſiſte point à faire enſorte que tout le monde com-

(*a*) Voy. *Plutarque* dans les vies de *Timoleon* & de *Dion.*
(*b*) C'eſt celui des ſix cens, dont parle *Diodore.*
(*c*) Ayant chaſſé les Tyrans, ils firent Citoyens des étrangers & des ſoldats mercenaires, ce qui cauſa des guerres civiles, *Ariſtot*, Polit. Liv. V. chap. 3. le peuple ayant été cauſe de la victoire ſur les Athéniens, la République fut changée, *ibid*. Chap. 4. La paſſion de deux jeunes Magiſtrats, dont l'un enleva à l'autre un jeune garçon, & celui-ci lui débaucha ſa femme, fit changer la forme de cette République, *ibid*. Liv. VII. chap. 4.

mande;

mande, ou que perſonne ne ſoit commandé ; mais à obéir &
à commander à ſes égaux. Il ne cherche pas à n'avoir point de
maîtres , mais à n'avoir que ſes égaux pour maîtres.

Dans l'état de nature, les hommes naiſſent bien dans l'égalité :
mais ils n'y ſauroient reſter. La ſociété la leur fait perdre , & ils
ne redeviennent égaux que par les Loix.

Telle eſt la différence entre la Démocratie réglée & celle qui
ne l'eſt pas ; que dans la premiere on n'eſt égal que comme Citoyen , & que dans l'autre on eſt encore égal comme Magiſtrat,
comme Sénateur, comme Juge, comme Pere, comme Mari,
comme Maître.

La place naturelle de la vertu eſt auprès de la liberté : mais
elle ne ſe trouve pas plus auprès de la liberté extrème , qu'auprès
de la ſervitude.

CHAPITRE IV.

Cauſe particuliere de la corruption du Peuple.

LEs grands ſuccès , ſur-tout ceux auxquels le peuple contri-
bue beaucoup, lui donnent un tel orgueil, qu'il n'eſt plus
poſſible de le conduire. Jaloux des Magiſtrats , il le devient de
la Magiſtrature ; ennemi de ceux qui gouvernent , il l'eſt bien-tôt
de la Conſtitution. C'eſt ainſi que la victoire de Salamine ſur les
Perſes corrompit la République d'Athenes (*a*) ; c'eſt ainſi que
la défaite des Athéniens perdit la République de Syracuſe (*b*).

Celle de Marſeille n'éprouva jamais ces grands paſſages de l'a-
baiſſement à la grandeur : auſſi ſe gouverna-t-elle toûjours avec
ſageſſe ; auſſi conſerva-t-elle ſes principes.

CHAPITRE V.

De la corruption du principe de l'Ariſtocratie.

L'ARISTOCRATIE ſe corrompt lorſque le pouvoir des Nobles
devient arbitraire : il ne peut plus y avoir de vertu dans ceux
qui gouvernent, ni dans ceux qui ſont gouvernés.

(*a*) *Ariſt.* Polit. Liv. V. ch. 4.   (*b*) Ibid.

Quand les familles régnantes obfervent les Loix, c'eft une Monarchie qui a plufieurs Monarques, & qui eft très-bonne par fa nature; prefque tous ces Monarques font liés par les Loix. Mais quand elles ne les obfervent pas, c'eft un Etat defpotique qui a plufieurs Defpotes.

Dans ce cas la République ne fubfifte qu'à l'égard des Nobles, & entr'eux feulement. Elle eft dans le corps qui gouverne, & l'Etat defpotique eft dans le corps qui eft gouverné; ce qui fait les deux corps du monde les plus défunis.

L'extrème corruption eft lorfque les Nobles deviennent héréditaires (a); ils ne peuvent plus guere avoir de modération. S'ils font en petit nombre, leur pouvoir eft plus grand, mais leur fûreté diminue; s'ils font en plus grand nombre, leur pouvoir eft moindre & leur fûreté plus grande; enforte que le pouvoir va croiffant, & la fûreté diminuant, jufqu'au Defpote fur la tête duquel eft l'excès du pouvoir & du danger.

Le grand nombre des Nobles dans l'Ariftocratie héréditaire rendra donc le Gouvernement moins violent : mais comme il y aura peu de vertu, on tombera dans un efprit de nonchalance, de pareffe, d'abandon, qui fera que l'Etat n'aura plus de force ni de reffort (b).

Un Ariftocratie peut maintenir la force de fon principe, fi les Loix font telles qu'elles faffent plus fentir aux Nobles les périls, & les fatigues du Commandement que fes délices; & fi l'Etat eft dans une telle fituation qu'il ait quelque chofe à redouter, & que la fûreté vienne du dedans, & l'incertitude du dehors.

Comme une certaine confiance fait la gloire & la fûreté d'une Monarchie, il faut au contraire qu'une République redoute quelque chofe (c). La crainte des Perfes maintint les Loix chez les Grecs. Carthage & Rome s'intimiderent l'une l'autre, & s'affermirent. Chofe finguliere ! plus ces Etats ont de fûreté, plus, comme des eaux trop tranquilles, ils font fujets à fe corrompre.

(a) L'Ariftocratie fe change en Oligarchie.

(b) *Venife* eft une des Républiques qui a le mieux corrigé par fes Loix les inconvéniens de l'Ariftocratie héréditaire.

(c) *Juftin* attribue à la mort d'Epaminondas, l'extinction de la vertu à Athenes. N'ayant plus d'émulation, ils dépenferent leurs revenus en fêtes, *frequentiès cænam quàm caftra vifentes*. Pour lors les Macédoniens fortirent de l'obfcurité, Liv. VI.

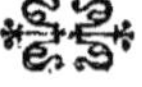

CHAPITRE

CHAPITRE VI.

De la corruption du principe de la Monarchie.

COMME les Démocraties se perdent lorsque le peuple dépouille le Sénat, les Magistrats & les Juges de leurs fonctions; les Monarchies se corrompent lorsqu'on ôte peu-à-peu les
prérogatives des Corps, ou les priviléges des Villes. Dans le
premier cas on va au despotisme de tous; dans l'autre au despotisme d'un seul.

« Ce qui perdit les Dynasties de Tsin & de Soüi, *dit un Au-*
« *teur Chinois*, c'est qu'au lieu de se borner comme les anciens à
« une inspection générale, seule digne du Souverain, les Princes
« voulurent gouverner tout immédiatement par eux-mêmes (*a*). »
L'Auteur Chinois nous donne ici la cause de la corruption de
presque toutes les Monarchies.

La Monarchie se perd, lorsqu'un Prince croit qu'il montre plus
sa puissance, en changeant l'ordre des choses qu'en le suivant,
lorsqu'il ôte les fonctions naturelles des uns pour les donner arbitrairement à d'autres, & lorsqu'il est plus amoureux de ses fantaisies que de ses volontés.

La Monarchie se perd, lorsque le Prince rapportant tout uniquement à lui, appelle l'Etat à sa Capitale, la Capitale à la Cour,
& la Cour à sa seule personne.

Enfin elle se perd lorsqu'un prince méconnoît son autorité, sa
situation, l'amour de ses peuples; & lors qu'il ne sent pas bien
qu'un Monarque doit se juger en sûreté comme un Despote doit
se croire en péril.

CHAPITRE VII.

Continuation du même sujet.

LE principe de la Monarchie se corrompt, lorsque les premieres Dignités sont les marques de la premiere Servitude,
lorsqu'on ôte aux Grands le respect des Peuples, & qu'on les rend
de vils instrumens du pouvoir arbitraire.

(*a*) Compilation d'Ouvrages faits sous les *Ming*, rapportés par le P. Duhalde.

Il se corrompt encore plus, lorsque l'honneur a été mis en contradiction avec les honneurs, & que l'on peut être à la fois couvert d'infamie (*a*) & de dignité.

Il se corrompt lorsque le Prince change sa justice en sévérité; lorsqu'il met comme les Empereurs Romains une tête de Méduse sur sa poitrine (*b*); lorsqu'il prend cet air menaçant & terrible que Commode faisoit donner à ses Statues (*c*).

Le principe de la Monarchie se corrompt lorsque des ames singulierement lâches, tirent vanité de la grandeur que pourroit avoir leur servitude; & qu'elles croient que ce qui fait que l'on doit tout au Prince, fait que l'on ne doit rien à sa Patrie.

Mais s'il est vrai (ce que l'on a vû dans tous les tems), qu'à mesure que le pouvoir du Monarque devient immense, sa sûreté diminue; corrompre ce pouvoir jusqu'à le faire changer de nature, n'est-ce pas un crime de majesté contre lui?

CHAPITRE VIII.

Danger de la corruption du principe du Gouvernement Monarchique.

L'INCONVENIENT n'est pas lorsque l'Etat passe d'un Gouvernement modéré à un Gouvernement modéré, comme de la République à la Monarchie, ou de la Monarchie à la République; mais quand il tombe & se précipite du Gouvernement modéré au Despotisme.

La plûpart des Peuples d'Europe sont encore gouvernés par les mœurs. Mais si par un long abus du pouvoir, si par une grande conquête, le despotisme s'établissoit à un certain point; il n'y auroit pas de mœurs ni de climat qui tinssent : & dans cette belle partie du monde la Nature humaine souffriroit au moins pour un tems, les insultes qu'on lui fait dans les trois autres.

(*a*) Sous le regne de *Tibere* on éleva des Statues, & l'on donna les ornemens triomphaux aux délateurs; ce qui avilit tellement ces honneurs, que ceux qui les avoient mérités les dédaignerent, Frag. de Dion, Liv. LVIII. tiré de l'*Extrait des Vertus & des Vices* de Const. Porphirog. Voyez dans Tacite comment *Néron*, sur la découverte & la punition d'une prétendue conjuration, donna à Petronius Turpilianus, à Nerva, à Tigellinus, les ornemens triomphaux. *Annal.* Liv. XIV. Voyez aussi comment les Généraux dédaignerent de faire la guerre, parce qu'ils en méprisoient les honneurs, *pervulgatis Triumphi insignibus*, Tacit. Annal. Liv. XIII.

(*b*) Dans cet état, le Prince savoit bien quel étoit le principe de son Gouvernement.

(*c*) Hérodien.

CHAPITRE

CHAPITRE IX.

Combien la Noblesse est portée à défendre le Trône.

LA Noblesse Angloise s'ensevelit avec Charles premier sous les débris du Trône; & avant cela lorsque Philippe second fit entendre aux oreilles des François le mot de liberté, la Couronne fut toûjours soûtenue par cette Noblesse, qui tient à honneur d'obéir à un Roi; mais qui regarde comme la souveraine infamie de partager la puissance avec le Peuple.

On a vû la maison d'Autriche travailler sans relâche à opprimer la Noblesse Hongroise. Elle ignoroit de quel prix elle lui seroit quelque jour. Elle cherchoit chez ces peuples de l'argent qui n'y étoit pas; elle ne voyoit pas des hommes qui y étoient. Lorsque tant de Princes partageoient entr'eux ses Etats; toutes les pieces de sa Monarchie immobiles & sans action tomboient, pour ainsi-dire, les unes sur les autres. Il n'y avoit de vie que dans cette Noblesse qui s'indigna, oublia tout pour combattre, & qui crut qu'il étoit de sa gloire de périr & de pardonner.

CHAPITRE X.

De la corruption du principe du Gouvernement despotique.

LE principe du Gouvernement despotique se corrompt sans cesse, parce qu'il est corrompu par sa nature. Les autres Gouvernemens périssent, parce que des accidens particuliers en violent le principe; celui-ci périt par son vice intérieur, lorsque quelques causes accidentelles n'empêchent pas son principe de se corrompre. Il ne se maintient donc que quand des circonstances tirées du climat, de la Religon, de la situation ou du génie du peuple, le forcent à suivre quelque ordre & à souffrir quelque regle. Ces choses forcent sa nature sans la changer; sa férocité reste; elle est pour quelque tems apprivoisée.

CHAPITRE

CHAPITRE XI.

Effets naturels de la bonté & de la corruption des principes.

Lorsque les principes du Gouvernement font une fois cor-rompus, les meilleures Loix deviennent mauvaifes, & fe tournent contre l'Etat; lorfque les principes en font fains, les mauvaifes ont l'effet des bonnes; la force du principe entraîne tout.

Les *Crétois*, pour tenir les premiers Magiftrars dans la dépen-dance des Loix, employoient un moyen bien fingulier; c'étoit celui de l'*Infurrection*. Une partie des Citoyens fe foulevoit(*a*), mettoit en fuite les Magiftrats, & les obligeoit de rentrer dans la condition privée. Cela étoit cenfé fait en conféquence de la Loi. Une inftitution pareille, qui établiffoit la fédition pour em-pêcher l'abus du Pouvoir, fembloit devoir renverfer quelque Ré-publique que ce fût; elle ne détruifit pas celle de Crete. Voici pourquoi (*b*).

Lorfque les anciens vouloient parler d'un Peuple qui avoit le plus grand amour pour la Patrie, ils citoient les Crétois : *la Patrie,* difoit Platon (*c*), *nom fi tendre aux Crétois.* Ils l'appelloient d'un nom qui exprime l'amour d'une mere pour fes enfans (*d*). Or l'amour de la Patrie corige tout.

Les Loix de Pologne ont auffi leur *infurrection.* Mais les incon-véniens qui en réfultent font bien voir que le feul peuple de Crête étoit en état d'employer avec fuccès un pareil remede.

Les exercices de la Gymnaftique établis chez les Grecs ne dé-pendirent pas moins de la bonté du principe du Gouvernement. « Ce furent les Lacédémoniens & les Crétois, *dit Platon* (*e*), « qui ouvrirent ces Académies fameufes qui leur firent tenir dans « le monde un rang fi diftingué. La pudeur s'allarma d'abord : « mais elle céda à l'utilité publique. » Du tems de Platon ces inf-

----

(*a*) *Ariftote*, Politiq. Liv. II. chap. X.

(*b*) On fe réuniffoit toûjours d'abord contre les ennemis du dehors, ce qui s'ap-pelloit *Syncretifme*. Plutarq. Moral. p. 88.

(*c*) Répub. Liv. IX.

(*d*) Plutarque, *Morales,* au Traité, *fi l'homme d'âge doit fe mêl.r des affaires pu-bliques.*

(*e*) Répub. Liv. V.

titutions

titutions étoient admirables (*a*); elles fe rapportoient à un grand objet, qui étoit l'Art militaire. Mais lorfque les Grecs n'eurent plus de vertu, elles détruifirent l'Art militaire même; on ne defcendit plus fur l'arene pour fe former, mais pour fe corrompre.

Plutarque nous dit (*b*) que de fon tems les Romains penfoient que ces jeux avoient été la principale caufe de la fervitude où étoient tombés les Grecs. C'étoit au contraire la fervitude des Grecs qui avoit corrompu ces exercices. Du tems de Plutarque (*c*) les parcs où l'on combattoit à nud, & les jeux de la Lutte, rendoient les jeunes-gens lâches, les portoient à un amour infame; & n'en faifoient que des baladins. Mais du tems d'Epaminondas l'exercice de la Lutte faifoit gagner aux Thébains la bataille de Leuctres (*d*).

Il y a peu de Loix qui ne foient bonnes lorfque l'Etat n'a point perdu fes principes; & comme difoit Epicure en parlant des richeffes : ce n'eft point la liqueur qui eft corrompue, c'eft le vafe.

CHAPITRE XII.

Continuation du même fujet.

ON prenoit à Rome les Juges dans l'Ordre des Sénateurs. Les *Gracques* tranfporterent cette prérogative aux Chevaliers. *Drufus* la donna aux Sénateurs & aux Chevaliers; *Sylla* aux Sénateurs feuls; *Cotta* aux Sénateurs, aux Chevaliers & aux Tréforiers de l'Epargne; *Céfar* exclut ces derniers; *Antoine* fit des Décuries de Sénateurs, de Chevaliers & de Centurions.

Quand une République eft corrompue, on ne peut remédier à aucun des maux qui naiffent qu'en ôtant la corruption & en rappellant les principes : toute autre correction eft ou inutile ou

(*a*) La Gymnaftique fe divifoit en deux parties, la danfe & la Lutte. On voyoit en Crete les danfes armées des Curettes; à Lacédémone celles de Caftor & Pollux, à Athenes les danfes armées de Pallas, très-propres pour ceux qui ne font pas encore en âge d'aller à la guerre. La Lutte eft l'image de la guerre, dit Platon, *des Loix*, Liv. VII. Il loüe l'antiquité de n'avoir établi que deux danfes, la Pacifique & la Pyrrhique. Voyez comment cette derniere danfe s'appliquoit à l'Art militaire, Platon *ibid.*

(*b*) *Oeuvres Morales*, au Traité *des demandes des chofes Romaines.*

(*c*) Ibid.

(*d*) Plutarque, *Morales, propos. de Table*, Liv. II.

un

un nouveau mal. Pendant que Rome conſerva ſes principes, les jugemens purent être ſans abus entre les mains des Sénateurs: mais quand elle fut corrompue, à quelque Corps que ce fût qu'on tranſportât les Jugemens aux Sénateurs, aux Chevaliers, aux Tréſoriers de l'Epargne, à deux de ces Corps, à tous les trois enſemble, à quelqu'autre Corps que ce fût, on étoit toûjours mal. Les Chevaliers n'avoient pas plus de vertu que les Sénateurs, les Tréſoriers de l'Epargne pas plus que les Chevaliers, & ceux-ci auſſi peu que les Centurions.

Lorſque le Peuple de Rome eut obtenu qu'il auroit part aux Magiſtratures Patriciennes, il étoit naturel de penſer que ſes flatteurs alloient être les arbitres du Gouvernement. Non : l'on vit ce Peuple qui rendoit les Magiſtratures communes aux Plébéiens, élire toûjours des Patriciens. Parce qu'il étoit vertueux, il étoit magnanime ; parce qu'il étoit libre, il dédaignoit le pouvoir. Mais lorſqu'il eut perdu ſes principes, plus il eut de pouvoir, moins il eut de ménagemens ; juſqu'à ce qu'enfin, devenu ſon propre Tyran & ſon propre eſclave, il perdit la force de la liberté pour tomber dans la foibleſſe de la licence.

<hr>

CHAPITRE XIII.

Effet du Serment chez un Peuple vertueux.

IL n'y a point eu de Peuple, dit Tite-Live (*a*), où la diſſolution ſe ſoit plus tard introduite que chez les Romains, & où la modération & la pauvreté aient été plus long-tems honorées.

Le *Serment* eut tant de force chez ce Peuple, que rien ne l'attacha plus aux Loix. Il fit bien des fois pour l'obſerver, ce qu'il n'auroit jamais fait pour la gloire ni pour la Patrie.

Quintius Cincinnatus, Conſul, ayant voulu lever une Armée dans la Ville contre les Eques & les Volſques, les Tribuns s'y oppoſerent. « Eh bien, *dit-il*, que tous ceux qui ont fait ſerment » au Conſul de l'année précédente marchent ſous mes Enſei- » gnes (*b*) ». Envain les Tribuns s'écrierent-ils qu'on n'étoit plus lié par ce ferment, que quand on l'avoit fait : Quintius étoit un

____

(*a*) Liv. I.   (*b*) Tite-Live, Liv. III.

homme

homme privé. Le Peuple fut plus religieux que ceux qui se mê-
loient de le conduire ; il n'écouta ni les distinctions ni les interprétations des Tribuns.

Lorsque le même Peuple voulut se retirer sur le Mont Sacré ,
il se sentit retenir par le serment qu'il avoit fait aux Consuls de les
suivre à la guerre (*a*). Il forma le dessein de les tuer. On lui
fit entendre que le serment n'en subsisteroit pas moins. On peut
juger de l'idée qu'il avoit de la violation du serment par le crime
qu'il vouloit commettre.

Après la bataille de Cannes, le Peuple effrayé voulut se retirer en Sicile. Scipion lui fit jurer qu'il resteroit à Rome. La
crainte de violer le serment surmonta toute autre crainte. Rome
étoit un vaisseau tenu par deux ancres dans la tempête , la Religion & les mœurs.

CHAPITRE XIV.

*Comment le plus petit changement dans la Constitution
entraîne la ruine des principes.*

ARISTOTE nous parle de la République de Carthage comme d'une République très-bien réglée. *Polybe* (*b*) nous dit
qu'à la seconde guerre Punique il y avoit à Carthage cet inconvénient, que le Sénat avoit perdu presque toute son autorité.
Tite-Live nous apprend que lorsqu'Annibal retourna à Carthage,
il trouva que les Magistrats & les principaux Citoyens détour-
noient à leur profit les revenus publics & abusoient de leur pouvoir. La vertu des Magistrats tomba donc avec l'autorité du Sénat ; tout coula du même principe.

On connoît les prodiges de la Censure chez les Romains. Il
y eut un tems où elle devint pesante : mais on la soutint, parce
qu'il y avoit plus de luxe que de corruption. Claudius (*c*) l'affoiblit, & par cet affoiblissement la corruption devint encore plus
grande que le luxe , la censure s'abolit d'elle-même (*d*).

<table>
<tr><td>

(*a*) Tite-Liv. Liv. II.
(*b*) Environ cent ans après.
(*c*) Voy. ci-dessous le Liv. XI. chap.
II.

</td><td>

(*d*) Les Tribuns les empêcherent de
faire le cens, & s'opposerent à leur élec-
tion. Voy. *Ciceron* à Atticus, Liv. IV. Let-
tre X. & XV.

</td></tr>
</table>

CHAPITRE XV.

Moyens très-efficaces pour la conservation des trois principes.

JE ne pourrai me faire entendre que lorſqu'on aura lû les quatre Chapitres ſuivans.

CHAPITRE XVI.

Propriétés diſtinctives de la République.

IL eſt de la nature d'une République, qu'elle n'ait qu'un petit Territoire ; ſans cela elle ne peut guere ſubſiſter. Dans une grande République, il y a de grandes fortunes, & par conſéquent peu de modération dans les eſprits ; il y a de trop grands dépôts à mettre entre les mains d'un Citoyen ; les intérêts ſe particulariſent ; un homme ſent d'abord qu'il peut être heureux, grand, glorieux, ſans ſa Patrie, & bien-tôt qu'il peut être ſeul grand ſur les ruines de ſa Patrie.

Dans une grande République, le bien commun eſt ſacrifié à mille conſidérations, il eſt ſubordonné à des exceptions ; il dépend des accidens. Dans une petite, le bien public eſt mieux ſenti, mieux connu, plus près de chaque Citoyen ; les abus y ſont moins étendus, & par conſéquent moins protégés.

Ce qui fit ſubſiſter ſi long-tems Lacédémone, c'eſt qu'après toutes ſes guerres, elle reſta toûjours avec ſon territoire. Le ſeul but de Lacédémone étoit la liberté ; le ſeul avantage de ſa liberté, c'étoit la gloire.

Ce fut l'eſprit des Républiques Grecques, de ſe contenter de leurs terres, comme de leurs Loix. Athenes prit de l'ambition, & en donna à Lacédémone : mais ce fut plutôt pour commander à des Peuples libres, que pour gouverner des eſclaves, plutôt pour être à la tête de l'union, que pour la rompre. Tout fut perdu lorſqu'une Monarchie s'éleva, gouvernement dont l'eſprit eſt plus tourné vers l'aggrandiſſement.

Sans

Sans des circonſtances particulieres (*a*), il eſt difficile que tout autre Gouvernement que le Républicain puiſſe ſubſiſter dans une ſeule Ville. Un Prince d'un ſi petit Etat, chercheroit naturellement à opprimer, parce qu'il auroit une grande puiſſance & peu de moyen pour en joüir, ou pour la faire reſpeĉter. Il fouleroit donc beaucoup ſes peuples. D'un autre côté, un tel Prince ſeroit aiſément opprimé par une force étrangere, ou même une force domeſtique; le peuple pourroit à tous les inſtans s'aſſembler, & ſe réunir contre lui. Or, quand un Prince d'une Ville eſt chaſſé de ſa Ville, le procès eſt fini; s'il a pluſieurs Villes, le procès n'eſt que commencé.

CHAPITRE XVII.

Propriétés diſtinĉtives de la Monarchie.

UN Etat Monarchique doit être d'une grandeur médiocre. S'il étoit petit, il ſe formeroit en République; s'il étoit fort étendu, les principaux de l'Etat, grands par eux-mêmes, n'étant point ſous les yeux du Prince, ayant leur Cour hors de ſa Cour, aſſurés d'ailleurs contre les exécutions promptes par les Loix & par les mœurs, pourroient ceſſer d'obéir; ils ne craindroient point une punition trop lente & trop éloignée.

Auſſi Charlemagne eut-il à peine fondé ſon Empire, qu'il fallut le diviſer; ſoit que les Gouverneurs des Provinces n'obéïſſent pas, ſoit que pour les faire mieux obéir, il fût néceſſaire de partager l'Empire en pluſieurs Royaumes.

Après la mort d'Alexandre, ſon Empire fut partagé. Comment ces Grands de Grece & de Macédoine, libres, ou du moins Chefs des Conquérans répandus dans cette vaſte Conquête, auroient-ils pû obéir?

Après la mort d'Attila, ſon Empire fut diſſous; tant de Rois qui n'étoient plus contenus, ne pouvoient point reprendre des chaînes.

Le prompt établiſſement du pouvoir ſans bornes, eſt le remede, qui dans ces cas, peut prévenir la diſſolution; nouveau malheur après celui de l'aggrandiſſement!

(*a*) Comme quand un petit Souverain ſe maintient entre deux grands Etats par leur jalouſie mutuelle; mais il n'exiſte que précairement.

Les fleuves courent se mêler dans la mer ; les Monarchies vont se perdre dans le Despotisme.

CHAPITRE XVIII.

Que la Monarchie d'Espagne étoit dans un cas particulier.

QU'ON ne cite point l'exemple de l'Espagne ; elle prouve plutôt ce que je dis. Pour garder l'Amérique, elle fit ce que le Despotisme même ne fait pas, elle en détruisit tous les habitans ; il fallut, pour conserver sa colonie, qu'elle la tînt dans la dépendance de sa subsistance même.

Elle essaya le despotisme dans les Pays-Bas, & si-tôt qu'elle l'eut abandonné, ses embarras augmenterent. D'un côté les Wallons ne vouloient pas être gouvernés par les Espagnols, & de l'autre, les soldats Espagnols ne vouloient pas obéir aux Officiers Wallons (a).

Elle ne se maintint dans l'Italie, qu'à force de l'enrichir & de se ruiner. Car ceux qui auroient voulu se défaire du Roi d'Espagne, n'étoient pas pour cela d'humeur à renoncer à son argent.

CHAPITRE XIX.

Propriétés distinctives du Gouvernement Despotique.

UN grand Empire suppose une autorité despotique, dans celui qui gouverne. Il faut que la promptitude des résolutions, supplée à la distance des lieux où elles sont envoyées ; que la crainte empêche la négligence du Gouverneur ou du Magistrat éloigné ; que la Loi soit dans une seule tête, & qu'elle change sans cesse, comme les accidens qui se multiplient toûjours dans l'Etat, à proportion de sa grandeur.

(a) Voy. l'Hist. des Provinces-Unies, par M. le Clerc.

CHAPITRE

CHAPITRE XX.

Conséquence des Chapitres précédens.

QUE si la propriété naturelle des petits Etats, est d'être gouvernés en République, celle des médiocres d'être soumis à un Monarque, celles des grands Empires d'être dominés par un Despote ; il suit que pour conserver les principes du Gouvernement établi, il faut maintenir l'Etat dans la grandeur qu'il avoit déja, & que cet Etat changera d'esprit, à mesure qu'on rétrécira ou qu'on étendra ses limites.

CHAPITRE XXI.

De l'Empire de la Chine.

AVANT de finir ce Livre, je répondrois à une objection, qu'on peut faire sur tout ce que j'ai dit jusqu'ici.

Nos Missionnaires nous parlent du vaste Empire de la Chine, comme d'un Gouvernement admirable, qui mêle ensemble dans son principe la crainte, l'honneur & la vertu. J'ai donc posé une distinction vaine, lorsque j'ai établi les principes des trois Gouvernemens.

J'ignore ce que c'est que cet honneur dont on parle chez des Peuples, à qui on ne fait rien faire qu'à coups de bâton (*a*).

De plus, il s'en faut beaucoup que nos Commerçans nous donnent l'idée de cette vertu, dont nous parlent nos Missionnaires ; on peut les consulter sur les brigandages des Mandarins. (*b*).

D'ailleurs les Lettres du *P. Parennin* sur le procès que l'Empereur fit faire à des Princes du sang Néophytes (*c*), qui lui avoient déplû, nous font voir un plan de tyrannie constamment suivi, & des injures faites à la nature humaine avec regle, c'est-à-dire de sang-froid.

(*a*) C'est le bâton qui gouverne la Chine, dit le P. Duhalde.

(*b*) Voy. entr'autres la Relation de Lange.

(*c*) De la famille de Sourniama, Lettres édif. 18. Recueil.

Nous avons encore les Lettres de M. *De Mairan* & du même
P. *Parennin* fur le Gouvernement de la Chine. Après des queftions & des réponfes très-fenfées, le merveilleux s'eft évanoüi.

Ne pourroit-il pas fe faire que les Miffionnaires auroient été
trompés par une apparence d'ordre; qu'ils auroient été frappés de
cet exercice continuel de la volonté d'un feul, par lequel ils
font gouvernés eux-mêmes, & qu'ils aiment tant à trouver dans
les Cours des Rois des Indes, parce que n'y allant que pour y
faire de grands changemens, il leur eft plus aifé de convaincre
les Princes qu'ils peuvent tout faire, que de perfuader aux Peuples qu'ils peuvent tout fouffrir (*a*)?

Enfin il y a fouvent quelque chofe de vrai dans les erreurs mêmes. Des circonftances particulieres, & peut-être uniques, peuvent faire que le Gouvernement de la Chine, ne foit pas auffi
corrompu qu'il devroit l'être. Des caufes tirées la plûpart du phyfique, du climat, ont pû forcer les caufes morales dans ce pays,
& faire des efpeces de prodige.

Le climat de la Chine eft tel qu'il favorife prodigieufement la
propagation de l'efpece humaine. Les femmes y font d'une fé-
condité fi grande, que l'on ne voit rien de pareil fur la terre. La
tyrannie la plus cruelle n'y arrête point le progrès de la propagation. Le Prince n'y peut pas dire comme Pharaon, *opprimons-les
avec fageffe*. Il feroit plutôt réduit à former le fouhait de Néron,
que le genre humain n'eût qu'une tête. Malgré la tyrannie, la
Chine par la force du climat, fe peuplera toûjours, & triom-
phera de la tyrannie.

La Chine, comme tous les Pays où croît le riz (*b*), eft fujette
à des famines fréquentes. Lorfque le Peuple meurt de faim, il fe
difperfe pour chercher de quoi vivre; il fe forme de toutes parts
des bandes de trois, quatre ou cinq voleurs. La plûpart font
d'abord exterminés; d'autres fe groffiffent, & font exterminés encore. Mais dans un fi grand nombre de Provinces & fi éloignées,
il peut arriver que quelque troupe faffe fortune. Elle fe maintient,
fe fortifie, fe forme en corps d'armée, va droit à la Capitale, &
le Chef monte fur le trône.

Telle eft la nature de la chofe que le mauvais Gouvernement

______

(*a*) Voyez dans le P. Duhalde, comment les Miffionnaires fe fervirent de l'autorité de Canhi pour faire taire les Mandarins, qui difoient toûjours, que par les
Loix du pays, un Culte étranger ne pouvoit être établi dans l'Empire.

(*b*) Voy. ci-deffous le Liv. XXIII.
chap. 14.

y eſt d'abord puni. Le déſordre y naît ſoudain, parce que ce Peuple prodigieux manque de ſubſiſtance. Ce qui fait que dans d'autres Pays on revient ſi difficilement des abus, c'eſt qu'ils n'y ont pas des effets d'abord ſenſibles; le Prince n'y eſt pas averti d'une maniere prompte & éclatante, comme il l'eſt à la Chine.

Il ne ſentira point comme nos Princes, que s'il gouverne mal, il ſera moins heureux dans l'autre vie, moins puiſſant & moins riche dans celle-ci. Il ſaura que ſi ſon Gouvernement n'eſt pas bon, il perdra l'Empire & la vie.

Comme malgré les expoſitions d'enfans le Peuple augmente toûjours à la Chine (*a*), il faut un travail infatigable pour faire produire aux terres de quoi le nourrir. Cela demande du Gouvernement une attention qu'on n'a point ailleurs. Il eſt à tous les inſtans intéreſſé à ce que tout le monde puiſſe travailler ſans crainte d'être fruſtré de ſes peines. Ce doit moins être un Gouvernement civil qu'un Gouvernement domeſtique.

Voilà ce qui a produit les reglemens dont on parle tant. On a voulu faire régner les Loix avec le Deſpotiſme: mais ce qui eſt joint avec le Deſpotiſme n'a plus de force. En vain ce Deſpotiſme preſſé par ſes malheurs a-t-il voulu s'enchaîner; il s'arme de ſes chaînes & devient plus terrible encore.

La Chine eſt donc un Etat Deſpotique dont le principe eſt la crainte. Peut-être que dans les premieres Dynaſties, l'Empire n'étant pas ſi étendu, le Gouvernement déclinoit un peu de cet eſprit. Mais aujourd'hui cela n'eſt pas.

______

(*a*) Voy. le Mémoire d'un Tſongtou, pour qu'on défriche, *Lettres édif.* 21. Recueil.

LIVRE NEUVIEME.

Des Loix dans le rapport, qu'elles ont avec la force défensive.

CHAPITRE PREMIER.

Comment les Républiques pourvoyent à leur sûreté.

SI une République est petite, elle est détruite par une force étrangere ; si elle est grande, elle se détruit par un vice intérieur.

Ce double inconvénient infecte également les Démocraties & les Aristocraties, soit qu'elles soient bonnes, soit qu'elles soient mauvaises. Le mal est dans la chose même ; il n'y a aucune forme qui puisse y rémédier.

Ainsi il y a grande apparence que les hommes auroient été à la fin obligés de vivre toûjours sous le Gouvernement d'un seul, s'ils n'avoient imaginé une maniere de constitution qui a tous les avantages intérieurs du Gouvernement Républicain & la force exterieure du Monarchique. Je parle de la République fédérative.

Cette forme de Gouvernement est une convention par laquelle plusieurs Corps politiques consentent à devenir Citoyens d'un Etat plus grand qu'ils veulent former. C'est une Societé de Sociétés, qui en font une nouvelle, qui peut s'aggrandir par de nouveaux associés, qui se font unis.

Ce furent ces associations qui firent fleurir si long-tems le Corps de la Grece. Par elles les Romains attaquerent l'Univers, & par elles seules l'Univers se défendit contr'eux ; & quand Rome fut parvenue au comble de sa grandeur, ce fut par des associations derriere le Danube & le Rhin, associations que la frayeur avoit fait faire, que les Barbares purent lui résister.

C'est par-là que la Hollande (*a*), l'Allemagne, les Ligues

(*a*) Elle est formée par environ cinquante Républiques toutes différentes les unes des autres. *Etat des Provinces-Unies,* par Mr. Janisson.

Suisses,

Suisses, sont regardées en Europe comme des Républiques éternelles.

Les associations des Villes étoient autrefois plus nécessaires qu'elles ne le sont aujourd'hui. Une Cité sans puissance couroit de plus grands périls. La conquête lui faisoit perdre, non seulement la puissance exécutrice & la législative, comme aujourd'hui ; mais encore tout ce qu'il y a de propriété parmi les hommes (*a*).

Cette sorte de République capable de résister à la force extérieure, peut se maintenir dans sa grandeur sans que l'intérieur se corrompe ; la forme de cette Société prévient tous les inconvéniens.

Celui qui voudroit usurper ne pourroit guere être également accrédité dans tous les Etats confédérés. S'il se rendoit trop puissant dans l'un, il allarmeroit tous les autres ; s'il subjuguoit une partie, celle qui seroit libre encore, pourroit lui résister avec des forces indépendantes de celles qu'il auroit usurpées, & l'accabler avant qu'il eût achevé de s'établir.

S'il arrive quelque sédition chez un des membres confédérés, les autres peuvent l'appaiser. Si quelques abus s'introduisent quelque part, ils sont corrigés par les parties saines. Cet Etat peut périr d'un côté sans périr de l'autre ; la confédération peut être dissoute, & les Confédérés rester Souverains.

Composé de petites Républiques, il joüit de la bonté du Gouvernement intérieur de chacune ; & à l'égard du dehors, il a, par la force de l'association, tous les avantages des grandes Monarchies.

CHAPITRE II.

Que la Constitution Fédérative doit être composée d'Etats de même nature, sur-tout d'Etats Républicains.

LES Cananéens furent détruits, parce que c'étoient de petites Monarchies qui ne s'étoient point confédérées, & qui ne se défendirent pas en commun. C'est que la nature des petites Monarchies n'est pas la confédération.

(*a*) Liberté civile, biens, femmes, enfans, temples & sépultures même.

Partie I.   R   La

La République fédérative d'Allemagne est compofée de Villes libres & de petits Etats foûmis à des Princes. L'expérience fait voir qu'elle eft plus imparfaite que celle de Hollande & de Suiffe.

L'efprit de la Monarchie eft la guerre & l'aggrandiffement : l'efprit de la République eft la paix & la modération. Ces deux fortes de Gouvernement ne peuvent que d'une maniere forcée fubfifter dans une République fédérative.

Auffi voyons-nous dans l'Hiftoire Romaine, que lorfque les Véiens eurent choifi un Roi, toutes les petites Républiques de Tofcane les abandonnerent. Tout fut perdu en Grece, lorfque les Rois de Macédoine obtinrent une place parmi les Amphictions.

La République fédérative d'Allemagne, compofée de Princes & de Villes libres, fubfifte parce qu'elle a un Chef, qui eft en quelque façon le Magiftrat de l'Union, & en quelque façon le Monarque.

CHAPITRE III.

Autres chofes requifes dans la République Fedérative.

DANS la République de Hollande une Province ne peut faire une alliance fans le confentement des autres. Cette Loi eft très-bonne & même néceffaire dans la République fédérative. Elle manque dans la Conftitution Germanique, où elle préviendroit les malheurs qui y peuvent arriver à tous les Membres, par l'imprudence, l'ambition ou l'avarice d'un feul. Une République qui s'eft unie par une confédération politique, s'eft donnée entiere, & n'a plus rien à donner.

Il eft difficile que les Etats qui s'affocient, foient de même grandeur & aient une puiffance égale. La République des Lyciens (*a*) étoit une affociation de ving-trois Villes ; les grandes avoient trois voix dans le Confeil commun, les médiocres deux, les petites une. La République de Hollande eft compofée de fept Provinces, grandes ou petites, qui ont chacune une voix.

Les Villes de Lycie (*b*) payoient les charges felon la pro-

(*a*) Strabon, Liv. XIV.　　　(*b*) Ibid.

portion

portion des suffrages. Les Provinces de Hollande ne peuvent, suivre cette proportion; il faut qu'elles suivent celle de leur Puissance.

En Lycie (*a*) les Juges & les Magistrats des Villes étoient élûs par le Conseil commun, & selon la proportion que nous avons dite. Dans la République de Hollande ils ne sont point élus par le Conseil commun, & chaque Ville nomme ses Magistrats. S'il falloit donner un modele d'une belle République fédérative, je prendrois la République de Lycie.

CHAPITRE IV.

Comment les Etats despotiques pourvoyent à leur sûreté.

COMME les Républiques pourvoyent à leur sûreté en s'unissant, les Etats Despotiques le font en se séparant & en se tenant, pour-ainsi-dire, seuls. Ils sacrifient une partie du pays; ravagent les frontieres & les rendent désertes; le Corps de l'Empire devient inaccessible.

Il est reçu en Géométrie que plus les Corps ont d'étendue, plus leur circonférence est relativement petite. Cette pratique de dévaster les frontieres est donc plus tolérable dans les grands Etats que dans les médiocres.

Cet Etat fait contre lui-même tout le mal que pourroit faire un cruel ennnemi, mais un ennemi qu'on ne pourroit arrêter.

L'Etat Despotique se conserve par une autre sorte de séparation, qui se fait en mettant les Provinces éloignées entre les mains d'un Prince qui en soit feudataire. Le Mogol, la Perse, les Empereurs de la Chine ont leurs feudataires; & les Turcs se sont très-bien·trouvés d'avoir mis entre leurs ennemis & eux les Tartares, les Moldaves, les Valaques & autrefois les Transilvains.

(*a*) Strabon Liv. XIV.

CHAPITRE V.

Comment la Monarchie pourvoit à sa sûreté.

LA Monarchie ne se détruit pas elle-même comme l'Etat Despotique : mais un Etat d'une grandeur médiocre pourroit être d'abord envahi. Elle a donc des places fortes qui défendent ses frontieres , & des armées pour défendre les places fortes. Le plus petit terrain s'y dispute avec art, avec courage , avec opiniâtreté. Les Etats Despotiques font entr'eux des invasions; il n'y a que les Monarchies qui fassent la guerre.

Les Places fortes appartiennent aux Monarchies; les Etats Despotiques craignent d'en avoir. Ils n'osent les confier à personne ; car personne n'y aime l'Etat & le Prince.

CHAPITRE VI.

De la force défensive des Etats en général.

POUR qu'un Etat soit dans sa force , il faut que sa grandeur soit telle , qu'il y ait un rapport de la vitesse avec laquelle on peut exécuter contre lui quelque entreprise , & la promptitude qu'il peut employer pour la rendre vaine. Comme celui qui attaque peut d'abord paroître par-tout, il faut que celui qui défend puisse se montrer par-tout aussi, & par conséquent que l'étendue de l'Etat soit médiocre , afin qu'elle soit proportionnée au degré de vitesse que la Nature a donné aux hommes pour se transporter d'un lieu à un autre.

La France & l'Espagne sont précisément de la grandeur requise. Les forces se communiquent si bien qu'elles se portent d'abord là où l'on veut; les armées s'y joignent & passent rapidement d'une frontiere à l'autre , & on n'y craint aucune des choses qui ont besoin d'un certain tems pour être exécutées.

En France, par un bonheur admirable, la Capitale se trouve plus près des différentes frontieres justement à proportion de leur
foiblesse ;

foiblesse ; & le Prince y voit mieux chaque partie de son païs à mesure qu'elle est plus exposée.

Mais lorsqu'un vaste Etat, tel que la Perse, est attaqué, il faut plusieurs mois pour que les Troupes dispersées puissent s'assembler ; & on ne force pas leur marche pendant tant de tems, comme on fait pendant quinze jours. Si l'armée qui est sur la frontiere est battue, elle est sûrement dispersée, parce que ses retraites ne sont pas prochaines. L'Armée victorieuse qui ne trouve pas de résistance, s'avance à grandes journées, paroît devant la Capitale & en forme le siége, lorsqu'à peine les Gouverneurs des Provinces peuvent être avertis d'envoyer du secours. Ceux qui jugent la révolution prochaine la hâtent en n'obéissant pas. Car des gens fideles uniquement parce que la punition est proche, ne le sont plus dès qu'elle est éloignée ; ils travaillent à leurs intérêts particuliers. L'Empire se dissout, la Capitale est prise, & le Conquérant dispute les Provinces avec les Gouverneurs.

La vraie puissance d'un Prince ne consiste pas tant dans la facilité qu'il y a à conquérir, que dans la difficulté qu'il y a à l'attaquer, &, si j'ose parler ainsi, dans l'immutabilité de sa condition. Mais l'aggrandissement des Etats leur fait montrer de nouveaux côtés par où on peut les prendre.

Ainsi, comme les Monarques doivent avoir de la sagesse pour augmenter leur puissance, ils ne doivent pas avoir moins de prudence afin de la borner. En faisant cesser les inconvéniens de la petitesse, il faut qu'ils aient toujours l'œil sur les inconvéniens de la grandeur.

CHAPITRE VII.

Refléxion.

L Es ennemis d'un grand Prince qui a si long-tems régné, l'ont mille fois accusé, plutôt, je crois, sur leurs craintes que sur leurs raisons, d'avoir formé & conduit le projet de la Monarchie universelle. S'il y avoit réussi, rien n'auroit été plus fatal à l'Europe, à ses anciens sujets, à lui, à sa famille. Le Ciel qui connoît les vrais avantages, l'a mieux servi par des défaites, qu'il n'auroit fait par des victoires. Au lieu de le rendre le seul Roi de l'Europe , il le favorifa plus en le rendant le plus puiffant de tous.

Sa Nation , qui dans les Pays étrangers n'eft jamais touchée que de ce qu'elle a quitté ; qui en partant de chez elle regarde la gloire comme le fouverain Bien, & dans les païs éloignés comme un obftacle à fon retour ; qui indifpofe par fes bonnes qualités même , parce qu'elle paroît y joindre du mépris ; qui peut fupporter les bleffures, les périls & les fatigues, & non pas la perte de fes plaifirs ; qui n'aime rien tant que fa gaieté, & fe confole de la perte d'une bataille à chanter le Général , n'auroit jamais été jufqu'au bout d'une entreprife qui ne peut manquer dans un pays fans manquer dans tous les autres, ni manquer un moment fans manquer pour toûjours.

CHAPITRE VIII.

Cas où la force defenfive d'un Etat , eft inférieure à fa force offenfive.

C'ETOIT le mot du Sire *de Coucy* au Roi Charles V. «que « les Anglois ne font jamais fi foibles ni fi aifés à vaincre «que chez eux». C'eft ce qu'on difoit des Romains ; c'eft ce qu'éprouverent les Carthaginois ; c'eft ce qui arrivera à touté Puiffance qui a envoyé au loin des armées, pour réunir par la force de la Difcipline & du pouvoir militaire ceux qui font divifés chez eux par des intérêts politiques ou civils. L'Etat fe trouve foible à caufe du mal qui refte toûjours, & il a été encore affoibli par le remede.

La maxime du Sire *de Coucy* eft une exception de la regle générale qui veut qu'on n'entreprenne point des guerres lointaines. Et cette exception confirme bien la regle, puifqu'elle n'a lieu que contre ceux qui les ont eux-mêmes entreprifes.

CHAPITRE

CHAPITRE IX.

De la force relative des Etats.

TOUTE grandeur, toute force, toute puiffance eft relative. Il faut bien prendre garde qu'en cherchant à augmenter la grandeur réelle, on ne diminue la grandeur relative.

Vers le mileu du Regne de Loüis XIV. la France fut au plus haut point de fa grandeur relative. l'Allemagne n'avoit point encore les grands Monarques qu'elle a eus depuis. L'Italie étoit dans le même cas. L'Ecoffe & l'Angleterre ne formoient point un Corps de Monarchie. L'Arragon n'en formoit pas un avec la Caftille ; les parties féparées de l'Efpagne en étoient affoiblies, & l'affoibliffoient ; la Mofcovie n'étoit pas plus connue en Europe que la Crimée.

CHAPITRE X.

De la foibleffe des Etats voifins.

LORSQU'ON a pour voifin un Etat qui eft dans fa décadence, on doit bien fe garder de hâter fa ruine, parce qu'on eft à cet égard dans la fituation la plus heureufe où l'on puiffe être ; n'y ayant rien de fi commode pour un Prince, que d'être auprès d'un autre qui reçoit pour lui tous les coups & tous les outrages de la Fortune. Et il eft rare que par la conquête d'un pareil Etat on augmente autant en puiffance réelle qu'on a perdu en puiffance relative.

LIVRE DIXIEME.

Des Loix dans le rapport qu'elles ont avec la force offensive.

CHAPITRE PREMIER.

De la force offensive.

LA force offensive est réglée par le Droit des gens, qui est la Loi politique des Nations considérées dans le rapport qu'elles ont les unes avec les autres.

CHAPITRE II.

De la Guerre.

LA vie des Etats est comme celle des hommes. Ceux-ci ont droit de tuer dans le cas de la défense naturelle ; ceux-là ont droit de faire la guerre pour leur propre conservation.

Dans le cas de la défense naturelle j'ai droit de tuer, parce que ma vie est à moi, comme la vie de celui qui m'attaque est à lui : de même un Etat fait la guerre, parce que sa conservation est juste comme toute autre conservation.

Entre les Citoyens le droit de la défense naturelle n'emporte point avec lui la nécessité de l'attaque. Au lieu d'attaquer ils n'ont qu'à recourir aux Tribunaux. Ils ne peuvent donc exercer le droit de cette défense que dans les cas momentanées où l'on seroit perdu si l'on attendoit le secours des Loix. Mais entre les Sociétés le droit de la défense naturelle entraîne quelquefois la necessité d'attaquer, lorsqu'un Peuple voit qu'une plus longue paix, en mettroit un autre en état de le détruire, & que l'attaque est dans ce moment le seul moyen d'empêcher cette destruction.

Il

Il fuit de-là que les petites Sociétés, ont plus fouvent le droit de faire la guerre que les grandes, parce qu'elles font plus fouvent dans le cas de craindre d'être détruites.

Le droit de la Guerre dérive donc de la néceffité & du Jufte rigide. Si ceux qui dirigent la confcience, ou les Confeils des Princes ne fe tiennent pas là, tout eft perdu : & lorfqu'on fe fondera fur des principes arbitraires de gloire, de bienféance, d'utilité, des flots de fang inonderont la Terre.

Que l'on ne parle pas fur-tout de la gloire du Prince ; fa gloire feroit fon orgueil ; c'eft une paffion & non pas un droit légitime.

Il eft vrai que la réputation de fa puiffance pourroit augmenter les forces de fon Etat ; mais la réputation de fa juftice les augmenteroit tout de même.

CHAPITRE III.

Du Droit de Conquête.

DU Droit de la Guerre dérive celui de Conquête, qui en eft la conféquence ; il en doit donc fuivre l'efprit.

Lorfqu'un peuple eft conquis, le droit que le Conquérant a fur lui fuit quatre fortes de loix, la Loi de la nature, qui fait que tout tend à la confervation des efpeces ; la Loi de la lumiere naturelle, qui veut que nous faffions à autrui ce que nous voudrions qu'on nous fît ; la Loi qui forme les Sociétés politiques, qui font telles que la Nature n'en a point borné la durée ; enfin la Loi tirée de la chofe même. La Conquête eft une acquifition ; l'efprit d'acquifition porte avec lui l'efprit de confervation & d'ufage, & non pas celui de deftruction.

Un Etat qui en a conquis un autre, le traite d'une des quatre manieres fuivantes. Il continue à le gouverner felon fes Loix, & ne prend pour lui que l'exercice du Gouvernement politique & civil ; ou il lui donne un nouveau Gouvernement politique & civil ; ou il détruit la Société & la difperfe dans d'autres ; ou enfin il extermine tous les Citoyens.

La premiere maniere eft conforme au Droit des gens que nous fuivons aujourd'hui ; la quatrieme eft plus conforme au Droit des gens des Romains : fur quoi je laiffe à juger à quel point nous fommes devenus meilleurs. Il faut rendre ici hommage à nos tems modernes, à la Raison présente, à la Religion d'aujourd'hui, à notre Philosophie, à nos mœurs.

Les Auteurs de notre Droit public, fondés sur les Histoires anciennes, étant sortis des cas rigides, sont tombés dans de grandes erreurs. Ils ont donné dans l'arbitraire; ils ont supposé dans les Conquérans un Droit, je ne sçai quel, de tuer; ce qui leur a fait tirer des conséquences terribles comme le principe, & établir des maximes que les Conquérans eux-mêmes, lorsqu'ils ont eû le moindre sens, nont jamais prises. Il est clair que lorsque la Conquête est faite, le Conquérant n'a plus le droit de tuer, puisqu'il n'est plus dans le cas de la défense naturelle, & de sa propre conservation.

Ce qui les a fait penser ainsi, c'est qu'ils ont cru que le Conquérant avoit droit de détruire la Société; d'où ils ont conclu qu'il avoit celui de détruire les hommes qui la composent; ce qui est une conséquence faussement tirée d'un faux principe. Car de ce que la Société seroit anéantie il ne s'ensuivroit pas que les hommes qui la forment dussent aussi être anéantis. La Société est l'union des hommes, & non pas les hommes; le Citoyen peut périr & l'homme rester.

Du droit de tuer dans la Conquête, les Politiques ont tiré le droit de réduire en servitude: mais la conséquence est aussi mal fondée que le principe.

On n'a droit de réduire en servitude, que lorsqu'elle est nécessaire pour la conservation de la Conquête. L'objet de la Conquête est la conservation; la servitude n'est jamais l'objet de la Conquête, mais il peut arriver qu'elle soit un moyen nécessaire pour aller à la conservation

Dans ce cas il est contre la nature de la chose que cette servitude soit éternelle. Il faut que le peuple esclave puisse devenir sujet. L'esclavage dans la Conquête est une chose d'accident. Lorsqu'après un certain espace de tems toutes les parties de l'Etat conquérant se sont liées avec celles de l'Etat conquis, par des coûtumes, des mariages, des loix, des associations & une certaine conformité d'esprit, la servitude doit cesser. Car les droits du Conquérant ne sont fondés que sur ce que ces choses-là ne sont pas, & qu'il y a un éloignement entre les deux nations tel que l'une ne peut pas prendre confiance en l'autre.

Ainsi le Conquérant qui réduit le peuple en servitude, doit toûjours se réserver des moyens, (& ces moyens sont sans nombre) pour l'en faire sortir.

Je

Je ne dis point ici des choses vagues. Nos peres qui conquirent l’Empire Romain en agirent ainsi. Les Loix qu’ils firent dans le feu, dans l’action, dans l’impétuosité, dans l’orgueil de la victoire, ils les adoucirent; leurs Loix étoient dures, ils les rendirent impartiales. Les Bourguignons, les Gots & les Lombards vouloient toûjours que les Romains fussent le peuple vaincu; les Loix d’*Euric*, de *Gondebaud* & de *Rotharis* firent du Barbare & du Romain des concitoyens (*a*).

CHAPITRE IV.

Quelques avantages du Peuple conquis.

AU lieu de tirer du droit de Conquête des conséquences si fatales, les Politiques auroient mieux fait de parler des avantages que ce Droit peut quelquefois apporter au peuple vaincu. Ils les auroient mieux sentis, si notre Droit des gens étoit exactement suivi, & s’il étoit établi dans toute la terre.

Les Etats que l’on conquiert ne sont pas ordinairement dans la force de leur institution. La corruption s’y est introduite. Les Loix y ont cessé d’être exécutées, le Gouvernement est devenu oppresseur. Qui peut douter qu’un Etat pareil ne gagnât & ne tirât quelques avantages de la conquête même, si elle n’étoit pas destructive? Un Gouvernement parvenu au point où il ne peut plus se réformer lui-même, ne perdroit pas beaucoup à être refondu. Un Conquérant qui entre chez un Peuple, où par mille ruses & mille artifices le riche s’est insensiblement pratiqué une infinité de moyens d’usurper; où le malheureux qui gémit, voyant ce qu’il croyoit des abus devenir des Loix, est dans l’oppression & croit avoir tort de la sentir : un Conquérant, dis-je, peut dérouter tout, & la tyrannie sourde est la premiere chose qui souffre la violence.

On a vû, par exemple, des Etats opprimés par les Traitans, être soulagés par le Conquérant, qui n’avoit ni les engagemens ni les besoins qu’avoit le Prince légitime. Les abus se trouvoient corrigés sans même que le Conquérant les corrigeât.

Quelquefois la frugalité de la Nation conquérante, l’a mise

_____

(*a*) Voy. le Code des Loix des Barbares, & le Livre XXVIII. ci-dessous.

                    en

en état de laisser aux vaincus le nécessaire, qui leur étoit ôté sous le Prince légitime.

Une Conquête peut détruire les préjugés nuisibles, & mettre si j'ose parler ainsi, une Nation sous un meilleur Génie.

Quel bien les Espagnols ne pouvoient-ils pas faire aux Mexicains? Ils avoient à leur donner une Religion douce; ils leur apporterent une superstition furieuse. Ils auroient pû rendre libres les esclaves, & ils rendirent esclaves les hommes libres. Ils pouvoient les éclairer sur l'abus des sacrifices humains; au lieu de cela ils les exterminerent. Je n'aurois jamais fini, si je voulois raconter tous les biens qu'ils ne firent pas, & tous les maux qu'ils firent.

C'est à un Conquérant à réparer une partie des maux qu'il a faits. Je définis ainsi le droit de Conquête : un droit nécessaire, légitime & malheureux, qui laisse toûjours à payer une dette immense, pour s'acquiter envers la Nature humaine.

CHAPITRE V.

Gelon Roi de Syracuse.

LE plus beau Traité de Paix dont l'Histoire ait parlé, est, je crois, celui que *Gélon* fit avec les Carthaginois. Il voulut qu'ils abolissent la coûtume d'immoler leurs enfans (*a*). Chose admirable! Après avoit défait trois cens mille Carthaginois il exigeoit une condition qui n'étoit utile qu'à eux, ou plutôt il stipuloit pour le Genre humain.

CHAPITRE VI.

D'une République qui conquiert.

IL est contre la nature de la chose que dans une Constitution fédérative un Etat confédéré conquiere sur l'autre, comme nous avons vû de nos jours chez les Suisses (*b*). Dans les Répu-

(*a*) Voy. le Recueil de Mr. Barbeyrac, art 112.
(*b*) Pour le Tockembourg.

publiques

bliques fédératives mixtes, où l'affociation eft entre des petites Républiques & des petites Monarchies, cela choque moins.

Il eft encore contre la nature de la chofe qu'une République Démocratique conquiere des Villes qui ne fçauroient entrer dans la fphere de fa Démocratie. Il faut que le Peuple conquis puiffe joüir des priviléges de la Souveraineté, comme les Romains l'établirent au commencement. On doit borner la conquête au nombre des Citoyens que l'on fixera pour la Démocratie.

Si une Démocratie conquiert un Peuple pour le gouverner comme fujet, elle expofera fa propre liberté, parce qu'elle confiera une trop grande puiffance aux Magiftrats qu'elle enverra dans l'Etat conquis.

Dans quel danger n'eût pas été la République de Carthage fi Annibal avoit pris Rome? Que n'eût-il pas fait dans fa Ville après la victoire, lui qui y caufa tant de révolutions après fa defaite (*a*)?

Hannon n'auroit jamais pû perfuader au Sénat de ne point envoyer de fecours à Annibal, s'il n'avoit fait parler que fa jaloufie. Ce Sénat, qu'Ariftote nous dit avoir été fi fage, (chofe que la profpérité de cette République nous prouve fi bien) ne pouvoit être déterminé que par des raifons fenfées. Il auroit fallu être trop ftupide pour ne pas voir qu'une armée à trois cens lieuës de-là faifoit des pertes néceffaires qui devoient être réparées.

Le parti d'Hannon vouloit qu'on livrât Annibal aux Romains (*b*). On ne pouvoit pour lors craindre les Romains; on craignoit donc Annibal.

On ne pouvoit croire, dit-on, les fuccès d'Annibal: mais comment en douter? Les Carthaginois répandus par toute la terre ignoroient-ils ce qui fe paffoit en Italie? C'eft parce qu'ils ne l'ignoroient pas qu'on ne vouloit pas envoyer de fecours à Annibal.

Hannon devient plus ferme après *Trébies*, après *Trafimenes*, après *Cannes*; ce n'eft point fon incrédulité qui augmente, c'eft fa crainte.

______

(*a*) Il étoit à la tête d'une faction.
(*b*) Hannon vouloit livrer Annibal aux Romains, comme Caton vouloit qu'on livrât Céfar aux Gaulois.

CHAPITRE

CHAPITRE VII.

Continuation du même sujet.

IL y a encore un inconvénient aux conquêtes faites par les Démocraties. Leur Gouvernement est toûjours odieux aux Etats assujettis. Il est Monarchique par la fiction : mais dans la vérité il est plus dur que le Monarchique, comme l'expérience de tous les tems & de tous les pays l'a fait voir.

Les Peuples conquis y sont dans un Etat triste ; ils ne joüissent ni des avantages de la République ni de ceux de la Monarchie.

Ce que j'ai dit de l'Etat Populaire se peut appliquer à l'Aristocratie.

CHAPITRE VIII.

Continuation du même sujet.

AINSI quand une République tient quelque peuple sous sa dépendance, il faut qu'elle cherche à réparer les inconvéniens qui naissent de la nature de la chose, en lui donnant un bon Droit politique & de bonnes Loix Civiles.

Une République d'Italie tenoit des Insulaires sous son obéissance : mais son Droit politique & civil à leur égard étoit vicieux. On se souvient de ce Traité dans lequel elle leur promet qu'on ne les feroit plus mourir *sur la Conscience informée du Gouverneur* (c). On a vû souvent des peuples demander les Priviléges ; ici le Peuple demande, ici le Souverain accorde le droit de toutes les Nations.

(a) *Ex informatâ conscientiâ.*

CHAPITRE

CHAPITRE IX.

D'une Monarchie qui conquiert autour d'elle.

SI une Monarchie peut agir long-tems avant que l'agrandiſſement l'ait affoiblie, elle deviendra redoutable, & ſa force durera tout-autant qu'elle ſera preſſée par les Monarchies voiſines.

Elle ne doit donc conquérir que pendant qu'elle reſte dans les limites naturelles à ſon Gouvernement. La prudence veut qu'elle s'arrête, ſitôt qu'elle paſſe ces limites.

Il faut dans cette ſorte de conquête laiſſer les choſes comme on les a trouvées; les mêmes Tribunaux, les mêmes Loix, les mêmes Coûtumes, les mêmes Priviléges : rien ne doit être changé, que l'armée & le nom du Souverain.

Lorſque la Monarchie a étendu ſes limites par la conquête de quelques Provinces voiſines, il faut qu'elles les traite avec une grande douceur.

Dans une Monarchie qui a travaillé longtems à conquérir, les Provinces de ſon ancien Domaine ſeront ordinairement très-foulées. Il faut qu'elles aient à ſouffrir & les nouveaux abus & les anciens; & qu'une vaſte Capitale qui engloutit tout, les dépeuple. Or ſi après avoir conquis autour de ce Domaine on traitoit les Peuples vaincus comme on fait ſes anciens ſujets, l'Etat ſeroit perdu; ce que les Provinces conquiſes envoyeroient de tributs à la Capitale ne leur reviendroit plus; les frontieres ſeroient ruinées, & par conſéquent plus foibles; les Peuples en ſeroient mal affectionnés; la ſubſiſtance des armées, qui doivent y reſter & agir, ſeroit plus précaire.

Tel eſt l'Etat néceſſaire d'une Monarchie conquérante; un luxe affreux dans la Capitale, la miſere dans les Provinces qui s'en éloignent, l'abondance aux extremités. Il en eſt comme de notre Planete; le feu eſt au Centre, la verdure à la ſurface, une terre aride, froide & ſtérile entre les deux.

CHAPITRE

CHAPITRE X.

D'une Monarchie qui conquiert une autre Monarchie.

QUELQUEFOIS une Monarchie en conquiert une autre. Plus celle-ci fera petite, mieux on la contiendra par des forcereffes ; plus elle fera grande , mieux on la conſervera par des Colonies.

CHAPITRE XI.

Des mœurs du Peuple vaincu.

DANS ces conquêtes il ne fuffit pas de laiffer à la Nation vaincue fes Loix ; il eſt peut-être plus néceffaire de lui laif-fer fes mœurs , parce qu'un Peuple connoît, aime & défend toû-jours plus fes mœurs que fes Loix.

Les François ont été chaffés neuf fois de l'Italie , à cauſe, di-fent les Hiſtoriens (*a*), de leur infolence à l'égard des femmes & des filles. C'eſt trop pour une Nation d'avoir à fcuffrir la fierté du vainqueur, & encore fon incontinence, & encore fon indif-crétion fans doute plus fâcheufe, parce qu'elle multiplie à l'infini des ourrages.

CHAPITRE XII.

D'une Loi de Cyrus.

JE ne regarde pas comme une bonne Loi celle que fit Cyrus pour que les Lydiens ne puffent exercer que des profeffions vi-les ou des profeffions infames. On va au plus preffé, on fonge aux révoltes & non pas aux invaſions. Mais les invaſions vien-

______
(*a*) Parcourez l'Hiſtoire de l'Univers par M. Pufendorff.

dront

dront bien-tôt ; les deux Peuples s'uniffent, ils fe corrompent tous les deux. J'aimerois mieux maintenir par les Loix la rudeffe du Peuple vainqueur, qu'entretenir par elles la molleffe du Peuple vaincu.

Ariflodeme Tyran de Cumes (*a*), chercha à énerver le courage de la Jeuneffe. Il voulut que les garçons laiffaffent croître leurs cheveux comme les filles ; qu'ils les ornaffent de fleurs, & portaffent des robes de différentes couleurs jufques aux talons ; que lorfqu'ils alloient chez leurs Maîtres de danfe & de mufique, des femmes leur portaffent des Paraffols, des parfums & des éventails ; que dans le bain elles leur donnaffent des peignes & des miroirs. Cette éducation duroit ju´qu'à l'âge de vingt ans. Cela ne peut convenir qu'à un petit Tyran qui expofe fa Souveraineté pour défendre fa vie.

CHAPITRE XIII.

Alexandre.

ALEXANDRE fit une grande conquête. Voyons comment il fe conduifit. On a affez parlé de fa valeur ; parlons de fa prudence.

Les mefures qu'il prit furent juftes. Il ne partit qu'après avoir achevé d'accabler les Grecs ; il ne fe fervit de cet accablement que pour l'exécution de fon entreprife ; il ne laiffa rien derriere lui contre lui. Il attaqua les Provinces maritimes, il fit fuivre à fon armée de terre les côtes de la mer pour n'être point féparé de fa flotte ; il fe fervit admirablement bien de la difcipline contre le nombre ; il ne manqua point de fubfiftances ; & s'il eft vrai que la victoire lui donna tout, il fit auffi tout pour fe procurer la victoire.

Voilà comme il fit fes conquêtes ; il faut voir comment il les conferva.

Il réfifta à ceux qui vouloient qu'il traitât les Grecs comme maîtres (*b*), & les Perfes comme efclaves. Il ne fongea qu'à unir les deux Nations & à faire perdre les diftinctions du Peuple conquérant & du Peuple vaincu. Il abandonna après la conquête tous les préjugés qui lui avoient fervi à la faire. Il prit les mœurs des Perfes,

(*a*) Denis d'Halicarnaffe Liv. VII. tarque, *Oeuvres Morales* de la fortune &
(*b*) C'étoit le confeil d'Ariftote. Pla- vertu d'Alexandre.

Partie I.   T   pour

pour ne point défoler les Perfes en leur faifant prendre les mœurs des Grecs. C'eft ce qui fit qu'il marqua tant de refpeét pour la femme & pour la mere de *Darius*, & qu'il montra tant de continence ; c'eft ce qui le fit tant regretter des Perfes. Qu'eft-ce que ce Conquérant qui eft pleuré de tous les Peuples qu'il a foûmis ? Qu'eft-ce que cet ufurpateur fur la mort duquel la famille qu'il a renverfée du trône verfe des larmes ? c'eft un trait de cette vie dont les Hiftoriens ne nous difent pas que quelqu'autre Conquérant fe puiffe vanter.

Rien n'affermit plus une conquête que l'union qui fe fait des deux Peuples par des Mariages. Alexandre prit des femmes de la Nation qu'il avoit vaincue ; il voulut que ceux de fa Cour en priffent auffi; le refte des Macédoniens fuivit cet exemple. Les Francs & les Bourguignons permirent ces mariages (*a*); les Wifigoths les défendirent en Efpagne, & enfuite ils les permirent (*b*). Les Lombards ne les permirent pas feulement, mais même les favoriferent (*c*). Quand les Romains voulurent affoiblir la Macédoine, ils y établirent qu'il ne pourroit fe faire d'union par mariages entre les Peuples des Provinces.

Alexandre qui cherchoit à unir les deux Peuples, fongea à faire dans la Perfe un grand nombre de colonies Grecques. Il bâtit une infinité de Villes; & il cimenta fi bien toutes les parties de ce nouvel Empire, qu'après fa mort, dans le trouble & la confufion des plus affreufes Guerres civiles, après que les Grecs fe furent, pour ainfi dire, anéantis eux-mêmes, aucune Province de Perfe ne fe révolta.

Pour ne point trop épuifer la Grece & la Macédoine, il envoya à Alexandrie une colonie de Juifs; il ne lui importoit quelles mœurs euffent ces peuples, pourvû qu'ils lui fuffent fideles.

Les Rois de Syrie abandonnant le plan du fondateur de l'Empire, voulurent obliger les Juifs à prendre les mœurs des Grecs ; ce qui donna à leur Etat de terribles fecouffes.

(*a*) Voy. la Loi des Bourguignons, Tit. 12. art. V.

(*b*) Voy. la Loi des Wifigoths, Liv. III. tit. 1. §. 1. qui abroge la Loi ancienne, qui avoit plus d'égards, y eft-il dit, à la différence des Nations que des conditions.

(*c*) Voy. la Loi des Lombards, Liv. II. tit. 7. §. 1. & 2.

CHAPITRE

CHAPITRE XIV.

Charles XII.

CE Prince qui ne fit usage que de ses seules forces, détermina sa chûte en formant des desseins qui ne pouvoient être exécutés que par une longue guerre ; ce que son Royaume ne pouvoit soûtenir.

Ce n'étoit pas un Etat qui fût dans la décadence qu'il entreprit de renverser, mais un Empire naissant. Les Moscovites se servirent de la guerre qu'il leur faisoit comme d'une Ecole. A chaque défaite ils s'approchoient de la victoire ; & perdant au dehors, ils apprenoient à se défendre au-dedans.

Charles se croyoit le Maître du Monde dans les déserts de la Pologne, où il erroit & dans lesquels la Suede étoit comme répandue, pendant que son principal ennemi se fortifioit contre lui, le serroit, s'établissoit sur la Mer Baltique, détruisoit ou prenoit la Livonie

La Suede ressembloit à un fleuve dont on coupoit les eaux dans sa source, pendant qu'on les détournoit dans son cours.

Ce ne fut point *Pultova* qui perdit Charles. S'il n'avoit pas été détruit dans ce lieu, il l'auroit été dans un autre. Les accidens de la fortune se réparent aisément : mais comment parer à des événemens qui naissent continuellement de la nature des choses ?

Mais la nature ni la fortune ne furent jamais si fort contre lui que lui-même.

Il ne se régloit point sur la disposition actuelle des choses, mais sur un certain modele qu'il avoit pris ; encore le suivit-il très-mal. Il n'étoit point Alexandre, mais il auroit été le meilleur soldat d'Alexandre.

Le projet d'Alexandre ne réussit que parce qu'il étoit sensé. Les mauvais succès des Perses dans les invasions qu'ils firent de la Grece, les conquêtes d'*Agésilas* & la retraite des dix-mille avoient fait connoître au juste la supériorité des Grecs dans leur maniere de combattre & dans le genre de leurs armes ; & l'on sçavoit bien que les Perses étoient trop grands pour se corriger.

Ils ne pouvoient plus affoiblir la Grece par des divisions ; elle étoit alors réunie fous un Chef, qui ne pouvoit avoir de meilleur moyen pour lui cacher fa fervitude, que de l'ébloüir par la deftruction de fes ennemis éternels, & par l'efpérance de la conquête de l'Afie.

Un Empire cultivé par la Nation du monde la plus induftrieufe, & qui travailloit les terres par principe de Religion, fertile & abondant en toutes chofes, donnoit à un ennemi toutes fortes de facilités pour y fubfifter.

On pouvoit juger par l'orgueil de ces Rois, toûjours vainement mortifiés par leurs défaites, qu'ils précipiteroient leur chûte en donnant toûjours des batailles, & que la flatterie ne permettroit jamais qu'ils puffent douter de leur grandeur.

Et non-feulement le projet étoit fage, mais il fut fagement exécuté. Alexandre dans la rapidité de fes actions, dans le feu de fes paffions mêmes, avoit, fi j'ofe me fervir de ce terme, une faillie de raifon qui le conduifoit, & que ceux qui ont voulu faire un Roman de fon Hiftoire & qui avoient l'efprit plus gâté que lui, n'ont pû nous dérober.

CHAPITRE XV.

Nouveaux moyens de conferver la Conquête.

LORSQU'UN Monarque conquiert un grand Etat, il y a une pratique admirable également propre à modérer le Defpotifme & à conferver la conquête, les Conquérans de la Chine l'ont mife en ufage.

Pour ne point defefpérer le peuple vaincu, & ne point enorgueillir le vainqueur, pour empêcher que le Gouvernement ne devienne militaire, & pour contenir les deux Peuples dans le devoir; la famille Tartare qui regne préfentement à la Chine, a établi que chaque corps de troupes dans les Provinces feroit compofé de moitié Chinois & moitié Tartares, afin que la jaloufie entre les deux Nations les contienne dans le devoir. Les Tribunaux font auffi moitié Chinois, moitié Tartares. Cela produit plufieurs bons effets. 1°. les deux Nations fe contiennent l'une l'autre, 2°. elles gardent toutes les deux la puiffance militaire & civile, & l'une n'eft pas anéantie par l'autre, 3°. la Nation conquérante peut fe répandre par-tout, fans s'affoiblir & fe perdre. Elle devient capable

ble de réfifter aux guerres civiles & étrangeres : Inftitution fi fen-
fée , que c'eft. le défaut d'une pareille qui a perdu prefque tous
ceux qui ont conquis fur la terre.

CHAPITRE XVI.

D'un Etat Defpotique qui conquiert.

LORSQUE la conquête eft immenfe , elle fuppofe le Defpotifme. Pour lors l'armée répandue dans les Provinces ne
fuffit pas. Il faut qu'il y ait toûjours autour du Prince un Corps
particulierement affidé , toûjours prêt à fondre fur la partie de
l'Empire qui pourroit s'ébranler. Cette milice doit contenir les
autres , & faire trembler tous ceux à qui on a été obligé de laiffer
quelqu'autorité dans l'Empire. Il y a autour de l'Empereur de
la Chine un gros Corps de Tartares toûjours prêt pour le befoin.
Chez le Mogol , chez les Turcs , au Japon , il y a un Corps à
la folde du Prince , indépendamment de ce qui eft entretenu du
revenu des terres. Ces forces particulieres tiennent en refpect
les générales.

CHAPITRE XVII.

Continuation du même fujet.

NOUS avons dit que les Etats que le Monarque defpotique
conquiert , doivent être feudataires. Les Hiftoriens s'épui-
fent en éloges fur la générofité des Conquérans qui ont rendu
la Couronne aux Princes qu'ils avoient vaincus. Les Romains
étoient donc bien généreux , qui faifoient par-tout des Rois pour
avoir des inftrumens de fervitude (*a*). Une action pareille eft
un acte néceffaire. Si le Conquérant garde l'Etat conquis , les
Gouverneurs qu'il enverra ne fauront contenir les fujets , ni lui-
même fes Gouverneurs. Il fera obligé de dégarnir de troupes fon
ancien patrimoine pour garantir le nouveau. Tous les malheurs
des deux Etats feront communs ; la guerre civile de l'un fera la

(*a*) *Ut haberent inftrumenta Servitutis & Reges.*

T 3   guerre

guerre civile de l'autre. Que fi au contraire le Conquérant rend le trône au Prince légitime ; il aura un Allié néceſſaire, qui avec les forces qui lui feront propres, augmentera les fiennes. Nous venons de voir *Schah Nadir* conquérir les tréſors du Mogol, & lui laiſſer l'Indouſtan.

LIVRE ONZIEME.

Des Loix qui forment la Liberté Politique dans ſon rapport avec la Conſtitution.

CHAPITRE PREMIER.

Idée générale.

JE diſtingue les Loix qui forment la Liberté politique dans ſon rapport avec la Conſtitution, d'avec celles qui la forment dans ſon rapport avec le Citoyen. Les premieres feront le ſujet de ce Livre-ci ; je traiterai des fecondes dans le Livre fuivant.

CHAPITRE II.

Diverſes ſignifications données au mot de Liberté.

IL n'y a point de mot qui ait reçû plus de différentes ſignifications, & qui ait frappé les eſprits de tant de manieres, que celui de *Liberté*. Les uns l'ont pris pour la facilité de dépoſer celui à qui ils avoient donné un pouvoir tyrannique ; les autres pour la faculté d'élire celui à qui ils devoient obéir ; d'autres pour le droit d'être armés, & de pouvoir exercer la violence ; ceux-ci pour le privilége de n'être gouvernés que par un homme de leur Nation ou par leurs propres Loix (*a*). Certain peuple a long-tems

(*a*) " J'ai, *dit Ciceron*, copié l'Edit de " Scévola, qui permet aux Grecs de ter- " miner entr'eux leurs différends felon " leurs Loix ; ce qui fait qu'ils fe regardent " comme des Peuples libres. „

pris

pris la Liberté, pour l'ufage, de porter une longue barbe (*a*);
Ceux-ci ont attaché ce nom à une forme de Gouvernement, &
en ont exclu les autres. Ceux qui avoient goûté du Gouvernement Républicain, l'ont mife dans ce Gouvernement; ceux qui
avoient joüi du Gouvernement Monarchique, l'ont placée dans
la Monarchie (*b*): Enfin chacun a appellé *Liberté* le Gouvernement qui étoit conforme à fes coûtumes, ou à fes inclinations;
& comme dans une République on n'a pas toûjours devant les
yeux, & d'une maniere fi préfente, les inftrumens des maux
dont on fe plaint, & que même les Loix paroiffent y parler
plus, & les exécuteurs de la Loi y parler moins, on la place
ordinairement dans les Républiques, & on l'a exclue des Monarchies. Enfin comme dans les Démocraties le peuple paroît à-
peu-près faire ce qu'il veut, on a mis la Liberté dans ces fortes
de Gouvernemens, & on a confondu le pouvoir du Peuple,
avec la liberté du Peuple.

CHAPITRE III.

Ce que c'eſt que la Liberté.

IL eft vrai que dans les Démocraties le peuple paroît faire ce
qu'il veut: mais la Liberté politique ne confifte point à faire
ce que l'on veut. Dans un Etat, c'eft-à-dire, dans une Société
où il y a des Loix, la liberté ne peut confifter qu'à pouvoir faire
ce que l'on doit vouloir, & à n'être point contraint de faire ce
que l'on ne doit pas vouloir.

Il faut fe mettre dans l'efprit ce que c'eft que l'Indépendance
& ce que c'eft que la Liberté. La Liberté eft le droit de faire tout
ce que les Loix permettent; & fi un Citoyen pouvoit faire ce
qu'elles défendent, il n'auroit plus de Liberté, parce que les autres auroient tout de même ce pouvoir.

(*a*) Les Mofcovites ne pouvoient fouf- (*b*) Les Capadociens refuferent l'Etat
frir que le Czar Pierre la leur fît couper. Républicain, que leur offrirent les Romains.

CHAPITRE IV.

Continuation du même sujet.

LA Démocratie & l'Aristocratie ne font point des Etats libres par leur nature. La Liberté politique ne fe trouve que dans les Gouvernemens modérés. Mais elle n'eft pas toûjours dans les Etats modérés. Elle n'y eft que lorfqu'on n'abufe pas du pouvoir : Mais c'eft une expérience éternelle, que tout homme qui a du pouvoir eft porté à en abufer ; il va jufqu'à ce qu'il trouve des limites. Qui le diroit ! la vertu même a befoin de limites.

Pour qu'on ne puiffe abufer du pouvoir, il faut que par la difpofition des chofes le pouvoir arrête le pouvoir. Une conftitution peut être telle que perfonne ne fera contraint de faire les chofes auxquelles la Loi ne l'oblige pas, & à ne point faire celles que la Loi lui permet.

CHAPITRE V.

De l'objet des Etats divers.

QUOIQUE tous les Etats aient en général un même objet, qui eft de fe maintenir, chaque Etat en a pourtant un qui lui eft particulier. L'aggrandiffement étoit l'objet de Rome, la guerre celui de Lacédémone, la Religion celui des Loix Judaïques, le Commerce celui de Marfeille, la tranquilité publique celui des Loix de la Chine (*a*), la navigation celui des Loix des Rhodiens, la Liberté naturelle l'objet de la police des Sauvages, en général les délices du Prince celui des Etats Defpotiques, fa gloire & celle de l'Etat celui des Monarchies ; l'indépendance de chaque particulier eft l'objet des Loix de Pologne, & ce qui en réfulte l'oppreffion de tous (*b*).

Il y a auffi une Nation dans le monde qui a pour objet direct de fa conftitution la Liberté politique. Nous allons examiner les

(*a*) Objet naturel d'un Etat qui n'a point d'ennemis au dehors, ou qui croit les avoir arrêtés par des barrieres.
(*b*) Inconvénient du *Liberum veto*.

principes

principes fur lefquels elle la fonde. S'ils font bons, la Liberté y paroîtra comme dans un miroir.

Pour découvrir la Liberté politique dans la conftitution, il ne faut pas tant de peine. Si on peut la voir là où elle eft, fi on l'y a trouvée; pourquoi la chercher?

CHAPITRE VI.

De la Conftitution d'Angleterre.

IL y a dans chaque Etat trois fortes de pouvoirs, la puiffance légiflative, la puiffance exécutrice des chofes qui dépendent du Droit des gens, & la puiffance exécutrice de celles qui dépendent du Droit Civil.

Par la premiere, le Prince ou le Magiftrat fait des Loix pour un tems ou pour toûjours, & corrige ou abroge celles qui font faites. Par la feconde il fait la paix ou la guerre, envoye ou reçoit des Ambaffades, établit la fûreté, prévient les invafions. Par la troifieme il punit les crimes, ou juge les différends des particuliers. On appellera cette derniere la puiffance de Juger, & l'autre fimplement la puiffance exécutrice de l'Etat.

La Liberté politique dans un Citoyen eft cette tranquilité d'efprit qui provient de l'opinion que chacun a de fa fûreté; & pour qu'on ait cette Liberté, il faut que le Gouvernement foit tel qu'un Citoyen ne puiffe pas craindre un Citoyen.

Lorfque dans la même perfonne ou dans le même Corps de Magiftrature, la puiffance légiflative eft réunie à la puiffance exécutrice, il n'y a point de liberté; parce qu'on peut craindre que le même Monarque ou le même Sénat ne faffe des Loix tyranniques, pour les exécuter tyranniquement.

Il n'y a point encore de liberté fi la puiffance de juger n'eft pas féparée de la puiffance légiflative & de l'exécutrice. Si elle étoit jointe à la puiffance légiflative, le pouvoir fur la vie & la liberté des Citoyens feroit arbitraire; car le Juge feroit Légiflateur. Si elle étoit jointe à la puiffance exécutrice, le Juge pourroit avoir la force d'un oppreffeur.

Tout feroit perdu fi le même homme ou le même Corps des Principaux, ou des Nobles, ou du Peuple exerçoient ces trois pouvoirs, celui de faire des Loix, celui d'exécuter les réfolutions publiques, & celui de juger les crimes ou les différends des particuliers.

Dans la plûpart des Royaumes de l'Europe le Gouvernement est modéré, parce que le Prince qui a les deux premiers pouvoirs, laisse à ses Sujets l'exercice du troisieme. Chez les Turcs, où ces trois pouvoirs sont réunis sur la tête du Sultan, il regne un affreux Despotisme.

Dans les Républiques d'Italie où ces trois pouvoirs sont réunis, la liberté se trouve moins que dans nos Monarchies. Aussi le Gouvernement a-t-il besoin pour se maintenir de moyens aussi violens que le Gouvernement des Turcs ; témoins les Inquisiteurs d'Etat (*a*) & le tronc où tout délateur peut à tous les momens jetter avec un billet son accusation.

Voyez quelle peut être la situation d'un Citoyen dans ces Républiques. Le même Corps de Magistrature a, comme exécuteur des Loix, toute la puissance qu'il s'est donnée comme Législateur. Il peut ravager l'Etat par ses volontés générales ; & comme il a encore la puissance de juger, il peut détruire chaque Citoyen par ses volontés particulieres.

Toute la puissance y est une ; & quoiqu'il n'y ait point de pompe extérieure qui découvre un Prince despotique, on le sent à chaque instant.

Aussi les Princes qui ont voulu se rendre despotiques, ont-ils toûjours commencé par réunir en leur personne toutes les Magistratures, & plusieurs Rois d'Europe toutes les grandes charges de leur Etat.

Je crois bien que la pure Aristocratie héréditaire des Républiques d'Italie, ne répond pas précisément au Despotisme de l'Asie.

La multitude des Magistrats adoucit quelquefois la Magistrature ; tous les Nobles ne concourent pas toûjours aux mêmes desseins ; on y forme divers Tribunaux qui se temperent. Ainsi à Venise le *Grand Conseil* a la Législation, le *Prégady* l'exécution, les *Quaranties* le pouvoir de juger. Mais le mal est que ces Tribunaux différens sont formés par des Magistrats du même Corps, ce qui ne fait guere qu'une même puissance.

La puissance de juger ne doit pas être donnée à un Sénat permanent, mais exercée par des personnes tirées du Corps du Peuple (*b*), dans certains tems de l'année, de la maniere pres-

----

(*a*) A Venise.   (*b*) Comme A Athenes.

crite

crite par la Loi, pour former un Tribunal qui ne dure qu'autant que la néceſſité le requiert.

De cette façon la puiſſance de juger ſi terrible parmi les hommes, n'étant attachée ni à un certain état ni à une certaine profeſſion, devient, pour ainſi-dire, inviſible & nulle. On n'a point continuellement des Juges devant les yeux, & l'on craint la Magiſtrature & non pas les Magiſtrats.

Il faut même que dans les grandes accuſations le criminel concurremment avec la Loi, ſe choiſiſſe des Juges, ou du moins qu'il en puiſſe récuſer un ſi grand nombre, que ceux qui reſtent ſoient cenſés être de ſon choix.

Les deux autres pouvoirs pourroient plutôt être donnés à des Magiſtrats ou à des Corps permanens, parce qu'ils ne s'exercent ſur aucun particulier n'étant l'un que la volonté générale de l'Etat, & l'autre que l'exécution de cette volonté générale.

Mais ſi les Tribunaux ne doivent pas être fixes, les Jugemens doivent l'être à un tel point qu'ils ne ſoient jamais qu'un texte précis de la Loi. S'ils étoient une opinion particuliere du Juge, on vivroit dans la Société, ſans ſçavoir préciſément les engagemens que l'on y contracte.

Il faut même que les Juges ſoient de la condition de l'accuſé ou ſes pairs, pour qu'il ne puiſſe pas ſe mettre dans l'eſprit qu'il ſoit tombé entre les mains de gens portés à lui faire violence.

Si la puiſſance légiſlative laiſſe à l'exécutrice le droit d'empriſonner des Citoyens qui peuvent donner caution de leur conduite, il n'y a plus de Liberté; à moins qu'ils ne ſoient arrêtés pour répondre ſans délai à une accuſation que la Loi a rendue capitale; auquel cas ils ſont réellement libres, puiſqu'ils ne ſont ſoumis qu'à la puiſſance de la Loi.

Mais ſi la puiſſance légiſlative ſe croyoit en danger par quelque conjuration ſecrette contre l'Etat, ou quelque intelligence avec les ennemis du dehors, elle pourroit pour un tems court & limité permettre à la puiſſance exécutrice de faire arrêter les Citoyens ſuſpects, qui ne perdroient leur liberté pour un tems, que pour la conſerver pour toûjours.

Et c'eſt le ſeul moyen conforme à la Raiſon, de ſuppléer à la tyrannique Magiſtrature des *Ephores*, & aux *Inquiſiteurs d'Etat* de Veniſe qui ſont auſſi deſpotiques.

Comme dans un Etat libre, tout homme qui eſt cenſé avoir une ame libre, doit être gouverné par lui-même; il faudroit que le Peuple en corps eût la puissance légiflative : mais comme cela eft impoffible dans les grands Etats , & eft fujet à beaucoup d'in-convéniens dans les petits; il faut que le peuple faffe par fes Repréfentans tout ce qu'il ne peut faire par lui-même.

L'on connoît beaucoup mieux les befoins de fa Ville que ceux des autres Villes , & on juge mieux de la capacité de fes voifins que de celle de fes autres compatriotes. Il ne faut donc pas que les membres du Corps Légiflatifs, foient tirés en général du Corps de la Nation ; mais il convient que dans chaque lieu prin-cipal les habitans fe choififfent un Repréfentant.

Le grand avantage des Repréfentans, c'eft qu'ils font capables de difcuter les affaires. Le peuple n'y eft point du tout propre, ce qui forme un des grands inconvéniens de la Démocratie.

Il n'eft pas néceffaire que les Repréfentans , qui ont reçu de ceux qui les ont choifis une inftruction générale, en reçoivent une particuliere fur chaque affaire , comme cela fe pratique dans les Diettes d'Allemagne. Il eft vrai que de cette maniere la parole des Députés feroit plus l'expreffion de la voix de la Nation : mais cela jetteroit dans des longueurs infinies , rendroit chaque Dé-puté le maître de tous les autres; & dans les occafions les plus preffantes, toute la force de la Nation pourroit être arrêtée par un caprice.

Quand les Députés , dit très-bien Mr. *Sidney*, repréfentent un corps de peuple comme en Hollande, ils doivent rendre compte à ceux qui les ont commis ; c'eft autre chofe lorfqu'ils font députés par des Bourgs, comme en Angleterre.

Tous les Citoyens dans les divers diftricts doivent avoir droit de donner leur voix pour choifir le Repréfentant, excepté ceux qui font dans un tel état de baffeffe , qu'ils font réputés n'avoir point de volonté propre.

Il y avoit un grand vice dans la plûpart des anciennes Répu-bliques ; c'eft que le peuple avoit droit d'y prendre des réfolutions actives & qui demandent quelque exécution, chofe dont il eft entierement incapable. Il ne doit entrer dans le Gouvernement que pour choifir fes Repréfentans , ce qui eft très à fa portée. Car, s'il y a peu de gens qui connoiffent le degré précis de la capacité des hommes, chacun eft pourtant capable de fçavoir en géné-ral fi celui qu'il choifit eft plus éclairé que la plûpart des autres.

Le Corps repréfentant ne doit pas être choifi non plus pour prendre quelque réfolution active, chofe qu'il ne feroit pas bien;

mais

mais pour faire des Loix , ou pour voir fi l'on a bien exécuté celles qu'il a faites , chofe qu'il peut très-bien faire , & qu'il n'y a même que lui qui puiffe bien faire.

Il y a toûjours dans un Etat des gens diftingués par la naiffance , les richeffes ou les honneurs : mais s'ils étoient confondus parmi le peuple , & s'ils n'y avoient qu'une voix comme les autres , la liberté commune feroit leur efclavage , & ils n'auroient aucun intérêt à la défendre , parce que la plûpart des réfolutions feroient contr'eux. La part qu'ils ont à la légiflation doit donc être proportionnée aux autres avantages qu'ils ont dans l'Etat; ce qui arrivera s'ils forment un Corps qui ait droit d'arrêter les entreprifes du Peuple , comme le Peuple a droit d'arrêter les leurs.

Ainfi la puiffance légiflative fera confiée & au Corps des Nobles & au Corps qui fera choifi pour repréfenter le Peuple , qui auront chacun leurs affemblées & leurs délibérations à part , & des vûes & des intérêts féparés.

Des trois puiffances dont nous avons parlé , celle de juger eft en quelque façon nulle. Il n'en refte que deux ; & comme elles ont befoin d'une puiffance réglante pour les tempérer , la partie du Corps légiflatif qui eft compofée de Nobles , eft très-propre à produire cet effet.

Le Corps des Nobles doit être héréditaire. Il l'eft premierement par fa nature ; & d'ailleurs il faut qu'il ait un très-grand intérêt à conferver fes prérogatives , odieufes par elles-mêmes , & qui dans un Etat libre doivent toûjours être en danger.

Mais comme une puiffance héréditaire pourroit être induite à fuivre fes intérêts particuliers & à oublier ceux du peuple , il faut que dans les chofes où l'on a un fouverain intérêt à la corrompre , comme dans les Loix qui concernent la levée de l'argent , elle n'ait de part à la Légiflation que par fa faculté d'empêcher , & non par fa faculté de ftatuer.

J'appelle *faculté de ftatuer* le droit d'ordonner par foi-même , ou de corriger ce qui a été ordonné par un autre. J'appelle *faculté d'empêcher* le Droit de rendre nulle une réfolution prife par quelqu'autre ; ce qui étoit la puiffance des Tribuns de Rome. Et quoique celui qui a la faculté d'empêcher puiffe auffi avoir le droit d'approuver , pour lors cette appobation n'eft autre chofe qu'une déclaration qu'il ne fait point d'ufage de fa faculté d'empêcher , & dérive de cette faculté.

La puiffance exécutrice doit être entre les mains d'un Monarque ; parce que cette partie du Gouvernement, qui a presque toûjours besoin d'une action momentanée, est mieux administrée par un que par plusieurs ; au-lieu que ce qui dépend de la puissance Législative, est souvent mieux ordonné par plusieurs que par un seul.

Que s'il n'y avoit point de Monarque, & que la puissance exécutrice fût confiée à un certain nombre de personnes tirées du Corps législatif, il n'y auroit plus de Liberté ; parce que les deux puissances seroient unies, les mêmes personnes ayant quelquefois, & pouvant toûjours avoir part à l'une & à l'autre.

Si le Corps législatif étoit un tems considérable sans être assemblé, il n'y auroit plus de liberté. Car il arriveroit de deux choses l'une, ou qu'il n'y auroit plus de résolution législative, & l'Etat tomberoit dans l'Anarchie ; ou que ces résoluions seroient prises par la puissance exécutrice, & elle deviendroit absolue.

Il seroit inutile que le Corps législatif fût toûjours assemblé. Cela seroit incommode pour les Représentans, & d'ailleurs occuperoit trop la puissance exécutrice, qui ne penseroit point à exécuter, mais à défendre ses prérogatives & le Droit qu'elle a d'exécuter.

De plus, si le Corps Législatif étoit continuellement assemblé, il pourroit arriver que l'on ne feroit que suppléer de nouveaux Députés à la place de ceux qui mourroient ; & dans ce cas, si le Corps législatif étoit une fois corrompu, le mal seroit sans remede. Lorsque divers Corps législatifs se succedent les uns aux autres, le Peuple qui a mauvaise opinion du Corps législatif actuel, porte avec raison ses espérances sur celui qui viendra après : Mais si c'étoit toûjours le même Corps, le Peuple le voyant une fois corrompu n'espereroit plus rien de ses Loix ; il deviendroit furieux, ou tomberoit dans l'indolence.

Le Corps législatif ne doit point s'assembler lui-même. Car un Corps n'est censé avoir de volonté que lorsqu'il est assemblé ; & s'il ne s'assembloit pas unanimement, on ne sçauroit dire quelle partie seroit véritablement le Corps législatif, celle qui seroit assemblée, ou celle qui ne le seroit pas. Que s'il avoit droit de se proroger lui-même, il pourroit arriver qu'il ne se prorogeroit jamais ; ce qui seroit dangereux dans les cas où il voudroit attenter contre la puissance exécutrice. D'ailleurs il y a des tems plus convenables les uns que les autres pour l'assemblée du Corps législatif : il faut donc que ce soit la puissance exécutrice qui regle le tems

de

de la tenue & de la durée de ces affemblées par rapport aux circonftances qu’elle connoît.

Si la Puiffance exécutrice n’a pas le droit d’arrêter les entreprifes du Corps légiflatif, celui-ci fera Defpotique ; car comme il pourra fe donner tout le pouvoir qu’il peut imaginer, il anéantira toutes les autres Puiffances.

Mais il ne faut pas que la Puiffance légiflative ait réciproquement la faculté d’arrêter la Puiffance exécutrice. Car l’exécution ayant fes limites par fa nature, il eft inutile de la borner ; outre que la Puiffance exécutrice s’exerce prefque toûjours fur des chofes momentanées. Et la Puiffance des Tribuns de Rome étoit vicieufe, en ce qu’elle arrêtoit non feulement la légiflation, mais même l’exécution, ce qui caufoit de grands maux.

Mais fi dans un Etat libre la Puiffance légiflative ne doit pas avoir le droit d’arrêter la Puiffance exécutrice, elle a droit & doit avoir la faculté d’examiner de quelle maniere les Loix qu’elle a faites ont été exécutées ; & c’eft l’avantage qu’a ce Gouvernement fur celui de Crete & de Lacédémone, où les *Cofmes* & les *Ephores* ne rendoient point compte de leur adminiftration.

Mais quel que foit cet examen, le Corps légiflatif ne doit pas avoir le pouvoir de juger la perfonne & par conféquent la conduite de celui qui exécute. Sa perfonne doit être facrée, parce qu’étant néceffaire à l’Etat pour que le Corps légiflatif n’y devienne pas tyrannique, dès le moment qu’il feroit accufé ou jugé, il n’y auroit plus de Liberté.

Dans ces cas l’Etat ne feroit point une Monarchie, mais une République non-libre. Mais comme celui qui exécute ne peut exécuter mal fans avoir des Confeillers méchans & qui haïffent les Loix comme Miniftres, quoiqu’elles les favorifent comme hommes ; ceux-ci peuvent être recherchés & punis. Et c’eft l’avantage de ce Gouvernement fur celui de *Gnide*, où la Loi ne permettant point d’appeller en jugement les *Amimones* (a), même après leur adminiftration (b), le Peuple ne pouvoit jamais fe faire rendre raifon des injuftices qu’on lui avoit faites.

Quoiqu’en général la puiffance de juger ne doive être unie à aucune partie de la légiflative, cela eft fujet à trois exceptions,

(a) C’étoient des Magiftrats que le Peuple élifoit tous les ans. Voy. *Etienne de Bizance.*

(b) On pouvoit accufer les Magiftrats Romains après leur Magiftrature, Voy. dans *Denis d’Halicarnaffe*, Liv. IX. l’affaire du Tribun *Genutius.*

fondées

fondées fur l'intérêt particulier de celui qui doit être jugé.

Les Grands font toûjours expofés à l'envie ; & s'ils étoient jugés par le Peuple, ils pourroient être en danger, & ne joüiroient pas du privilége qu'a le moindre des Citoyens dans un Etat libre d'être jugé par fes Pairs. Il faut donc que les Nobles foient appellés, non pas devant les Tribunaux ordinaires de la Nation, mais devant cette partie du Corps légiflatif qui eft compofé de Nobles.

Il pourroit arriver que la Loi, qui eft en même tems clair-voyante & aveugle, feroit en de certains cas trop rigoureufe. Mais les Juges de la Nation ne font, comme nous avons dit, que la bouche qui prononce les paroles de la Loi, des Etres inanimés qui n'en peuvent modérer ni la force ni la rigueur. C'eft donc la partie du Corps légiflatif que nous venons de dire être dans une autre occafion un Tribunal néceffaire, qui l'eft encore dans celle-ci ; c'eft à fon autorité fuprème à modérer la Loi en faveur de la Loi même, en prononçant moins rigoureufement qu'elle.

Il pourroit encore arriver que quelque Citoyen, dans les affai-res publiques violeroit les Droits du Peuple, & feroit des cri-mes que les Magiftrats établis ne fçauroient ou ne voudroient pas punir. Mais en général la Puiffance légiflative ne peut pas juger, & elle le peut encore moins dans ce cas particulier où elle repréfente la partie intéreffée, qui eft le Peuple. Elle ne peut donc être qu'accufatrice. Mais devant qui accufera-t-elle ? Ira-t-elle s'abbaiffer devant les Tribunaux de la Loi qui lui font inférieurs, & d'ailleurs compofés de gens qui, étant Peuple comme elle, feroient entraînés par l'autorité d'un fi grand accufateur ? Non : il faut, pour conferver la dignité du Peuple & la fûreté du Par-ticulier, que la Partie légiflative du Peuple accufe devant la Partie légiflative des Nobles, laquelle n'a ni les mêmes intérêts qu'elle, ni les mêmes paffions.

C'eft l'avantage qu'a ce Gouvernement fur la plûpart des Ré-publiques anciennes, où il y avoit cet abus, que le Peuple étoit en même tems & juge & accufateur.

La puiffance exécutrice, comme nous avons dit, doit pren-dre part à la Légiflation par fa faculté d'empêcher, fans quoi elle fera bien-tôt dépouillée de fes prérogatives. Mais fi la puiffan-ce Légiflative prend part à l'exécution, la puiffance exécutrice fera également perdue.

Si le Monarque prenoit part à la Légiflation par la faculté de ftatuer, il n'y auroit plus de liberté. Mais comme il faut pour-

tant

tant qu'il ait part à la légiſlation pour ſe défendre, il faut qu'il y prenne part par la faculté d'empêcher.

Ce qui fut cauſe que le Gouvernement changea à Rome, c'eſt que le Sénat qui avoit une partie de la puiſſance exécutrice, & les Magiſtrats qui avoient l'autre, n'avoient pas comme le Peuple la faculté d'empêcher.

Voici donc la Conſtitution fondamentale du Gouvernement dont nous parlons. Le Corps légiſlatif y étant compoſé de deux parties, l'une enchaînera l'autre par ſa faculté mutuelle d'empêcher. Toutes les deux ſeront liées par la Puiſſance exécutrice, qui le ſera elle-même par la légiſlative.

Ces trois Puiſſances devroient former un repos ou une inaction. Mais comme par le mouvement néceſſaire des choſes elles ſont contraintes d'aller, elles ſeront forcées d'aller de concert.

La Puiſſance exécutrice ne faiſant partie de la légiſlative que par ſa faculté d'empêcher, elle ne ſçauroit entrer dans le débat des affaires. Il n'eſt pas même néceſſaire qu'elle propoſe, parce que pouvant toûjours deſapprouver les réſolutions, elle peut rejetter les déciſions des propoſitions qu'elle auroit voulu qu'on n'eût pas faites.

Dans quelques Républiques anciennes où le Peuple en Corps avoit le débat des affaires, il étoit naturel que la Puiſſance exécutrice les propoſât & les débatît avec lui, ſans quoi il y auroit eu dans les réſolutions une confuſion étrange.

Si la Puiſſance exécutrice ſtatue ſur la levée des deniers publics autrement que par ſon conſentement, il n'y aura plus de liberté, parce qu'elle deviendra légiſlative dans le point le plus important de la Légiſlation.

Si la Puiſſance Légiſlative ſtatue, non pas d'année en année, mais pour toûjours, ſur la levée des deniers publics, elle court riſque de perdre ſa liberté, parce que la Puiſſance exécutrice ne dépendra plus d'elle ; & quand on tient un pareil droit pour toûjours, il eſt aſſez indifférent qu'on le tienne de ſoi ou d'un autre. Il en eſt de même ſi elle ſtatue, non pas d'année en année, mais pour toûjours, ſur les forces de terre & de mer qu'elle doit confier à la Puiſſance exécutrice.

Pour que celui qui exécute ne puiſſe pas opprimer, il faut que les armées qu'on lui confie ſoient Peuple, & aient le même eſprit que le Peuple, comme cela fut à Rome juſqu'au tems de *Marius.* Et pour que cela ſoit ainſi, il n'y a que deux moyens, ou que ceux que l'on employe dans l'armée aient affez de bien pour répondre de leur conduite aux autres Citoyens, & qu'ils ne foient enrôlés que pour un an, comme il fe pratiquoit à Rome; ou fi on a un Corps de troupes permanent & où les foldats foient une des plus viles parties de la Nation, il faut que la Puiffance légiflative puiffe le caffer fi-tôt qu'elle le défire; que les foldats habitent avec les Citoyens, & qu'il n'y ait ni camp féparé, ni cafernes, ni place de guerre.

L'armée étant une fois établie, elle ne doit point dépendre immédiatement du Corps Légiflatif, mais de la Puiffance exécutrice; & cela par la nature de la chofe; fon fait confiftant plus en action qu'en délibération.

Il eft dans la maniere de penfer des hommes, que l'on faffe plus de cas du courage que de la timidité, de l'activité que de la prudence, de la force que des confeils. L'armée méprifera toûjours un Sénat & refpectera fes Officiers. Elle ne fera point de cas des ordres qui lui feront envoyés de la part d'un Corps compofé de gens qu'elle croira timides & indignes par-là de lui commander. Ainfi fi-tôt que l'armée dépendra uniquement du Corps légiflatif, le Gouvernement deviendra militaire; & fi le contraire eft jamais arrivé, c'eft l'effet de quelques circonftances extraordinaires. C'eft que l'armée y eft toûjours féparée; c'eft qu'elle eft compofée de plufieurs Corps qui dépendent chacun de leur Province particuliere; c'eft que les Villes capitales font des places excellentes qui fe défendent par leur fituation feule & où il n'y a point de troupes. La Hollande eft encore plus en fûreté que Venife; elle fubmergeroit les troupes révoltées, elle les feroit mourir de faim; elles ne font point dans les Villes qui pourroient leur donner la fubfiftance; cette fubfiftance eft donc précaire.

Si l'on veut lire l'admirable Ouvrage de *Tacite* fur les mœurs des Germains (*a*), on verra que c'eft d'eux que les *Anglois* ont tiré l'idée de leur Gouvernement politique. Ce beau Syftème a été trouvé dans les bois.

Comme toutes les chofes humaines ont une fin, l'Etat dont nous parlons perdra fa liberté, il périra. *Rome, Lacédémone* & *Carthage* ont bien péri. Il périra lorfque la Puiffance légiflative fera plus corrompue que l'éxécutrice.

(*a*) *De minoribus rebus principes confultant, de majoribus omnes; ita tamen ut ea quoque quorum penes plebem arbitrium eft apud principes pertractentur.*

Ce

Ce n'est point à moi à examiner si les Anglois jouissent actuellement de cette liberté, ou non. Il me suffit de dire qu'elle est établie par leurs Loix, & je n'en cherche pas davantage.

Je ne prétends point par-là ravaler les autres Gouvernemens, ni dire que cette liberté politique extrême doive mortifier ceux qui n'en ont qu'une modérée. Comment dirois-je cela, moi qui crois que l'excès même de la Raison n'est pas toûjours désirable, & que les hommes s'accommodent presque toûjours mieux des milieux que des extrèmités.

Arington dans son *Oceana* a aussi examiné quel étoit le plus haut point de liberté où la constitution d'un Etat peut être portée. Mais on peut dire de lui qu'il n'a cherché cette liberté qu'après l'avoir méconnue, & qu'il a bâti Chalcedoine ayant le rivage de Bizance devant les yeux.

CHAPITRE VII.

Des Monarchies que nous connoissons.

LEs Monarchies que nous connoissons n'ont pas, comme celle dont nous venons de parler, la liberté pour leur objet direct; elles ne tendent qu'à la gloire des Citoyens, de l'Etat, & du Prince. Mais de cette gloire il résulte un esprit de liberté, qui dans ces Etats peut faire d'aussi grandes choses, & peut-être contribuer autant au bonheur, que la liberté même.

Les trois pouvoirs n'y sont point distribués & fondus sur le modele de la Constitution dont nous avons parlé; ils ont chacun une distribution particuliere, selon laquelle ils approchent plus ou moins de la liberté politique; & s'ils n'en approchoient pas, la Monarchie dégéneretoit en Despotisme.

CHAPITRE VIII.

Pourquoi les Anciens n'avoient pas une idée bien claire de la Monarchie.

LEs Anciens ne connoissoient point le Gouvernement fondé sur un Corps de Noblesse, & encore moins le Gouvernement fondé sur un Corps législatif formé par les Représen-

X 2   tans

tans d'une Nation. Les Républiques de Grece & d'Italie étoient des Villes qui avoient chacune leur Gouvernement, & qui aſſembloient leurs Citoyens dans leurs murailles. Avant que les Romains euſſent englouti toutes les Républiques, il n'y avoit preſque point de Roi nulle part, en Italie, Gaule, Eſpagne, Allemagne ; tout cela étoit de petits Peuples ou de petites Républiques. L'Afrique même étoit ſoumiſe à une grande ; l'Aſie mineure étoit occupée par les Colonies Grecques. Il n'y avoit donc point d'exemple de Députés de Villes, ni d'aſſemblées d'Etats ; il falloit aller juſqu'en Perſe pour trouver le Gouvernement d'un ſeul.

Il eſt vrai qu'il y avoit des Républiques fédératives ; pluſieurs Villes envoyoient des Députés à une Aſſemblée. Mais je dis qu'il n'y avoit point de Monarchie ſur ce modele-là.

Voici comment ſe forma le premier plan des Monarchies que nous connoiſſons. Les Nations Germaniques qui conquirent l'Empire Romain, étoient, comme l'on ſçait, très-libres. On n'a qu'à voir la-deſſus Tacite ſur *les mœurs des Germains.* Les Conquérans ſe répandirent dans le pays ; ils habitoient les campagnes & peu les Villes. Quand ils étoient en *Germanie*, toute la Nation pouvoit s'aſſembler. Lorſqu'ils furent diſperſés dans la Conquête, ils ne le pûrent plus. Il falloit pourtant que la Nation délibérât ſur ſes affaires comme elle avoit fait avant la Conquête : elle le fit par des Repréſentans. Voilà l'origine du Gouvernement Gothique parmi nous. Il fut d'abord mêlé de l'Ariſtocratie & de la Monarchie. Il avoit cet inconvénient, que le bas-peuple y étoit eſclave. La coûtume vint d'accorder des lettres d'affranchiſſement, & bien-tôt la liberté civile du Peuple, les prérogatives de la Nobleſſe & du Clergé, la puiſſance des Rois, ſe trouverent dans un tel concert, que je ne crois pas qu'il y ait eu ſur la terre de Gouvernement ſi bien tempéré que le fut celui de chaque partie de l'Europe dans le tems qu'il y ſubſiſta ; & il eſt admirable que la corruption du Gouvernement d'un Peuple conquérant ait formé la meilleure eſpece de Gouvernement que les hommes aient pû imaginer (*a*).

(*a*) C'étoit un bon Gouvernement qui avoit en ſoi la capacité de devenir meilleur.

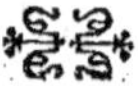

CHAPITRE

CHAPITRE IX.

Maniere de penfer d'Ariftote.

L'EMBARRAS d'*Ariftote* paroît vifiblement quand il traite de la Monarchie (*a*). Il en établit cinq efpeces ; il ne les diftingue pas par la forme de la Conftitution , mais par des chofes d'accident , comme les vertus ou les vices du Prince ; ou par des chofes étrangeres , comme l'ufurpation de la tyrannie ou la fucceffion à la tyrannie.

Ariftote met au rang des Monarchies & l'Empire des Perfes & le Royaume de Lacédémone. Mais qui ne voit que l'un étoit un Etat Defpotique , & l'autre une République ?

Les Anciens qui ne connoiffoient pas la diftribution des trois pouvoirs dans le Gouvernement d'un feul , ne pouvoient fe faire une idée jufte de la Monarchie. -

CHAPITRE X.

Maniere de penfer des autres Politiques.

POUR tempérer le Gouvernement d'un feul *Arribas* (*b*) Roi d'Epire n'imagina qu'une République. Les Moloffes ne fçachant comment borner le même pouvoir firent deux Rois (*c*) : par-là on affoibliffoit l'Etat plus que le commandement ; on vouloit des rivaux & on avoit des ennemis.

Deux Rois n'étoient tolérables qu'à Lacédémone ; ils n'y formoient pas la Conftitution , mais ils étoient une partie de la Conftitution.

(*a*) Polit. Liv. III. chap. 14.
(*b*) Voy. Juftin Liv. XVII.
(*c*) Ariftote , polit. Liv. V. chap. 9.

CHAPITRE XI.

Des Rois des tems héroïques chez les Grecs.

CHEZ les Grecs dans les tems Héroïques, il s'établit une efpece de Monarchie qui ne fubfifta pas (*a*). Ceux qui avoient inventé des arts, fait la guerre pour le Peuple, affemblé des hommes difperfés, ou qui leur avoient donné des terres, obtenoient le Royaume pour eux, & le tranfmettoient à leurs enfans. Ils étoient Rois, Prêtres & Juges. C'eft une des cinq efpeces de Monarchie dont nous parle Ariftote (*b*); & c'eft la feule qui puiffe réveiller l'idée de la Conftitution Monarchique. Mais le plan de cette Conftitution eft oppofé à celui de nos Monarchies d'aujourd'hui.

Les trois pouvoirs y étoient diftribués de maniere que le Peuple y avoit la Puiffance légiflative (*c*) & le Roi la Puiffance exécutrice avec la puiffance de juger; au lieu que dans les Monarchies que nous connoiffons, le Prince a la Puiffance exécutrice & la légiflative, ou du moins une partie de la légiflative; mais il ne juge pas.

Dans le Gouvernement des Rois des tems héroïques, les trois pouvoirs étoient mal diftribués. Ces Monarchies ne pouvoient fubfifter. Car dès que le peuple avoit la légiflation, il pouvoit au moindre caprice anéantir la Royauté, comme il fit par-tout.

Chez un Peuple libre & qui avoit le pouvoir légiflatif, chez un Peuple renfermé dans une Ville, où tout ce qu'il y a d'odieux devient plus odieux encore; le chef-d'œuvre de la légiflation eft de fçavoir bien placer la puiffance de juger. Mais elle ne le pouvoit être plus mal que dans les mains de celui qui avoit déja la puiffance exécutrice. Dès ce moment le Monarque devenoit terrible. Mais en même tems comme il n'avoit pas la légiflation, il ne pouvoit pas fe défendre contre la légiflation; il avoit trop de pouvoir, & il n'en avoit pas affez.

(*a*) Ariftote, Politique, Liv. III. chap. 14.

(*b*) Ibid.

(*c*) Voy. ce que dit Plutarque, Vie de *Théfee*. Voy. auffi Thucidide, Liv. I.

On

On n'avoit pas encore découvert que la vraie fonction du Prince étoit d'établir des Juges, & non pas de juger lui-même. La politique contraire rendit le Gouvernement d'un seul insupportable. Tous ces Rois furent chassés. Les Grecs n'imaginerent point la vraie distribution des trois pouvoirs dans le Gouvernement d'un seul; ils ne l'imaginerent que dans le Gouvernement de plusieurs, & ils appellerent cette sorte de Constitution *Police* (*a*).

CHAPITRE XII.

Du Gouvernement des Rois de Rome, & comment les trois pouvoirs y furent distribués.

L E Gouvernement des Rois de Rome avoit quelque rapport à celui des Rois des tems Héroïques chez les Grecs. Il tomba comme les autres par son vice général, quoiqu'en lui-même & dans sa nature particuliere il fut très-bon.

Pour faire connoître ce Gouvernement, je distinguerai celui des cinq premiers Rois, celui de Servius Tullius & celui de Tarquin.

La Couronne étoit élective, & sous les cinq premiers Rois le Sénat eut la plus grande part à l'élection.

Après la mort du Roi le Sénat examinoit si l'on garderoit la forme du Gouvernement qui étoit établie. S'il jugeoit à propos de la garder, il nommoit un Magistrat (*b*) tiré de son Corps qui élisoit un Roi; le Sénat devoit approuver l'élection, le Peuple la confirmer, les Auspices la garantir. Si une de ces trois conditions manquoit, il falloit faire une autre élection.

La Constitution étoit Monarchique, Aristocratique, & Populaire; & telle fut l'harmonie du pouvoir, qu'on ne vit ni jalousie ni dispute dans les premiers regnes. Le Roi commandoit les armées, & avoit l'intendance des sacrifices; il avoit la puissance de juger les affaires civiles (*c*) & criminelles (*d*); il convo-

---

(*a*) Voy. Aristote, Polit. Liv. IV. ch. 8.

(*b*) Denis d'Halicarnasse, Liv. II. p. 120. & Liv. IV. p. 242. & 243.

(*c*) Voy. le Discours de *Tanaquil*, dans Tite-Live, Liv. I. Décade I. & le Regle-ment de Servius-Tullius dans Denis d'Halic. L. IV. p. 229.

(*d*) Voy. Denis d'Halic. L. II. p. 118. & Liv. III. p. 171.

quoit

quoit le Sénat, il assembloit le Peuple, il lui portoit de certaines affaires, & régloit les autres avec le Sénat (*a*).

Le Sénat avoit une grande autorité. Les Rois prenoient souvent des Sénateurs pour juger avec eux; ils ne portoient point
d'affaire au peuple qu'elles n'eussent été deliberées (*b*) dans le
Sénat.

Le Peuple avoit le droit d'élire (*c*) les Magistrats, de con-
sentir aux nouvelles Loix, & lorsque le Roi le permettoit, celui de déclarer la guerre & de faire la paix. Il n'avoit point la
puissance de juger. Quand Tullius-Hostilius renvoya le jugement
d'Horace au peuple, il eut des raisons particulieres que l'on
trouve dans Denis (*d*) d'Halicarnasse.

La Constitution changea sous (*e*) Servius-Tullius. Le Sénat
n'eut point de part à son élection; il se fit proclamer par le peuple; il se dépouilla des jugemens (*f*) civils, & ne se réserva que
les criminels; il porta directement au peuple toutes les affaires;
il le soulagea des taxes & en mit tout le fardeau sur les Patriciens. Ainsi à mesure qu'il affoiblissoit la puissance Royale &
l'autorité du Sénat, il augmentoit le pouvoir du peuple (*g*).

Tarquin ne se fit élire ni par le Sénat ni par le peuple; il
regarda Servius-Tullius comme un usurpateur, & prit la Couronne comme un Droit héréditaire; il extermina la plûpart des
Sénateurs; il ne consulta plus ceux qui restoient; & ne les appella pas même à ses jugemens (*h*). Sa puissance augmenta : mais
ce qu'il y avoit d'odieux dans cette puissance, devint plus odieux
encore, il usurpa le pouvoir du peuple; il fit des Loix sans lui;
il en fit même contre lui (*i*). Il auroit réuni les trois pouvoirs
dans sa personne : mais le peuple se souvint un moment qu'il
étoit Législateur, & Tarquin ne le fut plus.

(*a*) Ce fut par un Sénatus-Consulte,
que Tullus-Hostilius envoya détruire Albe;
Denis d'Halic. Liv. III. p. 167. & 172.

(*b*) *Ibid.* Liv. IV. pag. 276.

(*c*) *Ibid.* Liv. II. Il falloit pourtant qu'il
ne nommât pas à toutes les Charges, puisque Valerius-Publicola fit la fameuse Loi,
qui défendoit à tout Citoyen, d'exercer aucun emploi, s'il ne l'avoit obtenu par le
suffrage du Peuple.

(*d*) Liv. III. p. 159.

(*e*) Denis d'Halic. Liv. IV.

(*f*) Il se priva de la moitié de la puissance Royale, dit *Den. d'Halic.* Liv. IV,
pag. 229.

(*g*) On croyoit que s'il n'avoit pas été
prévenu par Tarquin, il auroit établi le
Gouvernement populaire; *Denis d'Halicarn.* Liv. IV. p. 243.

(*h*) Denis d'Halic. Liv. IV.

(*i*) Ibid.

CHAPITRE

CHAPITRE XIII.

Réflexions générales sur l'état de Rome, après l'expulsion des Rois.

ON ne peut jamais quitter les Romains, comme encore aujourd'hui dans leur Capitale on laisse les nouveaux Palais pour aller chercher des ruïnes, ou comme l'œil qui s'est reposé sur l'émail des prairies aime à voir les rochers & les montagnes.

Les familles Patriciennes avoient eu de tout tems de grandes prérogatives. Ces distinctions grandes sous les Rois devinrent bien plus importantes après leur expulsion. Cela causa la jalousie des Plébéïens qui voulurent les abbaisser. Les contestations frappoient sur la Constitution sans affoiblir le Gouvernement : car pourvû que les Magistratures conservassent leur autorité, il étoit assez indifférent de quelle famille étoient les Magistrats.

Une Monarchie élective comme étoit Rome, suppose nécessairement un Corps Aristocratique puissant, qui la soûtienne ; sans quoi elle se change d'abord en tyrannie ou en Etat populaire. Mais un Etat populaire n'a pas besoin de cette distinction de familles pour se maintenir. C'est ce qui fit que les Patriciens, qui étoient des parties nécessaires de la Constitution du tems des Rois, en devinrent une partie superflue du tems des Consuls ; le Peuple put les abbaisser sans se détruire lui-même, & changer la Constitution sans la corrompre.

Quand Servius-Tullius eut avili les Patriciens, Rome dût tomber des mains des Rois dans celles du Peuple. Mais le Peuple en abbaissant les Patriciens ne dût point craindre de retomber dans celles des Rois.

Un Etat peut changer de deux manieres, ou parce que la Constitution se corrige, ou parce qu'elle se corrompt. S'il a conservé ses principes, & que la Constitution change, c'est qu'elle se corrige ; s'il a perdu ses principes quand la Constitution vient à changer, c'est qu'elle se corrompt.

Rome, après l'expulsion des Rois, devoit être une Démocratie. Le Peuple avoit déja la puissance législative ; c'étoit son suffrage unanime qui avoit chassé les Rois ; & s'il ne persistoit pas dans cette volonté , les Tarquins pouvoient à tous les inftans revenir. Prétendre qu'il eût voulu les chaffer pour tomber dans l'efclavage de quelques familles, cela n'étoit pas raifonnable. La fituation des chofes demandoit donc que Rome fût une Démocratie; & cependant elle ne l'étoit pas. Il fallut tempérer le pouvoir des Principaux, & que les Loix inclinaffent vers la Démocratie.

Souvent les Etats fleuriffent plus dans le paffage infenfible d'une Conftitution à une autre, qu'ils ne faifoient dans l'une ou l'autre de ces Conftitutions. C'eft pour lors que tous les refforts du Gouvernement font tendus, que tous les Citoyens ont des prétentions, qu'on s'attaque ou qu'on fe careffe, & qu'il y a une noble émulation entre ceux qui défendent la Conftitution qui décline, & ceux qui mettent en avant celle qui prévaut.

CHAPITRE XIV.

Comment la diftribution des trois Pouvoirs commença à changer après l'expulfion des Rois.

QUatre chofes choquoient principalement la liberté de Rome. Les Patriciens obtenoient feuls tous les Emplois facrés, politiques, civils & militaires; on avoit attaché au Confulat un pouvoir exorbitant; on faifoit des outrages au peuple; enfin on ne lui laiffoit prefqu'aucune influence dans les fuffrages. Ce furent ces quatre abus que le peuple corrigea.

1°. Il fit établir qu'il y auroit des Magiftratures où les Plébéïens pourroient prétendre; & il obtint peu-à-peu qu'il auroit part à toutes, excepté à celle d'*Entre-Roy*.

2°. On décompofa le Confulat, & on en forma plufieurs Magiftratures. On créa des Préteurs (*a*), à qui on donna la puiffance de juger les affaires privées; on nomma des Quefteurs (*b*) pour faire juger les crimes publics; on établit des Ediles à qui on donna la police; on fit des Tréforiers (*c*) qui eurent l'adminiftration des deniers publics; enfin par la création des Cenfeurs on ôta aux Confuls cette partie de la puiffance légiflative qui regle les mœurs des Citoyens, & la police momentanée des divers Corps

(*a*) Tite-Live I. Décade, Liv. VI.   leg. 2. ff. de orig. jur.
(*b*) *Queftores parricidii*, Pomponius,   (*c*) Plutarque, vie de *Publicola*.

de l'Etat. Les principales prérogatives qui leur resterent furent de présider aux grands (*a*) Etats du peuple, d'assembler le Sénat, & de commander les Armées.

3°. Les Loix sacrées établirent des Tribuns, qui pouvoient à tous les instans arrêter les entreprises des Patriciens, & n'empêchoient pas seulement les injures particulieres, mais encore les générales.

Enfin les Plébéïens augmenterent leur influence dans les décisions publiques. Le peuple Romain étoit divisé de trois manieres, par Centuries, par Curies & par Tribus; & quand il donnoit son suffrage, il étoit assemblé & formé d'une de ces trois manieres.

Dans la premiere les Patriciens, les principaux, les gens riches, le Sénat, ce qui étoit à peu-près la même chose, avoient presque toute l'autorité; dans la seconde ils en avoient moins; dans la troisieme encore moins.

La division par Centuries étoit plutôt une division de cens & de moyens, qu'une division de personnes. Tout le peuple étoit partagé en cent quatre-vingt treize Centuries (*b*), qui avoient chacune une voix. Les Patriciens & les principaux formoient les quatre-vingt dix-huit premieres Centuries; le reste des Citoyens étoit répandu dans les quatre-vingt quinze autres. Les Patriciens étoient donc dans cette division les maîtres des suffrages.

Dans la division par Curies (*c*), les Patriciens n'avoient pas les mêmes avantages. Ils en avoient pourtant. Il falloit consulter les auspices dont les Patriciens étoient les maîtres; on n'y pouvoit faire de proposition au peuple qui n'eût été auparavant portée au Sénat & approuvée par un Sénatus-consulte. Mais dans la division par Tribus il n'étoit question ni d'auspices ni de Sénatus-consulte, & les Patriciens n'y étoient pas admis.

Or le peuple chercha toûjours à faire par Curies les assemblées qu'on avoit coûtume de faire par Centuries, & à faire par Tribus les assemblées qui se faisoient par Curies; ce qui fit passer les affaires des mains des Patriciens dans celles des Plébéïens.

Ainsi quand les Plébéïens eurent obtenu le droit de juger les Patriciens, ce qui commença lors de l'affaire de Coriolan (*d*); les Plébéïens voulurent les juger assemblés par Tribus (*e*), & non

(*a*) *Comitiis centuriatis.*
(*b*) *Voy. là-dessus* Tite-Live Liv. I. &
Denis d'Halic. Liv. IV. & VII.
(*c*) Denis d'Halic. Liv. IX. p. 598.

(*d*) Ibid. Liv. VII.
(*e*) Contre l'ancien usage, comme on
le voit dans *Denis d'Halic.* Liv. V. p. 310.

par Centuries ; & lorfqu'on établit en faveur du peuple les nouvelles Magiftratures (*a*), de Tribuns & d'Ediles, le peuple obtint
qu'il s'affembleroit par Curies pour les nommer ; & quand fa
puiffance fut affermie, il obtint (*b*) qu'ils feroient nommés dans
une affemblée par Tribus.

CHAPITRE XV.

Comment dans l'état floriffant de la République, Rome perdit tout à coup fa liberté.

DANS le feu des difputes entre les Patriciens & les Plébéïens
ceux-ci demanderent que l'on donnât des Loix fixes, afin
que les jugemens ne fuffent plus l'effet d'une volonté capricieufe
ou d'un pouvoir arbitraire. Après bien des réfiftances le Sénat y
acquiefça. Pour compofer ces Loix on nomma des Décemvirs.
On crut qu'on devoit leur accorder un grand pouvoir, parce qu'ils
avoient à donner des Loix à des partis qui étoient prefque incompatibles. On fufpendit la nomination de tous les Magiftrats, &
dans les Comices ils furent élûs feuls adminiftrateurs de la République. Ils fe trouverent revêtus de la puiffance Confulaire & de
la puiffance Tribunitienne. L'une leur donnoit le droit d'affembler le Sénat, l'autre celui d'affembler le peuple. Mais ils ne con-
voquerent ni le Sénat ni le peuple. Dix hommes dans la République eurent feuls toute la puiffance légiflative, toute la puiffance exécutrice, toute la puiffance des Jugemens. Rome fe vit
foûmife à une tyrannie auffi cruelle que celle de Tarquin. Quand
Tarquin exerçoit fes vexations, Rome étoit indignée du pouvoir
qu'il avoit ufurpé ; quand les Décemvirs exerçoient les leurs,
Rome fut étonnée du pouvoir qu'elle avoit donné.

Mais quel étoit ce fyftème de tyrannie produit par des gens
qui n'avoient obtenu le pouvoir politique & militaire que par la
connoiffance des affaires civiles, & qui dans les circonftances de
ces tems-là avoient befoin au-dedans de la lâcheté des Citoyens,
pour qu'ils fe laiffaffent gouverner, & de leur courage au dehors
pour les défendre ?

(*a*) Denis d'Halic. Liv. VI. p. 410. & 411.
(*b*) *Voy.* Denis d'Halic. Liv. IX. p. 605.

Le

Le spectacle de la mort de Virginie immolée par son pere à
la pudeur & à la liberté fit évanouïr la puissance des Décemvirs.
Chacun se trouva libre, parce que chacun fut offensé; tout le
monde devint Citoyen, parce que tout le monde se trouva pere.
Le Sénat & le peuple rentrerent dans une liberté qui avoit été
confiée à des Tyrans ridicules.

Le peuple Romain plus qu'un autre s'émouvoit par les spectacles.
Celui du Corps sanglant de Lucrece fit finir la Royauté. Le
Débiteur qui parut sur la place couvert de plaies, fit changer la
forme de la République. La vûë de Virginie fit changer les
Décemvirs. Pour faire condamner Manlius il fallut ôter au peuple la vûë du Capitole. La Robe sanglante de César remit Rome
dans la servitude.

CHAPITRE XVI.

De la puissance législative dans la République Romaine.

ON n'avoit point de droit à se disputer sous les Décemvirs:
mais quand la liberté revint, on vit des jalousies renaître:
tant qu'il resta quelques priviléges aux Patriciens, les Plébéiens
les leur ôterent.

Il y auroit eu peu de mal si les Plébéiens s'étoient contentés de
priver les Patriciens de leurs prérogatives, & s'ils ne les avoient
pas offensés dans leur qualité même de Citoyens. Lorsque le
peuple étoit assemblé par Curies ou par Centuries, il étoit composé de Sénateurs, de Patriciens & de Plébéiens. Dans les disputes les Plébéiens gagnerent ce point (*a*), que seuls sans les
Patriciens & sans le Sénat, ils pourroient faire des Loix qu'on appel-
Plébiscites & les Comices où on les fit s'appellerent Comices
par Tribus. Ainsi il y eut des cas où les Patriciens (*b*) n'eurent
point de part à la puissance législative, & (*c*) où ils furent soûmis
à la puissance législative d'un autre Corps de l'Etat. Ce fut un dé-

(*a*) Denis d'Halic. Liv. XI. p. 725.
(*b*) Par les Loix Sacrées, les Plébéiens
purent faire des Plébiscites seuls & sans que
les Patriciens fussent admis dans leur Assemblée, *Denis d'Halic.* Liv. VI. pag.
410. & Liv. VII. p. 430.
(*c*) Par la Loi faite après l'expulsion des
Décemvirs, les Patriciens furent soûmis
aux Plébiscites, quoiqu'ils n'eussent pas y
donner leur voix. *Tite-Live*, Liv. III. &
Denis d'Halicarnasse, Liv. XI. p. 725. &
cette Loi fut confirmée par celle de Publi-
lius-Philo, Dictateur, l'an de Rome 416;
Tite-Live, Liv. VIII.

lire de la Liberté. Le peuple pour établir la Démocratie choqua les principes mêmes de la Démocratie. Il sembloit qu'une puissance aussi exorbitante auroit dû anéantir l'autorité du Sénat. Mais Rome avoit des institutions admirables. Elle en avoit deux sur-tout ; par l'une la puissance législative du peuple étoit réglée ; par l'autre elle étoit bornée.

Les Censeurs, & avant eux les Consuls (*a*), formoient & créoient, pour ainsi-dire, tous les cinq ans le Corps du peuple ; ils exerçoient la législation sur le Corps même qui avoit la puissance législative. « *Tiberius-Gracchus*, Censeur, dit *Ciceron*, trans- « féra les affranchis dans les tribus de la Ville, non par la force de « son éloquence, mais par une parole & par un geste ; & s'il ne « l'eût pas fait, cette République, qu'aujourd'hui nous soûtenons à « peine, nous ne l'aurions plus ».

D'un autre côté le Sénat avoit le pouvoir d'ôter, pour ainsi-dire, la République des mains du peuple, par la création d'un Dictateur, devant lequel le Souverain baissoit la tête, & les Loix les plus populaires restoient dans le silence (*b*).

CHAPITRE XVII.

De la puissance exécutrice dans la même République.

SI le peuple fut jaloux de sa puissance législative, il le fut moins de sa puissance exécutrice. Il la laissa presque toute entiere au Sénat & aux Consuls, & il ne se réserva guere que le droit d'élire les Magistrats, & de confirmer les actes du Sénat & des Généraux.

Rome, dont la passion étoit de commander, dont l'ambition étoit de tout soûmettre, qui avoit toûjours usurpé, qui usurpoit encore, avoit continuellement de grandes affaires ; ses Ennemis conjuroient contre elle, ou elle conjuroit contre ses ennemis.

Obligée de se conduire d'un côté avec un courage héroïque, & de l'autre avec une sagesse consommée, l'état des choses demandoit que le Sénat eût la direction des affaires. Le peuple disputoit au Sénat toutes les branches de la puissance législative,

---

(*a*) L'an 312. de Rome les Consuls faisoient encore le cens, comme il paroît par *Denis d'Halic.* Liv. XI.

(*b*) Comme celles qui permettoient d'appeller au Peuple des Ordonnances de tous les Magistrats.

parce

parce qu'il étoit jaloux de sa liberté; il ne lui disputoit point les branches de la puissance exécutrice, parce qu'il étoit jaloux de sa gloire.

La part que le Sénat prenoit à la puissance exécutrice étoit si grande que *Polybe* (*a*) dit que les étrangers pensoient tous que Rome étoit une Aristocratie. Le Sénat disposoit des deniers publics, & donnoit les revenus à ferme; il étoit l'arbitre des affaires des Alliés; il décidoit de la Guerre & de la Paix, & dirigeoit à cet égard les Consuls; il fixoit le nombre des troupes Romaines & des troupes Alliées, distribuoit les provinces & les armées aux Consuls ou aux Préteurs, & l'an du Commandement expiré il pouvoit leur donner un successeur; il décernoit les triomphes, il recevoit des Ambassades & en envoyoit; il nommoit les Rois, les récompensoit, les punissoit, les jugeoit, leur donnoit ou leur faisoit perdre le titre d'Allié du peuple Romain.

Les Consuls faisoient la levée des troupes qu'ils devoient mener à la guerre; ils commandoient les Armées de terre ou de mer; disposoient des Alliés; ils avoient dans les Provinces toute la puissance de la République; ils donnoient la paix aux peuples vaincus, leur en imposoient les conditions, ou les renvoyoient au Sénat.

Dans les premiers tems, lorsque le Peuple prenoit quelque part aux affaires de la guerre & de la paix, il exerçoit plutôt sa puissance législative que sa puissance exécutrice. Il ne faisoit guere que confirmer ce que les Rois, & après eux les Consuls ou le Sénat avoient fait. Bien loin que le peuple fût l'arbitre de la guerre, nous voyons que les Consuls ou le Sénat la faisoient souvent malgré l'opposition de ses Tribuns. Mais dans l'ivresse des prospérités il augmenta sa puissance exécutrice. Ainsi il (*b*) créa lui-même les Tribuns des Légions, que les Généraux avoient nommés jusqu'alors; & quelque tems avant la premiere guerre Punique il régla qu'il auroit seul le droit de déclarer la guerre (*c*).

(*a*) Liv. VI.
(*b*) L'an de Rome 444. *Tite-Live* premiere Décade, Liv. IX. La guerre contre Persée paroissant périlleuse, un Senatus-consulte ordonna que cette Loi seroit suspendue, & le Peuple y consentit, *Tite-Live*, cinquieme Décade, Liv. II.

(*c*) Il l'arracha du Sénat, dit *Freinshemius*, 2. Décade. Liv. VI.

CHAPITRE

CHAPITRE XVIII.

De la puiſſance de juger dans le Gouvernement de Rome.

LA puiſſance de juger fut donnée au Peuple, au Sénat, aux Magiſtrats, à de certains Juges. Il faut voir comment elle fut diſtribuée. Je commence par les affaires civiles.

Les Conſuls (*a*) jugerent après les Rois, comme les Préteurs jugerent après les Conſuls. Servius-Tullius s'étoit dépouillé du jugement des affaires civiles, les Conſuls ne les jugerent pas non plus, ſi ce n'eſt dans des cas très (*b*) rares, que l'on appella pour cette raiſon *extraordinaires* (*c*). Ils ſe contenterent de nommer les Juges, & de former les tribunaux qui devoient juger. Il paroît par le diſcours d'*Appius Claudius* dans *Denis* (*d*) *d'Halicarnaſſe*, que dès l'an de Rome 259. ceci étoit regardé comme une coûtume établie chez les Romains, & ce n'eſt pas la faire remonter bien haut, que de la rapporter à Servius-Tullius.

Chaque année le Préteur formoit une liſte (*e*) ou tableau de ceux qu'il choiſiſſoit pour faire la fonction de Juges pendant l'année de ſa Magiſtrature. On en prenoit le nombre ſuffiſant pour chaque affaire. Cela ſe pratique à peu près de même en Angleterre. Et ce qui étoit très-favorable à la (*f*) Liberté, c'eſt que le Préteur prenoit les Juges du conſentement (*g*) des Parties. Le grand nombre de récuſations que l'on peut faire aujourd'hui en Angleterre revient à peu près à cet uſage.

Ces Juges ne décidoient que des queſtions de (*h*) fait, par

(*a*) On ne peut douter que les Conſuls avant la création des Préteurs n'euſſent eu les Jugemens civils. Voy. *Tite-Live*, premiere Décade, Liv. II. pag. 19. *Denis d'Halic.* Liv. X. pag. 627. & même liv. pag. 645.

(*b*) Souvent les Tribuns jugerent ſeuls; rien ne les rendit plus odieux, *Denis d'Halic.* Liv. XI. pag. 709.

(*c*) *Judicia extraordinaria.* Voy. les Inſtitutes Liv. IV.

(*d*) Liv. VI. p. 360.

(*e*) *Album judicum.*

(*f*) " Nos Ancêtres n'ont pas voulu, " dit *Ciceron, pro Cluentio*, qu'un homme " dont les Parties ne ſeroient pas conve- " nues, pût être Juge, non-ſeulement de la " réputation d'un Citoyen, mais même " de la moindre affaire pécuniaire. „

(*g*) *Voy.* Dans les Fragmens de la Loi Servilienne, de la Cornelienne & autres, de quelle maniere ces Loix donnoient des Juges dans les crimes qu'elles ſe propoſoient de punir. Souvent ils étoient pris par choix, quelquefois par le ſort, on enfin par le ſort mêlé avec le choix.

(*h*) Séneque, *de Benef.* Liv. III. ch. 7. *in fine.*

exemple

exemple, fi une fomme avoit été payée ou non, fi une action avoit été commife ou non. Mais pour les queftions de (*a*) Droit, comme elles demandoient une certaine capacité, elles étoient portées au Tribunal des Centumvirs (*b*).

Les Rois fe réferverent le jugement des affaires criminelles, & les Confuls leur fuccéderent en cela. Ce fut en conféquence de cette autorité, que le Conful *Brutus* fit mourir fes enfans, & tous ceux qui avoient conjuré pour les Tarquins. Ce pouvoir étoit exorbitant. Les Confuls ayant déja la puiffance militaire, ils en portoient l'exercice même dans les affaires de la Ville; & leurs procédés dépouillés des formes de la Juftice, étoient des actions violentes, plutôt que des jugemens.

Cela fit faire la Loi *Valérienne*, qui permit d'appeller au Peuple de toutes les ordonnances des Confuls qui mettroient en péril la vie d'un Citoyen. Les Confuls ne purent plus prononcer une peine capitale contre un Citoyen Romain, que par la volonté du Peuple (*c*).

On voit dans la premiere conjuration pour le retour des Tarquins, que le Conful Brutus juge les coupables; dans la feconde on affemble le Sénat & les Comices pour juger (*d*).

Les Loix qu'on appella *Sacrées*, donnerent aux Plébéïens des Tribuns qui formerent un Corps, qui eut d'abord des prétentions immenfes. On ne fçait quelle fut plus grande ou dans les Plébéïens la lâche hardieffe de demander, ou dans le Sénat la condefcendance & la facilité d'accorder. La Loi Valérienne avoit permis les appels au Peuple, c'eft-à-dire, au peuple compofé de Sénateurs, de Patriciens & de Plébéïens. Les Plébéïens établirent que ce feroit devant eux que les appellations feroient portées. Bien-tôt on mit en queftion, fi les Plébéïens pourroient juger un Patricien; cela fut le fujet d'une difpute, que l'affaire de Coriolan fit naître, & qui finit avec cette affaire. *Coriolan* accufé par les Tribuns devant le Peuple foûtenoit contre l'efprit de la Loi Valérienne, qu'étant Patricien, il ne pouvoit être jugé que par les Confuls; les Plébéïens contre l'efprit de la même Loi, prétendirent qu'il ne devoit être jugé que par eux feuls, & ils le jugerent.

<hr>

(*a*) *Voy.* Quintilien Liv. IV. p. 54. in fol. Edit de *Paris* 1541.

(*b*) Leg. 2. ff. *de orig. jur.* Des Magiftrats appellés Décemvirs, préfidoient au jugement, le tout fous la direction d'un Préteur.

(*c*) Quoniam de capite Civis Romani, injuffu populi Romani non erat permiffum Confulibus jus dicere. Voy. *Pomponius* Leg. 2. ff. *de orig. jur.*

(*d*) Denis d'Halic. Liv. V. p. 322.

. La Loi des douze Tables modifia ceci. Elle ordonna qu'on ne pourroit décider de la vie d'un Citoyen, que dans les grands *Etats* du Peuple (*a*). Ainſi le Corps des Plébéïens, ou, ce qui eſt la même choſe, les Comices par Tribus, ne jugerent plus que les crimes, dont la peine n'étoit qu'une amende pécuniaire. Il falloit une *Loi* pour infliger une peine capitale ; pour condamner à une peine pécuniaire, il ne falloit qu'un *Plébiſcite.*

Cette diſpoſition de la Loi des douze Tables, fut très-ſage. Elle forma une conciliation admirable entre le Corps des Plébéïens & le Sénat. Car comme la compétence des uns & des autres dépendit de la grandeur de la peine & de la nature du crime, il fallut qu'ils ſe concertaſſent enſemble.

La Loi Valérienne ôta tout ce qui reſtoit à Rome, du Gouvernement qui avoit du rapport à celui des Rois Grecs des tems héroïques. Les Conſuls ſe trouverent ſans pouvoir pour la punition des crimes. Quoique tous les crimes ſoient publics, il faut pourtant diſtinguer ceux qui intéreſſent plus les Citoyens entr'eux, de ceux qui intéreſſent plus l'Etat, dans le rapport qu'il a avec un Citoyen. Les premiers ſont appellés privés, les ſeconds ſont les crimes publics. Le Peuple jugea lui-même les crimes publics ; & à l'égard des privés, il nomma pour chaque crime par une Commiſſion particuliere, un Queſteur, pour en faire la pourſuite. C'étoit ſouvent un des Magiſtrats, quelquefois un homme privé, que le Peuple choiſiſſoit. On l'appelloit *Queſteur du parricide.* Il en eſt fait mention dans la Loi des douze Tables (*b*).

Le Queſteur nommoit, ce qu'on appelloit le Juge de la queſtion, qui tiroit au ſort les Juges, formoit le Tribunal, & préſidoit ſous lui au jugement (*c*).

Il eſt bon de faire remarquer ici la part que prenoit le Sénat dans la nomination du Queſteur, afin que l'on voye comment les puiſſances étoient à cet égard balancées. Quelquefois le Sénat faiſoit élire un Dictateur, pour faire la fonction de Queſteur (*d*) ; quelquefois il ordonnoit que le Peuple ſeroit convoqué par un Tri-

---

(*a*) Les Comices par Centuries. Auſſi Manlius Capitolinus fut-il jugé dans ces Comices. *Tite-Live Décade* premiere, Liv. VI. pag. 68.

(*b*) Dit *Pomponius* dans la Loi 2. au Digeſte *de orig. jur.*

(*c*) Voy. un Fragment d'Ulpien, qui en rapporte un autre de la Loi Cornélienne ; on le trouve dans la *Collation des Loix Moſaïques & Romaines*, titul. 1. *de ſicariis & homicidiis.*

(*d*) Cela avoit ſurtout lieu dans les crimes faits en Italie, où le Sénat avoit une principale inſpection. Voy. *Tite-Live* premiere Décade, Liv. IX. ſur les conjurations de Capoue.

bun ,

bvn, pour qu’il nommât un Quefteur (*a*); enfin le Peuple nommoit quelquefois un Magiftrat, pour faire fon rapport au Sénat,
fur un certain crime, & lui demander qu’il donnât un Quefteur,
comme on voit dans le jugement de *Lucius Scipion* (*b*) dans Tite-
Live (*c*).

L’an de Rome 604. quelques-unes de ces Commiffions furent rendues permanentes (*d*). On divifa peu à peu toutes les
matieres criminelles en diverfes parties, qu’on appella des *Queftions perpétuelles*. On créa divers Préteurs, & on attribua à chacun d’eux quelqu’une de ces Queftions. On leur donna pour un
an la puiffance de juger les crimes qui en dépendoient, & enfuite ils alloient gouverner leur Province.

A Carthage, le Sénat des Cent étoit compofé de Juges qui
étoient pour la vie (*e*). Mais à Rome les Préteurs étoient annuels, & les Juges n’étoient pas même pour un an, puifqu’on
les prenoit pour chaque affaire. On a vû dans le Chapitre VI. de
ce Livre, combien dans de certains Gouvernemens, cette difpofition étoit favorable à la liberté.

Les Juges furent pris dans l’Ordre des Sénateurs jufqu’au
tems des Gracques. *Tiberius - Gracchus* fit ordonner qu’on les
prendroit dans celui des Chevaliers : changement fi confidérable que le Tribun fe vanta d’avoir par une feule *rogation*
coupé les nerfs de l’Ordre des Sénateurs.

Il faut remarquer que les trois pouvoirs peuvent être bien
diftribués par rapport à la liberté de la Conftitution, quoiqu’ils
ne le foient pas fi bien dans le rapport avec la liberté du Citoyen. A Rome le peuple ayant la plus grande partie de la puiffance légiflative, une partie de la puiffance exécutrice & une
partie de la puiffance de juger, c’étoit un grand pouvoir qu’il
falloit balancer par un autre.. Le Sénat avoit bien une partie
de la puiffance exécutrice; il avoit quelque branche de la puiffance légiflative (*f*) : mais cela ne fuffifoit pas pour contrebalan-
cer le peuple. Il falloit qu’il eût part à la puiffance de juger,
& il y avoit part lorfque les Juges étoient choifis parmi les

---

(*a*) Cela fut ainfi dans la pourfuite de la
mort de *Pofthumius*, l’an 340. de Rome.
Voy. *Tite Live*.

(*b*) Ce Jugement fut rendu l’an de Rome 567.

(*c*) Liv. VIII.

(*d*) Ciceron *in Bruto*.

(*e*) Cela fe prouve par *Tite-Live*, Liv.
XLIII. qni dit qu’Annibal rendit leur Magiftrature annuelle.

(*f*) Les Sénatus-confultes avoient force
pendant un an, quoiqu’ils ne fuffent pas
confirmés par le Peuple. *Denis d’Hali.* Liv.
IX. p. 595. & Liv. XI. p. 735.

　Sénateurs.

Sénateurs. Quand les Gracques priverent les Sénateurs de la puissance de juger (*a*), le Sénat ne put plus résister au peuple. Ils choquerent donc la liberté de la Constitution pour favoriser la liberté du Citoyen : mais celle-ci se perdit avec celle-là.

Il en résulta des maux infinis. On changea la Constitution dans un tems, où dans le feu des discordes civiles il y avoit à peine une Constitution. Les Chevaliers ne furent plus cet Ordre moyen qui unissoit le Peuple au Sénat, & la chaîne de la Constitution fut rompue.

Il y avoit même des raisons particulieres qui devoient empêcher de transporter les jugemens aux Chevaliers. La Constitution de Rome étoit fondée sur ce principe, que ceux-là devoient être soldats qui avoient assez de bien pour répondre de leur conduite à la République. Les Chevaliers comme les plus riches formoient la Cavalerie des légions. Lorsque leur dignité fut augmentée, ils ne voulurent plus servir dans cette milice ; il fallut lever une autre cavalerie ; *Marius* prit toute sorte de gens dans ses légions, & la République fut perdue (*b*).

De plus les Chevaliers étoient les Traitans de la République ; ils étoient avides, ils semoient les malheurs dans les malheurs & faisoient naître les besoins publics des besoins publics. Bien loin de donner à de telles gens la puissance de juger, il auroit fallu qu'ils eussent été sans cesse sous les yeux des Juges. Il faut dire cela à la loüange des anciennes Loix Françoises ; elles ont stipulé avec les gens d'affaire avec la méfiance que l'on garde à des ennemis. Lorsque à Rome les jugemens furent transportés aux Traitans, il n'y eut plus de Vertu, plus de Police, plus de Loix, plus de Magistrature, plus de Magistrats.

On trouve une peinture bien naïve de ceci dans quelques fragmens de Diodore de Sicile & de *Dion.* « Mutius Scévo- « la, *dit Diodore* (*c*), voulut rappeller les anciennes mœurs & « vivre de son bien propre avec frugalité & intégrité. Car ses « prédécesseurs ayant fait une société avec les Traitans qui avoient « pour lors les jugemens à Rome, ils avoient rempli la Provin- « ce de toutes sortes de crimes. Mais Scévola fit justice des Pu- « blicains, & fit mener en prison ceux qui y traînoient les au- « tres. »

(*a*) En l'an 630.
(*b*) *Capite censos plerosque. Salluste*, Guerre de Jugurtha.

(*c*) Fragment de cet Auteur, Liv. XXXVI. dans le Recueil de Constantin, Porphyrogenete *des Vertus & des Vices.*

Dion

Dion nous dit (*a*) que Publius Rutilius fon Lieutenant, qui n'étoit pas moins odieux aux Chevaliers, fut accufé à fon retour d'avoir reçu des préfens, & fut condamné à une amende. Il fit fur le champ ceffion de biens. Son innocence parut en ce que l'on lui trouva beaucoup moins de bien qu'on ne l'accufoit d'en avoir volé, & il montroit les titres de fa propriété ; il ne voulut plus refter dans la ville avec de telles gens.

Les Italiens, dit encore *Diodore* (*b*), achetoient en Sicile des troupes d'efclaves pour labourer leurs champs, & avoir foin de leurs troupeaux ; ils leur refufoient la nourriture. Ces malheureux étoient obligés d'aller voler fur les grands chemins, armés de lances & de maffues, couverts de peaux de bêtes, de grands chiens autour d'eux. Toute la Province fut dévaftée, & les gens du pays ne pouvoient dire avoir en propre que ce qui étoit dans l'enceinte des Villes. Il n'y avoit ni Proconful ni Préteur, qui pût ou voulût s'oppofer à ce défordre, & qui ofât punir ces efclaves, parce qu'ils appartenoient aux Chevaliers qui avoient à Rome les jugemens (*c*). Ce fut pourtant une des caufes de la guerre des efclaves. Je ne dirai qu'un mot. Une profeffion qui n'a ni ne peut avoir d'objet que le gain, une profeffion qui demandoit toûjours & à qui on ne demandoit rien, une profeffion fourde & inexorable, qui appauvriffoit les richeffes & la mifere même, ne devoit point avoir à Rome les jugemens.

CHAPITRE XIX.

Du Gouvernement des Provinces Romaines.

C'EST ainfi que les trois pouvoirs furent diftribués dans la Ville. Mais il s'en faut bien qu'ils le fuffent de même dans les Provinces. La liberté étoit dans le centre, & la tyrannie aux extrèmités.

Pendant que Rome ne domina que dans l'Italie, les peu-

(*a*) Fragment de fon Hiftoire tiré de l'Extrait des Vertus & des Vices,

(*b*) Fragment du Liv. XXXIV. dans l'Extrait des Vertus & des Vices.

(*c*) Penes quos Romæ tum judicia erant, atque ex equeftri ordine folerent fortitò judices eligi in caufa Prætorum & Proconfulum quibus poft adminiftratam Provinciam dies dicta erat.

     ples

ples furent gouvernés comme des Confédérés. On fuivoit les Loix de chaque République. Mais lorfqu'elle conquit plus loin, que le Sénat n'eut pas immédiatement l'œil fur les Provinces, que les Magiftrats qui étoient à Rome ne purent plus gouverner l'Empire, il fallut envoyer des Préteurs & des Proconfuls. Pour lors cette harmonie des trois pouvoirs ne fut plus. Ceux qu'on envoyoit avoient une puiffance qui réuniffoit celle de toutes les Magiftratures Romaines ; que dis-je ? celle même du Sénat, celle même du Peuple (a). C'étoient des Magiftrats Defpotiques, qui convenoient beaucoup à l'éloignement des lieux où ils étoient envoyés. Ils exerçoient les trois pouvoirs ; ils étoient fi j'ofe me fervir de ce terme, les Bachas de la République.

Nous avons dit ailleurs que le même Magiftrat dans la République doit avoir la puiffance exécutrice, civile & militaire. Cela fait qu'une République qui conquiert, ne peut guere communiquer fon Gouvernement & régir l'Etat conquis felon la forme de fa Conftitution. En effet le Magiftrat qu'elle envoie pour gouverner, ayant la puiffance exécutrice, civile & militaire, il faut bien qu'il ait auffi la puiffance légiflative ; car qui eft-ce qui feroit des Loix fans lui ? Il faut auffi qu'il ait la puiffance de juger : car qui eft-ce qui jugeroit indépendamment de lui ? Il faut donc que le Gouverneur qu'elle envoie ait les trois pouvoirs, comme cela fut dans les Provinces Romaines.

Une Monarchie peut plus aifément communiquer fon Gouvernement, parce que les Officiers qu'elle envoye ont, les uns la puiffance exécutrice civile, & les autres la puiffance exécutrice militaire ; ce qui n'entraîne pas après foi le Defpotifme.

C'étoit un Privilége d'une grande conféquence pour un Citoyen Romain, de ne pouvoir être jugé que par le peuple. Sans cela il auroit été foumis dans les Provinces au pouvoir arbitraire d'un Proconful ou d'un Propréteur. La Ville ne fentoit point la tyrannie qui ne s'exerçoit que fur les Nations affujetties.

Ainfi dans le monde Romain, comme à Lacédémone, ceux qui étoient libres étoient extrèmement libres, & ceux qui étoient efclaves étoient extrèmement efclaves.

Pendant que les Citoyens payoient des tributs, ils étoient levés avec une équité très-grande. On fuivoit l'établiffement

____

(a) Ils faifoient leurs Edits en entrant dans les Provinces.

de

de Servius-Tullius, qui avoit diftribué tous les Citoyens en fix claffes felon l'ordre de leurs richeffes, & fixé la part de l'impôt à proportion de celle que chacun avoit dans le Gouvernement. Il arrivoit de-là qu'on fouffroit la grandeur du Tribut à caufe de la grandeur du crédit, & que l'on fe confoloit de la petiteffe du crédit par la petiteffe du tribut.

Il y avoit encore une chofe admirable, c'eft que la divifion de Servius-Tullius par claffes étant, pour ainfi-dire, le princi-pe fondamental de la Conftitution, il arrivoit que l'équité dans la levée des tributs tenoit au principe fondamental du Gouver-nement, & ne pouvoit être ôtée qu'avec lui.

Mais pendant que la Ville payoit les tributs fans peine, ou n'en payoit point du tout (*a*), les Provinces étoient défolées par les Chevaliers qui étoient les Traitans de la République. Nous avons parlé de leurs vexations, & toute l'Hiftoire en eft plei-ne.

« Toute l'Afie m'attend comme fon libérateur, *difoit Mithri-* « *date* (*b*); tant ont excité de haine contre les Romains les ra-« pines des Proconfuls (*c*), les exécutions des gens d'affaires & les calomnies des jugemens (*d*)».

Voilà ce qui fit que la force des Provinces n'ajoûta rien à la force de la République, & ne fit au contraire que l'affoiblir. Voilà ce qui fit que les Provinces regarderent la perte de la li-berté de Rome comme l'époque de l'établiffement de la leur.

CHAPITRE XX.

Fin de ce Livre.

J E voudrois rechercher dans tous les Gouvernemens modérés que nous connoiffons, quelle eft la diftribution des trois pouvoirs, & calculer par-là les degrés de liberté dont chacun d'eux peut joüir. Mais il ne faut pas toûjours tellement épuifer un fujet qu'on ne laiffe rien à faire au Lecteur. Il ne s'agit pas de faire lire, mais de faire penfer.

(*a*) Après la conquête de la Macédoine, les tributs cefferent à Rome.

(*b*) Harangue tirée de Trogue Pompée, rapportée par Juftin, Liv. XXXVIII.

(*c*) Voy. les Oraifons contre Verrés.

(*d*) On fait quel fut le tribunal de *Varus* qui fit révolter les Germains.

LIVRE DOUZIEME.

Des Loix qui forment la Liberté politique dans son rapport avec le Citoyen.

CHAPITRE PREMIER.

Idée de ce Livre.

CE n'est pas assez d'avoir traité de la Liberté politique dans son rapport avec la Constitution; il faut la faire voir dans le rapport qu'elle a avec le Citoyen.

J'ai dit que dans le premier cas elle est formée par une certaine distribution des trois pouvoirs : mais dans le second il faut la considérer sous une autre idée. Elle consiste dans la sûreté, ou dans l'opinion que l'on a de sa sûreté.

Il pourra arriver que la Constitution sera libre, & que le Citoyen ne le sera point. Le Citoyen pourra être libre, & la Constitution ne l'être pas. Dans ces cas, la Constitution sera libre de droit & non de fait, le Citoyen sera libre de fait & non pas de droit.

Il n'y a que la disposition des Loix, & même des Loix fondamentales, qui forme la liberté dans son rapport avec la Constitution. Mais dans le rapport avec le Citoyen; des mœurs, des manieres, des exemples reçus peuvent la faire naître, & de certaines Loix civiles la favoriser, comme nous allons voir dans ce Livre-ci.

De plus, dans la plûpart des Etats, la liberté étant plus gênée, choquée ou abattue, que leur Constitution ne le demande, il est bon de parler des Loix particulieres qui dans chaque Constitution peuvent aider ou choquer le principe de la liberté dont chacun d'eux peut être susceptible.

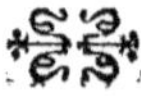

CHAPITRE

CHAPITRE II.

De la Liberté du Citoyen.

LA Liberté philosophique consiste dans l'exercice de sa volonté, ou du moins (s'il faut parler dans tous les Systèmes) dans l'opinion où l'on est que l'on exerce sa volonté. La *Liberté* politique consiste dans la sûreté, ou du moins dans l'opinion que l'on a de sa sûreté.

Cette *sûreté* n'est jamais plus attaquée que dans les accusations publiques ou privées. C'est donc de la bonté des Loix criminelles que dépend principalement la liberté du Citoyen.

Les Loix criminelles n'ont pas été perfectionnées tout d'un coup. Dans les lieux-mêmes où l'on a le plus cherché la liberté, on ne l'a pas toûjours trouvée. *Aristote* (*a*) nous dit qu'à Cumes les Parens de l'accusateur pouvoient être témoins. Sous les Rois de Rome la Loi étoit si imparfaite que Servius-Tullius prononça la sentence contre les enfans d'Ancus Martius accusés d'avoir assassiné le Roi son beau-pere (*b*). Sous les premiers Rois Francs, Clotaire fit une Loi (*c*) pour qu'un accusé ne pût être condamné sans être oüi ; ce qui prouve une pratique contraire dans quelque cas particulier ou chez quelque peuple barbare. Ce fut Charondas qui introduisit les jugemens contre les faux témoignages (*d*). Quand l'innocence des Citoyens n'est pas assûrée, la liberté ne l'est pas non plus.

Les connoissances que l'on a acquises dans quelque pays & que l'on acquerra dans d'autres sur les regles les plus sûres que l'on puisse tenir dans les jugemens criminels , intéressent le genre humain plus qu'aucune chose qu'il y ait au monde.

Ce n'est que sur la pratique de ces connoissances que la liberté peut être fondée ; & dans un Etat qui auroit là-dessus les meilleures loix possibles, un homme à qui on feroit son procès, & qui devroit être pendu le lendemain , seroit plus libre qu'un Bacha ne l'est en Turquie.

(*a*) Politique Liv. II.
(*b*) Tarquinius Priscus. Voy. *Denis d'Halic.* Liv. IV.
(*c*) De l'an 560.

(*d*) Aristote, Polit. L. II. chap. 12. il donna ses Loix à Thurium dans la quatre-vingt-quatrieme Olympiade.

CHAPITRE III.

Continuation du même sujet.

LEs Loix qui font périr un homme fur la dépofition d'un feul témoin, font fatales à la liberté. La Raifon en exige deux, parce qu'un témoin qui affirme, & un accufé qui nie, font un partage, & il faut un tiers pour le vuider.

Les Grecs (a) & les Romains (b) exigeoient une voix de plus pour condamner. Nos Loix Françoifes en demandent deux. Les Grecs prétendoient que leur ufage avoit été établi par les Dieux (c), mais c'eft le nôtre.

CHAPITRE IV.

Que la liberté eft favorifée par la nature des peines & leur proportion.

C'Est le triomphe de la Liberté lorfque les Loix criminelles tirent chaque peine de la nature particuliere du crime. Tout l'arbitraire ceffe ; la peine ne defcend point du caprice du Légif-lateur, mais de la nature de la chofe ; & ce n'eft point l'homme qui fait violence à l'homme.

Il y a quatre fortes de crimes. Ceux de la premiere efpece choquent la Religion, ceux de la feconde les mœurs, ceux de la troifieme la tranquilité, ceux de la quatrieme la fûreté des Citoyens. Les peines que l'on inflige doivent dériver de la nature de chacune de ces efpeces.

Je ne mets dans la claffe des crimes qui intéreffent la Religion que ceux qui l'attaquent directement, comme font tous les fa-criléges fimples. Car les crimes qui en troublent l'exercice, font de la nature de ceux qui choquent la tranquilité des Citoyens ou leur fûreté, & doivent être renvoyés à ces claffes.

(a) Voy. *Ariftide*, Orat. in Minervam.   *Coriolan*, Liv. VII.
(b) *Denis d'Halic*, fur le Jugement de   (c) *Minervæ calculus.*

Pour

Pour que la peine des facriléges fimples foit tirée de la nature de la chofe (*a*), elle doit confifter dans la privation de tous les avantages que donne la Religion, l'expulfion hors des Temples, la privation de la Société des fideles pour un tems ou pour toûjours, la fuite de leur préfence, les exécrations, les déteftations, les conjurations.

Dans les chofes qui troublent la tranquilité ou la fûreté de l'E-tat, les actions cachées font du reffort de la Juftice humaine. Mais dans celles qui bleffent la Divinité, là où il n'y a point d'action publique, il n'y a point de matiere de crime; tout s'y paffe entre l'homme & Dieu, qui fçait la mefure & le tems de fes vengeances. Que fi confondant les chofes on recherche auffi le facrilége caché, on porte une inquifition fur un genre d'action où elle n'eft point néceffaire; on détruit la liberté des Citoyens en armant contr'eux le zele des confciences timides & celui des confciences hardies.

Le mal eft venu de cette idée qu'il faut venger la Divinité. Mais il faut faire honorer la Divinité & ne la venger jamais. En effet fi l'on fe conduifoit par cette derniere idée, quelle feroit la fin des fupplices? Si les Loix des hommes ont à venger un Etre infini, elles fe regleront fur fon infinité, & non pas fur les foiblef-fes, fur les ignorances, fur les caprices de la nature humaine.

Un Hiftorien (*b*) de Provence rapporte un fait qui nous peint très-bien ce que peut produire fur des efprits foibles cette idée de venger la Divinité. Un Juif accufé d'avoir blafphêmé contre la Ste. Vierge fut condamné à être écorché. Des Chevaliers mafqués, le couteau à la main, monterent fur l'échafaut & en chafferent l'Exécuteur pour venger eux-mêmes l'honneur de la Ste. Vierge...... Je ne veux point prévenir les réflexions du Lecteur.

La feconde claffe eft des crimes qui font contre les mœurs. Telles font la violation de la continence publique ou particuliere, c'eft-à-dire, de la Police fur la maniere dont on doit joüir des plaifirs attachés à l'ufage des fens, & à l'union des corps. Les peines de ces crimes doivent encore être tirées de la nature de la chofe; la privation des avantages que la Société a attachés à la pureté des mœurs, les amendes, la honte, la contrainte de fe

---

(*a*) St. Loüis fit des Loix fi outrées con-tre ceux qui juroient, que le Pape fe crut obligé de l'en avertir. Ce Prince modéra fon zele, & adoucit fes Loix (*a*).

(*b*) Le P. Bougerel.

(*a*) Voyez fes Ordonnances.

cacher, l'infamie publique, l'expulfion hors de la Ville & de la Société; enfin toutes les peines qui font du reffort de la Jurif-diction correctionelle, fuffifent pour réprimer la témérité des deux Sexes. En effet, ces chofes font moins fondées fur la mé-chanceté que fur l'oubli ou le mépris de foi-même.

Il n'eft ici queftion que des crimes qui intéreffent uniquement les mœurs, non de ceux qui choquent auffi la fûreté publique, tels que l'Enlevement & le Viol, qui font de la quatrieme efpece.

Les crimes de la troifieme claffe font ceux qui choquent la tranquilité des Citoyens; & les peines en doivent être tirées de la nature de la chofe, & fe rapporter à cette tranquilité, comme la prifon, l'exil, les corrections, & autres peines qui ramenent les efprits inquiets & les font rentrer dans l'ordre établi.

Je reftreins les crimes contre la tranquilité aux chofes qui con-tiennent une fimple léfion de Police; car celles qui troublant la tranquilité, attaquent en même tems la fûreté, doivent être mifes dans la quatrieme claffe.

Les peines de ces derniers crimes font ce qu'on appelle des fupplices. C'eft une efpece de talion, qui fait que la Société re-fufe la fûreté à un Citoyen qui en a privé, ou qui a voulu en pri-ver un autre. Cette peine eft tirée de la nature de la chofe, puifée dans la Raifon, & dans les fources du bien & du mal. Un Citoyen mérite la mort lorfqu'il a violé la fûreté au point qu'il a ôté la vie, ou qu'il a entrepris de l'ôter. Cette peine de mort eft comme le remede de la Société malade. Lorfqu'on viole la fûreté à l'égard des biens, il peut y avoir des raifons pour que la peine foit ca-pitale : mais il vaudroit peut-être mieux, & il feroit plus de la Nature, que la peine des crimes contre la fûreté des biens fût pu-nie par la perte des biens; & cela devroit être ainfi fi les fortunes étoient communes ou égales. Mais comme ce font ceux qui n'ont point de biens qui attaquent plus volontiers celui des autres, il a fallu que la peine corporelle fuppleât à la pécuniaire.

Tout ce que je dis eft puifé dans la Nature, & eft très-favora-ble à la liberté du Citoyen.

CHAPITRE

CHAPITRE V.

De certaines accusations qui ont particulierement besoin de modération & de prudence.

MAXIME importante : il faut être très-circonspect dans la pour-suite de la Magie & de l'Hérésie. L'accusation de ces deux crimes peut extremement choquer la liberté, & être la source d'une infinité de tyrannies, si le Légiflateur ne sçait la borner. Car comme elle ne porte pas directement sur les actions d'un Citoyen, mais plutôt sur l'idée que l'on s'est faite de son caractere, elle de-vient dangereuse à proportion de l'ignorance du peuple ; & pour lors un Citoyen est toûjours en danger, parce que la meilleure conduite du monde, la morale la plus pure, la pratique de tous les devoirs, ne sont point des garants contre les soupçons de ces crimes.

Sous Manuel Comnene, le *Protestator* (*a*) fut accusé d'avoir conspiré contre l'Empereur & de s'être servi pour cela de certains secrets qui rendent les hommes invisibles. Il est dit dans la vie de cet Empereur (*b*) que l'on surprit *Aaron* lisant un Livre de Salo-mon, dont la lecture faisoit paroître des légions de Démons. Or en suppofant dans la Magie une puissance qui arme l'Enfer, & en partant de-là, on regarde celui que l'on appelle un Magicien com-me l'homme du monde le plus propre à troubler & à renverser la Société, & l'on est porté à le punir sans mesure.

L'indignation croît lorfque l'on met dans la magie le pouvoir de détruire la Religion. L'Histoire de Constantinople (*c*) nous apprend que sur une révélation qu'avoit eue un Evêque qu'un miracle avoit cessé à cause de la Magie d'un particulier, lui & son fils furent condamnés à mort. De combien de choses pro-digieuses ce crime ne dépendoit-il pas ? Qu'il ne soit pas rare qu'il y ait des révélations, que l'Evêque en ait eu une, qu'elle fût vé-ritable, qu'il y eût eu un miracle, que ce miracle eût cessé, qu'il y eût de la Magie, que la Magie pût renverser la Religion, que

---

(*a*) *Nicetas*, vie de Manuel Comnene, Liv. IV.

(*b*) Ibid.

(*c*) Histoire de l'Empereur Maurice par *Theophylacte*, chap. 11.

ce particulier fût Magicien, qu'il eût fait enfin cet acte de Magie.

L'Empereur *Théodore Lafcaris* attribuoit fa maladie à la Magie. Ceux qui en étoient accufés n'avoient d'autre reffource que de manier un fer chaud fans fe brûler. Il auroit été bon chez les Grecs d'être Magicien pour fe juftifier de la Magie. Tel étoit l'excès de leur idiotifme, qu'au crime du monde le plus incertain ils joignoient les preuves les plus incertaines.

Sous le Regne de *Philippe le Long*, les Juifs furent chaffés de France, accufés d'avoir empoifonné les fontaines par le moyen des lépreux. Cette abfurde accufation doit bien faire douter de toutes celles qui font fondées fur la haine publique.

Je n'ai point dit ici qu'il ne falloit point punir l'Héréfie; je dis qu'il faut être très-circonfpect à la punir.

CHAPITRE VI.

Du crime contre nature.

A Dieu ne plaife que je veuille diminuer l'horreur que l'on a pour un crime que la Religon, la Morale & la Politique condamnent tour à tour. Il faudroit le profcrire, quand il ne feroit que donner à un fexe les foibleffes de l'autre, & préparer à une vieilleffe infame par une jeuneffe honteufe. Ce que j'en dirai lui laiffera toutes fes flétriffures, & ne portera que contre la tyrannie qui peut abufer de l'horreur même que l'on en doit avoir.

Comme la nature de ce crime eft d'être caché, il eft fouvent arrivé que des Légiflateurs l'ont puni fur la dépofition d'un enfant. C'étoit ouvrir une porte bien large à la calomnie. «Juftinien, » dit *Procope* (*a*), publia une Loi contre ce crime; il fit rechercher « ceux qui en étoient coupables, non feulement depuis la Loi, « mais avant. La dépofition d'un témoin, quelquefois d'un enfant, « quelquefois d'un efclave, fuffifoit, fur-tout contre les riches & « contre ceux qui étoient de la faction des verds ».

Il eft fingulier que parmi nous trois crimes, la Magie, l'Héréfie & le crime contre nature, dont on pourroit prouver du premier qu'il n'exifte pas, du fecond qu'il eft fufceptible d'une infinité de

(*a*) Hift. Secrete.

diftinctions

diſtinctions, interprétations, limitations , du troiſieme qu'il eſt très-
ſouvent obſcur, aient été tous trois punis de la peine du feu.

Je dirai bien que le crime contre nature ne fera jamais dans
une Société de grands progrès , ſi le peuple ne s'y trouve porté
d'ailleurs par quelque coûtume, comme chez les Grecs où les
jeunes gens faiſoient tous leurs exercices nuds , comme chez
nous où l'éducation domeſtique eſt hors d'uſage ; comme chez
les Aſiatiques où des particuliers ont un grand nombre de femmes
qu'ils mépriſent, tandis que les autres n'en peuvent avoir. Que
l'on ne prépare point ce crime , qu'on le proſcrive par une police
exacte comme toutes les violations des mœurs , & l'on verra
ſoudain la Nature, ou défendre ſes Droits, ou les reprendre.
Douce, aimable, charmante , elle a répandu les plaiſirs d'une
main libérale , & en nous comblant de délices, elle nous prépare pour l'avenir à des ſatisfactions plus grandes que ſes délices
mêmes.

CHAPITRE VII.

Du crime de Leſe-Majeſté.

LEs Loix de la Chine décident que quiconque manque de
reſpect à l'Empereur doit être puni de mort. Comme elles
ne définiſſent pas ce que c'eſt que ce manquement de reſpect,
tout peut fournir un prétexte pour ôter la vie à qui l'on veut, &
exterminer la famille que l'on veut.

Deux perſonnes chargées de faire la Gazette de la Cour, ayant
mis dans quelque fait des circonſtances qui ne ſe trouverent pas
vraies , on dit que mentir dans une Gazette de la Cour, c'étoit
manquer de reſpect à la Cour, & on les fit mourir (*a*). Un Prince
du Sang ayant mis quelque note par mégarde ſur un mémorial
ſigné du pinceau rouge par l'Empereur, on décida qu'il avoit
manqué de reſpect à l'Empereur ; ce qui cauſa contre cette famille une des terribles perſécutions dont l'hiſtoire ait jamais parlé (*b*).

C'eſt aſſez que le crime de Leſe-Majeſté ſoit vague pour que

(*a*) Le P. Duhalde, Tom. I. pag. 43.
(*b*) Lettres du P. Parennin dans les Lettres édif.

le Gouvernement dégénere en Despotisme. Je m'étendrai davantage là-dessus dans le Livre de la composition des Loix.

CHAPITRE VIII.

De la mauvaise application du nom de crime de Sacrilége & de Lese-Majesté

C'Est encore un violent abus de donner le nom de crime de Lese-Majesté à une action qui ne l'est pas. Une Loi des Empereurs (*a*) poursuivoit comme sacriléges ceux qui mettoient en question le jugement du Prince, & doutoient du mérite de ceux qu'il avoit choisis pour quelque Emploi (*b*). Ce furent bien le cabinet & les favoris qui établirent ce crime. Une autre Loi avoit déclaré que ceux qui attentent contre les Ministres & les Officiers du Prince sont criminels de Lese-Majesté, comme s'ils attentoient contre le Prince même (*c*). Nous devons cette Loi à deux Princes (*d*), dont la foiblesse est célebre dans l'histoire, deux Princes qui furent menés par leur Ministres comme les troupeaux sont conduits par les pasteurs; deux Princes esclaves dans le Palais, enfans dans le Conseil, étrangers aux Armées, qui ne conservent l'Empire que parce qu'ils le donnerent tous les jours. Quelques-uns de ces favoris conspirerent contre leurs Empereurs. Ils firent plus, ils conspirerent contre l'Empire; ils y appellerent les Barbares; & quand on voulut les arrêter, l'Etat étoit si foible qu'il fallut violer leur Loi, & s'exposer au crime de Lese-Majesté pour les punir.

C'est pourtant sur cette Loi que se fondoit le Rapporteur de Mr. de Cinq-Mars (*e*), lorsque voulant prouver qu'il étoit coupable du crime de Lese-Majesté pour avoir voulu chasser le Cardinal de Richelieu des affaires, il dit. « Le crime qui touche « la personne des Ministres des Princes est réputé par les Consti- « tutions des Empereurs de pareil poids que celui qui touche leur « personne. Un Ministre sert bien son Prince & son Etat; on l'ôte « à tous les deux; c'est comme si l'on privoit le premier d'un

(*a*) Gratien, Valentinien & Théodose. C'est la seconde au Code de *Crimin. Sacril.*

(*b*) Sacrilegii instar est dubitare an is dignus sit quem elegerit Imperator, *ibid.* Cette Loi a servi de modele à celle de Ro-

ger dans les Constitutions de Naples, *Tit.* 4.

(*c*) La Loi cinquieme, *ad leg. Jul. maj.*

(*d*) Arcadius & Honorius.

(*e*) Mémoires de Montrésor, Tom. I.

« bras (*a*) & le second d'une partie de sa puissance ». Quand la servitude elle-même viendroit sur la Terre elle ne parleroit pas autrement.

Une autre Loi de Valentinien, Théodose & Arcadius (*b*), déclare les faux-monnoyeurs coupables du crime de Lese-Majesté. Mais n'étoit-ce pas confondre les idées des choses? Porter sur un autre crime le nom de Lese-Majesté, n'est-ce pas diminuer l'horreur du crime de Lese-Majesté?

CHAPITRE IX.

Continuation du même sujet.

PAULIN ayant mandé à l'Empereur Alexandre «qu'il se pré-« paroit à poursuivre comme criminel de Lese-Majesté un « Juge qui avoit prononcé contre ses Ordonnances », l'Empereur lui répondit «que dans un siecle comme le sien les cri-« mes de majesté indirects n'avoient point de lieu » (*c*).

Faustinien ayant écrit au même Empereur, qu'ayant juré par la vie du Prince qu'il ne pardonneroit jamais à son esclave, il se voyoit obligé de perpétuer sa colere pour ne pas se rendre coupable du crime de Lese-Majesté : «Vous avez pris de vaines « terreurs (*d*), *lui répondit l'Empereur*, & vous ne connoissez « pas mes maximes. »

Un Sénatus-Consulte (*e*) ordonna que celui qui avoit fondu des statues de l'Empereur qui auroient été réprouvées, ne seroit point coupable de Lese-Majesté. Les Empereurs Sévere & Antonin écrivirent à Pontius (*f*) que celui qui vendroit des statues de l'Empereur non-consacrées ne tomberoit point dans le crime de Lese-Majesté. Les mêmes Empereurs écrivirent à Julius-Cassianus que celui qui jetteroit par hasard une pierre contre une statue de l'Empereur, ne devoit point être poursuivi comme criminel de Lese-majesté (*g*). La Loi Julie demande ces sortes de modifi-

---

(*a*) *Nam ipsi pars corporis nostri sunt*; même Loi au Code *ad leg. Jul. maj.*

(*b*) C'est la neuvieme au Code Théod. *de falsâ monetâ.*

(*c*) *Etiam ex aliis causis majestatis crimina cessant meo Sæculo.* Leg. 1. Cod. ad. *leg. Jul. maj.*

(*d*) *Alienam sectæ meæ sollicitudinem concepisti*, leg. 2. Cod. ad *leg. Jul. maj.*

(*e*) Voy. la Loi 4. au ff. *ad leg. Jul. maj.*

(*f*) Voy. la Loi 5. *ibid.*

(*g*) Ibid.

cations; car elle avoit rendu coupables de Lese-majesté, non seulement ceux qui fondoient les statues des Empereurs, mais ceux qui commettoient quelque action (*a*) semblable, ce qui rendoit ce crime arbitraire. Quand on eut établi bien des crimes de Lese-majesté, il fallut nécessairement distinguer ces crimes. Aussi le Jurisconsulte Ulpien, après avoir dit que l'accusation du crime de Lese-majesté ne s'éteignoit point par la mort du coupable, ajoûte-t-il, que cela ne regarde pas tous (*b*) les crimes de Lese-majesté établis par la Loi Julie, mais seulement celui qui contient un attentat contre l'Empire ou contre la vie de l'Empereur.

CHAPITRE X.

Continuation du même sujet.

UNE Loi d'Angleterre passée sous Henri VIII. déclaroit coupables de haute-trahison tous ceux qui prédiroient la mort du Roi. Cette Loi étoit bien vague ; le Despotisme est si terrible qu'il se tourne même contre ceux qui l'exercent. Dans la derniere maladie de ce Roi, les Médecins n'oserent jamais dire qu'il fût en danger, & ils agirent sans doute en conséquence (*c*).

CHAPITRE XI.

Des pensées.

UN *Marsias* songea qu'il coupoit la gorge à Denis (*d*). Celui-ci le fit mourir, disant qu'il n'y auroit pas songé la nuit s'il n'y eût pensé le jour. C'étoit une grande tyrannie ; car quand même il y auroit pensé, il n'avoit pas attenté (*e*). Les Loix ne se chargent de punir que les actions extérieures.

(*a*) *Aliudve quid simile admiserint* leg. 6. ff. *ad leg. Jul. maj.*
(*b*) Dans la Loi derniere au ff. *ad leg. Jul. de adulteriis.*
(*c*) Voy. l'Hist. de la Réformation par M. Burnet.
(*d*) *Plutarque*, Vie de Denis.
(*e*) Il faut que la pensée soit jointe à quelque sorte d'action.

CHAPITRE

CHAPITRE XII.

Des Paroles indiscretes.

R_i_en ne rend encore le crime de Lese-majesté plus arbitraire que quand des paroles indiscretes en deviennent la matiere. Les discours sont si sujets à interprétation, il y a tant de différence entre l'indiscrétion & la malice, & il y en a si peu dans les expressions qu'elles emploient, que la Loi ne peut guere soûmettre les paroles à une peine capitale, à moins qu'elle ne déclare expressément celles qu'elle y soûmet (*a*).

Les paroles ne forment point un corps de délit ; elles ne restent que dans l'idée. La plûpart du tems elles ne signifient point par elles-mêmes, mais par le ton dont on les dit. Souvent en redisant les mêmes paroles on ne rend pas le même sens ; ce sens dépend de la liaison qu'elles ont avec d'autres choses ; quelquefois le silence exprime plus que tous les discours. Il n'y a rien de si équivoque que tout cela. Comment donc en faire un crime de Lese-majesté ? Par-tout où cette Loi est établie, non seulement la liberté n'est plus, mais son ombre même.

Dans le manifeste de la feue Czarine donné contre la famille d'Olgorouki (*b*) un de ces Princes est condamné à mort pour avoir proféré des paroles indécentes qui avoient du rapport à sa personne ; un autre pour avoir malignement interprété ses sages dispositions pour l'Empire, & offensé sa personne sacrée par des paroles peu respectueuses.

Je ne prétends point diminuer l'indignation que l'on doit avoir contre ceux qui veulent flétrir la gloire de leur Prince : mais je dirai bien que si l'on veut modérer le Despotisme, une simple punition correctionnelle conviendra mieux dans ces occasions, qu'une accusation de Lese-majesté toûjours terrible à l'innocence même (*c*).

Les actions ne sont pas de tous les jours ; bien des gens peu-

---

(*a*) *Si non tale sit delictum in quod vel scriptura legis descendit vel ad exemplum Legis vindicandum est*, dit Modestinus dans la Loi 7. au ff. *ad leg. Jul. maj.*

(*b*) En 1740.
(*c*) *Nec lubricum linguæ ad pænam facile trahendum est* Modestin, dans la Loi 7. au ff. *ad leg. Jul. maj.*

vent les remarquer ; une fauffe accufation fur des faits peut être aifément éclaircie. Les paroles qui font jointes à une action prennent la nature de cette action. Ainfi un homme qui va dans la place publique exhorter les fujets à la révolte, devient coupable de Lefe-majefté, parce que les paroles font jointes à l'action & y participent. Ce ne font point les paroles que l'on punit, mais une action commife dans laquelle on emploie les paroles. Elles ne deviennent des crimes, que lorfqu'elles préparent, qu'elles accompagnent ou qu'elles fuivent une action criminelle ; on renverfe tout fi l'on fait des paroles un crime capital, au lieu de les regarder comme le figne d'un crime capital.

Les Empereurs *Theodofe*, *Arcadius* & *Honorius* écrivirent à Ruffin Préfet du Prétoire : «Si quelqu'un parle mal de notre «perfonne ou de notre Gouvernement, nous ne voulons point «le punir (*a*) ; s'il a parlé par légereté, il faut le méprifer ; fi «c'eft par folie, il faut le plaindre ; fi c'eft une injure, il faut «lui pardonner. Ainfi laiffant les chofes dans leur entier, vous «nous en donnerez connoiffance, afin que nous jugions des pa-«roles par les perfonnes, & que nous pefions bien fi nous devons «les foûmettre au jugement ou les négliger. »

CHAPITRE XIII.

Des Ecrits.

LEs écrits contiennent quelque chofe de plus permanent que les paroles : mais lorfqu'ils ne préparent pas au crime de Lefe-majefté, ils ne font point une matiere du crime de Lefe-majefté.

Augufte & *Tibere* y attacherent pourtant la peine de ce crime (*b*) ; Augufte à l'occafion de certains écrits faits contre des hommes & des femmes illuftres, Tibere à caufe de ceux qu'il crut faits contre lui. Rien ne fut plus fatal à la liberté Romaine. *Cremutius-Cordus* fut accufé, parce que dans fes Annales il avoit appellé Caffius le dernier des Romains (*c*).

(*a*) *Si id ex levitate procefferit, contemnendum eft ; fi ex infaniâ, miferatione digniffimum ; fi ab injuriâ remittendum ;* Leg. unica Cod. *fi quis Imperat. maled.*

(*b*) *Tacite*, Annales Liv. I. Cela continua fous les regnes fuivans. Voy. la Loi premiere au Code *de famof. libellis.*

(*c*) *Tacite*, Annal. Liv. IV.

Les

Les écrits Satyriques ne font guere connus dans les Etats Defpotiques, où l'abattement d'un côté & l'ignorance de l'autre ne donnent ni le talent ni la volonté d'en faire. Dans la Démocratie on ne les empêche pas, par la raifon même qui dans le Gouvernement d'un feul les fait défendre. Comme ils font ordinairement compofés contre des gens puiffans, ils flattent dans la Démocratie la malignité du peuple qui gouverne. Dans la Monarchie on les défend, mais on en fait plutôt un fujet de police que de crime; ils peuvent amufer la malignité générale, confoler les mécontens, diminuer l'envie contre les places, donner au peuple la patience de fouffrir, & le faire rire de fes fouffrances.

L'Ariftocratie eft le Gouvernement qui profcrit le plus les ouvrages fatyriques. Les Magiftrats y font de petits Souverains, qui ne font pas affez grands pour méprifer les injures. Si dans la Monarchie quelque trait va contre le Monarque, il eft fi haut que le trait n'arrive point jufqu'à lui; un Seigneur Ariftocratique en eft percé de part en part. Auffi les Décemvirs, qui formoient une Ariftocratie, punirent-ils de mort les écrits fatyriques (*a*).

CHAPITRE XIV.

Violation de la pudeur dans la punition des crimes.

IL y a des regles de pudeur obfervées chez prefque toutes les Nations du monde; il feroit abfurde de les violer dans la punition des crimes, qui doit toûjours avoir pour objet le rétabliffement de l'ordre.

Les Orientaux qui ont expofé des femmes à des Eléphans dreffés pour un abominable genre de fupplice, ont-ils voulu faire violer la loi par la Loi?

Un ancien ufage des Romains défendoit de faire mourir les filles qui n'étoient pas nubiles. Tibere trouva l'expédient de les faire violer par le bourreau avant de les envoyer au fupplice (*b*): Tyran fubtil & cruel, il détruifoit les mœurs pour conferver les coûtumes.

____

(*a*) La Loi des douze Tables.   (*b*) Suetonius in *Tiberio.*

                Lorfque

Lorſque la Magiſtrature Japonoiſe a fait expoſer dans les places publiques les femmes nues , & les a obligés de marcher à la maniere des bêtes, elle a fait frémir la pudeur (*a*) : mais lorſqu'elle a voulu contraindre une mere . . . . lorſqu'elle a voulu contraindre un fils . . . . je ne puis achever ; elle a fait frémir la nature même (*b*).

CHAPITRE XV.

De l'affranchiſſement de l'eſclave, pour accuſer le maître.

AUGUSTE établit que les eſclaves de ceux qui auroient conſpiré contre lui, feroient vendus au public, afin qu'ils puſſent dépoſer contre leur maître (*c*). On ne doit rien négliger de ce qui mene à la découverte d'un grand crime ; ainſi dans un Etat où il y a des eſclaves, il eſt naturel qu'ils puiſſent être indicateurs. Mais ils ne ſauroient être témoins.

Vindex indiqua la conſpiration faite en faveur de Tarquin : mais il ne fut pas témoin contre les enfans de Brutus. Il étoit juſte de donner la liberté à celui qui avoit rendu un ſi grand ſervice à ſa Patrie : mais on ne la lui donna pas afin qu'il rendît ce ſervice à ſa Patrie.

Auſſi l'Empereur *Tacite* ordonna-t-il que les eſclaves ne feroient pas témoins contre leur maître dans le crime même de Leſe-majeſté (*d*) : loi qui n'a pas été miſe dans la compilation de Juſtinien.

(*a*) Recueil des Voyages qui ont ſervi à l'établiſſement de la la Compagnie des Indes, Tom. V. Partie II.

(*b*) Ibid. pag. 496.
(*c*) *Dion* dans Xiphilin.
(*d*) *Flavius Vopiſcus*, dans ſa vie.

CHAPITRE XVI.

Calomnie dans le crime de Lese-Majesté.

IL faut rendre justice aux Césars ; ils n'imaginerent pas les premiers les tristes Loix qu'ils firent. C'est *Sylla* (*a*) qui leur aprit qu'il ne falloit point punir les calomniateurs ; bientôt on alla jusqu'à les récompenser (*b*).

CHAPITRE XVII.

De la révélation des Conspirations.

« QUAND ton frere, ou ton fils, ou ta femme bien-aimée, « ou ton mari qui est comme ton ame, diront en secret « *allons à d'autres Dieux*, tu les lapideras ». Cette Loi du Lévitique ne peut être une Loi civile chez la plûpart des peuples que nous connoissons, parce qu'elle y ouvriroit la porte à tous les crimes.

La Loi qui ordonne dans plusieurs Etats, sous peine de la vie, de révéler les conspirations auxquelles même on n'a pas trempé, n'est guere moins dure. Lorsqu'on la porte dans le Gouvernement Monarchique, il est très-convenable de la restreindre.

Elle n'y doit être appliquée dans toute sa sévérité qu'au crime de Lese-Majesté au premier chef. Dans ces Etats il est très-important de ne point confondre les différens chefs de ce crime.

Au Japon, où les Loix renversent toutes les idées de la raison humaine, le crime de non-révélation s'applique au cas les plus ordinaires.

Une Relation (*c*) nous parle de deux Demoiselles qui furent

(*a*) *Sylla* fit une Loi de Majesté, dont il est parlé dans les Oraisons de Ciceron , *pro Cluentio* art. 3. in *Pisonem* art. 21. 2e. contre *Verrés* att. 5. Epitres familieres , Liv. III. lett. 11. César & Auguste les inférerent dans les Loix Julies ; d'autres y ajoûterent.

(*b*) *Et quò quis distinctior accusator eò magis honores assequebatur, ac veluti Sacrosanctus erat.* Tacite.
(*c*) Recueil des Voyages qui ont servi à l'établissement de la Compagnie des Indes , pag. 423. Liv. V. 2e. Partie.

enfermées

enfermées jufqu'à la mort dans un coffre hériffé de pointes, l'une pour avoir eu quelque intrigue de galanterie, l'autre pour ne l'avoir pas révélée.

CHAPITRE XVIII.

Combien il eft dangereux dans les Républiques, de trop punir le crime de Lefe-Majefté.

QUAND une République eft parvenue à détruire ceux qui vouloient la renverfer, il faut fe hâter de mettre fin aux vengeances, aux peines & aux récompenfes mêmes.

On ne peut faire de grandes punitions, & par-conféquent de grands changemens, fans mettre dans les mains de quelques Citoyens un grand pouvoir. Il vaut donc mieux dans ce cas pardonner beaucoup, que punir beaucoup, exiler peu, qu'exiler beaucoup; laiffer les biens, que multiplier les confifcations. Sous prétexte de la vengeance de la République on établiroit la tyrannie des vengeurs. Il n'eft pas queftion de détruire celui qui domine, mais la Domination. Il faut rentrer le plutôt que l'on peut dans ce train ordinaire du Gouvernement où les Loix protégent tout & ne s'arment contre perfonne.

On trouve dans Appien (*a*) l'Edit & la formule des Profcriptions. Vous diriez qu'on n'y a d'autre objet que le bien de la République, tant on y parle de fang-froid, tant on y montre d'avantages, tant les moyens que l'on prend font préférables à d'autres, tant les riches feront en fûreté, tant le bas peuple fera tranquile, tant on craint de mettre en danger la vie des Citoyens, tant on veut appaifer les foldats : horrible exemple, qui fait voir combien les grandes punitions font près de la tyrannie.

Les Grecs ne mirent point de bornes aux vengeances qu'ils prirent des Tyrans ou de ceux qu'ils foupçonnerent de l'être ; ils firent mourir les enfans (*b*), quelquefois cinq des plus proches parens(*c*). Ils chafferent une infinité de familles. Leurs Républiques en furent ébranlées; l'exil ou le retour des exilés furent toû-

---

(*a*) Des guerres Civiles, Liv. IV.
(*b*) *Denis d'Halic.* Antiquité Romaine, Liv. VIII.

(*c*) *Tyranno occifo quinque ejus proximos cognatione Magiftratus necato,* Ciceron de Inventione, Lib. II.

jours

jours des époques qui marquerent le changement de la Consf-
tution.

Les Romains furent plus sages. Lorsque *Cassius* fut condamné
pour avoir aspiré à la tyrannie, on mit en question si l'on feroit
mourir ses enfans : ils ne furent condamnés à aucune peine. « Ceux
« qui ont voulu, *dit Denis d'Halicarnasse (a)*, changer cette Loi
« à la fin de la Guerre des Marses & de la guerre civile, & exclurre
« des Charges les enfans des proscrits par Sylla, sont bien crimi-
« nels ».

CHAPITRE XIX.

Comment on suspend l'usage de la liberté dans la République.

IL y a dans les Etats où l'on fait le plus de cas de la Liberté,
des Loix qui la violent contre un seul pour la garder à tous.
Tels sont en Angleterre les Bills appellés *d'atteindre* (*b*). Ils se rapportent à ces Loix d'Athenes qui statuoient contre un Particulier (*c*), pourvû qu'elles fussent faites par le suffrage de six mille
Citoyens. Ils se rapportent à ces Loix qu'on faisoit à Rome contre
des Citoyens particuliers & qu'on appelloit *priviléges* (*d*). Elles
ne se faisoient que dans les grands Etats du peuple. Mais de quelque maniere que le peuple les donne, Ciceron veut qu'on
les abolisse, parce que la force de la Loi ne consiste qu'en ce
qu'elle statue sur tout le monde (*e*). J'avoue pourtant que l'usage
des peuples les plus libres qui aient jamais été sur la terre, me
fait croire qu'il y a des cas où il faut mettre pour un moment
un voile sur la Liberté, comme l'on cache les statues des Dieux.

(*a*) Liv. VIII. p. 547.

(*b*) L'Auteur de la continuation de Ra-
pin Thoyras, définit le *Bill d'atteindre* un
Jugement, qui ayant été approuvé par les
deux Chambres, & signé par le Roi passe en
Acte, par lequel l'accusé est déclaré convaincu de haute trahison, sans autre formalité & sans appel, Tom. II. p. 266.

(*c*) Legem de singulari aliquo ne rogato
nisi sex millibus ita visum. *Ex Andocide de
Mysteriis :* c'est l'Ostracisme

(*d*) De privis hominibus latæ, *Ciceron
de Leg.* Liv. III.

(*e*) Scitum est jussum in omnes, *Ciceron,*
ibid.

CHAPITRE XX.

Des Loix favorables à la liberté du Citoyen dans la République.

IL arrive souvent dans les Etats populaires que les accusations font publiques, & qu'il est permis à tout homme d'accuser qui il veut. Cela a fait établir des Loix propres à défendre l'innocence des citoyens. A Athenes l'Accusateur qui n'avoit point pour lui la cinquieme partie des suffrages, payoit une amende de mille dragmes. *Eschines* qui avoit accusé Ctesiphon, y fut condamné (*a*). A Rome l'injuste accusateur étoit noté d'infamie (*b*), on lui imprimoit la lettre K sur le front. On donnoit des gardes à l'accusateur pour qu'il fût hors d'état de corrompre les Juges ou les témoins (*c*).

J'ai déja parlé de cette Loi Athénienne & Romaine qui permettoit à l'accusé de se retirer avant le jugement.

CHAPITRE XXI.

De la cruauté des Loix envers les Débiteurs dans la République.

UN Citoyen s'est déja donné une assez grande supériorité sur un Citoyen, en lui prêtant un argent que celui-ci n'a emprunté que pour s'en défaire, & que par conséquent il n'a plus. Que sera-ce dans une République si les Loix augmentent cette servitude encore davantage?

A Athenes & à Rome (*d*) il fut d'abord permis de vendre les Débiteurs qui n'étoient pas en état de payer. *Solon* corrigea cet usage à Athenes (*e*). Il ordonna que personne ne seroit obligé

(*a*) Voy. *Philostrate*, Liv. I. Vie des Sophistes, Vie d'Eschines. Voy. aussi *Plutarque & Phocius*.
(*b*) Par la Loi Remnia.
(*c*) Plutarque au Traité, *comment on* pourroit recevoir de l'utilité de ses ennemis.
(*d*) Plusieurs vendoient leurs enfans pour payer leurs dettes. *Plutarque*, vie de Solon.
(*e*) *Plutarque*, vie de Solon.

par

par corps pour dettes civiles. Mais les Décemvirs (*a*) ne réformerent pas de même l'usage de Rome; & quoiqu'ils euffent devant les yeux le reglement de Solon ils ne voulurent pas le fuivre. Ce n'eft pas le feul endroit de la Loi des douze Tables où l'on voit le deffein des Décemvirs de choquer l'efprit de la Démocratie.

Ces Loix cruelles contre les Débiteurs mirent bien des fois en danger la République Romaine. Un homme couvert de plaies s'échapa de la maifon de fon créancier & parut dans la place (*b*). Le peuple s'émut à ce fpectacle. D'autres Citoyens, que leurs créanciers n'ofoient plus retenir, fortirent de leurs cachots. On leur fit des promeffes; on y manqua : le peuple fe retira fur le Mont facré, il n'obtint pas l'abrogation de ces Loix, mais un Magiftrat pour les défendre; on fortoit de l'Anarchie, on penfa tomber dans la tyrannie. Manlius pour fe rendre populaire alloit retirer des mains des créanciers les Citoyens qu'ils avoient réduits en efclavage (*c*). On prévint les deffeins de Manlius, mais le mal reftoit toûjours. Des Loix particulieres donnerent aux débiteurs des facilités de payer (*d*); & l'an de Rome 428. les Confuls porterent une Loi (*e*) qui ôta aux créanciers le droit de tenir les débiteurs en fervitude dans leurs maifons (*f*). Un ufurier nommé *Papirius* avoit voulu corrompre la pudicité d'un jeune homme nommé *Publius* qu'il tenoit dans les fers. Le crime de *Sextus* donna à Rome la liberté politique; celui de Papirius y donna la liberté civile.

Ce fut le deftin de cette Ville, que des crimes nouveaux y confirmerent la liberté que des crimes anciens lui avoient procurée. L'attentat d'*Appius* fur *Virginie* remit le peuple dans cette horreur contre les Tyrans que lui avoit donné le malheur de *Lucrece*. Trente-fept ans après (*g*) le crime de l'infame Papirius, un crime pareil (*h*), fit que le peuple fe retira fur le Janicu-

---

(*a*) Il paroît par l'Hiftoire, que cet ufage étoit établi chez les Romains avant la Loi des 12. Tables. *Tite-Live* I. Décade, Liv. II.

(*b*) *Denis d'Halic.* Antiq. Rom. L. VI.

(*c*) *Plutarque*, Vie de Furius Camillus.

(*d*) Voy. ci-deffous le chap. 24. du Liv. des Loix dans le rapport qu'elles ont avec l'ufage de la monnoie.

(*e*) Cent vingt ans après la Loi des 12. Tables, *eo anno plebi Romanæ, velut aliud*

initium libertatis, factum eft quod necti defierunt. Tite-Liv. Liv. VIII.

(*f*) *Bona debitoris, non corpus obnoxium effet.* Ibid.

(*g*) L'an de Rome 465.

(*h*) Celui de *Plautius* qui attenta contre la pudicité de Veturius; *Valere-Maxime*, Liv. VI. art. 9. On ne doit point confondre ces deux évenemens; ce ne font ni les mêmes perfonnes ni les mêmes tems.

le

le (*a*), & que la Loi faite pour la fûreté des débiteurs reprit une nouvelle force.

Depuis ce tems les Créanciers furent plutôt pourfuivis par les Débiteurs pour avoir violé les Loix faites contre les ufures, que ceux-ci ne le furent pour ne les avoir pas payées.

CHAPITRE XXII.

Des chofes qui attaquent la liberté dans la Monarchie.

LA chofe du monde la plus inutile au Prince a fouvent affoibli la Liberté dans les Monarchies : les Commiffaires nommés quelquefois pour juger un particulier.

Le Prince tire fi peu d'utilité des Commiffaires, qu'il ne vaut pas la peine qu'il change l'ordre des chofes pour cela. Il eft moralement fûr qu'il a plus l'efprit de probité & de juftice que fes Commiffaires, qui fe croyent toûjours affez juftifiés par fes ordres, par un obfcur intérêt de l'Etat, par le choix qu'on a fait d'eux, & par leurs craintes mêmes.

Sous Henri VIII. lorfqu'on faifoit le procès à un Pair, on le faifoit juger par des Commiffaires tirés de la chambre des Pairs; avec cette méthode on fit mourir tous les Pairs qu'on voulut.

CHAPITRE XXIII.

Des Efpions dans la Monarchie.

FAUT-il des efpions dans la Monarchie ? ce n'eft pas la pratique ordinaire des bons Princes. Quand un homme eft fidele aux Loix, il a fatisfait à ce qu'il doit au Prince. Il faut au moins qu'il ait fa maifon pour afyle, & le refte de fa conduite en fûreté. L'efpionage feroit peut-être tolérable s'il pouvoit être exercé par d'honnêtes gens ; mais l'infamie néceffaire de la perfonne peut faire juger de l'infamie de la chofe. Un Prince

______

(*a*) Voy. un Fragment de *Denis d'Hali- carnaffe* dans l'Extrait des Vertus & des Vi- ces ; l'Epitome de *Tite-Live*, Liv. XI. & *Freinshemius*, Liv. XI.

doit

doit agir avec ſes Sujets avec candeur , avec franchiſe , avec confiance. Celui qui a tant d'inquiétudes, de ſoupçons & de craintes , eſt un acteur qui eſt embarraſſé à joüer ſon rôle. Quand il voit qu'en général les Loix ſont dans leur force & qu'elles ſont reſpectées, il peut ſe juger en ſûreté. L'allure générale lui répond de celle de tous les particuliers. Qu'il n'ait aucune crainte , il ne ſauroit croire combien on eſt porté à l'aimer : eh pourquoi ne l'aimeroit-on pas? il eſt la ſource de preſque tout le bien qui ſe fait ; & quaſi toutes les punitions ſont ſur le compte des Loix. Il ne ſe montre jamais au peuple qu'avec un viſage ſerain ; ſa gloire même ſe communique à nous , & ſa puiſſance nous ſoûtient. Une preuve qu'on l'aime c'eſt que l'on a de la confiance en lui, & que lorſqu'un Miniſtre refuſe, on s'imagine toûjours que le Prince auroit accordé ; même dans les calamités publiques on n'accuſe point ſa perſonne ; on ſe plaint de ce qu'il ignore, ou de ce qu'il eſt obſédé par des gens corrompus : *ſi le Prince ſavoit* , dit le peuple ; ces paroles ſont une eſpece d'invocation & une preuve de la confiance qu'on a en lui.

CHAPITRE XXIV.

Des Lettres anonymes.

LEs Tartares ſont obligés de mettre leur nom ſur leurs flèches, afin que l'on connoiſſe la main dont elles partent. Philippe de Macédoine ayant été bleſſé au ſiége d'une Ville , on trouva ſur le javelot *Aſter a porté ce coup mortel à Philippe* (a). Si ceux qui accuſent un homme le faiſoient en vûe du bien public , ils ne l'accuſeroient pas devant le Prince qui peut être aiſément prévenu , mais devant les Magiſtrats , qui ont des regles qui ne ſont formidables qu'aux calomniateurs. Que s'ils ne veulent pas laiſſer les Loix entr'eux & l'accuſé , c'eſt une preuve qu'ils ont ſujet de les craindre ; & la moindre peine qu'on puiſſe leur infliger c'eſt de ne les point croire. On ne peut y faire d'attention que dans les cas qui ne ſauroient ſouffrir les lenteurs de la

(a) *Plutarque*, Oeuvres Morales , Collat. de quelques Hiſt. Romaines & Grecques , Tom. II. p. 487.

Cc 3   Juſtice

Juſtice ordinaire, & où il s'agit du ſalut du Prince. Pour lors on peut croire que celui qui accuſe a fait un effort qui a délié ſa langue & l'a fait parler. Mais dans les autres cas il faut dire avec l'Empereur Conſtance: «Nous ne ſaurions ſoupçonner celui à qui il a man-« qué un accuſateur lorſqu'il ne lui manquoit pas un ennemi (*a*).

CHAPITRE XXV.

De la maniere de gouverner dans la Monarchie.

L'Autorité Royale eſt un grand reſſort, qui doit ſe mouvoir aiſément & ſans bruit. Les Chinois vantent un de leurs Empereurs qui gouverna, diſent-ils, comme le Ciel, c'eſt-à-dire, par ſon exemple.

Il y a des cas où la puiſſance doit agir dans toute ſon étendue; il y en a où elle doit agir par ſes limites. Le ſublime de l'adminiſtration, eſt de bien connoître quelle eſt la partie du pouvoir, grande ou petite, que l'on doit employer dans les diverſes circonſtances.

Dans nos Monarchies, toute la félicité conſiſte dans l'opinion que le Peuple a de la douceur du Gouvernement. Un Miniſtre mal-habile veut toûjours vous avertir que vous êtes eſclaves. Mais ſi cela étoit, il devroit chercher à le faire ignorer. Il ne ſait vous dire ou vous écrire, ſi ce n'eſt que le Prince eſt fâché, qu'il eſt ſurpris, qu'il mettra ordre. Il y a une certaine facilité dans le commandement; il faut que le Prince encourage, & que ce ſoient les Loix qui menacent (*b*).

CHAPITRE XXVI.

Que dans la Monarchie, le Prince doit être acceſſible.

Cela ſe ſentira beaucoup mieux par les contraſtes. » Le « Czar Pierre I. *dit le Sr. Perry* (*c*) a fait une nouvelle Or-« donnance, qui défend de lui préſenter de requête, qu'après en

---

(*a*) Leg. VI. Cod. Theod. *de Famoſ. Libellis.*

(*b*) Nerva *dit Tacite*, augmenta la faci-　lité de l'Empire.

(*c*) Etat de la Grande Ruſſie, p. 173. *Edit. de Paris* 1717.

avoir

« avoir préſenté deux à ſes Officiers. On peut en cas de déni de
« juſtice, lui préſenter la troiſieme, mais avec peine de mort pour
« celui qui a tort. Perſonne depuis n'a adreſſé de requête au
« Czar.

CHAPITRE XXVII.

Des mœurs du Monarque.

LEs mœurs du Prince contribuent autant à la liberté que les
Loix; il peut comme elles, faire des hommes des bêtes, &
des bêtes faire des hommes. S'il aime les ames libres, il
aura des ſujets, s'il aime les ames baſſes, il aura des eſclaves. Veut-il ſavoir le grand art de régner: qu'il approche de
lui l'honneur & la vertu, qu'il appelle le mérite perſonnel. Il
peut même jetter quelquefois les yeux ſur les talens. Qu'il ne
craigne point ces rivaux, qu'on appelle les hommes de mérite;
il eſt leur égal, dès qu'il les aime; qu'il gagne le cœur, mais qu'il
ne captive point l'eſprit; qu'il ſe rende populaire; il doit être
flaté de l'amour du moindre de ſes ſujets, ce ſont toûjours des
hommes; le Peuple demande ſi peu d'égards, qu'il eſt juſte de
les lui accorder; l'infinie diſtance qui eſt entre le Souverain, & lui,
empêche bien qu'il ne le gêne; qu'exorable à la priere, il ſoit ferme
contre les demandes, & qu'il ſache que ſon Peuple joüit de ſes
refus, & ſes Courtiſans de ſes graces.

CHAPITRE XXVIII.

Des égards que les Monarques doivent à leurs Sujets.

IL faut qu'ils ſoient extrèmement retenus ſur la raillerie. Elle
flate lorſqu'elle eſt modérée, parce qu'elle donne les moyens
d'entrer dans la familiarité: mais une raillerie piquante leur eſt
bien moins permiſe qu'au dernier de leurs Sujets, parce qu'ils
ſont les ſeuls qui bleſſent toûjours mortellement.

Encore moins doivent-ils faire à un de leurs Sujets une inſul-
te marquée; ils ſont établis pour pardonner, pour punir; jamais
pour inſulter.

Lorſqu'ils

Lorsqu'ils insultent leurs Sujets, ils les traitent bien plus cruellement que ne traite les siens le Turc ou le Mocovite. Quand ces derniers insultent, ils humilient & ne deshonorent point; mais pour eux ils humilient & deshonorent.

Tel est le préjugé des Asiatiques qu'ils regardent un affront fait par le Prince comme l'effet d'une bonté paternelle; & tel est notre maniere de penser, que nous joignons au cruel sentiment de l'affront le désespoir de ne pouvoir nous en laver jamais.

Ils doivent être charmés d'avoir des Sujets à qui l'honneur est plus cher que la vie, & n'est pas moins un motif de fidélité que de courage.

On peut se souvenir des malheurs arrivés aux Princes pour avoir insulté leurs Sujets, des vengeances de *Cheréas*, de l'Eunuque *Narsés* & du Comte *Julien*; enfin de la Duchesse de *Montpensier*, qui outrée contre Henri III. qui avoit révélé quelqu'un de ses défauts secrets, le troubla pendant toute sa vie.

CHAPITRE XXIX.

Des Loix Civiles propres à mettre un peu de liberté dans le Gouvernement Despotique.

QUOIQUE le Gouvernement Despotique dans sa nature soit par tout le même, cependant des circonstances, une opinion de Religion, un préjugé, des exemples reçus, un tour d'esprit, des manieres, des mœurs, peuvent y mettre des différences considérables.

Il est bon que de certaines idées s'y soient établies. Ainsi à la Chine le Prince est regardé comme le Pere du peuple; & dans les commencemens de l'empire des Arabes, le Prince en étoit le (*a*) Prédicateur.

Il convient qu'il y ait quelque Livre sacré qui serve de regle, comme l'Alcoran chez les Arabes, les Livres de Zoroastre chez les Perses, le Védam chez les Indiens, les Livres classiques chez les Chinois. Le Code Religieux supplée au Code civil & fixe l'arbitraire.

_____

(*a*) Les Caliphes.

Il n'eft pas mal que dans les cas douteux les Juges confultent les Miniftres de la Religion (*a*). Auffi en Turquie les Cadis interrogent-ils les Mollachs. Que fi le cas mérite la mort, il peut être convenable que le Juge particulier, s'il y en a, prenne l'avis du Gouverneur, afin que le pouvoir Civil & l'Eccléfiaftique foient encore tempérés par l'autorité politique.

CHAPITRE XXX.

Continuation du même fujet.

C'Est la fureur defpotique qui a établi que la difgrace du pere entraîneroit celle des enfans & des femmes. Ils font déjà malheureux fans être criminels : & d'ailleurs il faut que le Prince laiffe entre l'accufé & lui des fupplians pour adoucir fon courroux ou pour éclairer fa Juftice.

C'eft une bonne coûtume des Maldives (*b*) que lorfqu'un Seigneur eft difgracié, il va tous les jours faire fa Cour au Roi jufqu'à ce qu'il rentre en grace ; fa préfence défarme le courroux du Prince.

Il y a des Etats defpotiques (*c*) où l'on penfe que de parler à un Prince pour un difgracié, c'eft manquer au refpect qui lui eft dû. Ces Princes femblent faire tous leurs efforts pour fe priver de la vertu de clémence.

Arcadius & *Honorius*, dans la Loi (*d*) dont nous avons tant parlé (*e*), déclarent qu'ils ne feront point de grace à ceux qui oferont les fupplier pour les coupables (*f*). Cette Loi étoit bien mauvaife, puifqu'elle eft mauvaife dans le Defpotifme même.

La coûtume de Perfe qui permet à quiconque veut, de fortir du Royaume, eft très-bonne ; & quoique l'ufage contraire ait tiré fon origine du Defpotifme où l'on a regardé les Sujets com-

---

(*a*) Hiftoire des Tattars, troifieme Partie, pag. 277. dans les remarques.

(*b*) Voy. François Pirard.

(*c*) Comme aujourd'hui en Perfe, au rapport de Mr. Chardin, cet ufage eft bien ancien. „ On mit Cavade, *dit Procope*, dans „ le Château de l'oubli ; il y a une Loi qui „ défend de parler de ceux qui y font en„ fermés, & même de prononcer leur nom.

(*d*) La Loi 5. au Cod. *ad leg. Jul. maj.*

(*e*) Au chapitre 8. de ce Livre

(*f*) Frideric, copia cette Loi dans les Conftitutions de Naples, Liv. I.

me des esclaves (*a*), & ceux qui sortent comme des esclaves fugitifs, cependant la pratique de Perse est très-bonne pour le Despotisme, où la crainte de la fuite ou de la retraite des redevables, arrête ou modere les persécutions des Bachas & des Exacteurs.

LIVRE TREIZIEME.

Des rapports que la levée des Tributs & la grandeur des revenus publics ont avec la Liberté.

CHAPITRE PREMIER.

Des Revenus de l'Etat.

LEs Revenus de l'Etat sont une portion que chaque Citoyen donne de son bien, pour avoir la sûreté de l'autre, ou pour en joüir agréablement.

Pour bien fixer ces REVENUS, il faut avoir égard & aux nécessités de l'Etat & aux nécessités des Citoyens. Il ne faut point prendre au peuple sur ses besoins réels pour des besoins de l'Etat imaginaires.

Les besoins imaginaires sont ce que demandent les passions & les foiblesses de ceux qui gouvernent, le charme d'un projet extraordinaire, l'envie malade d'une vaine gloire, & une certaine impuissance d'esprit contre les fantaisies. Souvent ceux qui avec un esprit inquiet étoient sous le Prince à la tête des affaires, ont pensé que les besoins de l'Etat étoient les besoins de leurs petites ames.

Il n'y a rien que la sagesse & la prudence doivent plus regler que cette portion qu'on ôte & cette portion qu'on laisse aux sujets.

(*a*) Dans les Monarchies, il y a ordinairement une Loi, qui défend à ceux qui ont des emplois publics, de sortir du Royaume sans la permission du Prince. Cette Loi doit être encore établie dans les Républiques. Mais dans celles qui ont des institutions singulieres, la défense doit être générale, pour qu'on n'y porte ou qu'on n'y rapporte pas les mœurs étrangeres.

Ce

Ce n'eſt point à ce que le peuple peut donner qu'il faut me-
ſurer les revenus publics, mais à ce qu'il doit donner; & ſi on
les meſure à ce qu'il peut donner, il faut que ce ſoit du moins à
ce qu'il peut toûjours donner.

CHAPITRE II.

Que c'eſt mal raiſonner, de dire que la grandeur des tributs ſoit bonne par elle-même.

ON a vû dans de certaines Monarchies que de petits pays
exempts de tributs étoient auſſi miſérables que les lieux qui
tout autour en étoient accablés. La principale raiſon en eſt que le
petit Etat entouré ne peut guere avoir d'induſtrie, d'arts ni de manufactures, parce qu'à cet égard il eſt gêné de mille manieres par
le grand Etat dans lequel il eſt enclavé. Le grand Etat qui l'en-
toure a l'induſtrie, les manufactures & les arts; & il fait des réglemens qui lui en procurent tous les avantages. Le petit Etat
devient donc néceſſairement pauvre, quelque peu d'impôts qu'on
y leve.

On a pourtant conclu de la pauvreté de ces petits pays, que
pour que le peuple fut induſtrieux il falloit des charges peſantes.
On auroit mieux fait d'en conclurre qu'il n'en faut pas. Ce ſont
tous les miſérables des environs qui ſe retirent dans ces lieux-là
pour ne rien faire : déjà découragés par l'accablement du travail
ils font conſiſter toute leur félicité dans leur pareſſe.

L'effet des richeſſes d'un pays c'eſt de mettre de l'ambition dans
tous les cœurs. L'effet de la pauvreté eſt d'y faire naître le déſeſ-
poir. La premiere s'irrite par le travail, l'autre ſe conſole par la pareſſe.

La Nature eſt juſte envers les hommes ; elle les récompenſe de
leurs peines ; elle les rend laborieux, parce qu'à de plus grands
travaux elle attache de plus grandes récompenſes. Mais ſi un pouvoir arbitraire ôte les récompenſes de la nature, on reprend le dégoût pour le travail, & l'inaction paroît être le ſeul bien.

CHAPITRE III.

Des Tributs dans les Pays où une partie du Peuple est esclave de la Glebe.

L'ESCLAVAGE de la Glebe s'établit quelquefois après une Conquête. Dans ce cas l'esclave qui cultive doit être le Colon-partiaire du Maître. Il n'y a qu'une société de perte ou de gain qui puisse reconcilier ceux qui sont destinés à travailler, avec ceux qui sont destinés à joüir.

CHAPITRE IV.

D'une République en cas pareil.

LORSQU'UNE République a réduit une Nation à cultiver les terres pour elle, on n'y doit point souffrir que le Citoyen puisse augmenter le tribut de l'Esclave. On ne le permettoit point à Lacédémone ; on pensoit que les Elotes (*a*) cultiveroient mieux les terres lorsqu'ils sauroient que leur servitude n'augmenteroit pas ; on croyoit que les Maîtres seroient meilleurs Citoyens, lorsqu'ils ne desireroient que ce qu'ils avoient coûtume d'avoir.

CHAPITRE V.

D'une Monarchie en cas pareil.

LORSQUE dans une Monarchie la Noblesse fait cultiver les terres à son profit par le peuple conquis, il faut encore que la redevance ne puisse augmenter (*b*). De plus, il est bon que le Prince se contente de son Domaine & du service militaire. Mais s'il veut lever des tributs en argent sur les esclaves de sa Noblesse,

______

(*a*) *Plutarque.*   ses belles Institutions là-dessus. Voy. le
(*b*) C'est ce qui fit faire à **Charlemagne** Liv. V, des *Capitulaires*, art. 303.

il faut que le Seigneur foit garant (*a*) du tribut, qu'il le paye pour les efclaves & le reprenne fur eux ; & fi l'on ne fuit pas cette regle, le Seigneur & ceux qui levent les revenus du Prince vexeront l'efclave tour-à-tour, & le reprendront l'un après l'autre, jufqu'à ce qu'il périffe de mifere ou fuye dans les bois.

CHAPITRE VI.

D'un Etat Defpotique en cas pareil.

CE que je viens de dire eft encore plus indifpenfable dans l'Etat defpotique. Le Seigneur, qui peut à tous les inftans être dépouillé de fes terres & de fes efclaves, n'eft pas fi porté à les conferver.

Pierre I. voulant prendre la pratique d'Allemagne & lever fes tributs en argent, fit un reglement très-fage que l'on fuit encore en Ruffie. Le Gentilhomme leve la taxe fur les payfans & la paye au Czar. Si le nombre des payfans diminue, il paye tout de même ; fi le nombre augmente, il ne paye pas davantage : il eft donc intéreffé à ne point vexer fes payfans.

CHAPITRE VII.

Des Tributs dans les Pays où l'efclavage de la Glebe, n'eft point établi.

LORSQUE dans un Etat tous les particuliers font Citoyens, que chacun y poffede par fon domaine ce que le Prince y poffede par fon Empire, on peut mettre des impôts fur les perfonnes, fur les terres, ou fur les marchandifes, fur deux de ces chofes ou fur les trois enfemble.

Dans l'impôt fur la perfonne, la proportion injufte feroit celle qui fuivroit exactement la proportion des biens. On avoit divifé à Athenes (*b*) les Citoyens en quatre claffes. Ceux qui retiroient de leurs biens cinq cens mefures de fruits liquides ou fecs, payoient

---

(*a*) Cela fe pratique ainfi en Allemagne.

(*b*) *Pollux*, Liv. VIII. chap. 10. art. 130.

au Public un (*a*) Talent; ceux qui en retiroient trois cens mesures devoient un demi talent; ceux qui avoient deux cens mesures payoient dix mines; ceux de la quatrième classe ne donnoient rien. La taxe étoit juste, quoiqu'elle ne fût point proportionnelle: si elle ne suivoit pas la proportion des biens, elle suivoit la proportion des besoins. On jugea que chacun avoit un *nécessaire physique* égal, que ce nécessaire physique ne devoit point être taxé, que l'utile venoit ensuite, & qu'il devoit être taxé, mais moins que le superflu, que la grandeur de la taxe sur le superflu empêchoit le superflu.

Dans la taxe sur les terres on fait des rôles où l'on met les diverses classes des fonds. Mais il est très-difficile de connoître ces différences, & encore plus de trouver des gens qui ne soient point intéressés à les méconnoître. Il y a donc là deux sortes d'injustice, l'injustice de l'homme & l'injustice de la chose. Mais si en général la taxe n'est point excessive, si on laisse au peuple un nécessaire abondant, ces injustices particulieres ne feront rien. Que si au contraire on ne laisse au peuple que ce qu'il lui faut à la rigueur pour vivre, la moindre disproportion sera de la plus grande conséquence.

Que quelques Citoyens ne payent pas assez, le mal n'est pas grand; leur aisance revient toûjours au public: Que quelques particuliers payent trop, leur ruine se tourne contre le public. Si l'Etat proportionne sa fortune à celle des particuliers, l'aisance des particuliers fera bientôt monter sa fortune: tout dépend du moment; l'Etat commencera-t-il par appauvrir les Sujets pour s'enrichir? ou attendra-t-il que des Sujets à leur aise l'enrichissent? aura-t-il le premier avantage? ou le second? commencera-t-il par être riche, ou finira-t-il par l'être?

Les Droits sur les Marchandises sont ceux que les peuples sentent le moins, parce qu'on ne leur fait pas une demande formelle. Ils peuvent être si sagement ménagés que le peuple ignorera presque qu'il les paye. Pour cela il est d'une grande conséquence que ce soit celui qui vend la marchandise qui paye le droit. Il sait bien qu'il ne paye pas pour lui; & l'acheteur, qui dans le fond le paye, le confond avec le prix. Quelques Auteurs ont dit que Néron avoit ôté le droit du ving-cinquieme des esclaves qui se vendoient (*b*); il n'avoit pourtant fait qu'ordonner que

(*a*) Ou 60. Mines.
(*b*) *Vectigal quintæ & vicesimæ venalium mancipiorum remissum specie magis quàm vi, quia cùm venditor pendere juberetur in partem pretii emptoribus accrescebat.* Tacite Annales, Liv. XIII.

ce seroit le vendeur qui le payeroit au lieu de l'acheteur; ce reglement qui laissoit tout l'impôt parut l'ôter.

Il y a deux Royaumes en Europe où l'on a mis des impôts
très-forts sur les boissons; dans l'un le brasseur seul paye le droit,
dans l'autre il est levé indifféremment sur tous les sujets qui consomment : dans le premier personne ne sent la rigueur de l'impôt;
dans le second il est regardé comme onéreux : dans celui-là le
citoyen ne sent que la liberté qu'il a de ne pas payer, dans celui-
ci il ne sent que la nécessité qui l'y oblige.

D'ailleurs pour que le Citoyen paye il faut des recherches perpétuelles dans sa maison. Rien n'est plus contraire à la Liberté;
& ceux qui établissent ces sortes d'impôts, n'ont pas le bonheur
d'avoir à cet égard rencontré la meilleure sorte d'administration.

CHAPITRE VIII.

Comment on conserve l'illusion.

POUR que le prix de la chose & le Droit puissent se confondre dans la tête de celui qui paye, il faut qu'il y ait quelque rapport entre la valeur de la marchandise & l'impôt, & que
sur une denrée de peu de valeur on ne mette pas un droit excef-
sif. Il y a des pays où le Droit excede de dix-sept ou dix-huit
fois la valeur de la marchandise. Pour lors le Prince ôte l'illusion
à ses Sujets : ils voyent qu'ils sont conduits d'une maniere qui
n'est pas raisonnable; ce qui leur fait sentir leur servitude au dernier point.

D'ailleurs pour que le Prince puisse lever un Droit si dispro-
portionné à la valeur de la chose, il faut qu'il vende lui-même la
marchandise, & que le peuple ne puisse l'aller acheter ailleurs :
ce qui est sujet à mille inconvéniens.

La fraude étant dans ce cas très-lucrative, la peine naturelle,
celle que la raison demande, qui est la confiscation de la marchandise, devient incapable de l'arrêter, d'autant plus que cette
marchandise est pour l'ordinaire d'un prix très-vil. Il faut donc
avoir recours à des peines extravagantes & pareilles à celles que
l'on inflige pour les plus grands crimes. Toute la proportion des
peines est ôtée. Des gens qu'on ne sauroit regarder comme des
hommes

hommes méchans, font punis comme des fcélérats; ce qui eft la chofe du monde la plus contraire à l'efprit d'un Gouvernement modéré.

J'ajoute que plus on met le peuple en occafion de frauder le Traitant, plus on enrichit celui-ci & on appauvrit celui-là. Pour arrêter la fraude, il faut donner au Traitant des moyens de vexation extraordinaires, & tout eft perdu.

CHAPITRE IX.

D'une mauvaife forte d'Impôt.

NOUS parlerons en paffant d'un impôt établi dans quelques Etats fur les diverfes claufes des Contrats civils. Il faut pour fe défendre du Traitant de grandes connoiffances, ces chofes étant fujettes à des difcutions fubtiles. Pour lors le Traitant, interprete des réglemens du Prince, exerce un pouvoir arbitraire fur les fortunes. L'expérience a fait voir qu'un impôt fur le papier fur lequel le contrat doit s'écrire vaudroit beaucoup mieux.

CHAPITRE X.

Que la grandeur des Tributs dépend de la nature du Gouvernement.

LES tributs doivent être très-légers dans le Gouvernement defpotique. Sans cela qui eft-ce qui voudroit prendre la peine d'y cultiver les terres? & de plus comment payer de gros tributs dans un Gouvernement qui ne fupplée par rien à ce que le Sujet a donné?

Dans le pouvoir étonnant du Prince & l'étrange foibleffe du peuple, il faut qu'il ne puiffe y avoir d'équivoques fur rien. Les tributs doivent être fi faciles à percevoir, & fi clairement établis, qu'ils ne puiffent être augmentés ni diminués par ceux qui les levent : une portion dans les fruits de la terre, une taxe par tête, un tribut de tant pour cent fur les marchandifes, font les feuls convenables.

Il eſt bon dans le Gouvernement deſpotique que les Marchands aient une ſauve-garde perſonnelle, & que l'uſage les faſſe reſpecter : ſans cela ils ſeroient trop foibles dans les diſcuſſions qu'ils pourroient avoir avec les Officiers du Prince.

CHAPITRE XI.

Des Peines fiſcales.

C'EST une choſe particuliere aux *peines fiſcales*, que contre la pratique générale, elles ſont plus ſéveres en Europe qu'en Aſie. En Europe on confiſque les marchandiſes, quelquefois même les vaiſſeaux & les voitures ; en Aſie on ne fait ni l'un ni l'autre. C'eſt qu'en Europe le marchand a des Juges qui peuvent le garantir de l'oppreſſion ; en Aſie les Juges deſpotiques ſeroient eux-mêmes les oppreſſeurs. Que feroit le Marchand contre un Bacha qui auroit réſolu de confiſquer ſes marchandiſes ?

C'eſt la vexation qui ſe ſurmonte elle-même, & ſe voit contrainte à une certaine douceur. En Turquie on ne leve qu'un ſeul Droit d'entrée, après quoi tout le pays eſt ouvert aux marchands. Les déclarations fauſſes n'emportent ni confiſcation ni augmentation de droits. On n'ouvre (*a*) point à la Chine les balots des gens qui ne ſont pas marchands. La fraude chez le Mogol n'eſt point punie par la confiſcation, mais par le doublement du droit. Les Princes (*b*) Tartares qui habitent des villes dans l'Aſie, ne levent preſque rien ſur les marchandiſes qui paſſent. Que ſi au Japon le crime de fraude dans le commerce eſt un crime capital, c'eſt qu'on a des raiſons pour défendre toute communication avec les Étrangers, & que la fraude (*c*) y eſt plutôt une contravention aux Loix faites pour la ſûreté de l'Etat qu'à des Loix de commerce.

(*a*) *P. Duhalde*, Tom. II. p. 37.
(*b*) *Hiſt.* des Tartars, troiſieme Partie, p. 290.
(*c*) Voulant avoir un Commerce avec les Étrangers ſans ſe communiquer avec eux, ils ont choiſi deux Nations, la Hollandoiſe pour le Commerce de l'Europe, & la Chinoiſe pour celui de l'Aſie, ils tiennent dans une eſpece de priſon les Facteurs & les Matelots, & les gênent juſqu'à faire perdre patience.

CHAPITRE XII.

Rapport de la grandeur des Tributs, avec la Liberté.

REGLE GENERALE, on peut lever des tributs plus forts à proportion de la Liberté des Sujets, & l'on est forcé de les modérer à mesure que la servitude augmente. Cela a toûjours été & cela sera toûjours. C'est une regle tirée de la Nature qui ne varie point; on la trouve par tous les Pays, en Angleterre, en Hollande & dans tous les Etats où la Liberté va se dégradant jusqu'en Turquie. La Suisse semble y déroger, parce qu'on n'y paye point de tributs : mais on en sait la raison particuliere, & même elle confirme ce que je dis. Dans ces Montagnes stériles les vivres sont si chers & le Pays est si peuplé, qu'un Suisse paye quatre fois plus à la nature qu'un Turc ne paye au Sultan.

Un peuple dominateur, tel qu'étoient les Athéniens & les Romains, peut s'affranchir de tout impôt parce qu'il regne sur des Nations sujettes. Il ne paye pas pour lors à proportion de sa liberté, parce qu'à cet égard il n'est pas un Peuple, mais un Monarque.

Mais la regle générale reste toûjours. Il y a dans les Etats modérés un dédommagement pour la pesanteur des tributs, c'est la Liberté. Il y a dans les Etats (*a*) despotiques un équivalent pour la Liberté, c'est la modicité des tributs.

Dans de certaines Monarchies en Europe, on voit des Provinces (*b*) qui par la nature de leur Gouvernement politique sont dans un meilleur état que les autres. On s'imagine toûjours qu'elles ne payent pas assez, parce que par un effet de la bonté de leur Gouvernement elles pourroient payer davantage; & il vient toûjours dans l'esprit de leur ôter ce Gouvernement même qui produit ce bien qui se communique, qui se répand au loin, & dont il vaudroit bien mieux joüir.

(*a*) En Russie les tributs sont médiocres, on les a augmentés, depuis que le Despotisme y est plus modéré. *Voy.* l'Hist. des Tartars 2. part.

(*b* (Les Pays d'Etats.

CHAPITRE

CHAPITRE XIII.

Dans quels Gouvernemens les Tributs font fufceptibles d'augmentation.

ON peut augmenter les tributs dans la plûpart des Républiques, parce que le Citoyen qui croit payer à lui-même, a la volonté de les payer, & en a ordinairement le pouvoir par l'effet de la nature du Gouvernement.

Dans la Monarchie on peut augmenter les tributs, parce que la modération du Gouvernement y peut procurer des richeffes : c'eft comme la récompenfe du Prince à caufe du refpect qu'il a pour les Loix. Dans l'Etat defpotique on ne peut pas les augmenter, parce qu'on ne peut pas augmenter la fervitude extrème.

CHAPITRE XIV.

Que la nature des Tributs eft relative au Gouvernement.

L'IMPÔT par tête eft plus naturel à la Servitude ; l'impôt fur les marchandifes eft plus naturel à la liberté, parce qu'il fe rapporte d'une maniere moins directe à la perfonne.

Il eft naturel au Gouvernement Defpotique que le Prince ne donne point d'argent à fa milice ou aux gens de fa Cour, maisqu'il leur diftribue des terres, & par conféquent qu'on y leve peu de tributs. Que fi le Prince donne de l'argent, le tribut le plus naturel qu'il puiffe lever eft un tribut par tête ; ce tribut ne peut être que très-modique. Car comme on n'y peut pas faire diverfes claffes de contribuables, à caufe des abus qui en réfulteroient, vû l'injuftice & la violence du Gouvernement, il faut néceffairement fe régler fur le taux de ce que peuvent payer les plus miférables.

Le tribut naturel au Gouvernement modéré, eft l'impôt fur les marchandifes. Cet impôt étant réellement payé par l'acheteur, quoique le Marchand l'avance, eft un prêt que le Marchand a déjà fait à l'acheteur : ainfi il faut regarder le Négociant, & comme le débiteur général de l'Etat, & comme le créancier de tous les particuliers. Il avance à l'Etat le Droit que l'acheteur lui paye-ra quelque jour, & il a payé pour l'acheteur le droit qu'il a payé pour la marchandise. On sent donc que plus le Gouvernement est modéré, que plus l'esprit de liberté regne ; que plus les fortunes ont de sûreté, plus il est facile au Marchand d'avancer à l'Etat & de prêter au particulier des Droits considérables. En Angleterre un Marchand prête réellement à l'Etat cinquante ou soixante livres sterling à chaque tonneau de vin qu'il reçoit. Quel est le Mar-chand qui oseroit faire une chose de cette espece dans un pays gouverné comme la Turquie ? & quand il l'oseroit faire, com-ment le pourroit-il avec une fortune suspecte, incertaine, rui-née ?

CHAPITRE XV.

Abus de la Liberté.

CE s grands avantages de la Liberté ont fait que l'on a abu-sé de la liberté même. Parce que le Gouvernement modé-ré a produit d'admirables effets, on a quitté cette modération ; parce qu'on a tiré de grands tributs, on en a voulu tirer d'excef-sifs ; & méconnoissant la main de la liberté qui faisoit ce présent, on s'est adressé à la servitude qui refuse tout.

La liberté a produit l'excès des tributs : mais l'effet de ces tri-buts excessifs est de produire à leur tour la servitude ; & l'effet de la servitude de produire la diminution des tributs.

Les Monarques de l'Asie ne font guere d'Edits que pour exempter chaque année de tributs quelque Province de leur Em-pire (a). Les manifestations de leur volonté font des bienfaits. Mais en Europe les Edits des Princes affligent même avant qu'on les ait vûs, parce qu'ils y parlent toûjours de leurs besoins & jamais des nôtres.

D'une impardonnable nonchalance que les Ministres de ces pays-là tiennent du Gouvernement & souvent du climat, les peu-ples tirent cet avantage qu'ils ne font point sans cesse accablés par de nouvelles demandes. Les dépenses n'y augmentent point, par-

______

(a) C'est l'usage des Empereurs de la Chine.

ce qu'on n'y fait point des projets nouveaux ; & si par hasard on y en fait, ce sont des projets dont on voit la fin, & non des projets commencés. Ceux qui gouvernent l'Etat ne le tourmentent pas, parce qu'ils ne se tourmentent pas sans cesse eux-mêmes. Mais pour nous il est impossible que nous ayons jamais de régle dans nos finances, parce que nous savons toûjours que nous ferons quelque chose, & jamais ce que nous ferons.

On n'appelle plus parmi nous un grand Ministre celui qui est le sage dispensateur des revenus publics ; mais celui qui est homme d'industrie, & qui trouve ce qu'on appelle des expédiens.

CHAPITRE XVI.

Des Conquêtes des Mahométans.

CE furent ces tributs (*a*) excessifs qui donnerent lieu à cette étrange facilité que trouverent les Mahométans dans leurs conquêtes. Ces peuples, au lieu de cette suite continuelle de vexations que l'avarice subtile des Empereurs avoit imaginées, se virent soumis à un tribut simple, payé aisément, reçu de même ; plus heureux d'obéir à une Nation barbare qu'à un Gouvernement corrompu, dans lequel ils souffroient tous les inconvéniens d'une liberté qu'ils n'avoient plus, avec toutes les horreurs d'une servitude présente.

CHAPITRE XVII.

De l'augmentation des Troupes.

UNE maladie nouvelle s'est répandue en Europe ; elle a saisi nos Princes, & leur fait entretenir un nombre désordonné de troupes. Elle a ses redoublemens, & elle devient nécessairement contagieuse. Car si-tôt qu'un Etat augmente ce qu'il appelle ses troupes, les autres soudain augmentent les leurs, de façon qu'on ne gagne rien par-là que la ruine commune. Cha-

(*a*) *Voy.* dans l'Histoire la grandeur, la bisarrerie & même la folie de ces tributs. Anastase en imagina un pour respirer l'air, *ut quisque pro haustu aeris penderet.*

que Monarque tient fur pié toutes les armées qu'il pourroit avoir
fi fes peuples étoient en danger d'être exterminés, & on nomme
paix cet état (*a*) d'effort de tous contre tous. Auffi l'Europe eft-
elle fi ruinée, que les particuliers qui feroient dans la fituation
où font les trois Puiffances de cette partie du monde les plus
opulentes, n'auroient pas de quoi vivre. Nous fommes pauvres
avec les richeffes & le commerce de tout l'Univers ; & bien-tôt
à force d'avoir des foldats, nous n'aurons plus que des foldats,
& nous ferons comme des Tartares. (*b*)

Les grands Princes non contens d'acheter les troupes des plus
petits, cherchent de tous côtés à payer des alliances, c'eft-à-dire
prefque toûjours à perdre leur argent.

La fuite d'une telle fituation eft l'augmentation perpétuelle des tributs, & ce qui prévient tous les remedes à venir, on ne compte plus fur les revenus, mais on fait la guerre avec fon capital. Il
n'eft pas inoüï de voir des Etats hypothéquer leur fonds pendant
la paix même, & employer pour fe ruiner des moyens qu'ils appellent extraordinaires, & qui le font fi fort que le fils de famille
le plus dérangé les imagine à peine.

CHAPITRE XVII.

De la remife des Tributs.

LA maxime des grands Empires d'Orient de remettre les tributs aux Provinces qui ont fouffert, devroit bien être portée
dans les Etats Monarchiques. Il y en a bien où elle eft établie ;
mais elle accable plus que fi elle n'y étoit pas, parce que le Prince
n'en levant ni plus ni moins, tout l'Etat devient folidaire. Pour
foulager un village qui paye mal, on charge un autre qui paye
mieux ; on ne rétablit point le premier, on détruit le fecond. Le
peuple eft défefpéré entre la néceffité de payer, de peur des exac-
tions, & le danger de payer, crainte des furcharges.

Un Etat bien gouverné doit mettre pour le premier article de fa
dépenfe une fomme réglée pour les cas fortuits. Il en eft du public

---

(*a*) Il eft vrai que c'eft cet état d'effort qui
maintient principalement l'équilibre, parce
qu'il ereinte les grandes Puiffances.

(*b*) Il ne faut pour cela que faire valoir
la nouvelle invention des Milices établie
dans prefque toute l'Europe, & les porter
au même excès que l'on a fait les troupes
réglées.

comme

comme des particuliers, qui fe ruinent lorfqu'ils dépenfent exactement les revenus de leurs terres.

A l'égard de la folidité entre les habitans du même village, on a (*a*) dit qu'elle étoit raifonnable, parce qu'on pouvoit fuppofer un complot frauduleux de leur part: mais où a-t-on pris que fur des fuppofitions il faille établir une chofe injufte par elle-même & ruineufe pour l'Etat?

CHAPITRE XIX.

Qu'eft-ce qui eft plus convenable au Prince & au Peuple, de la ferme ou de la Régie des Tributs?

LA Régie eft l'adminiftration d'un bon Pere de famille, qui leve lui-même avec économie & avec ordre fes revenus.

Par la Régie le Prince eft le maître de preffer ou de retarder la levée des tributs, ou fuivant fes befoins, ou fuivant ceux de fes peuples. Par la Régie il épargne à l'Etat les profits immenfes des Fermiers qui l'appauvriffent d'une infinité de manieres. Par la Régie il épargne au peuple le fpectacle des fortunes fubites, qui l'affligent. Par la Régie l'argent levé paffe par peu de mains; il va directement au Prince, & par conféquent revient plus promptement au peuple. Par la Régie le Prince épargne au peuple une infinité de mauvaifes Loix qu'exige toûjours de lui l'avarice importune des Fermiers, qui montrent un avantage préfent pour des reglemens funeftes pour l'avenir.

Comme celui qui a l'argent eft toûjours le maître de l'autre, le Traitant fe rend defpotique fur le Prince même; il n'eft pas Légiflateur, mais il le force à donner des Loix.

Dans les Républiques, les revenus de l'Etat font prefque toûjours en Régie. L'établiffement contraire fut un grand vice du Gouvernement de Rome (*b*). Dans les Etats defpotiques où la

(*a*) Voy. le *Traité des Finances des Romains*, chap. 2. imprimé à Paris chez Briaffon, 1740.

(*b*) Céfar fut obligé d'ôter les Publicains de la Province d'Afie, & d'y établir une autre forte d'adminiftration, comme nous l'apprenons de Dion; & Tacite nous dit que la Macédoine & l'Achaïe, Provinces qu'Augufte avoit laiffées au Peuple Romain, & qui par conféquent, étoient gouvernés fur l'ancien plan, obtinrent d'être du nombre de celles que l'Empereur gouvernoit par fes Officiers.

Régie

Régie eft établie, les peuples font infiniment plus heureux ; témoin la Perfe & la Chine (*a*). Les plus malheureux font ceux où le Prince donne à ferme fes ports de mer & fes villes de commerce. L'hiftoire des Monarchies eft pleine des maux faits par les Traitans.

Néron indigné des vexations des Publicains, forma le projet impoffible & magnanime d'abolir tous les impôts. Il n'imagina point la Régie, il fit quatre (*b*) Ordonnances ; que les Loix faites contre les Publicains, qui avoient été jufques-là tenues fecrettes, feroient publiées ; qu'ils ne pourroient plus exiger ce qu'ils avoient négligé de demander dans l'année ; qu'il y auroit un Préteur établi pour juger leurs prétentions fans formalité ; que les Marchands ne payeroient rien pour les Navires. Voilà les beaux jours de cet Empereur.

CHAPITRE XX.

Des Traitans.

TOut eft perdu lorfque la profeffion lucrative des Traitans parvient encore par fes richeffes à être une profeffion honorée. Cela peut être bon dans les Etats defpotiques, où fouvent leur emploi eft une partie des fonctions des Gouverneurs eux-mêmes. Cela n'eft pas bon dans la République, & une chofe pareille détruifit la République Romaine. Cela n'eft pas meilleur dans la Monarchie ; rien n'eft plus contraire à l'efprit de ce Gouvernement. Un dégoût faifit tous les autres états ; l'honneur y perd toute fa confidération, les moyens lents & naturels de fe diftinguer ne touchent plus & le Gouvernement eft frappé dans fon principe.

On vit bien dans les tems paffés des fortunes fcandaleufes ; c'étoit une des calamités des guerres de cinquante ans : mais pour lors ces richeffes furent regardées comme ridicules, & nous les admirons.

Il y a un lot pour chaque profeffion. Le lot de ceux qui levent les tributs eft les richeffes, & les récompenfes de ces richeffes font les richeffes mêmes. La gloire & l'honneur font pour

(*a*) Voy. *Chardin*, Voyage de Perfe, Tom. VI.
(*b*) *Tacite*, Annales, Liv. XIII.

cette

cette Nobleffe qui ne connoît, qui ne voit, qui ne fent de vrai
bien que l'honneur & la gloire. Le refpeɛt & la confidération
font pour ces Miniftres & ces Magiftrats qui ne trouvant que le
travail après le travail, veillent nuit & jour pour le bonheur de
l'Empire.

LIVRE QUATORZIEME.

Des Loix dans le rapport qu'elles ont avec la nature du climat.

CHAPITRE PREMIER.

Idée générale.

S'IL eft vrai que le caraɛtere de l'efprit & les paffions du cœur
foient extrèmement différentes dans les divers climats, les
Loix doivent être relatives & à la différence de ces paffions & à
la différence de ces caraɛteres.

CHAPITRE II.

Combien les hommes font différens dans les divers climats.

L'AIR froid (*a*) refferre les extrémités des fibres extérieures de
notre corps; cela augmente leur reffort & favorife le retour du fang des extrémités vers le cœur. Il diminue la longueur
(*b*) de ces mêmes fibres; il augmente donc encore par-là leur force. L'air chaud au contraire relâche les extrémités des fibres
& les allonge; il diminue donc leur force & leur reffort

On a donc plus de vigueur dans les climats froids. L'aɛtion
du cœur & la réaɛtion des extrémités des fibres s'y font mieux,

---

(*a*) Cela paroît même à la vûe : dans le froid on paroît plus maigre.
(*b*) On fçait qu'il raccourcit le fer.

Partie I.   F f   les

les liqueurs font mieux en équilibre, le fang eft plus déterminé vers le cœur, & réciproquement le cœur a plus de puiffance. Cette force plus grande doit produire bien des effets, par exemple, plus de confiance en foi-même, c'eft-à-dire plus de courage; plus de connoiffance de fa fupériorité, c'eft-à-dire, moins de défir de la vengeance; plus d'opinion de fa fûreté, c'eft-à-dire, plus de franchife, moins de foupçons, de politique & de rufes. Enfin cela doit faire des caracteres bien différens. Mettez un homme dans un lieu chaud & enfermé, il fouffrira par les raifons que je viens de dire, une défaillance de cœur très-grande. Si dans cette circonftance on va lui propofer une action hardie, je crois qu'on l'y trouvera très-peu difpofé; fa foibleffe préfente, mettra un découragement dans fon ame; il craindra tout, parce qu'il fentira qu'il ne peut rien. Les Peuples des Pays chauds font timides comme les vieillards le font; ceux des pays froids font courageux, comme le font les jeunes gens. Si nous faifons attention aux dernieres (*a*) guerres, qui font celles que nous avons le plus fous nos yeux, & dans lefquelles nous pouvons mieux voir de certains effets légers, imperceptibles de loin; nous fentirons bien que les peuples du Nord tranfportés dans les pays du Midi (*b*) n'y ont pas fait d'auffi belles actions que leurs compatriotes, qui combattans dans leur propre climat, y joüiffoient de tout leur courage.

La force des fibres des Peuples du Nord, fait que les fucs les plus groffiers, font tirés des alimens. Il en réfulte deux chofes: l'une que les parties du chyle ou de la lymphe, font plus propres par leur grande furface à être appliquées fur les fibres & à les nourrir: l'autre, qu'elles font moins propres par leur groffiereté à donner une certaine fubtilité au fuc nerveux. Ces Peuples auront donc de grands corps & peu de vivacité.

Les nerfs qui aboutiffent de tous côtés au tiffu de notre peau, font chacun un faifçeau de nerfs; ordinairement ce n'eft pas tout le nerf qui eft remué, c'en eft une partie infiniment petite. Dans les pays chauds où le tiffu de la peau eft relâché, les bouts des nerfs font épanoüis & expofés à la plus petite action des objets les plus foibles. Dans les pays froids, le tiffu de la peau eft refferré, & les mammelons comprimés, les petites houpes font en quelque façon paralytiques, la fenfation ne paffe guere au cerveau,

(*a*) Celles pour la fucceffion d'Efpagne.
(*b*) En Efpagne, par exemple.

que

que lorfqu'elle eſt extrèmement forte, & qu'elle eſt de tout le
nerf enſemble. Mais c'eſt d'un nombre infini de petites ſenſations que dépendent l'imagination, le goût, la ſenſibilité, la vivacité.

J'ai obſervé le tiſſu extérieur d'une langue de mouton, dans
l'endroit où elle paroît à la ſimple vûe couverte de mammelons.
J'ai vû avec un microſcope ſur ces mammelons de petits poils, ou
une eſpece de duvet ; entre les mammelons étoient des pyramides, qui formoient par le bout comme de petits pinçeaux. Il y a
grande apparence que ces pyramides ſont le principal organe du
goût.

J'ai fait geler la moitié de cette langue, & j'ai trouvé à la ſimple vûe, les mammelons conſidérablement diminués ; quelques
rangs même de mammelons s'étoient enfoncés dans leur gaine ;
j'en ai examiné le tiſſu avec le microſcope, je n'ai plus vû de pyramides. A meſure que la langue s'eſt dégelée, les mammelons
à la ſimple vûe ont paru ſe relever, & au microſcope les petites
houpes ont commencé à reparoître.

Cette obſervation confirme ce que j'ai dit, que dans les pays
froids, les houpes nerveuſes ſont moins épanoüies : elles s'enfon-
cent dans leurs gaines où elles ſont à couvert de l'action des objets extérieurs. Les ſenſations ſont donc moins vives.

Dans les pays froids on aura peu de ſenſibilité pour les plaiſirs ;
elle ſera plus grande dans les pays tempérés ; dans les pays chauds
elle ſera extrème. Comme on diſtingue les climats par les degrés
de latitude, on pourroit les diſtinguer, pour ainſi dire, par les degrés
de ſenſibilité. J'ai vû les Opéra d'Angleterre & d'Italie ; ce ſont
les mêmes pieces & les mêmes Acteurs ; mais la même Muſique produit des effets ſi différens ſur les deux Nations, l'une eſt
ſi calme, & l'autre ſi tranſportée, que cela paroît inconcevable.

Il en ſera de même de la douleur ; elle eſt excitée en nous
par le déchirement de quelque fibre de notre corps. L'Auteur de
la Nature a établi que cette douleur ſeroit plus forte, à meſure que
le dérangement ſeroit plus grand : or, il eſt évident que les grands
corps & les fibres groſſieres des peuples du Nord ſont moins capables de dérangement que les fibres délicates des Peuples des
pays chauds ; l'ame y eſt donc moins ſenſible à la douleur. Il
faut écorcher un Moſcovite pour lui donner du ſentiment.

Avec cette délicateſſe d'organes que l'on a dans les pays chauds,
l'ame eſt ſouverainement émûe par tout ce qui a du rapport à
l'union des deux ſexes ; tout conduit à cet objet.

Dans

Dans les climats du Nord à peine le phyſique de l'amour a-t-il la force de ſe rendre bien ſenſible ; dans les climats tempé-rés l'amour accompagné de mille acceſſoires ſe rend agréable par des choſes qui d'abord ſemblent être lui-même & ne ſont pas encore lui ; dans les climats plus chauds on aime l'amour pour lui - même, il eſt la cauſe unique du bonheur, il eſt la vie.

Dans les pays du Midi une machine délicate, foible, mais ſenſible, ſe livre à un amour, qui dans un ſerail naît & ſe cal-me ſans ceſſe, ou bien à un amour qui laiſſant les femmes dans une plus grande indépendance eſt expoſé à mille troubles. Dans les pays du Nord une machine ſaine & bien conſtituée, mais lourde, trouve ſes plaiſirs dans tout ce qui peut remettre les eſprits en mouvement, la chaſſe, les voyages, la guerre, le vin. Vous trouverez dans les climats du Nord des peuples qui ont peu de vices, aſſez de vertus, beaucoup de ſincérité & de franchiſe. Approchez des pays du Midi, vous croirez vous éloi-gner de la Morale même ; des paſſions plus vives multiplieront les crimes ; chacun cherchera à prendre ſur les autres tous les avantages qui peuvent favoriſer ces mêmes paſſions. Dans les pays tempérés vous verrez des peuples inconſtans dans leurs ma-nieres, dans leurs vices mêmes & dans leurs vertus : le climat n'y a pas une qualité aſſez déterminée pour les fixer eux-mêmes.

La chaleur du climat peut être ſi exceſſive que le corps y ſera abſolument ſans force. Pour lors l'abattement paſſera à l'eſ-prit même ; aucune curioſité, aucune noble entrepriſe, aucun ſentiment généreux ; les inclinations y ſeront toutes paſſives, la pareſſe y fera le bonheur ; la plûpart des châtimens y ſeront moins difficiles à ſoûtenir, que l'action de l'ame, & la ſervitude moins inſupportable, que la force d'eſprit qui eſt néceſſaire pour ſe con-duire ſoi-même.

CHAPITRE

CHAPITRE III.

Contradiction dans les caracteres de certains Peuples du Midi.

LEs Indiens (*a*) font naturellement fans courage ; les enfans (*b*) mêmes des Européens nés aux Indes perdent celui de leur climat. Mais comment accorder cela avec leurs actions atroces, leurs coûtumes, leurs pénitences barbares ? Les hommes s'y foûmettent à des maux incroyables, les femmes s'y brûlent elles-mêmes ; voilà bien de la force pour tant de foibleſſe.

La Nature qui a donné à ces peuples une foibleſſe qui les rend timides, leur a donné auſſi une imagination ſi vive que tout les frappe à l'excès. Cette même délicateſſe d'organes qui leur fait craindre la mort, fert auſſi à leur faire redouter mille chofes plus que la mort ; c'eſt la même fenſibilité qui leur fait fuir tous les périls & les leur fait tous braver.

Comme une bonne éducation eſt plus néceſſaire aux enfans qu'à ceux dont l'eſprit eſt dans ſa maturité, de même les peuples de ces climats ont plus befoin d'un Légiſlateur fage, que les peuples du nôtre. Plus on eſt aifément & fortement frappé, plus il importe de l'être d'une maniere convenable, de ne recevoir pas des préjugés, & d'être conduit par la Raiſon.

Du tems des Romains les peuples du Nord de l'Europe vivoient fans art, fans éducation, prefque fans Loix, & cependant par le feul bon fens attaché aux fibres groſſieres de ces climats, ils ſe maintinrent avec une fageſſe admirable contre la Puiſſance Romaine, jufqu'au moment où ils fortirent de leurs forêts pour la détruire.

(*a*) " Cent foldats d'Europe, dit Tavernier, n'auroient pas grand'peine à battre " mille foldats Indiens. „
(*b*) Les Perfans même qui s'établiſſent aux Indes, prennent à la troiſieme génération, la nonchalance & la lâcheté Indienne. Voy. *Bernier*, fur le Mogol, Tom. I. pag. 282.

CHAPITRE IV.

Cause de l'immutabilité de la Religion, des mœurs, des manieres, des Loix, dans les Pays d'Orient.

SI avec cette foibleffe d'organes qui fait recevoir aux peuples d'Orient les impreffions du monde les plus fortes, vous joignez une certaine pareffe dans l'efprit, naturellement liée avec celle du corps, qui faffe que cet efprit ne foit capable d'aucune action, d'aucun effort, d'aucune contention; vous comprendrez que l'ame qui a une fois reçu des impreffions ne peut plus en changer. C'eft ce qui fait que les Loix, les mœurs (*a*), & les manieres, même celles qui paroiffent indifférentes, comme la façon de fe vêtir, font aujourd'hui en Orient comme elles étoient il y a mille ans.

CHAPITRE V.

Que les mauvais Légiflateurs font ceux qui ont favorifé les vices du climat, & les bons font ceux qui s'y font oppofés

LEs Indiens croyent que le repos & le néant font le fondement de toutes chofes, & la fin où elles aboutiffent. Ils regardent donc l'entiere inaction comme l'état le plus parfait & l'objet de leurs défirs. Ils donnent au Souverain (*b*) Etre le furnom d'immobile. Les Siamois croyent que la félicité (*c*) fuprème confifte à n'être point obligé d'animer une machine & de faire agir un corps.

Dans ces pays où la chaleur exceffive énerve & accable, le repos eft fi délicieux, & le mouvement fi pénible, que ce fyftème de Métaphyfique paroît naturel; & (*d*) *Foë* Légiflateur des Indes

(*a*) On voit par un Fragm. de *Nicel de Damas*, recueilli par *Conftantin Porphyrog.* que la coûtume étoit ancienne en Orient d'envoyer étrangler un Gouverneur qui déplaifoit; elle étoit du tems des Medes.

(*b*) Pananad; Voy. *Kircher*.

(*c*) *La Loubere*, Relation de Siam, pag. 446.

(*d*) " *Foë* veut réduire le cœur au pur " vuide; nous avons des yeux & des oreil- " les; mais la perfection eft de ne voir ni " entendre; une bouche, des mains, &c. " la perfection eft que ces membres foient " dans l'inaction. „ Ceci eft tiré du Dialogue d'un Philofophe Chinois, rapporté par le P. *Duhalde*, Tom. III.

a fuivi ce qu'il fentoit, lorfqu'il a mis les hommes dans un état extrèmement paffif : mais fa doctrine née de la pareffe du climat, la favorifant à fon tour, a caufé mille maux.

Les Légiflateurs de la Chine furent plus fenfés, lorfque confidérant les hommes, non pas dans l'état paifible où ils feront quelque jour, mais dans l'action propre à leur faire remplir les devoirs de la vie, ils firent leur Religion, leur Philofophie & leurs Loix toutes pratiques. Plus les caufes phyfiques portent les hommes au repos, plus les caufes morales les en doivent éloigner.

CHAPITRE VI.

De la culture des terres dans les climats chauds.

LA culture des terres eft le plus grand travail des hommes. Plus le climat les porte à fuir ce travail, plus la Religion & les Loix doivent y exciter. Ainfi les Loix des Indes qui donnent les terres au Princes, & ôtent aux particuliers l'efprit de propriété, augmentent les mauvais effets du climat, c'eft-à-dire la pareffe naturelle.

CHAPITRE VII.

Du Monachifme.

LE Monachifme y fait les mêmes maux ; il eft né dans les pays chauds d'Orient, où l'on eft moins porté à l'action qu'à la fpéculation.

En Afie le nombre de Dervichs ou Moines femble augmenter avec la chaleur du climat; les Indes où elle eft exceffive en font remplies ; on trouve en Europe cette même différence.

Pour vaincre la pareffe du climat, il faudroit que les Loix cherchaffent à ôter tous les moyens de vivre fans travail : mais dans le Midi de l'Europe elles font tout le contraire ; elles donnent à ceux qui veulent être oififs des places propres à la vie
fpéculative

fpéculative, & y attachent des richeffes immenfes. Ces gens qui vivent dans une abondance qui leur eft à charge, donnent avec raifon leur fuperflu au bas-peuple : il a perdu la propriété des biens ; ils l'en dédommagent par l'oifiveté dont ils le font joüir ; & il parvient à aimer fa mifere même.

CHAPITRE VIII.

Bonne Coûtume de la Chine

LES Relations (*a*) de la Chine nous parlent de la cérémonie (*b*) d'ouvrir les terres, que l'Empereur fait tous les ans. On a voulu exciter (*c*) les peuples au labourage par cet acte public & folemnel.

De plus l'Empereur eft informé chaque année du laboureur qui s'eft le plus diftingué dans fa profeffion, il le fait Mandarin du huitieme Ordre.

Chez les anciens Perfes (*d*) le huitieme jour du mois nommé *Chorrem-ruz*, les Rois quittoient leur fafte pour manger avec les laboureurs. Ces inftitutions font admirables pour encourager l'agriculture.

CHAPITRE IX.

Moyens d'encourager l'Induftrie.

NOus ferons voir au Livre XIX. que les Nations pareffeufes font ordinairement orgueilleufes. On pourroit tourner l'effet contre la caufe, & détruire la pareffe par l'orgueil. Dans le Midi de l'Europe, où les peuples font fi fort frappés par le point-d'honneur, il feroit bon de donner des prix aux laboureurs qui auroient le mieux cultivé leurs champs, ou aux ouvriers qui

(*a*) P. *Duhalde*, Hift. de la Chine, Tom. II. pag. 72.

(*b*) Plufieurs Rois des Indes font de même ; Relat. du Royaume de Siam par *la Loubere*, pag. 69.

(*c*) *Venty*, troifieme Empereur de la troifieme dynaftie, cultiva la terre de fes propres mains, & fit travailler à la foye dans fon Palais, l'Impératrice & fes femmes ; Hift. de la Chine.

(*d*) Mr. *Hyde*, Religion des Perfes.

auroient

auroient porté plus loin leur industrie. Cette pratique a réussi de nos jours en Irlande; elle y a établi une des plus importantes manufactures de toile qui soit en Europe.

CHAPITRE X.

Des Loix qui ont rapport à la sobriété des Peuples.

DANS les pays chauds la partie aqueuse du sang se dissipe beaucoup par la transpiration (*a*); il y faut donc substituer un liquide pareil. L'eau y est d'un usage admirable; les liqueurs fortes y coaguleroient les globules (*b*) du sang qui restent après la dissipation de la partie aqueuse.

Dans les pays froids la partie aqueuse du sang s'exhale peu par la transpiration, elle reste en grande abondance. On y peut donc user de liqueurs spiritueuses, sans que le sang se coagule. On y est plein d'humeurs; les liqueurs fortes qui donnent du mouvement au sang, y peuvent être convenables.

La Loi de Mahomet qui défend de boire du vin est donc une Loi du climat d'Arabie: aussi avant Mahomet l'eau étoit-elle la boisson commune des Arabes. La Loi (*c*) qui défendoit aux Carthaginois de boire du vin étoit aussi une Loi du climat; et effectivement le climat de ces deux pays est à peu près le même.

Une pareille Loi ne seroit pas bonne dans les pays froids où le climat semble forcer à une certaine ivrognerie de Nation, bien différente de celle de la personne. L'ivrognerie se trouve établie par toute la terre dans la proportion de la froideur & de l'humidité du climat. Passez de l'Equateur jusqu'à notre pole, vous y verrez l'ivrognerie augmenter avec les degrés de latitude. Passez du même Equateur au pole opposé, vous y trouverez l'ivrognerie aller vers le (*d*) Midi, comme de ce côté-ci elle avoit été vers le Nord.

(*a*) Mr. Bernier faisant un Voyage de *Lahor* & *Cachemir* écrivoit: " Mon corps " est un crible; à peine ai-je avalé une " pinte d'eau que je la vois sortir comme " une rosée de tous mes membres jusqu'au " bout des doigts; j'en bois dix pintes par " jour, & cela ne me fait point de mal. „ Voyage de *Bernier*, Tom. II. p. 261.

(*b*) Il y a dans le sang des globules rouges, des parties fibreuses, des globules blancs, & de l'eau dans laquelle nage tout cela.

(*c*) Platon, Liv. II. *des Loix*: Aristote, *du soin des affaires domestiques*; Eusebe, *Prép. Evang.* Liv. XII. chap. 7.

(*d*) Cela se voit dans les Hottentots & les Peuples de la pointe du Chi y qui sont plus près du Sud.

Il est naturel que là où le vin est contraire au climat, & par conséquent à la santé, l'excès en soit plus sévérement puni, que dans les pays où l'ivrognerie a peu de mauvais effets pour la personne, où elle en a peu pour la Société, où elle ne rend point les hommes furieux, mais seulement stupides. Ainsi les Loix (*a*) qui ont puni un homme ivre & pour la faute qu'il faisoit & pour l'ivresse, n'étoient applicables qu'à l'ivrognerie de la personne, & non à l'ivrognerie de la Nation. Un Allemand boit par coûtume, un Espagnol par choix.

Dans les pays chauds le relâchement des fibres produit une grande transpiration des liquides: mais les parties solides se dissipent moins. Les fibres qui n'ont qu'une action très-foible & peu de ressort, ne s'usent guere; il faut peu de suc nourricier pour les réparer; on y mange donc très-peu.

Ce sont les différens besoins dans les divers climats qui ont formé les différentes manieres de vivre, & ces différentes manieres de vivre ont formé les diverses sortes de Loix. Que dans une Nation les hommes se communiquent beaucoup, il faut de certaines Loix; il en faut d'autres chez un Peuple où l'on ne se communique point.

CHAPITRE XI.

Des Loix qui ont du rapport aux maladies du climat.

HERODOTE (*b*) nous dit que les Loix des Juifs sur la lepre ont été tirées de la pratique des Egyptiens. En effet, les mêmes maladies demandoient les mêmes remedes. Ces Loix furent inconnues aux Grecs & aux premiers Romains, aussi bien que le mal. Le climat de l'Egypte & de la Palestine les rendit nécessaires; & la facilité qu'a cette maladie à se rendre populaire, nous doit bien faire sentir la sagesse & la prévoyance de ces Loix.

Nous en avons nous-mêmes éprouvé les effets. Les Croisades nous avoient apporté la lepre, les reglemens sages que l'on fit l'empêcherent de gagner la masse du peuple.

(*a*) Comme fit Pittacus, selon Aristote, *Polit.* Liv. II. ch. 3. Il vivoit dans un climat où l'ivrognerie n'est pas un vice de Nation.
(*b*) Liv. II.

On

On voit par la Loi des (*a*) Lombards que cette maladie étoit répandue en Italie avant les Croisades, & mérita l'attention des Législateurs. *Rotharis* ordonna qu'un lépreux chassé de sa maison & relégué dans un endroit particulier, ne pourroit disposer de ses biens, parce que dès le moment qu'il avoit été tiré de sa maison il étoit censé mort : pour empêcher toute communication avec les lépreux, on les rendoit incapables des effets civils.

Je pense que cette maladie fut apportée en Italie par les conquêtes des Empereurs Grecs, dans les Armées desquelles il pouvoit y avoir des milices de la Palestine ou de l'Egypte. Quoi qu'il en soit, les progrès en furent arrêtés jusqu'au tems des Croisades.

On dit que les soldats de Pompée revenans de Syrie rapporterent une maladie à peu près pareille à la lepre. Aucun reglement fait pour lors n'est venu jusqu'à nous : mais il y a apparence qu'il y en eut, puisque ce mal fut suspendu jusqu'au tems des Lombards.

Il y a deux siecles qu'une maladie inconnue à nos peres passa du nouveau Monde dans celui-ci, & vint attaquer la Nature humaine jusques dans la source de la vie & des plaisirs. On vit la plûpart des plus grandes familles du Midi de l'Europe périr par un mal, qui devint trop commun pour être honteux, & ne fut plus que funeste. Ce fut la soif de l'or qui perpétua cette maladie ; on alla sans cesse en Amérique, & on en rapporta toûjours de nouveaux levains.

Comme il est de la sagesse des Législateurs de veiller à la santé des Citoyens, il eût été très-sensé d'arrêter cette communication par des Loix faites sur le plan des Loix Mosaïques.

La peste est un mal dont les ravages sont encore plus prompts & plus rapides. Son siége principal est en Egypte, d'où elle se répand par tout l'Univers. On a fait dans la plûpart des Etats de l'Europe de très-bons reglemens pour l'empêcher d'y pénétrer, & on a imaginé de nos jours un moyen admirable de l'arrêter ; on forme une ligne de Troupes autour du pays infecté, qui empêche toute communication.

Les (*b*) Turcs qui n'ont à cet égard aucune police, voyent les Chrétiens dans la même ville échapper au danger, & eux seuls

(*a*) Liv. II. tit. 1. §. 2. & tit. 18. §. 1.
(*b*) *Ricaut*, de l'Empire Ottoman, pag. 284.

périr ; ils achettent les habits des pestiférés, s'en vêtissent & vont leur tr i . La doctrine d'un destin rigide qui regle tout , fait du Magist a un spectateur tranquile ; il pense que Dieu a déja tout fait , & que lui n'a rien à faire.

CHAPITRE XII.

Des Loix contre ceux qui se tuent eux-mêmes.

NOus ne voyons point dans les Histoires que les Romains se fissent mourir sans sujet ; mais les Anglois se tuent sans qu'on puisse imaginer aucune raison qui les y détermine ; ils se tuent dans le sein même du bonheur. Cette action chez les Romains étoit l'effet de l'éducation ; elle tenoit à leurs manieres de penser & à leurs coûtumes ; chez les Anglois elle est l'effet d'une (*a*) maladie, elle tient à l'état physique de la machine, & est indépendante de toute autre cause.

Il y a apparence que c'est un défaut de filtration du suc nerveux ; la machine dont les forces motrices se trouvent à tout moment sans action est lasse d'elle-même ; l'ame ne sent point de douleur, mais une certaine difficulté de l'existence. La douleur est un mal local qui nous porte au desir de voir cesser cette douleur ; le poids de la vie est un mal qui n'a point de lieu particulier, & qui nous porte au desir de voir finir cette vie.

Il est clair que les Loix civiles de quelques pays peuvent avoir eu des raisons pour flétrir l'homicide de soi-même : mais en Angleterre on ne peut pas plus le punir qu'on ne punit les effets de la démence.

CHAPITRE XIII.

Effets qui résultent du climat d'Angleterre.

DANS une Nation à qui une maladie du climat affecte tellement l'ame qu'elle pourroit porter le dégout de toutes choses jusqu'à celui de la vie , on voit bien que le Gouvernement qui

(*a*) Elle pourroit bien être compliquée avec le scorbut, qui surtout dans quelques Pays, rend un homme bizarre & insuppor-table à lui-même. Voyag. de *Franç. Py-rard*, Part. II. chap. 21.

conviendroit

conviendroit le mieux à des gens à qui tout feroit infupportable, feroit celui où ils ne pourroient pas fe prendre à un feul de ce qui cauferoit leurs chagrins, & où les Loix gouvernant plutôt que les hommes, il faudroit pour changer l'état les renverfer elles - mêmes.

Que fi la même Nation avoit encore reçû du climat un certain caractere d'impatience qui ne lui permettroit pas de fouffrir long-tems les mêmes chofes, on voit bien que le Gouvernement dont nous venons de parler feroit encore le plus convenable.

Ce caractere d'impatience n'eft pas grand par lui-même ; mais il peut le devenir beaucoup quand il eft joint avec du Courage.

Il eft différent de la légereté, qui fait que l'on entreprend fans fujet & que l'on abandonne de même ; il approche plus de l'opiniâtreté, parce qu'il vient d'un fentiment des maux fi vif, qu'il ne s'affoiblit pas même par l'habitude de les fouffrir.

Ce caractere dans une Nation libre feroit très-propre à décon-certer les projets de la tyrannie (*a*), qui eft toûjours lente & foi-ble dans fes commencemens, comme elle eft prompte & vi-ve dans fa fin ; qui ne montre d'abord qu'une main pour fecou-rir, & opprime enfuite avec une infinité de bras.

La fervitude commence toûjours par le fommeil. Mais un Peuple qui n'a de repos dans aucune fituation, qui fe tâte fans ceffe, & trouve tous les endroits douloureux, ne pourroit gue-re s'endormir.

La politique eft une lime fourde qui ufe & qui parvient len-tement à fa fin. Or les hommes dont nous venons de parler ne pourroient foûtenir les lenteurs, les détails, le fang-froid des négociations ; ils y réuffiroient fouvent moins que toute autre Nation, & ils perdroient par leurs Traités ce qu'ils auroient ob-tenu par leurs armes.

CHAPITRE XIV.

Autres effets du climat.

NOs Peres, les anciens Germains, habitoient un climat où les paffions étoient très-calmes. Leurs Loix ne trouvoient dans les chofes que ce qu'elles voyoient, & n'imaginoient rien de

(*a*) Je prends ici ce mot pour le deffein de renverfer le pouvoir établi, & furtout la Démocratie ; c'eft la fignification que lui donnoient les Grecs & les Romains.

                    plus

plus. Et comme elles jugeoient des infultes. faites aux hommes par la grandeur des blefiures, elles ne mettoient pas plus de rafinement dans les offenfes faites aux femmes. La Loi (*a*) des Allemands eft là-deffus fort finguliere. Si l'on découvre une femme à la tête, on payera une amende de fix fols, autant fi c'eft à la jambe jufqu'au genou, le double depuis le genou. Il femble que la Loi mefuroit les outrages faits à la perfonne des femmes comme on mefure une figure de Géométrie ; elle ne puniffoit point le crime de l'imagination, elle puniffoit celui des yeux. Mais lorfqu'une Nation Germanique fe fut tranfportée en Efpagne, le climat trouva bien d'autres Loix. La Loi des Wifigoths défendit aux Medecins de faigner une femme *ingénue* qu'en préfence de fon pere ou de fa mere, de fon frere, de fon fils ou de fon oncle. L'imagination des peuples s'alluma, celle des Légiflateurs s'échauffa de même ; la Loi foupçonna tout pour un peuple qui pouvoit tout foupçonner.

Ces Loix eurent donc une extrème attention fur les deux fexes. Mais il femble que dans les punitions qu'elles firent, elles fongerent plus à flater la vengeance particuliere qu'à exercer la publique. Ainfi dans la plûpart des cas elles réduifoient les deux coupables dans la fervitude des parens ou du mari offenfé ; une femme (*b*) ingénue qui s'étoit livrée à un homme marié, étoit remife dans la puiffance de fa femme pour en difpofer à fa volonté. Elles obligeoient les efclaves (*c*) de lier & de préfenter au mari fa femme qu'ils furprenoient en adultere ; elles permettoient à fes enfans (*d*) de l'accufer, & de mettre à la queftion fes efclaves pour la convaincre. Auffi furent-elles plus propres à rafiner à l'excès un certain point d'honneur, qu'à former une bonne police ; & il ne faut pas être étonné fi le Comte Julien crut qu'un outrage de cette efpece demandoit la perte de fa Patrie & de fon Roi. On ne doit pas être furpris fi les Maures avec une telle conformité de mœurs, trouverent tant de facilité à s'établir en Efpagne, à s'y maintenir & à retarder la chûte de leur empire.

(*a*) Ch. 58. §. 1. & 2.   (*c*) Ibid. Liv. III. tit. 4. §. 6.
(*b*) Loi des Wifigoths, Liv. III. tit. 4.   (*d*) Ibid. Liv. III. tit. 4. §. 13.
§. 9.

CHAPITRE

CHAPITRE XV.

De la différente confiance que les Loix ont dans le peuple, selon les climats.

LE peuple Japonois a un caractere si atroce, que ses Législa-teurs & ses Magistrats n'ont pû avoir aucune confiance en lui ; ils ne lui ont mis devant les yeux que des Juges, des mena-ces & des châtimens ; ils l'ont soûmis pour chaque démarche à l'inquisition de la police. Ces Loix qui sur cinq chefs de famille en établissent un comme Magistrat sur les quatre autres, ces Loix qui pour un seul crime punissent toute une famille ou tout un quar-tier, ces Loix qui ne trouvent point d'innocens là où il peut y avoir un coupable, sont faites pour que tous les hommes se méfient les uns des autres, pour que chacun recherche la conduite de chacun, & qu'il en soit l'inspecteur, le témoin & le Juge.

Le peuple des Indes au contraire est doux (*a*), tendre, com-patissant. Aussi ses Législateurs ont-ils une grande confiance en lui. Ils ont établi peu (*b*) de peines, & elles sont peu séveres ; el-les ne sont pas même rigoureusement exécutées. Ils ont donné les neveux aux oncles, les orphelins aux tuteurs, comme on les don-ne ailleurs à leurs peres ; ils ont réglé la succession par le mérite re-connu du successeur. Il semble qu'ils ont pensé que chaque Ci-toyen devoit se reposer sur le bon naturel des autres.

Ils donnent aisément la liberté à leurs esclaves, ils les marient, ils les traitent comme leurs enfans (*c*) : heureux climat qui fait naî-tre la candeur des mœurs & produit la douceur des Loix !

(*a*) Voyez *Bernier*, Tom. II. p. 140.

(*b*) Voy. dans le quatorzieme Re-cueil des *Lettres édif.* pag. 403. les princi-pales Loix ou coûtumes des Peuples de l'In-de de la Presqu'isle deçà le Gange.

(*c*) C'est peut-être ce qui a fait dire à *Diodore*, qu'aux Indes il n'y avoit ni Maî-tre ni esclave.

LIVRE QUINZIEME.

Comment les Loix de l'esclavage civil ont du rapport avec la nature du climat.

CHAPITRE PREMIER.

De l'Esclavage civil.

L'ESCLAVAGE, proprement dit, est l'établissement d'un Droit qui rend un homme tellement propre à un autre homme, qu'il est le maître absolu de sa vie & de ses biens. Il n'est pas bon par sa nature; il n'est utile ni au maître ni à l'esclave; à celui-ci, parce qu'il ne peut rien faire par vertu; à celui-là, parce qu'il contracte avec ses esclaves toutes sortes de mauvaises habitudes, qu'il s'accoûtume insensiblement à manquer à toutes les vertus morales, qu'il devient fier, prompt, dur, colere, voluptueux, cruel.

Dans les pays despotiques où l'on est déja sous l'esclavage politique, l'esclavage civil est plus tolérable qu'ailleurs. Chacun y doit être assez content d'y avoir sa subsistance & la vie. Ainsi la condition de l'esclave n'y est guere plus à charge que la condition du Sujet.

Mais dans le Gouvernement Monarchique où il est souverainement important de ne point abattre ou avilir la nature humaine, il ne faut point d'esclave. Dans la Démocratie où tout le monde est égal, & dans l'Aristocratie où les Loix doivent faire leurs efforts pour que tout le monde soit aussi égal que la nature du Gouvernement peut le permettre, des esclaves sont contre l'esprit de la Constitution; ils ne servent qu'à donner aux Citoyens une puissance & un luxe qu'ils ne doivent point avoir.

CHAPITRE

CHAPITRE II.

Origine du Droit de l'esclavage chez les Jurisconsultes Romains.

ON ne croiroit jamais que c'eût été la pitié qui eût établi l'esclavage, & que pour cela elle s'y fût prise de trois manieres (*a*).

Le Droit des gens a voulu que les prisonniers fussent esclaves, pour qu'on ne les tuât pas. Le Droit civil des Romains permit à des débiteurs, que leurs Créanciers pouvoient maltraiter de se vendre eux-mêmes, & le Droit naturel a voulu que des enfans, qu'un pere esclave ne pouvoit plus nourrir, fussent dans l'esclavage comme leur pere.

Ces raisons des Jurisconsultes ne sont point sensées. Il est faux qu'il soit permis de tuer dans la guerre autrement que dans le cas de nécessité : mais dès qu'un homme en a fait un autre esclave, on ne peut pas dire qu'il ait été dans la nécessité de le tuer, puisqu'il ne l'a pas fait. Tout le droit que la guerre peut donner sur les captifs, est de s'assurer tellement de leur personne qu'ils ne puissent plus nuire. Les homicides faits de sang-froid par les soldats & après la chaleur de l'action, sont rejettés de toutes les nations (*b*) du monde.

2°. Il n'est pas vrai qu'un homme libre puisse se vendre. La vente suppose un prix ; l'esclave se vendant, tous ses biens entreroient dans la propriété du Maître ; le maître ne donneroit donc rien, & l'esclave ne recevroit rien. Il auroit un *pécule*, dira-t-on. Mais le pécule est accessoire à la personne ; s'il n'est pas permis de se tuer, parce qu'on se dérobe à sa Patrie, il n'est pas plus permis de se vendre. La liberté de chaque citoyen est une partie de la liberté publique. Cette qualité dans l'Etat populaire est même une partie de la Souveraineté. Vendre sa qualité de citoyen est un (*c*) acte d'une telle extravagance, qu'on ne peut pas la supposer dans un homme. Si la liberté a un prix

---

(*a*) Inst. de *Justinien*, Liv. I.
(*b*) Si l'on ne veut citer celles qui mangent leurs prisonniers.

(*c*) Je parle de l'esclavage pris à la rigueur, tel qu'il étoit chez les Romains, & qu'il est établi dans nos Colonies.

Partie I. Hh pour

pour celui qui l'achete, elle eſt ſans prix pour celui qui la vend. La Loi civile qui a permis aux hommes le partage des biens, n'a pû mettre au nombre des biens une partie des hommes qui devoient faire ce partage. La Loi civile qui reſtitue ſur les contrats qui contiennent quelque léſion, ne peut s'empêcher de reſtituer contre un accord qui contient la léſion la plus énorme de toutes.

La troiſieme maniere c'eſt la naiſſance. Celle-ci tombe avec les deux autres. Car ſi un homme n'a pu ſe vendre, encore moins a-t-il pu vendre ſon fils qui n'étoit pas né. Si un priſonnier de guerre ne peut être réduit en ſervitude, encore moins ſes enfans.

Ce qui fait que la mort d'un criminel eſt une choſe licite, c'eſt que la Loi qui le punit a été faite en ſa faveur. Un meurtrier, par exemple, a joüi de la Loi qui le condamne ; elle lui a conſervé la vie à tous les inſtans : il ne peut donc pas reclamer contr'elle. Il n'en eſt pas de même de l'eſclave ; la Loi de l'eſclavage n'a jamais pu lui être utile ; elle eſt dans tous les cas contre lui, ſans jamais être pour lui ; ce qui eſt contraire au principe fondamental de toutes les Sociétés.

On dira qu'elle a pû lui être utile, parce que le Maître lui a donné la nourriture. Il faudroit donc réduire l'eſclavage aux perſonnes incapables de gagner leur vie. Mais on ne veut pas de ces eſclaves-là. Quant aux enfans, la Nature qui a donné du lait aux meres, a pourvu à leur nourriture ; & le reſte de leur enfance eſt ſi près de l'âge où eſt en eux la plus grande capacité de ſe rendre utiles, qu'on ne pourroit pas dire que celui qui les nourriroit, pour être leur maître, donnât rien.

L'eſclavage eſt d'ailleurs auſſi oppoſé au Droit Civil qu'au Droit Naturel. Quelle Loi civile pourroit empêcher un eſclave de fuir, lui qui n'eſt point dans la Société, & que par conſéquent aucunes Loix civiles ne concernent ? Il ne peut être retenu que par une Loi de famille, c'eſt-à-dire par la Loi du maître.

CHAPITRE

CHAPITRE III.

Autre origine du Droit de l'esclavage.

J'Aimerois autant dire que le Droit de l'esclavage vient du mépris qu'une Nation conçoit pour une autre, fondé sur la différence des Coûtumes.

Lopes (*a*) *de Gamar* dit » que les Espagnols trouverent près » de Ste Marthe des paniers où les habitans avoient des den- » rées ; c'étoient des cancres, des limaçons, des cigales, des » sauterelles. Les vainqueurs en firent un crime aux vaincus. » L'Auteur avoue que c'est là-dessus qu'on fonda le droit qui ren- doit les Américains esclaves des Espagnols ; outre qu'ils fumoient du tabac, & qu'ils ne se faisoient pas la barbe à l'Espagnole.

Les connoissances rendent les hommes doux ; la Raison por- te à l'humanité ; il n'y a que les préjugés qui y fassent re- noncer.

CHAPITRE IV.

Autre origine du Droit de l'esclavage.

J'Aimerois autant dire que la Religion donne à ceux qui la professent un Droit de réduire en servitude ceux qui ne la professent pas, pour travailler plus aisément à sa propagation.

Ce fut cette maniere de penser qui encouragea les destruc- teurs de l'Amérique dans leurs crimes (*b*). C'est sur cette idée qu'ils fonderent le Droit de rendre tant de peuples esclaves; car ces brigands qui vouloient absolument être brigands & Chrétiens, étoient très-dévots.

Louis XIII. (*c*) se fit une peine extrème de la Loi qui ren- doit esclaves les Negres de ses colonies : mais quand on lui eut

(*a*) Biblioth. Angl. Tom. XIII. 2. Partie, art. 3.
(*b*) Voy. l'Hist. de la conquête du Mexique par *Solis*, & celle du Pérou par *Gar-*
cilasso de la Vega.
(*c*) Le *P. Labat*, nouveau voyag. aux
Isles de l'Amérique, Tom. IV. pag. 114.
1722. in 12.

                      bien

bien mis dans l'efprit que c'étoit la voie la plus fûre pour les convertir, il y confentit.

CHAPITRE V.

De l'efclavage des Negres.

SI j'avois à foûtenir le Droit que nous avons eu de rendre les Negres efclaves, voici ce que je dirois:

Les peuples d'Europe ayant exterminé ceux de l'Amérique, ils ont dû mettre en efclavage ceux de l'Afrique, pour s'en fervir à défricher tant de terres.

Le fucre feroit trop cher fi l'on ne faifoit travailler la plante qui le produit par des efclaves.

Ceux dont il s'agit font noirs depuis les piés jufqu'à la tête, & ils ont le nés fi écrafé qu'il eft prefqu'impoffible de les plaindre.

On ne peut fe mettre dans l'efprit que Dieu, qui eft un Etre fage, ait mis une ame, furtout une ame bonne, dans un corps tout noir.

Il eft fi naturel de penfer que c'eft la couleur qui conftitue l'effence de l'humanité; que les peuples d'Afie qui font des Eununuques, privent toujours les Noirs du rapport qu'ils ont avec nous d'une façon plus marquée.

On peut juger de la couleur de la peau par celle des cheveux, qui chez les Egyptiens, les meilleurs Philofophes du monde, étoient d'une fi grande conféquence, qu'ils faifoient mourir tous les hommes roux qui leur tomboient entre les mains.

Une preuve que les Negres n'ont pas le fens commun, c'eft qu'ils font plus de cas d'un collier de verre, que de l'or qui chez des Nations policées eft d'une fi grande conféquence.

Il eft impoffible que nous fuppofions que ces gens-là foient des hommes, parce que fi nous les fuppofions des hommes, on commenceroit à croire que nous ne fommes pas nous-mêmes Chrétiens.

De petits efprits exagerent trop l'injuftice que l'on fait aux
Africains

Africains. Car si elle étoit telle qu'ils le disent, ne seroit-il pas venu dans la tête des Princes d'Europe , qui font entr'eux tant de conventions inutiles, d'en faire une générale en faveur de la Miséricorde & de la Pitié.

CHAPITRE VI.

Véritable origine du Droit de l'esclavage.

IL est tems de chercher la vraie origine du Droit de l'esclava-ge. Il doit être fondé sur la nature des choses : voyons s'il y a des cas où il en dérive.

Dans tout Gouvernement Despotique on a une grande facili-té à se vendre ; l'esclavage politique y anéantit en quelque façon la liberté civile.

Mr. Perry (*a*) dit que les Moscovites se vendent très-aisé-ment ; j'en sai bien la raison , c'est que leur liberté ne vaut rien.

A Achim tout le monde cherche à se vendre. Quelques-uns des principaux (*b*) Seigneurs n'ont pas moins de mille esclaves , qui font des principaux marchands , qui ont aussi beaucoup d'es-claves sous eux, & ceux-ci beaucoup d'autres ; on en hérite & on les fait trafiquer. Dans ces Etats les hommes libres, trop foi-bles contre le Gouvernement , cherchent à devenir les esclaves de ceux qui tyrannisent le Gouvernement.

C'est-là l'origine juste & conforme à la Raison, de ce Droit d'esclavage très-doux que l'on trouve dans quelques pays , & il doit être doux parce qu'il est fondé sur le choix libre qu'un homme, pour son utilité , se fait d'un maître ; ce qui forme une conven-tion réciproque entre les deux parties.

(*a*) Etat présent de la Grande Russie, par *Jean Perry* , Paris 1717. in-12.
(*b*) Nouveau voyage autour du monde par *Guill. Dampierre*, Tom. III. Amster-dam 1711.

CHAPITRE VII.

Autre origine du Droit de l'esclavage.

VOICI ume autre origine du Droit de l'esclavage, & même de cet esclavage cruel que l'on voit parmi les hommes.

Il y a des pays où la chaleur énerve le corps, & affoiblit si fort le courage, que les hommes ne sont portés à un devoir pénible que par la crainte du châtiment: l'esclavage y choque donc moins la raison ; & le maître y étant aussi lâche à l'égard de son Prince que son esclave l'est à son égard, l'esclavage civil y est encore accompagné de l'esclavage politique.

Aristote (*a*) veut prouver qu'il y a des esclaves par nature, & ce qu'il dit ne le prouve guere. Je crois que s'il y en a de tels, ce sont ceux dont je viens de parler.

Mais comme tous les hommes naissent égaux, il faut dire que l'esclavage est contre la nature, quoique dans certains pays il soit fondé sur une raison naturelle ; & il faut bien distinguer ces pays d'avec ceux où les raisons naturelles même les rejettent, comme les pays d'Europe où il a été si heureusement aboli.

Plutarque nous dit, dans la vie de Numa, que du tems de Saturne il n'y avoit ni maître ni esclave. Dans nos climats le Christianisme a ramené cet âge.

CHAPITRE VIII.

Inutilité de l'esclavage parmi nous.

IL faut donc borner la servitude naturelle à de certains pays particuliers de la terre. Dans tous les autres il me semble que, quelque pénibles que soient les travaux que la Société y exige, on peut tout faire avec des hommes libres.

Ce qui me fait penser ainsi, c'est qu'avant que le Christianis-

(*a*) Politique Liv. I, chap. 1.

me

me eût aboli en Europe la servitude civile, on regardoit les travaux des mines comme si pénibles, qu'on croyoit qu'ils ne pouvoient être faits que par des esclaves ou par des criminels. Mais on sait qu'aujourd'hui les hommes qui y sont employés, vivent (*a*) heureux. On a par de petits priviléges encouragé cette profession ; on a joint à l'augmentation du travail celle du gain, & on est parvenu à leur faire aimer leur condition plus que toute autre qu'ils eussent pû prendre.

Il y a point de travail si pénible qu'on ne puisse proportionner à la force de celui qui le fait, pourvû que ce soit la raison & non pas l'avarice qui le regle. On peut par la commodité des machines que l'Art invente ou applique, suppléer au travail forcé qu'ailleurs on fait faire aux esclaves. Les mines des Turcs dans le Bannat de Temesvar étoient plus riches que celles de Hongrie, & elles ne produisoient pas tant, parce qu'ils n'imaginoient jamais que les bras de leurs esclaves.

Je ne sai si c'est l'esprit ou le cœur qui me dicte cet article-ci. Il n'y a peut-être pas de climat sur la terre où l'on ne pût engager au travail des hommes libres. Parce que les Loix étoient mauvaises, on a trouvé des hommes paresseux ; parce que ces hommes étoient paresseux, on les a mis dans l'esclavage.

CHAPITRE IX.

Diverses especes d'esclavage.

IL y a deux sortes de Servitude, la réelle & la personnelle. La réelle est celle qui attache l'esclave au fonds de terre. C'est ainsi qu'étoient les esclaves chez les Germains, au rapport de Tacite (*b*). Ils n'avoient point d'office dans la maison, ils rendoient à leur maître une certaine quantité de bled, de bétail ou d'étoffe : l'objet de leur esclavage n'alloit pas plus loin. Cette espece de servitude est encore établie en Hongrie, en Boheme & dans plusieurs endroits de la Basse-Allemagne.

La Servitude personnelle regarde le ministere de la maison, & se rapporte plus à la personne du maître.

(*a*) On peut se faire instruire de ce qui se passe à cet égard dans les mines du Hartz dans la Basse-Allemagne, & dans celles de Hongrie.

(*b*) *De moribus German.*

L'abus

L'abus extrème de l'efclavage eft lorfqu'il eft en même tems perfonnel & réel. Telle étoit la fervitude des Ilottes chez les Lacédémoniens : ils étoient foûmis à tous les travaux hors de la maifon, & à toutes fortes d'infultes dans la maifon : cette Ilotie eft contre la nature des chofes. Les peuples fimples n'ont qu'un efclavage (*a*) réel, parce que leurs femmes & leurs enfans font les travaux domeftiques. Les peuples voluptueux ont un efclavage perfonnel, parce que le luxe demande le fervice des efclaves dans la maifon. Or l'Ilotie joint dans les mêmes perfonnes l'efclavage établi chez les peuples voluptueux, & celui qui eft établi chez les peuples fimples.

CHAPITRE X.

Ce que les Loix doivent faire par rapport à l'efclavage.

MAIS de quelque nature que foit l'efclavage, il faut que les Loix civiles cherchent à en ôter, d'un côté les abus, & de l'autre les dangers,

CHAPITRE XI.

Abus de l'efclavage.

DANS les Etats Mahométans (*b*) on eft non-feulement maître de la vie & des biens des femmes efclaves, mais encore de ce qu'on appelle leur vertu ou leur honneur. C'eft un des malheurs de ces pays, que la plus grande partie de la Nation n'y foit faite que pour fervir à la volupté de l'autre. Cette fervitude eft récompenfée par la pareffe dont on fait joüir de pareils efclaves; ce qui eft encore pour l'Etat un nouveau malheur.

C'eft cette pareffe qui rend les Serrails (*c*) d'Orient des lieux de délices pour ceux-mêmes contre qui ils font faits. Des gens

---

(*a*) Vous ne pourriez, (dit *Tacite*, fur les mœurs des Germains,) diftinguer le maitre de l'efclave, par les délices de la vie.

(*b*) Voy. *Chardin*, Voyage de Perfe.

(*c*) Voy. *Chardin*, Tom. II. dans fa Defcription du marché d'Izagour.

qui

qui ne craignent que le travail, peuvent trouver leur bonheur
dans ces lieux tranquiles. Mais on voit que par-là on choque même l'esprit de l'établissement de l'esclavage.

La raison veut que le pouvoir du maître ne s'étende point au-
de-là des choses qui sont de son service ; il faut que l'esclavage
soit pour l'utilité, & non pas pour la volupté. Les Loix de la pudicité sont du Droit naturel, & doivent être senties par toutes les
Nations du monde.

Que si la Loi qui conserve la pudicité des esclaves est bonne
dans les Etats où le pouvoir sans bornes se joüe de tout, combien le sera-t-elle dans les Monarchies ? combien le sera-t-elle
dans les Etats Républicains ?

Il y a une disposition de la Loi (*a*) des Lombards qui paroît
bonne pour tous les Gouvernemens. « Si un maître débauche la
« femme de son esclave, ceux-ci seront tous deux libres ; tempérament admirable pour prévenir & arrêter sans trop de rigueur l'incontinence des maîtres.

Je ne vois pas que les Romains aient eu à cet égard une bonne police. Ils lâcherent la bride à l'incontinence des maîtres, ils
priverent même en quelque façon leurs esclaves du droit des
mariages. C'étoit la partie de la Nation la plus vile ; mais quelque
vile qu'elle fût, il étoit bon qu'elle eût des mœurs : & de plus,
en lui ôtant les mariages, on corrompoit ceux des Citoyens.

CHAPITRE XII.

Danger du grand nombre d'esclaves.

LE grand nombre d'esclaves a des effets différens dans les
divers Gouvernemens. Il n'est point à charge dans le Gouvernement Despotique ; l'esclavage politique établi dans le Corps
de l'Etat fait que l'on sent peu l'esclavage civil. Ceux que l'on
appelle hommes libres ne le sont guere plus que ceux qui n'y
ont pas ce titre ; & ceux-ci en qualité d'eunuques, d'affranchis,
ou d'esclaves, ayant en main presque toutes les affaires, la condition d'un homme libre & celle d'un esclave se touchent de fort

(*a*) Liv. I. tit. 32. §. 5.

Partie I.   I i   près.

près. Il eſt donc preſque indifférent que peu ou beaucoup de gens y vivent dans l'eſclavage.

Mais dans les Etats modérés, il eſt très-important qu'il n'y ait point trop d'eſclaves. La liberté politique y rend précieuſe la liberté civile; & celui qui eſt privé de cette derniere eſt encore privé de l'autre. Il voit une Société heureuſe dont il n'eſt pas même partie; il trouve la ſûreté établie pour les autres, & non pas pour lui; il ſent que ſon maître a une ame qui peut s'aggrandir, & que la ſienne eſt contrainte de s'abbaiſſer ſans ceſſe. Rien ne met plus près de la condition des bêtes, que de voir toûjours des hommes libres & de ne l'être pas. De telles gens ſont des ennemis naturels de la Société, & leur nombre ſeroit dangereux.

Il ne faut donc pas être étonné que dans les Gouvernemens modérés, l'Etat ait été ſi ſouvent troublé par la révolte des eſclaves, & que cela ſoit arrivé ſi rarement (*a*) dans les Etats Deſpotiques.

CHAPITRE XIII.

Des eſclaves armés.

IL eſt moins dangereux dans la Monarchie d'armer les eſclaves que dans les Républiques. Là un peuple guerrier, un Corps de Nobleſſe, contiendront aſſez ces eſclaves armés. Dans la République des hommes uniquement Citoyens ne pourront guere contenir des gens qui ayant les armes à la main ſe trouveront égaux aux Citoyens.

Les Goths qui conquirent l'Eſpagne ſe répandirent dans le pays, & bien-tôt ſe trouverent très-foibles. Ils firent trois reglemens conſidérables: ils abolirent l'ancienne coûtume qui leur défendoit de (*b*) s'allier par mariage avec les Romains; ils établirent que tous les affranchis (*c*) du fiſc iroient à la guerre ſous peine d'être réduits en ſervitude; ils ordonnerent que chaque Goth meneroit à la guerre, & armeroit la dixieme (*d*) partie de ſes eſclaves. Ce nombre étoit peu conſidérable en comparaiſon de ceux qui reſtoient. De plus, ces eſclaves menés à la guerre par leur maître ne

---

(*a*) La révolte des *Mammelus* étoit un cas particulier; c'étoit un Corps de milice qui uſurpa l'Empire.

(*b*) Loi des Wiſigoths, L. III. tit. 1. §. 1
(*c*) Ibid. Liv. V. tit. 7. §. 20.
(*d*) Ibid. Liv. IX. tit. 2. §. 9.

faiſoient

faisoient pas un corps séparé ; ils étoient dans l'armée, & restoient, pour ainsi-dire, dans la famille.

CHAPITRE XIV.

Continuation du même sujet.

QUAND toute la Nation est guerriere, les esclaves armés sont encore moins à craindre.

Par la Loi des Allemands un esclave qui voloit (*a*) une chose qui avoit été déposée, étoit soûmis à la peine qu'on auroit infligée à un homme libre : mais s'il l'enlevoit par (*b*) violence, il n'étoit obligé qu'à la restitution de la chose enlevée. Chez les Allemands les actions qui avoient pour principe le courage & la force, n'étoient point odieuses. Ils se servoient de leurs esclaves dans leurs guerres. Dans la plûpart des Républiques on a toûjours cherché à abattre le courage des esclaves : le Peuple Allemand, sûr de lui-même, songeoit à augmenter l'audace des siens ; toûjours armé il ne craignoit rien d'eux ; c'étoient des instrumens de ses brigandages ou de sa gloire.

CHAPITRE XV.

Précautions à prendre dans le Gouvernement modéré.

L'HUMANITE' que l'on aura pour les esclaves pourra prévenir dans l'Etat modéré les dangers que l'on pourroit craindre de leur trop grand nombre. Les hommes s'accoûtument à tout, & à la servitude même, pourvû que le maître ne soit pas plus dur que la servitude. Les Athéniens traitoient leurs esclaves avec une grande douceur : on ne voit point qu'ils aient troublé l'Etat à Athenes, comme ils ébranlerent celui de Lacédémone.

On ne voit point que les premiers Romains aient eu des inquiétudes à l'occasion de leurs esclaves. Ce fut lorsqu'ils eurent perdu pour eux tous les sentimens de l'humanité, que

______

(*a*) Loi des Allemands, chap. 5. §. 3.   (*b*) Ibid. chap. 5. §. 5. *per virtutem.*

l'on vit naître de ces guerres civiles qu'on a comparées aux guerres (*a*) Puniques.

Les Nations simples & qui s'attachent elles-mêmes au travail, ont ordinairement plus de douceur pour leurs esclaves que celles qui y ont renoncé. Les premiers Romains vivoient, travailloient & mangeoient avec leurs esclaves; ils avoient pour eux beaucoup de douceur & d'équité; la plus grande peine qu'ils leur infligeassent étoit de les faire passer devant leurs voisins avec un morceau de bois fourchu sur le dos. Les mœurs suffisoient pour maintenir la fidelité des esclaves; il ne falloit point de Loi.

Mais lorsque les Romains se furent aggrandis, que leurs esclaves ne furent plus les compagnons de leur travail, mais les instrumens de leur luxe & de leur orgueil; comme il n'y avoit point de mœurs, on eut besoin de Loix. Il en fallut même de terribles pour établir la sûreté de ces Maîtres cruels, qui vivoient au milieu de leurs esclaves comme au milieu de leurs ennemis.

On fit le Senatus-Consulte *Sillanien*, & d'autres Loix (*b*) qui établirent que lorsqu'un Maître seroit tué, tous les esclaves qui étoient sous le même toît, ou dans un lieu assez près de la maison pour qu'on pût entendre la voix d'un homme, seroient sans distinction condamnés à la mort. Ceux qui dans ce cas réfugioient un esclave pour le sauver, étoient punis comme (*c*) meurtriers; celui-là même à qui son Maître auroit ordonné (*d*) de le tuer, & qui lui auroit obéi, auroit été coupable; celui qui ne l'auroit point empêché de se tuer lui-même auroit été puni (*e*). Si un Maître avoit été tué dans un voyage, on faisoit mourir (*f*) ceux qui étoient restés avec lui & ceux qui s'étoient enfuis. Toutes ces Loix avoient lieu contre ceux-mêmes dont l'innocence étoit prouvée; elles avoient pour objet de donner aux esclaves pour leur Maître un respect prodigieux. Elles n'étoient pas dépendantes du Gouvernement civil, mais d'un vice ou d'une imperfection du Gouvernement civil. Elles ne dérivoient point de l'équité des Loix civiles, puisqu'elles étoient contraires aux principes des Loix

---

(*a*) " La Sicile, dit *Florus*, plus cruellement dévastée par la guerre servile, que par la guerre punique. „ Liv. III.

(*b*) Voy. tout le titre *de Senat. Consf. Sill.* au ff.

(*c*) Leg. *si quis* §. 12. au ff. *de Senat.*

(*d*) Quand Antoine commanda à Eros de le tuer, ce n'étoit point lui commander de le tuer, mais de se tuer lui-même; puisque s'il lui eût obéi, il auroit été puni comme meurtrier de son Maître.

(*e*) *Leg.* 1. §. 22. *ff. de Senat. Consult. Silian.*

(*f*) Leg. 1. §. 31. ff. *ibid.*

civiles

civiles. Elles étoient proprement fondées sur le principe de la guerre, à cela près que c'étoit dans le sein de l'État qu'étoient les ennemis. Le Sénatus-consulte Sillanien dérivoit du Droit des gens, qui veut qu'une Société, même imparfaite, se conserve.

C'est un malheur du Gouvernement lorsque la Magistrature se voit contrainte de faire ainsi des Loix cruelles; c'est parce qu'on a rendu l'obéissance difficile que l'on est obligé d'aggraver la peine de la désobéissance, ou de soupçonner la fidélité. Un Législateur prudent prévient le malheur de devenir un Législateur terrible. C'est parce que les esclaves ne pûrent avoir chez les Romains de confiance dans la Loi, que la Loi ne put avoir de confiance en eux.

CHAPITRE XVI.

Reglement à faire entre le Maître & les Esclaves.

LE Magistrat doit veiller à ce que l'esclave ait sa nourriture & son vêtement, cela doit être réglé par la Loi.

Les Loix doivent avoir attention qu'ils soient soignés dans leurs maladies & leur vieillesse. Claude (*a*) ordonna que les esclaves qui auroient été abandonnés par leurs Maîtres étant malades, seroient libres s'ils échapoient. Cette Loi assûroit leur liberté; il auroit encore fallu assûrer leur vie.

Quand la Loi permet aux Maître d'ôter la vie à son esclave, c'est un droit qu'il doit exercer comme Juge & non pas comme Maître; il faut que la Loi ordonne des formalités qui ôtent le soupçon d'une action violente.

Lorsqu'à Rome il ne fut plus permis aux peres de faire mourir leurs enfans, les Magistrats infligérent (*b*) la peine que le pere vouloit prescrire. Un usage pareil entre le Maître & les esclaves seroit raisonnable dans les pays où les Maîtres ont droit de vie & de mort.

La Loi de Moïse étoit bien rude. «Si quelqu'un frappe son «esclave & qu'il meure sous sa main, il sera puni: mais s'il

____

(*a*) Xiphilin *in Claudio.*
(*b*) Voy. la Loi III. au Code *de Patriâ potestate*, qui est de l'Empereur Alexandre.

　　　　　«survit

« furvit un jour ou deux, il ne le fera pas , parce que c'eſt ſon ar-
« gent. » Quel peuple que celui où il falloit que la Loi civile ſe
relâchât de la Loi naturelle !

Par une Loi des Grecs (*a*) les eſclaves trop rudement traités
par leurs Maîtres pouvoient demander d'être vendus à un autre.
Dans les derniers tems il y eut à Rome une pareille Loi (*b*). Un
Maître irrité contre ſon eſclave , & un eſclave irrité contre ſon
Maître doivent être ſéparés.

Quand un Citoyen maltraite l'eſclave d'un autre , il faut que
celui-ci puiſſe aller devant le Juge. Les (*c*) Loix de Platon & la
plûpart des Peuples ôtent aux eſclaves la défenſe naturelle. Il
faut donc leur donner la défenſe civile.

A Lacédémone les eſclaves ne pouvoient avoir aucune juſtice
contre les inſultes ni contre les injures. L'excès de leur malheur
étoit tel qu'ils n'étoient pas ſeulement eſclaves d'un Citoyen ,
mais encore du Public ; ils appartenoient à tous & à un ſeul.
A Rome , dans le tort fait à un eſclave on ne conſidéroit que (*d*)
l'intérêt du Maître. On confondoit ſous l'action de la Loi Aqui-
lienne la bleſſure faite à une bête , & celle faite à un eſclave ; on
n'avoit attention qu'à la diminution de leur prix. A Athenes (*e*) on
puniſſoit ſéverement , quelquefois même de mort , celui qui avoit
maltraité l'eſclave d'un autre. La Loi d'Athenes avec raiſon ne
vouloit point ajoûter la perte de la ſûreté à celle de la liberté.

CHAPITRE XVII.

Des *Affranchiſſemens.*

ON ſent bien que quand dans le Gouvernement Républicain on a beaucoup d'eſclaves , il faut en affranchir beaucoup. Le mal eſt que ſi on a trop d'eſclaves , ils ne peuvent être
contenus ; ſi l'on a trop d'affranchis , ils ne peuvent pas vivre , &
ils deviennent à charge à la République : outre que celle-ci peut
être également en danger de la part d'un trop grand nombre d'af-

---

(*a*) Plutarque , *de la Superſtition.*
(*b*) Voy. la Conſtitution d'Antonin-
Pie , *Inſtitut.* Liv. I, tit. 7.
(*c*) Liv. IX.
(*d*) Ce fut encore ſouvent l'eſprit des

Loix des Peuples qui ſortirent de la Germanie , comme on le peut voir par leurs Codes.
(*e*) Démoſthenes *Orat. contra Midiam* ,
pag. 610. édition de Francfort de l'an 1604.

franchis

franchis & de la part d'un trop grand nombre d'esclaves. Il faut donc que les Loix aient l'œil sur ces deux inconvéniens.

Les diverses Loix & les Sénatus-consultes qu'on fit à Rome pour & contre les esclaves, tantôt pour gêner, tantôt pour faciliter les affranchissemens; font bien voir l'embarras où l'on se trouvoit à cet égard. Il y eut même des tems où l'on n'osa pas faire des Loix. Lorsque sous Néron (*a*) on demanda au Sénat qu'il fût permis aux Patrons de remettre en servitude les affranchis ingrats, l'Empereur écrivit qu'il falloit juger les affaires particulieres, & ne rien statuer de général.

Je ne saurois guere dire quels font les reglemens qu'une bonne République doit faire là-dessus; cela dépend trop des circonstances. Voici quelques reflexions.

Il ne faut pas faire tout-à-coup & par une Loi générale un nombre considérable d'affranchissemens. On sait que chez les Volsiniens (*b*) les affranchis devenus maîtres des suffrages firent une abominable Loi, qui leur donnoit le droit de coucher les premiers avec les filles qui se marioient à des Ingénus.

Il y a diverses manieres d'inttoduire insensiblement de nouveaux Citoyens dans la République. Les Loix peuvent favoriser le pécule & mettre les esclaves en état d'acheter leur liberté; elles peuvent donner un terme à la servitude, comme celles de Moïse qui avoient borné à six ans celles des esclaves (*c*) Hébreux. Il est aisé d'affranchir toutes les années un certain nombre d'esclaves, parmi ceux qui par leur âge, leur santé, leur industrie, auront le moyen de vivre. On peut même guérir le mal dans sa racine : comme le grand nombre d'esclaves est lié aux divers emplois qu'on leur donne, transporter aux ingénus une partie de ces emplois, par exemple, le commerce ou la navigation, c'est diminuer le nombre des esclaves.

Lorsqu'il y a beaucoup d'affranchis, il faut que les Loix civiles fixent ce qu'ils doivent à leur Patron, ou que le contrat d'affranchissement fixe ces devoirs pour elles.

On sent que leur condition doit être plus favorisée dans l'Etat civil que dans l'Etat politique; parce que dans le Gouvernement même populaire, la Puissance ne doit point tomber entre les mains du bas peuple.

(*a*) Tacite, *Annal. Liv.* XIII.
(*b*) Supplément de Freinshemius, 2. Décade, Liv. V.
(*c*) Exode, chap. 21.

A

A Rome où il y avoit tant d'affranchis, les Loix politiques furent admirables à leur égard. On leur donna peu, & on ne les exclut presque de rien; ils eurent bien quelque part à la Législation, mais ils n'influoient presque point dans les résolutions qu'on pouvoit prendre. Ils pouvoient avoir part aux charges & au sacerdoce (*a*) même, mais ce privilége étoit en quelque façon rendu vain par les desavantages qu'ils avoient dans les élections. Ils avoient droit d'entrer dans la milice; mais pour être Soldat il falloit un certain cens. Rien n'empêchoit les affranchis (*b*) de s'unir par mariage avec les familles ingénues; mais il ne leur étoit pas permis de s'allier avec celles des Sénateurs. Enfin leurs enfans étoient ingénus, quoiqu'ils ne le fussent pas eux-mêmes.

CHAPITRE XVIII.

Des Affranchis & des Eunuques.

AINSI dans le Gouvernement de plusieurs, il est souvent utile que la condition des affranchis soit peu au-dessous de celle des Ingénus, & que les Loix travaillent à leur ôter le dégout de leur condition. Mais dans le Gouvernement d'un seul, lorsque le luxe & le pouvoir arbitraire regnent, on n'a rien à faire à cet égard; les affranchis se trouvent presque toûjours au-dessus des hommes libres. Ils dominent à la Cour du Prince & dans les Palais des grands; & comme ils ont étudié les foiblesses de leur maître & non pas ses vertus, ils le font régner, non pas par ses vertus, mais par ses foiblesses. Tels étoient à Rome les affranchis du tems des Empereurs.

Lorsque les principaux esclaves font eunuques, quelque privilége qu'on leur accorde, on ne peut guere les regarder comme des affranchis. Car comme ils ne peuvent avoir de famille, ils sont par leur nature attachés à une famille; & ce n'est que par une espece de fiction qu'on peut les considérer comme Citoyens.

Cependant il y a des pays où on leur donne toutes les Magistratures: «Au (*c*) Tonquin, dit *Dampierre* (*d*), tous les Man-

(*a*) Tacite, *Annal.* Liv. III.

(*b*) Harangue d'Auguste dans *Dion*, Liv. LVI.

(*c*) C'étoit autrefois de même à la Chine. Les deux Arabes Mahométans qui y voyagerent au neuvieme Siecle disent, l'*Eunuque*, quand ils veulent parler du Gouverneur d'une Ville.

(*d*) Tome III. p. 91.

« darins

« darins civils & militaires font eunuques. » Ils n'ont point de familles, & quoiqu'ils foient naturellement avares, le Maître ou
le Prince profitent à la fin de leur avarice même.

Le même (*a*) *Dampierre* nous dit que dans ce pays les eunuques ne peuvent fe paffer de femmes, & qu'ils fe marient. La Loi
qui leur permet le mariage, ne peut être fondée, d'un côté que
fur la confidération que l'on y a pour de pareilles gens, & de
l'autre fur le mépris qu'on y a pour les femmes.

Ainfi l'on confie à ces gens-là les Magiftratures, parce qu'ils
n'ont point de famille ; & d'un autre côté on leur permet de fe
marier, parce qu'ils ont les Magiftratures.

C'eft pour lors que les fens qui reftent, veulent obftinément
fuppléer à ceux que l'on a perdus ; & que les entreprifes du dé-
fefpoir font une efpece de joüiffance. Ainfi dans Milton cet Efprit à qui il ne refte que des défirs, pénétré de fa dégradation
veut faire ufage de fon impuiffance même.

On voit dans l'Hiftoire de la Chine un grand nombre de
Loix pour ôter aux Eunuques tous les emplois civils & militai-
res : mais ils reviennent toûjours. Il femble que les Eunuques en
Orient foient un mal néceffaire.

LIVRE SEIZIEME.

*Comment les Loix de l'efclavage domeftique ont
du rapport avec la nature du climat.*

CHAPITRE PREMIER.

De la Servitude domeftique.

L Es efclaves font plutôt établis pour la famille qu'ils ne font
dans la famille. Ainfi je diftinguerai leur fervitude de celle
où font les femmes dans quelques pays , & que j'appellerai proprement la fervitude domeftique,

(*a*) Tom. III. p. 94.

CHAPITRE II.

Que dans les pays du Midi il y a dans les deux sexes une inégalité naturelle.

LEs femmes font (*a*) nubiles dans les climats chauds à huit, neuf & dix ans ; ainfi l'enfance & le mariage y vont prefque toûjours enfemble. Elles font vieilles à vingt ; la raifon ne fe trouve donc jamais chez elles avec la beauté. Quand la beauté demande l'empire, la raifon le fait refufer ; quand la raifon pourroit l'obtenir, la beauté n'eft plus. Les femmes doivent être dans la dépendance ; car la raifon ne peut leur procurer dans leur vieilleffe un empire que la beauté ne leur avoit pas donné dans la jeuneffe même. Il eft donc très-fimple qu'un homme, lorfque la Religion ne s'y oppofe pas, quitte fa femme pour en prendre une autre, & que la polygamie s'introduife.

Dans les pays tempérés, où les agrémens des femmes fe confervent mieux, où elles font plus tard nubiles, & où elles ont des enfans dans un âge plus avancé, la vieilleffe de leur mari fuit en quelque façon la leur ; & comme elles y ont plus de raifon & de connoiffances quand elles fe marient, ne fût-ce que parce qu'elles ont plus long-tems vêcu, il a dû naturellement s'introduire une efpece d'égalité dans les deux fexes, & par conféquent la Loi d'une feule femme.

Dans les pays froids l'ufage prefque néceffaire des boiffons fortes établit l'intempérance parmi les hommes. Les femmes qui ont à cet égard une retenue naturelle, parce qu'elles ont toûjours à fe défendre, ont donc encore l'avantage de la raifon fur eux.

La Nature qui a diftingué les hommes par la force & par la raifon, n'a mis à leur pouvoir de terme que celui de cette force & de cette raifon. Elle a donné aux femmes les agrémens, & a voulu que leur afcendant finît avec ces agrémens : mais dans

---

(*a*) Mahomet époufa Cadhisja à cinq ans, coucha avec elle à huit. Dans les Pays chauds d'Arabie & des Indes, les filles y font nubiles à huit ans, & accouchent l'année d'après, *Prideaux, vie de Mahomet.* On voit des femmes dans les Royaumes d'*Alger*, enfanter à neuf, dix & onze ans. *Logier de Taffis,* Hift. du Royaume d'Alger, pag. 61.

les

les pays chauds ils ne fe trouvent que dans les commencemens, & jamais dans le cours de leur vie.

Ainfi la Loi qui ne permet qu'une femme eft conforme au phyfique du climat de l'Europe, & non au phyfique du climat de l'Afie. C'eft pou cela que le Mahométifme a trouvé tant de facilité à s'établir en Afie, & tant de difficulté à s'étendre en Europe; que le Chriftianifme s'eft maintenu en Europe, & a été détruit en Afie; & qu'enfin les Mahométans font tant de progrès à la Chine, & les Chrétiens fi peu.

Quelques raifons particulieres à Valentinien lui (*a*) firent permettre la polygamie dans l'Empire. Cette Loi, violente pour nos climats, fut ôtée (*b*) par Thédofe, Arcadius & Honorius.

CHAPITRE III.

Que la pluralité des femmes dépend beaucoup de leur entretien.

QUOIQUE dans les pays où la polygamie eft une fois établie, le grand nombre des femmes dépende beaucoup des richeffes du mari; cependant on ne peut pas dire que ce foient les richeffes qui faffent établir dans un État la polygamie : la pauvreté peut faire le même effet; comme je le dirai en parlant des Sauvages.

La polygamie eft moins un luxe, que l'occafion d'un grand luxe chez des Nations puiffantes. Dans les climats chauds (*c*) on a moins de befoins; il en coûte moins pour entretenir une femme & des enfans. On y peut donc avoir un plus grand nombre de femmes.

(*a*) Voy. Jornandes *de Regno & tempor. Succef.* & les Hiftoriens Eccléfiaftiques.
(*b*) Voy. la Loi 7. au Cod. *de Judæis & Cæli olis,* & la Novelle 18. chap. 5.
(*c*) A Ceylan un homme vit pour dix fous par mois; on n'y mange que du riz & du poiffon. *Recueil des Voyages qui ont fervi à l'établiffement de la Compagnie des Indes,* Tom. II. Part. I.

CHAPITRE IV.

Que la Loi de la polygamie eſt une affaire de calcul.

Suivant les calculs que l'on fait en divers endroits de l'Europe, il y naît plus de garçons que de filles (*a*) ; au contraire les Relations de l'Aſie nous diſent qu'il y naît beaucoup plus de filles (*b*) que de garçons. La Loi d'une ſeule femme en Europe, & celle qui en permet pluſieurs en Aſie, ont donc un certain rapport au climat.

Dans les climats froids de l'Aſie il naît comme en Europe plus de garçons que de filles ; c'eſt, diſent les (*c*) Lamas, la raiſon de la Loi qui chez eux permet à une femme d'avoir (*d*) pluſieurs maris.

Mais j'ai peine à croire qu'il y ait beaucoup de pays où la diſproportion ſoit aſſez grande pour qu'elle exige qu'on y introduiſe la loi de pluſieurs femmes ou la loi de pluſieurs maris. Cela veut dire ſeulement que la pluralité des femmes, ou même la pluralité des hommes, eſt plus conforme à la Nature dans de certains pays que dans d'autres.

J'avoue que ſi ce que les relations nous diſent étoit vrai, qu'à Bantam (*e*) il y a dix femmes pour un homme, ce ſeroit un cas bien particulier de la polygamie.

Dans tout ceci je ne juſtifie pas les uſages, mais j'en rends les raiſons.

(*a*) Mr. *Arbutnot* trouve qu'en Angleterre le nombre des garçons excede celui des filles ; on a eu tort d'en conclurre que ce fût la même choſe dans tous les climats.

(*b*) Voy. *Kempfer*, qui nous rapporte un dénombrement de *Meaco*, où l'on trouve 182072 mâles, & 223573 femelles.

(*c*) *Duhalde*, Mémoires de la Chine, Tom. IV. p. 4.

(*d*) Albuzeït-el-haſſen, un des deux Mahométans Arabes, qui allerent aux Indes & à la Chine au neuvieme ſiecle, prend cet uſage pour une proſtitution. C'eſt que rien ne choquoit tant les idées Mahométanes.

(*e*) Recueil des Voyages qui ont ſervi à l'établiſſement de la Compagnie des Indes, Tom. I.

CHAPITRE

CHAPITRE V.

Raison d'une Loi du Malabar.

SUr la Côte du Malabar dans la Caste des (a) *Naïres*, les hommes ne peuvent avoir qu'une femme, & une femme au contraire peut avoir plusieurs maris. Je crois qu'on peut découvrir l'origine de cette coûtume. Les Naïres sont la Caste des Nobles, qui sont les soldats de toutes ces Nations. En Europe on empêche les soldats de se marier : dans le Malabar, où le climat exige davantage, on s'est contenté de leur rendre le mariage aussi peu embarrassant qu'il est possible ; on a donné une femme à plusieurs hommes ; ce qui diminue d'autant l'attachement pour une famille & les soins du ménage, & laisse à ces gens l'esprit militaire.

CHAPITRE VI.

De la Polygamie en elle-même.

A Regarder la polygamie en général, indépendamment des circonstances qui peuvent la faire un peu tolérer, elle n'est point utile au Genre-humain, ni à aucun des deux sexes, soit à celui qui abuse, soit à celui dont on abuse. Elle n'est pas non plus utile aux enfans, & un de ses grands inconvéniens est que le pere & la mere ne peuvent avoir la même affection pour leurs enfans ; un pere ne peut pas aimer vingt enfans comme une mere en aime deux. C'est bien pis quand une femme a plusieurs maris ; car pour lors l'amour paternel ne tient qu'à cette opinion, qu'un pere peut croire, s'il veut, ou que les autres peuvent croire, que de certains enfans lui appartiennent.

La pluralité des femmes, qui le diroit ! mene à cet amour

(a) Voyag. de *François Pyrard*, chap. 27. Lettres Edif. troisieme & dixieme Recueil sur le Malléami dans la Côte de Malabar, cela est regardé comme un abus de la profession militaire, & comme dit *Pyrard*, une femme de la Caste des Bramines n'épouseroit jamais plusieurs maris.

que la nature défavoue ; c'eſt qu'une diſſolution en entraîne toû-jours une autre. Je me ſouviens qu'à la révolution qui arriva à Conſtantinople, lorſqu'on dépoſa le Sultan Achmet, les rela-tions diſoient que le peuple ayant pillé la maiſon du Chiaya, on n'y avoit pas trouvé une ſeule femme ; on nous dit qu'à (*a*) Alger on eſt parvenu à ce point, qu'on n'en a point du tout dans la plûpart des ſerrails.

Il y a plus, la poſſeſſion de beaucoup de femmes ne prévient pas toûjours les déſirs (*b*) pour celle d'un autre ; il en eſt de la luxure comme de l'avarice, elle augmente ſa ſoif par l'acquiſition des tréſors.

Du tems de Juſtinien pluſieurs Philoſophes gênés par le Chriſtia-niſme, ſe retirerent en Perſe auprès de Coſroës. Ce qui les frappa le plus, dit *Agathias* (*c*), ce fut que la polygamie étoit permiſe à des gens qui ne s'abſtenoient pas même de l'adultere.

CHAPITRE VII.

De l'égalité du traitement dans le cas de la pluralité des femmes.

DE la Loi de la pluralité des femmes ſuit celle de l'égalité du traitement. Mahomet qui en permet quatre, veut que tout ſoit égal entr'elles : nourriture, habits, devoir conjugal. Cette **Loi** eſt auſſi établie aux Maldives (*d*), où on peut épouſer trois fem-mes.

La Loi de Moïſe (*e*) veut même que ſi quelqu'un a marié ſon fils à une eſclave, & qu'enſuite il épouſe une femme libre, il ne lui ôte rien des vêtemens, de la nourriture & des devoirs. On pouvoit donner plus à la nouvelle épouſe ; mais il falloit que la premiere n'eût pas moins.

(*a*) *Logier de Taſſis*, Hiſt. d'Alger.
(*b*) C'eſt ce qui fait que l'on cache avec tant de ſoin les femmes en Orient.
(*c*) *De la vie & des actions de Juſti-*nien, pag. 403.
(*d*) Voy. de *Franç. Pyrard*, chap. 12.
(*e*) Exode, ch. 21. ℣. 10. & 11.

CHAPITRE VIII.

De la séparation des femmes d'avec les hommes.

C'Est une conséquence de la polygamie, que dans les Nations voluptueuses & riches, on ait un très-grand nombre de femmes. Leur séparation d'avec les hommes, & leur clôture, suivent naturellement de ce grand nombre. L'Ordre domestique le demande ainsi; un débiteur insolvable cherche à se mettre à couvert des poursuites de ses créanciers. Il y a de tels climats où le physique a une telle force que la Morale n'y peut presque rien. Laissez un homme avec une femme; les tentations seront des chûtes, l'attaque sûre, la résistance nulle; dans ces pays, au lieu de préceptes, il faut des verroux.

Un Livre Classique (*a*) de la Chine regarde comme un prodige de vertu, de se trouver seul dans un appartement reculé avec une femme sans lui faire violence.

CHAPITRE IX.

Liaison du Gouvernement domestique avec le politique.

D'Ans une République, la condition des Citoyens est bornée, égale, douce, modérée; tout s'y ressent de la liberté publique. L'empire sur les femmes n'y pourroit pas être si bien exercé; & lorsque le climat a demandé cet empire, le Gouvernement d'un seul a été le plus convenable. Voilà une des raisons qui a fait que le Gouvernement populaire a toûjours été difficile à établir en Orient.

Au contraire la servitude des femmes est très-conforme au génie du Gouvernement Despotique, qui aime à abuser de tout. Aussi a-t-on vû dans tous les tems en Asie marcher d'un pas

---

(*a*) " Trouver à l'écart un trésor dont " on soit le maitre, ou une belle femme " seule dans un appartement reculé, entendre la voix de son ennemi qui va périr, " si on ne le secourt, admirable pierre de " touche. ,, Traduction d'un Ouvrage Chinois sur la morale qu'on peut voir dans le *P. Duhalde*, Tom. III. p. 151.

égal

égal la servitude domestique & le Gouvernement Despotique.

Dans un Gouvernement où l'on demande surtout la tranquilité, & où la subordination extrème s'appelle la paix, il faut enfermer les femmes ; leurs intrigues seroient fatales au mari. Un Gouvernement qui n'a pas le tems d'examiner la conduite des Sujets, la tient pour suspecte par cela seul qu'elle paroît & qu'elle se fait sentir.

Supposons un moment que la légereté d'esprit & les indiscrétions, les goûts & les dégoûts de nos femmes, leurs passions grandes & petites, se trouvassent transportées dans un Gouvernement d'Orient, dans l'activité & dans cette liberté où elles sont parmi nous ; quel est le pere de famille qui pourroit être un moment tranquile ? Par-tout des gens suspects, par-tout des ennemis ; l'Etat seroit ébranlé, on verroit couler des flots de sang.

CHAPITRE X.

Principe de la Morale de l'Orient.

DANS le cas de la multiplicité des femmes, plus la famille cesse d'être une, plus les Loix doivent réunir à un centre ces parties détachées ; & plus les intérêts sont divers, plus il est bon que les Loix les ramenent à un intérêt.

Cela se fait surtout par la clôture. Les femmes ne doivent pas seulement être séparées des hommes par la clôture de la maison, mais elles en doivent encore être séparées dans cette même clôture, ensorte qu'elles y fassent comme une famille particuliere dans la famille. De-là dérive pour les femmes toute la pratique de la Morale, la pudeur, la chasteté, la retenue, le silence, la paix, la dépendance, le respect, l'amour ; enfin une direction générale de sentimens à la chose du monde la meilleure par sa nature, qui est l'attachement unique à sa famille.

Les femmes ont naturellement à remplir tant de devoirs qui leur sont propres, qu'on ne peut assez les séparer de tout ce qui pourroit leur donner d'autres idées, de tout ce qu'on traite d'amusemens, & de tout ce qu'on appelle des affaires.

On trouve des mœurs plus pures dans les divers Etats d'Orient, à proportion que la clôture des femmes y est plus exacte. Dans les grands Etats il y a nécessairement des grands Seigneurs. Plus ils

ont

ont de grands moyens , plus ils font en état de tenir les femmes dans une exacte clôture, & de les empêcher de rentrer dans la Société. C'eſt pour cela que dans les Empires du Turc, de Perſe, du Mogol, de la Chine & du Japon, les mœurs des femmes ſont admirables.

On ne peut pas dire la même choſe des Indes, que le nombre infini d'Iſles, & la ſituation du terrain, ont diviſées en une infinité de petits Etats, que le grand nombre des cauſes que nous n'avons pas le tems de rapporter ici rendent Deſpotiques.

Là il n'y a que des miſérables qui pillent, & des miſérables qui ſont pillés. Ceux qu'on appelle des Grands, n'ont que de très-petits moyens ; ceux que l'on appelle des gens riches, n'ont guere que leur ſubſiſtance ; la clôture des femmes n'y peut être auſſi exacte, l'on n'y peut pas prendre d'auſſi grandes précautions pour les contenir ; la corruption de leurs mœurs y eſt inconcevable.

C'eſt là qu'on voit juſqu'à quel point les vices du climat, laiſſés dans une grande liberté, peuvent porter le déſordre. C'eſt là que la nature a une force, & la pudeur une foibleſſe qu'on ne peut comprendre. A Patane (*a*) la lubricité (*b*) des femmes eſt ſi grande, que les hommes ſont contraints de ſe faire de certaines garnitures pour ſe mettre à l'abri de leurs entrepriſes. Dans ce pays-là les deux ſexes perdent juſqu'à leurs propres Loix.

CHAPITRE XI.

De la Servitude domeſtique, indépendante de la polygamie.

CE n'eſt pas ſeulement la pluralité des femmes qui exige leur clôture dans de certains lieux d'Orient ; c'eſt le climat. Ceux qui liront les horreurs, les crimes, les perfidies, les noirceurs, les poiſons, les aſſaſſinats, que la liberté des femmes fait faire à

(*a*) Recueil des Voyag. qui ont ſervi à l'établiſſem. de la Compagnie des Indes, Tom. II. Partie II. pag. 196.

(*b*) Aux Maldives, les peres marient les filles à 10. & 11. ans, parce que c'eſt un grand péché, diſent-ils, de leur laiſſer endurer néceſſité d'hommes. Voyag. de *Franç.* *Pyrard*, chap. 12. à Bantam, ſi-tôt qu'une fille a treize ou quatorze ans, il faut la marier, ſi l'on ne veut qu'elle mene une vie débordée : *Recueil des Voyag. qui ont ſervi à l'établ. de la Campagnie des Indes,* pag. 348.

Goa & dans les établiſſemens des Portugais dans les Indes où la Religion ne permet qu'une femme , & qui les compareront à l'innocence & à la pureté des mœurs des femmes de Turquie , de Perſe , du Mogol , de la Chine & du Japon , verront bien qu'il eſt ſouvent auſſi néceſſaire de les ſéparer des hommes lorſqu'on n'en a qu'une , que quand on en a pluſieurs.

C'eſt le climat qui doit décider des choſes. Que ſerviroit d'enfermer les femmes dans nos pays du Nord , où leurs mœurs ſont naturellement bonnes , où toutes leurs paſſions ſont calmes , peu actives , peu rafinées , où l'amour a ſur le cœur un empire ſi réglé , que la moindre police ſuffit pour les conduire ?

Il eſt heureux de vivre dans ces climats qui permettent qu'on ſe communique , où le Sexe qui a le plus d'agrémens ſemble parer la Société , & où les femmes ſe réſervant aux plaiſirs d'un ſeul , ſervent encore à l'amuſement de tous.

CHAPITRE XII.

De la Pudeur naturelle.

TOUTES les Nations ſe ſont également accordées à attacher du mépris à l'incontinence des femmes : c'eſt que la nature a parlé à toutes les Nations. Elle a établi la défenſe , elle a établi l'attaque ; & ayant mis des deux côtés des déſirs , elle a placé dans l'un la témérité, & dans l'autre la honte ; elle a donné aux individus pour ſe conſerver de longs eſpaces de tems , & ne leur a donné pour ſe perpétuer que des momens.

Il n'eſt donc pas vrai que l'incontinence ſuive les Loix de la Nature ; elle les viole au contraire. C'eſt la modeſtie & la retenue qui ſuivent ces Loix.

D'ailleurs il eſt de la nature des Etres intelligens de ſentir leurs imperfections : la nature a donc mis en nous la pudeur, c'eſt-à-dire la honte de nos imperfections.

Quand donc la puiſſance phyſique de certains climats viole la Loi naturelle des deux Sexes & celle des Etres intelligens, c'eſt au Légiſlateur à faire des Loix civiles qui forcent la nature du climat & rétabliſſent les Loix primitives.

CHAPITRE

CHAPITRE XIII.

De la Jalousie.

IL faut bien distinguer chez les peuples la jalousie de passion d'avec la jalousie de coûtume, de mœurs, de Loix. L'une est une fievre ardente qui dévore; l'autre froide, mais quelquefois terrible, peut s'allier avec l'indifférence & le mépris.

L'une qui est un abus de l'amour, tire sa naissance de l'amour même. L'autre tient uniquement aux mœurs, aux manieres de la Nation, aux Loix du pays, à la Morale, & quelquefois même à la Religion (*a*).

Elle est presque toûjours l'effet de la force physique du climat, & elle est le remede de cette force physique.

CHAPITRE XIV.

Du gouvernement de la maison en Orient.

ON change si souvent de femmes en Orient, qu'elles ne peuvent avoir le gouvernement domestique. On en charge donc les Eunuques, on leur remet toutes les clefs, & ils ont la disposition des affaires de la Maison. « En Perse, dit Mr. « *Chardin*, on donne aux femmes leurs habits, comme on feroit à des enfans. » Ainsi ce soin qui semble leur convenir si bien, ce soin qui par-tout ailleurs est le premier de leurs soins, ne les regarde pas.

(*a*) Mahomet recommanda à ses sectateurs, de garder leurs femmes Un certain *Iman* dit en mourant la même chose; & *Confucius* n'a pas moins prêché cette doctrine.

CHAPITRE XV.

Du divorce & de la répudiation.

IL y a cette différence entre le divorce & la répudiation, que le divorce se fait par un consentement mutuel à l'occasion d'une incompatibilité mutuelle ; au lieu que la répudiation se fait par la volonté & pour l'avantage d'une des deux Parties , indépendamment de la volonté & de l'avantage de l'autre.

Il est quelquefois si nécessaire aux femmes de répudier , & il leur est toûjours si fâcheux de le faire, que la Loi est tyrannique qui donne ce Droit aux hommes sans le donner aux femmes. Un mari est le maître de la maison; il a mille moyens de tenir ou de remettre ses femmes dans le devoir , & il semble que dans ses mains la répudiation ne soit qu'un nouvel abus de sa puissance. Mais une femme qui répudie, n'exerce qu'un triste remede. C'est toûjours un grand malheur pour elle d'être contrainte d'aller chercher un second mari, lorsqu'elle a perdu la plûpart de ses agrémens chez un autre. C'est un des avantages des charmes de la jeunesse dans les femmes, que dans un âge avancé un mari se porte à la bienveillance par le souvenir de ses plaisirs.

C'est donc une REGLE GÉNÉRALE, que dans tous les pays où la Loi accorde aux hommes la faculté de répudier , elle doit aussi l'accorder aux femmes. Il y a plus ; dans les climats où les femmes vivent sous un esclavage domestique , il semble que la Loi doive permettre aux femmes la répudiation, & aux maris seulement le divorce.

Lorsque les femmes sont dans un serrail , le mari ne peut répudier pour cause d'incompatibilité de mœurs; c'est la faute du mari si les mœurs sont incompatibles.

La répudiation pour raison de la stérilité de la femme , ne sauroit avoir lieu que dans le cas d'une femme unique : lorsque l'on a plusieurs femmes, cette raison n'est pour le mari d'aucune importance.

La

La Loi des Maldives (*a*) permet de reprendre une femme qu'on a répudiée. La Loi du Mexique (*b*) défendoit de se réunir sous peine de la vie. La Loi du Mexique étoit plus sensée que celle des Maldives : dans le tems même de la dissolution elle songeoit à l'éternité du mariage ; au lieu que la Loi des Maldives semble se joüer également du mariage & de la répudiation.

La Loi du Mexique n'accordoit que le divorce. C'étoit une nouvelle raison pour ne point permettre à des gens qui s'étoient volontairement séparés, de se réunir. La répudiation semble plutôt tenir à la promptitude de l'esprit & à quelque passion de l'ame ; le divorce semble être une affaire de conseil.

Le divorce a ordinairement une grande utilité politique ; & quant à l'utilité civile, il est établi pour le mari & pour la femme, & n'est pas toûjours favorable aux enfans.

CHAPITRE XVI.

De la répudiation & du divorce chez les Romains.

ROMULUS permit au mari de répudier sa femme si elle avoit commis un adultere, préparé du poison, ou falsifié les clefs. Il ne donna point aux femmes le droit de répudier leur mari. Plutarque (*c*) appelle cette Loi une loi très-dure.

Comme la Loi d'Athenes (*d*) donnoit à la femme, aussi bien qu'au mari, la faculté de répudier ; & que l'on voit que les femmes obtinrent ce droit chez les premiers Romains nonobstant la Loi de Romulus ; il est clair que cette institution fut une de celles que les Députés de Rome rapporterent d'Athenes, & qu'elle fut mise dans les Loix des douze Tables.

Ciceron (*e*) dit que les causes de répudiation venoient de la Loi des douze Tables. On ne peut donc pas douter que cette Loi n'eût augmenté le nombre des causes de répudiation établies par Romulus.

(*a*) Voyag. de *Franç. Pyrard.* On la reprend plutôt qu'une autre, parce que dans ce cas il faut moins de dépenses.

(*b*) Hist. de la Conquéte par *Solis*, pag. 499.

(*c*) Vie de Romulus.

(*d*) C'étoit une Loi de Solon.

(*e*) Mimam res suas sibi habere jussit ; ex duodecim Tabulis causam addidit. *Philip.* II.

La faculté du divorce fut encore une difpofition, ou du moins une conféquence de la Loi des douze Tables. Car dès le moment que la femme ou le mari avoit féparément le droit de répudier, à plus forte raifon pouvoient-ils fe quitter de concert & par une volonté mutuelle.

La Loi ne demandoit point qu'on donnât des (a) caufes pour le divorce. C'eft que par la nature de la chofe il faut des caufes pour la répudiation, & qu'il n'en faut point pour le divorce ; parce que là où la Loi établit des caufes qui peuvent rompre le mariage, l'incompatibilité mutuelle eft la plus forte de toutes.

Le fait rapporté par *Denis d'Halicarnaffe* (b) *Valere-Maxime,* (c) & *Aulugelle* (d), que quoiqu'on eût à Rome la faculté de répudier fa femme, on eut tant de refpeɛt pour les Aufpices, que perfonne pendant cinq cens vingt ans (e) n'ufa de ce Droit jufqu'à Carvilius-Ruga, qui répudia la fienne pour caufe de ftérilité, ne me paroît pas vraiffemblable. Il n'y a qu'à connoître la nature de l'efprit humain, pour fentir quel prodige ce feroit que la Loi donnant à tout un peuple un Droit pareil, perfonne n'en ufât. Coriolan partant pour fon exil, confeilla(f) à fa femme de fe marier à un homme plus heureux que lui. Nous venons de voir que la Loi des douze Tables & les mœurs des Romains étendirent beaucoup la Loi de Romulus. Pourquoi ces extenfions, fi on n'avoit jamais fait ufage de la faculté de répudier ? De plus fi les Citoyens eurent un tel refpeɛt pour les Aufpices qu'ils ne répudierent jamais, pourquoi les Légiflateurs de Rome en eurent-ils moins ? Comment la Loi corrompit-elle fans ceffe les mœurs ?

En rapprochant deux paffages de *Plutarque* on verra difparoître le merveilleux du fait en queftion. La Loi Royale (g) permettoit au mari de répudier dans les trois cas dont nous avons parlé, « & elle vouloit, dit Plutarque (h), que celui qui répu-
» dieroit dans d'autres cas fût obligé de donner la moitié de fes
» biens à fa femme, & que l'autre moitié fût confacrée à Cé-
» rés » On pouvoit donc répudier dans tous les cas en fe foû-

---

(a) Juftinien changea cela, Novel. 117. chap. 10.

(b) Liv. II.

(c) Liv. II. chap. 4.

(d) Liv. IV. chap. 3.

(e) Selon Denis d'Halic. & Valere-Maxime, & 523 felon Aulugelle. Auffi ne mettent-ils pas les mêmes Confuls.

(f) Voy. le Difcours de *Véturie* dans Denis d'Halic. Liv. VIII.

(g) *Plutarque*, Vie de Romulus.

(h) Ibid.

mettant

mettant à la peine. Perfonne ne le fit avant Carvilius-Ruga (*a*),
« qui, comme dit encore Plutarque (*b*), répudia fa femme pour
» caufe de ftérilité, deux cens trente-ans après Romulus », c'eft-
à-dire qu'il la répudia foixante & onze ans avant la Loi des
douze Tables, qui étendit le pouvoir de répudier & les caufes
de répudiation.

Les Auteurs que j'ai cités difent que Carvilius-Ruga aimoit
fa femme ; mais qu'à caufe de fa ftérilité, les Cenfeurs lui firent faire ferment qu'il la répudieroit, afin qu'il pût donner des
enfans à la République ; & que cela le rendit odieux au peuple. Il
faut connoître le génie du Peuple Romain pour découvrir la vraie
caufe de la haine qu'il conçut pour Carvilius. Ce n'eft point
parce que Carvilius répudia fa femme qu'il tomba dans la difgrace du peuple ; c'eft une chofe dont le peuple ne s'embarraf-
foit pas. Mais Carvilius avoit fait un ferment aux Cenfeurs, qu'at-
tendu la ftérilité de fa femme il la répudieroit pour donner des
enfans à la République. C'étoit un joug que le peuple voyoit
que les Cenfeurs alloient mettre fur lui. Je ferai voir dans la fuite (*c*) de cet ouvrage les répugnances qu'il eut toûjours pour
des reglemens pareils. Il faut expliquer les Loix par les Loix, &
l'Hiftoire par l'Hiftoire.

***

LIVRE DIX-SEPTIEME.

Comment les Loix de la Servitude Politique, ont du rapport avec la nature du climat.

CHAPITRE PREMIER.

De la Servitude politique.

LA Servitude politique ne dépend pas moins de la nature
du climat, que la Civile & la Domeftique, comme on va
le faire voir.

(*a*) Effectivement la caufe de ftérilité
n'eft point portée par la Loi de Romulus, il
y a apparence qu'il ne fut point fujet à la
confifcation, puifqu'il fuivoit l'ordre des
Cenfeurs.

(*b*) Dans la comparaifon de Théfée &
de Romulus.

(*c*) Au Liv. XXIII. chap. 21.

CHAPITRE

CHAPITRE II.

Différence des Peuples par rapport au courage.

NOus avons déja dit que la grande chaleur énervoit la force & le courage des hommes, & qu'il y avoit dans les climats froids une certaine force de corps & d'esprit qui rendoit les hommes capables des actions longues, pénibles, grandes & hardies. Cela se remarque non-seulement de Nation à Nation ; mais encore dans le même pays d'une partie à une autre. Les peuples du Nord de la Chine (*a*) sont plus courageux que ceux du Midi ; les peuples du Midi de la Corée (*b*) ne le sont pas tant que ceux du Nord.

Il ne faut donc pas être étonné que la lâcheté des peuples des climats chauds les ait presque toûjours rendus esclaves, & & que le courage des peuples des climats froids les ait maintenus libres. C'est un effet qui dérive de sa cause naturelle.

Ceci s'est encore trouvé vrai dans l'Amérique ; les Empires despotiques du Mexique & du Pérou étoient vers la ligne, & presque tous les petits peuples libres étoient & sont encore vers les poles.

CHAPITRE III.

Du climat de l'Asie.

LEs (*c*) Relations nous disent « que le Nord de l'Asie, ce « vaste Continent qui va du quarantieme degré ou environ « jusques au pole, & des frontieres de la Moscovie jusqu'à la « Mer Orientale, est dans un climat très-froid ; que ce terrain « immense est divisé de l'Ouest à l'Est par une chaîne de Mon- « tagnes qui laissent au Nord la Sybérie, & au Midi la grande « Tartarie ; que le climat de la Sybérie est si froid, qu'à la ré- » serve de quelques endroits, elle ne peut être cultivée ; & que

(*a*) *P. Duhalde*, Tom. I. pag. 112.   (*c*) Voy. les Voyag. du Nord, Tom.
(*b*) Les Livres Chinois le disent ainsi,   VIII. l'Hist. des Tattars, & le quatrieme
ibid Tom. IV. p. 448.   Volume de la Chine du *P. Duhalde*.

« quoique

« quoique les Russes aient des établissemens tout le long de
« l'Irtis , ils n'y cultivent rien ; qu'il ne vient dans ce pays que
« quelques petits sapins & arbrisseaux; que les naturels du pays
« sont divisés en de misérables peuplades, qui sont comme cel-
« les du Canada ; que la raison de cette froidure vient d'un cô-
« té de la hauteur du terrain , & de l'autre de ce qu'à mesure
« que l'on va du Midi au Nord les montagnes s'applanissent ;
« de sorte que le vent de Nord souffle par-tout sans trouver d'obs-
« tacles ; que ce vent qui rend la nouvelle Zemble inhabitable ,
« soufflant dans la Sybérie , la rend inculte ; qu'en Europe au
« contraire les montagnes de Norwerge & de Laponie sont
« des boulevards admirables qui couvrent de ce vent les pays
« du Nord; que cela fait qu'à *Stockholm* , qui est à cinquante-
« neuf degrés de latitude ou environ , le terrain produit des fruits,
« des grains , des plantes; & qu'autour d'*Abo* qui est au soixante-
« unieme degré , de même que vers les soixante-trois & soixante-
« quatre, il y a des mines d'argent, & que le terrain est assez fertile.

Nous voyons encore dans les relations » que la Grande Tar-
« tarie, qui est au Midi de la Sybérie, est aussi très-froide; qui
« le pays ne se cultive point ; qu'on n'y trouve que des pâtura-
« ges pour les troupeaux ; qu'il n'y croît point d'arbres , mais
« quelques broussailles comme en Islande ; qu'il y a auprès de
« la Chine & du Mogol quelques pays où il croît une espece de
« millet, mais que le bled ni le riz n'y peuvent mûrir ; qu'il
« n'y a guere d'endroits dans la Tartarie Chinoise aux 43. 44.
« & 45me. degrés, où il ne gele sept ou huit mois de l'année ;
« de sorte qu'elle est aussi froide que l'Islande , quoiqu'elle dût
« être plus chaude que le Midi de la France ; qu'il n'y a point
« de villes, excepté quatre ou cinq vers la Mer Orientale , &
« quelques-unes que les Chinois par des raisons de Politique ont
« bâties près de la Chine, que dans le reste de la Grande-Tar-
« tarie il n'y en a que quelques-unes placées dans les Boucha-
« ries, Turkestan & & Charisme ; que la raison de cette extrê-
« me froidure vient de la nature du terrain nitreux, plein de
« salpetre & sabloneux, & de plus de la hauteur du terrain. Le
« *P. Verbiest* avoit trouvé qu'un certain endroit à 80 lieues au
« Nord de la grande muraille , vers la source de Kavamhuram,
« excédoit la hauteur du rivage de la Mer près de Pekin de
« 3000 pas Géométriques ; que cette hauteur (*a*) est cause que

(*a*) La Tartarie est donc comme une espece de Montagne plate.

Partie I.   M m   « quoique

« quoique quafi toutes les grandes rivieres de l'Afie aient leur
« fource dans le pays , il manque cependant d'eau , de fa-
« çon qu'il ne peut-être habité qu'auprès des rivieres & des lacs. »

Ces faits pofés je raifonne ainfi. L'Afie n'a point proprement
de Zone tempérée , & les lieux fitués dans un climat très-froid y
touchent immédiatement ceux qui font dans un climat très-chaud ,
c'eft-à-dire la Turquie , la Perfe , le Mogol , la Chine , la Corée & le Japon.

En Europe au contraire la Zone tempérée eft très-étendue
quoiqu'elle foit fituée dans des climats très-différens entr'eux ,
n'y ayant point de rapport entre les climats d'Efpagne & d'Italie, & ceux de Norwege & de Suede. Mais comme le climat y
devient infenfiblement froid en allant du Midi au Nord , à-peu-
près à proportion de la latitude de chaque pays ; il y arrive que
chaque pays eft à-peu-près femblable à celui qui en eft voifin , qu'il
n'y a pas une notable différence , & que , comme je viens de le
dire , la Zone tempérée y eft très-étendue.

De-là il fuit qu'en Afie les Nations font oppofées aux Nations
du fort au foible ; les peuples guerriers , braves & actifs touchent
immédiatement des peuples efféminés , pareffeux , timides : il
faut donc que l'un foit conquis , & l'autre conquérant. En Europe au contraire les Nations font oppofées du fort au fort ; celles qui fe touchent ont à-peu-près le même courage. C'eft la
grande raifon de la foibleffe de l'Afie & de la force de l'Europe , de la liberté de l'Europe & de la fervitude de l'Afie ; caufe
que je ne fçache pas que l'on ait encore remarquée. C'eft ce
qui fait qu'en Afie il n'arrive jamais que la liberté augmente ;
au lieu qu'en Europe elle augmente ou diminue felon les circonftances.

Que la Nobleffe Mofcovite ait été réduite en fervitude par
un de fes Princes , on y verra toûjours des traits d'impatience
que les climats du Midi ne donnent point. N'y avons-nous pas
vû le Gouvernement Ariftocratique établi pendant quelques
jours ? Qu'un autre Royaume du Nord ait perdu fes Loix , on
peut s'en fier au climat , il ne les a pas perdues d'une maniere
irrévocable.

CHAPITRE IV.

Conséquence de ceci.

CE que nous venons de dire s'accorde avec les évenemens de l'Histoire. L'Asie a été subjuguée treize fois ; onze fois par les peuples du Nord ; deux fois par ceux du Midi. Dans les tems reculés les Scythes la conquirent trois fois ; ensuite les Medes & les Perses chacun une ; les Grecs, les Arabes, les Mogols, les Turcs, les Tartares, les Persans & les Aguans. Je ne parle que de la haute Asie, & je ne dis rien des invasions faites dans le reste du Midi de cette partie du monde, qui a continuellement souffert de très-grandes révolutions.

En Europe au contraire, nous ne connoissons depuis l'établissement des Colonies Grecques & Phéniciennes, que quatre grands changemens ; le premier causé par les conquêtes des Romains, le second par les inondations des Barbares qui détruisirent ces mêmes Romains, le troisieme par les victoires de Charlemagne, & le dernier par les invasions des Normands. Et si l'on examine bien ceci, on trouvera dans ces changemens-mêmes une force générale répandue dans toutes les parties de l'Europe. On sçait la difficulté que les Romains trouverent à conquérir en Europe, & la facilité qu'il eurent à envahir l'Asie. On connoît les peines que les peuples du Nord eurent à renverser l'Empire Romain, les guerres & les travaux de Charlemagne, les diverses entreprises des Normands. Les destructeurs étoient sans cesse détruits.

CHAPITRE V.

Que quand les Peuples du Nord de l'Asie, & ceux du Nord de l'Europe ont conquis, les effets de la Conquête n'étoient pas les mêmes.

LEs Peuples du Nord de l'Europe l'ont conquise en hommes libres ; les Peuples du Nord de l'Asie l'ont conquise en esclaves, & n'ont vaincu que pour un Maître.

     La

La raison en est que le Peuple Tartare, conquérant naturel de l'Asie, est devenu esclave lui-même. Il conquiert sans cesse dans le midi de l'Asie, il forme des Empires; mais la partie de la Nation qui reste dans le pays se trouve soûmise à un grand Maître, qui Despotique dans les Midi veut encore l'être dans le Nord, & avec un pouvoir arbitraire sur les Sujets conquis, le prétend encore sur les Sujets conquérans. Cela se voit bien aujourd'hui dans ce vaste pays qu'on appelle la Tartarie Chinoise, que l'Empereur gouverne presqu'aussi despotiquement que la Chine même: & qu'il étend tous les jours par ses Conquêtes.

On peut voir encore dans l'Histoire de la Chine, que les Empereurs (a) ont envoyé des Colonies Chinoises dans la Tartarie. Ces Chinois sont devenus Tartares & mortels ennemis de la Chine: mais cela n'empêche pas qu'ils n'ayent porté dans la Tartarie l'esprit du Gouvernement Chinois.

Souvent une partie de la Nation Tartare qui a conquis, est chassée elle-même, & elle rapporte dans ses deserts un esprit de servitude qu'elle a acquis dans le climat de l'esclavage. L'histoire de la Chine nous en fournit de grands exemples, & notre (b) Histoire ancienne aussi.

C'est ce qui a fait que le génie de la Nation Tartare ou Gétique, a toûjours été semblable à celui des Empires de l'Asie. Les Peuples dans ceux-ci sont gouvernés par le bâton; les Peuples Tartares par les longs foüets. L'esprit de l'Europe a toûjours été contraire à ces mœurs; & dans tous les tems ce que les Peuples d'Asie ont appellé punition, les Peuples d'Europe l'ont appellé outrage (c).

Les Tartares détruisant l'Empire Grec établirent dans les pays conquis la servitude & le despotisme; les Goths conquérant l'Empire Romain fonderent par-tout la Monarchie & la Liberté.

Je ne sçai si le fameux *Rudbeck*, qui dans son Atlantique a tant loué la Scandinavie, a parlé de cette grande prérogative qui doit mettre les Nations qui l'habitent au dessus de tous les Peuples du monde; c'est qu'elles ont été la ressource de la liberté de l'Eu-

---

(a) Comme Vouty, cinquieme Empereur de la cinquieme Dynastie.

(b) Les Scythes conquirent trois fois l'Asie, & en furent trois fois chassés. *Justin*, Liv. II.

(c) Ceci n'est point contraire à ce que je dirai au Livre XXVIII. ch. 20. de la maniere de penser des Peuples Germains sur le bâton: quelque instrument que ce fût, ils regarderent toûjours comme un affront, le pouvoir ou l'action arbitraire de battre.

rope,

rope, c'eft-à-dire, de prefque toute celle qui eft aujourd'hui parmi les hommes.

Le Goth *Jornandez* a appellé le Nord de l'Europe la fabrique (*a*) du Genre-humain. Je l'appellerai plutôt la fabrique des inftrumens qui brifent les fers forgés au midi. C'eft-là que fe forment ces Nations vaillantes, qui fortent de leur pays pour détruire les tyrans & les efclaves, & apprendre aux hommes que la Nature les ayant faits égaux, la Raifon n'a pû les rendre dépendans que pour leur bonheur.

CHAPITRE VI.

Nouvelle caufe phyfique de la Servitude de l'Afie & de la liberté de l'Europe.

EN Afie on a toûjours vû de grands Empires; en Europe ils n'ont jamais pû fubfifter. C'eft que l'Afie que nous connoiffons a de plus grandes plaines; elle eft coupée en plus grands morceaux par les montagnes & les mers; & comme elle eft plus au Midi, les fources y font plus aifément taries, les montagnes y font moins couvertes de neiges, & les fleuves moins (*b*) groffis y forment de moindres barrieres.

La Puiffance doit donc être toûjours defpotique en Afie. Car fi la fervitude n'y étoit pas extrème, il fe feroit d'abord un partage que la nature du pays ne peut pas fouffrir.

En Europe le partage naturel forme plufieurs Etats d'une étendue médiocre, dans lefquels le Gouvernement des Loix n'eft pas incompatible avec le maintien de l'Etat : au contraire, il y eft fi favorable, que fans elle cet Etat tombe dans la décadence & devient inférieur à tous les autres.

C'eft ce qui y a formé un génie de Liberté, qui rend chaque partie très-difficile à être fubjuguée & foûmife à une force étrangere autrement que par les Loix & l'utilité de fon commerce.

Au contraire, il regne en Afie un efprit de fervitude qui ne l'a jamais quittée; & dans toutes les Hiftoires de ce pays il n'eft

______

(*a*) *Humani generis officinam.*
(*b*) Les eaux fe perdent ou s'évaporent avant de fe ramaffer, ou après s'être ramaffées.

pas poſſible de trouver un ſeul trait qui marque une ame libre : on
n'y verra jamais que l'héroïſme de la ſervitude.

CHAPITRE VII.

De l'Afrique & de l'Amérique.

VOILA ce que je puis dire ſur l'Aſie & ſur l'Europe. L'Afrique eſt dans un climat pareil à celui du Midi de l'Aſie, &
elle eſt dans une même ſervitude. L'Amérique (*a*) détruite &
nouvellement repeuplée par les Nations de l'Europe & de l'Afrique, ne peut guere aujourd'hui montrer ſon propre génie ; mais
ce que nous ſavons de ſon ancienne Hiſtoire eſt très-conforme à
nos principes.

LIVRE DIX-HUITIEME.

Des Loix dans le rapport qu'elles ont avec la nature du terrain.

CHAPITRE PREMIER.

Comment la nature du Terrain influe ſur les Loix.

LA bonté des terres d'un pays y établit naturellement la dépendance. Les gens de la campagne qui y ſont la principale partie du peuple, ne ſont pas ſi jaloux de leur liberté ; ils ſont
trop occupés & trop pleins de leurs affaires particulieres. Une
campagne qui regorge de biens, craint le pillage, elle craint une
armée. « Qui eſt-ce qui forme le bon Parti ? dit Ciceron à Atti-
« cus (*b*), ſeront-ce les gens de Commerce & de la campagne,

______

(*a*) Les petits peuples barbares de l'A-
mérique ſont appellés *Indios bravos*, par les
Eſpagnols, bien plus difficiles à ſoûmettre,
que les grands Empires du Mexique & du
Pérou.
Liv. VII.

« à moins que nous n'imaginions qu'ils sont opposés à la Monar-
« chie, eux à qui tous les Gouvernemens sont égaux, dès-lors
« qu'ils sont tranquiles? »

Ainsi le Gouvernement d'un seul se trouve plus souvent dans
les pays fertiles, & le Gouvernement de plusieurs dans les pays
qui ne le sont pas, ce qui est quelquefois un dédommagement.

La stérilité du terrain de l'Attique y établit le Gouvernement
populaire; & la fertilité de celui de Lacédémone, le Gouvernement Aristocratique. Car dans ces tems-là on ne vouloit point
dans la Grece du Gouvernement d'un seul : or le Gouvernement
Aristocratique a plus de rapport avec le Gouvernement d'un
seul.

Plutarque (*a*) dit que la sédition Cilonienne ayant été appaisée
à Athenes, la Ville retomba dans ses anciennes dissensions, &
se divisa en autant de partis qu'il y avoit de sortes de territoires
dans le pays de l'Attique. Les gens de la montagne vouloient
à toute force le Gouvernement populaire; ceux de la plaine demandoient le Gouvernement des Principaux; ceux qui étoient
près de la mer étoient pour un gouvernement mêlé des deux.

CHAPITRE II.

Continuation du même sujet.

CE s pays fertiles sont des plaines où l'on ne peut rien disputer au plus fort : on se soûmet donc à lui; & quand on
lui est soûmis, l'esprit de liberté n'y sçauroit revenir; les biens de
la campagne sont un gage de la fidélité. Mais dans les pays de
montagnes, on peut conserver ce que l'on a, & l'on a peu à
conserver. La Liberté, c'est-à-dire le Gouvernement dont on
joüit, est le seul bien qui mérite qu'on le défende. Elle regne
donc plus dans les pays montagneux & difficiles, que dans ceux
que la Nature sembloit avoir plus favorisés.

Les montagnards conservent un Gouvernement plus modéré,
parce qu'ils ne sont pas si fort exposés à la conquête. Ils se défendent aisément, ils sont attaqués difficilement, les munitions de
guerre & de bouche sont assemblées & portées contr'eux avec

(*a*) Vie de Solon.

beaucoup

beaucoup de dépenfe, le pays n'en fournit point. Il eſt donc plus difficile de leur faire la guerre, plus dangereux de l'entre-prendre ; & toutes les Loix que l'on fait pour la fûreté du peuple y ont moins de lieu.

CHAPITRE III.

Quels ſont les pays les plus cultivés.

LEs pays ne font pas cultivés en raiſon de leur fertilité, mais en raiſon de leur liberté ; & ſi l'on diviſe la Terre par la penſée, on fera étonné de voir la plûpart du tems des deſerts dans ſes parties les plus fertiles, & de grands peuples dans celles où la terre ſemble refuſer tout.

Il eſt naturel qu'un peuple quitte un mauvais pays pour en chercher un meilleur, & non pas qu'il quitte un bon pays pour en chercher un pire. La plûpart des invaſions ſe font donc dans les pays que la Nature avoit faits pour être heureux ; & comme rien n'eſt plus près de la dévaſtation que l'invaſion, les meilleurs pays ſont le plus ſouvent dépeuplés, tandis que l'affreux pays du Nord reſte toûjours habité, par la raiſon qu'il eſt preſqu'inhabitable.

On voit par ce que les Hiſtoriens nous diſent du paſſage des peuples de la Scandinavie ſur les bords du Danube, que ce n'étoit point une conquête, mais ſeulement une tranſmigration dans des terres déſertes.

Ces climats heureux avoient donc été dépeuplés par d'autres tranſmigrations, & nous ne ſavons pas les choſes tragiques qui s'y ſont paſſées.

« Il paroît par pluſieurs monumens, dit Ariſtote (a), que la « Sardaigne eſt une Colonie Grecque. Elle étoit autrefois très-« riche ; & Ariſthée, dont on a tant vanté l'amour pour l'agriculture, « lui donna des Loix. Mais elle a bien déchû depuis ; car les « Carthaginois s'en étant rendus les maîtres, ils y détruiſirent « tout ce qui pouvoit la rendre propre à la nourriture des hom-« mes, & défendirent ſous peine de la vie d'y cultiver la terre. » La Sardaigne n'étoit point rétablie du tems d'Ariſtote ; elle ne l'eſt point encore aujourd'hui.

______
(a) Ou celui qui a écrit le *Livre de Mirabilibus.*

Les parties les plus tempérées de la Perſe, de la Turquie, de
la Moſcovie & de la Pologne, n'ont pû ſe rétablir des dévaſta-
tions des grands & des petits Tartares.

CHAPITRE IV.

Nouveaux effets de la fertilité & de la ſtérilité du Pays.

LA ſtérilité des terres rend les hommes induſtrieux, ſobres,
endurcis au travail, courageux, propres à la guerre; il faut
bien qu'ils ſe procurent ce que le terrain leur refuſe. La fertilité
d'un pays donne avec l'aiſance la molleſſe & un certain amour
pour la conſervation de la vie. On a remarqué que les troupes
d'Allemagne levées dans des lieux où les payſans ſont riches,
comme en Saxe, ne ſont pas ſi bonnes que les autres. Les Loix
militaires pourront pourvoir à cet inconvénient par une plus ſé-
vere diſcipline.

CHAPITRE V.

Des Peuples des Iſles.

LEs peuples des Iſles ſont plus portés à la liberté que les
peuples du Continent. Les Iſles ſont ordinairement d'une
petite (*a*) étendue, une partie du peuple ne peut pas être ſi bien
employée à opprimer l'autre, la mer les ſépare des grands Empires,
& la tyrannie ne peut pas s'y prêter la main; les Conquérans
ſont arrêtés par la mer, les Inſulaires ne ſont pas enveloppés
dans la conquête, & ils conſervent plus aiſément leurs Loix.

(*a*) Le Japon déroge à ceci par ſa grandeur & par ſa ſervitude.

CHAPITRE VI.

Des pays formés par l'industrie des hommes.

LEs pays que l'industrie des hommes a rendus habitables, & qui ont besoin pour exister de la même industrie, appellent à eux le Gouvernement modéré. Il y en a principalement trois de cette espece, les deux belles Provinces de Kianguan & Tchekiang à la Chine, l'Egypte & la Hollande.

Les anciens Empereurs de la Chine n'étoient point conquérans. La premiere chose qu'ils firent pour s'aggrandir fut celle qui prouva le plus leur sagesse. On vit sortir de dessous les eaux les deux plus belles Provinces de l'Empire ; elles furent faites par les hommes. C'est la fertilité inexprimable de ces deux Provinces qui a donné à l'Europe les idées de la félicité de cette vaste contrée. Mais un soin continuel & nécessaire pour garantir de la destruction une partie si considérable de l'Empire, demandoit plutôt les mœurs d'un peuple sage que celles d'un peuple voluptueux, plutôt le pouvoir légitime d'un Monarque que la puissance tyrannique d'un Despote. Il falloit que le pouvoir y fût modéré comme il l'étoit autrefois en Egypte, & comme il l'est encore aujourd'hui dans cette partie de l'Empire des Turcs. Il falloit que le pouvoir y fût modéré comme il l'est en Hollande, que la Nature a faite pour avoir attention sur elle-même, & non pas pour être abandonnée à la nonchalance ou au caprice.

Ainsi malgré le climat de la Chine, où l'on est naturellement porté à l'obéissance servile, malgré les horreurs qui suivent la trop grande étendue d'un Empire, les premiers Législateurs de la Chine furent obligés de faire de très-bonnes loix, & le Gouvernement fut souvent obligé de les suivre.

CHAPITRE VII.

Des Ouvrages des hommes.

LEs hommes par leurs soins & par de bonnes loix ont rendu la terre plus propre à être leur demeure. Nous voyons couler les rivieres là où étoient des lacs & des marais : c'est un bien que la

nature

nature n'a point fait, mais qui est entretenu par la nature. Lorsque les Perses (*a*) étoient les maîtres de l'Asie, ils permettoient à ceux qui ameneroient de l'eau de fontaine en quelque lieu qui n'auroit point été encore arrosé, d'en joüir pendant cinq générations; & comme il sort quantité de ruisseaux du Mont Taurus, ils n'épargnerent aucune dépense pour en faire venir de l'eau. Aujourd'hui sans savoir d'où elle peut venir, on la trouve dans ses champs & dans ses jardins.

Ainsi comme les Nations destructrices font des maux qui durent plus qu'elles, il y a des Nations industrieuses qui font des biens qui ne finissent pas même avec elles.

CHAPITRE VIII.

Rapport général des Loix.

LEs Loix ont un très-grand rapport avec la façon dont les divers peuples se procurent leur subsistance. Il faut un Code de Loix plus étendu pour un peuple qui s'attache au Commerce & à la Mer, que pour un peuple qui se contente de cultiver ses terres. Il en faut un plus grand pour celui-ci, que pour un peuple qui vit de ses troupeaux. Il en faut un plus grand pour ce dernier, que pour un peuple qui vit de sa chasse.

CHAPITRE IX.

Du terrain de l'Amérique.

CE qui fait qu'il y a tant de Nations Sauvages en Amérique, c'est que la terre y produit d'elle-même beaucoup de fruits dont on peut se nourrir. Si les femmes y cultivent autour de la Cabane un morceau de terre, le *Maïs* y vient d'abord; la chasse & la pêche achevent de mettre les hommes dans l'abondance. De plus les animaux qui paissent, comme les bœufs, les buffles &c. y réussissent mieux que les bêtes carnacieres.

Je crois qu'on n'auroit point tous ces avantages en Europe si

(*a*) *Polybe*, Liv. X.

l'on y laiſſoit la terre inculte ; il n'y viendroit guere que des forêts , des chênes & autres arbres ſtériles.

CHAPITRE X.

Du nombre des hommes dans le Rapport avec la maniere dont ils ſe procurent la ſubſiſtance.

QUAND les Nations ne cultivent pas les terres, voici dans
quelle proportion le nombre des hommes s'y trouve. Comme
le produit d'un terrain inculte eſt au produit d'un terrain cultivé,
de même le nombre des Sauvages dans un pays eſt au nombre
des laboureurs dans un autre ; & quand le peuple qui cultive les
terres, cultive auſſi les Arts, le nombre des Sauvages eſt au nombre de ce peuple en raiſon compoſée du nombre des Sauvages à
celui des laboureurs, & du nombre des laboureurs à celui des
hommes qui cultivent les Arts.

Ils ne peuvent guere former une grande Nation. S'ils ſont paſteurs , ils ont beſoin d'un grand pays pour qu'ils puiſſent ſubſiſter
en certain nombre ; s'ils ſont chaſſeurs, ils ſont encore en plus petit nombre , & forment pour vivre une plus petite Nation.

Leur pays eſt ordinairement plein de forêts ; & comme les hommes n'y ont point donné de cours aux eaux, il eſt rempli de maré-
cages , où chaque troupe ſe cantonne & forme une petite Nation.

CHAPITRE XI.

Des peuples Sauvages & des peuples Barbares.

IL y a cette différence entre les peuples Sauvages & les peuples
Barbares, que les premiers ſont de petites Nations diſperſées,
qui par quelques raiſons particulieres ne peuvent pas ſe réunir ; au
lieu que les Barbares ſont ordinairement de petites Nations qui
peuvent ſe réunir. Les premiers ſont ordinairement des peuples
Chaſſeurs ; les ſeconds des peuples Paſteurs. Cela ſe voit bien dans
le Nord de l'Aſie. Les peuples de la Sybérie ne ſauroient vivre
en Corps, parce qu'ils ne pourroient ſe nourrir ; les Tartares peuvent

vent vivre en Corps pendant quelque tems, parce que leurs troupeaux peuvent être rassemblés pendant quelque tems. Toutes les hordes peuvent donc se réunir, & cela se fait lorsqu'un chef en a soûmis beaucoup d'autres ; après quoi il faut qu'elles fassent de deux choses l'une, qu'elles se séparent, ou qu'elles aillent faire quelque grande conquête dans quelque Empire du Midi.

CHAPITRE XII.

Du Droit des Gens chez les peuples, qui ne cultivent point les terres.

CEs peuples ne vivant pas dans un terrain limité & circonscrit, auront entr'eux bien des sujets de querelle ; ils se disputeront la terre inculte, comme parmi nous les Citoyens se disputent les héritages. Ainsi ils trouveront de fréquentes occasions de guerre pour leurs chasses, pour leurs pêches, pour la nourriture de leurs bestiaux, pour l'enlevement de leurs esclaves ; & n'ayant point de territoire, ils auront autant de choses à régler par le droit des gens qu'ils en auront peu à décider par le droit Civil.

CHAPITRE XIII.

Des Loix Civiles chez les peuples qui ne cultivent point les terres.

C'Est le partage des terres qui grossit principalement le Code civil. Chez les Nations où l'on n'aura pas fait ce partage, il y aura très-peu de loix civiles.

On peut appeller les Institutions de ces peuples des *mœurs* plutôt que des *Loix.*

Chez de pareilles Nations les vieillards qui se souviennent des choses passées ont une grande autorité ; on n'y peut être distingué par les biens, mais par la main & par les conseils.

Ces peuples errent & se dispersent dans les pâturages ou dans les forêts. Le mariage n'y sera pas aussi assûré que parmi nous, où il eſt fixé par la demeure, & où la femme tient à une maiſon ; ils peuvent donc plus aiſément changer de femmes, en avoir pluſieurs, & quelquefois ſe mêler indifféremment comme les bêtes.

Les peuples paſteurs ne peuvent ſe ſéparer de leurs troupeaux qui font leur ſubſiſtance ; ils ne ſauroient non plus ſe ſéparer de leurs femmes qui en ont ſoin. Tout cela doit donc marcher enſemble, d'autant plus que vivant ordinairement dans de grandes plaines, où il y a peu de lieux forts d'aſſiette, leurs femmes, leurs enfans, leurs troupeaux deviendroient la proie de leurs ennemis.

Leurs loix regleront le partage du butin, & auront comme nos Loix Saliques une attention particuliere ſur les vols.

CHAPITRE XIV.

De l'état politique des peuples qui ne cultivent point les terres.

CEs peuples joüiſſent d'une grande liberté : car comme ils ne cultivent point les terres, ils n'y ſont point attachés, ils ſont errans, vagabonds ; & ſi un Chef vouloit leur ôter leur liberté, ils l'iroient d'abord chercher chez un autre, ou ſe retireroient dans les bois pour y vivre avec leur famille. Chez ces peuples la liberté de l'homme eſt ſi grande, qu'elle entraîne néceſſairement la liberté du Citoyen.

CHAPITRE XV.

Des peuples qui connoiſſent l'uſage de la monnoie.

ARISTIPE ayant fait naufrage nagea & aborda au rivage prochain ; il vit qu'on avoit tracé ſur le ſable des figures de géométrie : il ſe ſentit ému de joie, jugeant qu'il étoit arrivé chez un peuple Grec, & non pas chez un peuple barbare.

Soyez ſeul, & arrivez par quelque accident chez un peuple inconnu ; ſi vous voyez une piece de monnoie, comptez que vous êtes arrivé chez un Nation policée.

La culture des terres demande l'uſage de la monnoie. Cette

culture

culture suppose beaucoup d'arts & de connoissances ; & l'on voit toûjours marcher d'un pas égal les arts, les connoissances & les be-soins. Tout cela conduit à l'établissement d'un signe de valeurs.

Les torrens & les incendies (*a*) nous ont fait découvrir que les métaux étoient dans les terres. Quand ils en ont été une fois séparés, il a été aisé de les employer.

CHAPITRE XVI.

Des Loix Civiles chez les peuples qui ne connoissent point l'usage de la monnoie.

QUAND un peuple n'a pas l'usage de la monnoie, on ne con-noît guere chez lui que les injustices qui viennent de la vio-lence ; & les gens foibles en s'unissant se défendent contre la vio-lence. Il n'y a guere là que des arrangemens politiques. Mais chez un peuple où la monnoie est établie, on est sujet aux injustices qui viennent de la ruse ; & ces injustices peuvent être exercées de mille façons. On y est donc forcé d'avoir de bonnes loix civiles ; elles naissent avec les nouveaux moyens & les diverses manieres d'être méchant.

Dans les pays où il n'y a point de monnoie, le ravisseur n'enle-ve que des choses, & les choses ne se ressemblent jamais. Dans les pays où il y a de la monnoie, le ravisseur enleve des signes, & les signes se ressemblent toûjours. Dans les premiers pays rien ne peut être caché, parce que le ravisseur porte toûjours avec lui des preu-ves de sa conviction : c'est tout le contraire dans les autres.

CHAPITRE XVII.

Des Loix politiques chez les peuples qui n'ont point l'usage de la monnoie.

CE qui assûre le plus la liberté des peuples qui ne cultivent point les terres ; c'est que la monnoie leur est inconnue. Les fruits de la chasse, de la pêche ou des troupeaux, ne peuvent s'assem-bler en assez grande quantité, ni se garder assez pour qu'un hom-

(*a*). C'est ainsi que *Diodore* nous dit que des Bergers trouverent l'or des Pyrénées.

me se trouve en état de corrompre tous les autres : au lieu que lorsque l'on a des signes des richesses, on peut faire un amas de ces signes & les distribuer à qui l'on veut.

Chez les peuples qui n'ont point de monnoie , chacun a peu de besoin , & les satisfait aisément & également. L'égalité est donc forcée ; aussi leurs Chefs ne sont-ils point Despotiques.

CHAPITRE XVIII.

Force de la Superstition.

SI ce que les Relations nous disent est vrai, la constitution d'un peuple de la Louïsiane nommé les *Natchés* déroge à ceci. Leur Chef (*a*) dispose des biens de tous ses Sujets, & les fait travailler à sa fantaisie ; ils ne peuvent lui refuser leur tête ; il est comme le Grand Seigneur. Lorsque l'héritier présomptif vient à naître , on lui donne tous les enfans à la mammelle, pour le servir pendant sa vie. Vous diriez que c'est le grand Sesostris. Ce Chef est traité dans sa cabane avec les cérémonies qu'on feroit à un Empereur du Japon ou de la Chine.

Les préjugés de la superstition sont supérieurs à tous les autres préjugés, & ses raisons à toutes les autres raisons. Ainsi quoique les peuples sauvages ne connoissent point naturellement le Despotisme, ce peuple-ci le connoît. Ils adorent le Soleil ; & si leur Chef n'avoit pas imaginé qu'il étoit le frere du Soleil ; ils n'auroient trouvé en lui qu'un misérable comme eux.

CHAPITRE XIX.

De la liberté des Arabes & de la servitude des Tartares.

LEs Arabes & les Tartares sont des peuples pasteurs. Les Arabes se trouvent dans les cas généraux dont nous avons parlé, & sont libres ; au-lieu que les Tartares, (peuple le plus singulier de la Terre) se trouvent dans l'esclavage (*b*) politique.

(*a*) *Lettres Edif.* 20. Recueil.
(*b*) Lorsqu'on proclame un Kan, tout le peuple s'écrie ; que sa parole lui serve de glaive.

J'ai

J'ai déja (*a*) donné quelques raifons de ce dernier fait : en voici de nouvelles.

Ils n'ont point de villes, ils n'ont point de forêts, ils ont peu de marais, leurs rivieres font prefque toûjours glacées, ils habitent une immenfe plaine, ils ont des pâturages & des troupeaux,& par conféquent des biens : mais ils n'ont aucune efpece de retraite ni de défenfe. Si-tôt qu'un Kan eft vaincu, on lui coupe (*b*) la tête ; on traite de la même maniere fes enfans, & tous fes fujets appartiennent au vainqueur. On ne les condamne pas à un efclavage civil ; ils feroient à charge à une Nation fimple, qui n'a point de terres à cultiver, & n'a befoin d'aucun fervice domeftique. Ils augmentent donc la Nation : mais au lieu de l'efclavage civil, on conçoit que l'efclavage politique a dû s'introduire.

En effet dans un pays où les diverfes hordes fe font continuellement la guerre & fe conquierent fans ceffe les unes les autres, dans un pays, où par la mort du Chef le corps politique de chaque horde vaincue eft toûjours détruit, la Nation en général ne peut guere être libre ; car il n'y a pas une feule partie qui ne doive avoir été un très-grand nombre de fois fubjuguée.

Les peuples vaincus peuvent conferver quelque liberté, lorfque par la force de leur fituation ils font en état de faire des traités après leur défaite. Mais les Tartares toûjours fans défenfe, vaincus une fois, n'ont jamais pû faire des conditions.

J'ai dit au Chapitre II. que les habitans des plaines cultivées n'étoient gueres libres ; des circonftances font que les Tartares habitant une plaine inculte font dans le même cas.

CHAPITRE XX.

Du Droit des Gens des Tartares.

LEs Tartares paroiffent entr'eux doux & humains ; & ils font des conquérans très-cruels ; ils paffent au fil de l'épée les habitans des villes qu'ils prennent, ils croyent leur faire grace lorfqu'ils les vendent ou les diftribuent à leurs foldats. Ils ont détruit l'Afie depuis les Indes jufqu'à la Méditerranée ; tout

---

(*a*) Liv. XVII. ch. 5.
(*b*) Ainfi il ne faut pas être étonné fi Mi- riveis s'étant rendu maître d'Ifpahan, fit tuer tous les Princes du fang.

le

le pays qui forme l'Orient de la Perſe en eſt reſté déſert.

Voici ce qui me paroît avoir produit un pareil Droit des gens Ces peuples n'avoient point de villes ; toutes leurs guerres ſe faiſoient avec promptitude & avec impétuoſité. Quand ils eſpéroient de vaincre, ils combattoient ; ils augmentoient l'armée des plus forts quand ils ne l'eſpéroient pas. Avec de pareilles coûtumes ils trouvoient qu'il étoit contre leur Droit des gens qu'une ville qui ne pouvoit leur réſiſter les arrêtât. Ils ne regardoient pas les villes comme une aſſemblée d'habitans, mais comme des lieux propres à ſe ſouſtraire à leur puiſſance. Ils n'avoient aucun art pour les aſſiéger, & ils s'expoſoient beaucoup en les aſſiégeant ; ils vengeoient par le ſang tout celui qu'ils venoient de répandre.

CHAPITRE XXI.

Loi Civile des Tartares.

LE P. *Duhalde* dit que chez les Tartares c'eſt toûjours le dernier des mâles qui eſt l'héritier, par la raiſon qu'à meſure que les aînés ſont en état de mener la vie paſtorale, ils ſortent de la maiſon avec une certaine quantité de bétail que le pere leur donne, & vont former une nouvelle habitation. Le dernier des mâles qui reſte dans la maiſon avec ſon pere, eſt donc ſon héritier naturel.

J'ai oüi dire qu'une pareille coûtume étoit encore obſervée dans quelques petits diſtricts d'Angleterre. C'eſt ſans doute une Loi paſtorale venue de quelque petit peuple Breton, ou portée par quelque peuple Germain. On ſçait par *Céſar* & *Tacite*, que ces derniers cultivoient peu les terres.

CHAPITRE XXII.

D'une Loi Civile des Peuples Germains.

J'EXPLIQUERAI ici comment ce Texte particulier de la Loi Salique que l'on appelle ordinairement la Loi Salique, tient aux inſtitutions d'un peuple qui ne cultivoit point les terres, ou du moins les cultivoit peu.

La

La Loi (*a*) Salique veut que lorsqu'un homme laisse des enfans, les mâles succedent à la Terre salique au préjudice des
filles.

Pour sçavoir ce que c'étoit que les Terres saliques, il faut chercher ce que c'étoient que les propriétés ou l'usage des terres chez
les Francs, avant qu'ils fussent sortis de la Germanie.

Mr. *Echard* a très-bien prouvé que le mot *salique* vient du mot
sala, qui signifie maison, & qu'ainsi la terre salique étoit la terre
de la maison. J'irai plus loin, & j'examinerai ce que c'étoit que
la maison, & la terre de la maison chez les Germains.

«Ils n'habitent point de villes, dit (*b*) *Tacite*, & ils ne peuvent
« souffrir que leurs maisons se touchent les unes les autres ; cha-
« cun laisse autour de sa maison un petit terrain ou espace qui est
« clos & fermé. » *Tacite* parloit exactement. Car plusieurs Loix
des Codes (*c*) Barbares ont des dispositions différentes contre ceux
qui renversoient cette enceinte, & ceux qui pénétroient dans la
maison même.

Nous sçavons par *Tacite* & *César*, que les terres que les Germains cultivoient ne leur étoient données que pour un an ; après
quoi elles redevenoient publiques. Ils n'avoient de patrimoine que
la maison & un morceau de terre dans (*d*) l'enceinte autour de
la maison. C'est ce patrimoine particulier qui appartenoit aux mâles. En effet pourquoi auroit-il appartenu aux filles ? Elles passoient
dans une autre maison.

La terre Salique étoit donc cette enceinte qui dépendoit de
la maison du Germain ; c'étoit la seule propriété qu'il eût Les
Francs après la conquête acquirent de nouvelles propriétés, &
on continua à les appeller des terres saliques.

Lorsque les Francs vivoient dans la Germanie, leurs biens
étoient des esclaves, des troupeaux, des chevaux & des armes,
&c. La maison & la petite portion de terre qui y étoit jointe,
étoient naturellement données aux enfans mâles qui devoient y
habiter. Mais lorsqu'après la conquête les Francs eurent acquis de
grandes terres, on trouva dur que les filles & leurs enfans ne pus-
sent y avoir de part. Il s'introduisit un usage qui permettoit au

---

(*a*) Tit. 62.

(*b*) Nullas Germanorum populis urbes
habitari satis notum est, ne pati quidem inter se junctas sedes ; colunt discreti, ut ne-
inus placuit. Vicos locant, non in nostram
morem connexis & cohœrentibus ædificiis,
suam quisque domum spatio circumdat. *de
moribus Germ.*

(*c*) La Loi des Allemands, ch. 10. & la
Loi des Bavarois, tit. 10. § 1. & 2

(*d*) Cette enceinte s'appelle *Cortis* dans
les Chartres.

pere de rappeller fa fille & les enfans de fa fille. On fit taire la Loi ; & il falloit bien que ces fortes de rappels fuſſent communs, puiſqu'on en fit des formules (*a*).

Parmi toutes ces formules j'en trouve une (*b*) finguliere. Un Ayeul rappelle fes petits enfans pour fuccéder avec fes fils & avec fes filles. Que devenoit donc la Loi Salique ? Il falloit que dans ces tems-là même elle ne fût plus obfervée, ou que l'ufage continuel de rappeller les filles eût fait regarder leur capacité de fuccéder comme le cas le plus ordinaire.

La Loi falique n'ayant point pour objet une certaine préférence d'un fexe fur un autre, elle avoit encore moins celui d'une perpétuité de famille, de nom, ou de tranfmiſſion de terre. Tout cela n'entroit point dans la tête des Germains ; c'étoit une Loi purement économique, qui donnoit la maifon & la terre dépendante de la maifon, aux mâles qui devoient l'habiter, & à qui par conféquent elle convenoit le mieux.

Il n'y a qu'à tranfcrire ici le titre des *Aleux* de la Loi Salique, ce texte fi fameux dont tant de gens ont parlé, & que fi peu de gens ont lû :

« Si un homme meurt fans enfans, fon pere ou fa mere lui fuc-« cederont. 2°. S'il n'a ni pere ni mere, fon frere ou fa fœur lui « fuccederont. 3°. S'il n'a ni frere ni fœur, la fœur de fa mere lui « fuccedera. 4°. Si fa mere n'a point de fœur, la fœur de fon pere « lui fuccedera. 5°. Si fon pere na point de fœur le plus proche « parent par mâle lui fuccedera. 6°. Aucune (*c*) portion de la « terre falique ne paſſera aux femelles ; mais elle appartiendra aux « mâles, c'eſt-à-dire que les enfans mâles fuccederont à leur « pere. »

Il eſt clair que les cinq premiers articles concernent la fucceſſion de celui qui meurt fans enfans, & le fixieme la fucceſſion de celui qui a des enfans.

Lorfqu'un homme mouroit fans enfans, la Loi vouloit qu'un des deux fexes n'eût de préférence fur l'autre que dans de certains cas. Dans les deux premiers degrés de fucceſſion, les avantages des mâles & des femelles étoient les mêmes ; dans le troifieme & le quatrieme, les femmes avoient la préférence, & les mâles l'avoient dans le cinquieme

---

(*a*) Voy. Marculfe, Liv. II. form. 10. & 12. l'Appendice de Marculfe, form. 49. & les formules anciennes, appellées de *Sirmond*, form. 22.

(*b*) Form. 55. dans le Recueil de Lindembroch.

(*c*) De terrâ verò Salicâ in mulieram nulla portio hereditatis tranfit, fed hoc virilis fexus acquirit, hoc eſt filii in ipfâ hereditate fuccedunt, *tit.* 62. §. 6.

Je trouve les femences de ces bifarreries dans *Tacite*. « Les
« enfans (*a*) des fœurs, dit-il, font chéris de leur oncle comme de
« leur propre pere. Il y a des gens qui regardent ce lien comme
« plus étroit & même plus faint ; ils le préferent quand ils reçoivent
« des ôtages. » C'eſt pour cela que nos premiers (*b*) Hiſtoriens nous
parlent tant de l'amour des Rois Francs pour leur fœur & pour
les enfans de leur fœur. Que fi les enfans des fœurs étoient regardés dans la maifon comme les enfans mêmes, il étoit naturel que les enfans regardaffent leur tante comme leur propre
mere.

La fœur de la mere étoit préférée à la fœur du pere ; cela s'explique par d'autres textes de la Loi Salique : lorfqu'une (*c*) femme
étoit veuve, elle tomboit fous la tutelle des parens de fon mari ;
la Loi préferoit pour cette tutelle. les parens par femmes aux
parens par mâles. En effet, une femme qui entroit dans une famille, s'uniffant avec les perfonnes de fon fexe, elle étoit plus liée
avec les parens par femme, qu'avec les parens par mâle. De plus
quand (*d*) un homme en avoit tué un autre, & qu'il n'avoit pas
de quoi fatisfaire à la peine pécuniaire qu'il avoit encourue, la
Loi lui permettoit de céder fes biens, & les parens devoient
fuppléer à ce qui manquoit. Après le pere, la mere & le frerc,
c'étoit la fœur de la mere qui payoit, comme fi ce lien avoit quelque chofe de plus tendre : or la parenté qui donne les charges
devoit de même donner les avantages.

La Loi falique vouloit qu'après la fœur du pere, le plus proche
parent par mâle eût la fucceffion : mais s'il étoit parent au-delà
du cinquieme degré, il ne fuccedoit pas. Ainfi une femme au
cinquieme degré auroit fuccédé au préjudice d'un mâle du fixieme : & cela fe voit dans la (*e*) Loi des Francs Ripuaires, fidele
interprete de la Loi Salique dans le titre des Aleux, où elle fuit
pas à pas le même titre de la Loi falique.

Si le pere laiffoit des enfans, la Loi Salique vouloit que fes filles
fuffent exclues de la fucceffion à la terre falique & qu'elle appartînt
aux enfans mâles.

(*a*) Sororum filiis idem apud avunculum
quàm apud patrem honor. Quidam fanctio-
rem arctioremque hunc nexum fanguinis
arbitrantur, & in accipiendis obfidibus magis exigunt, tanquam ii & animum firmiùs
& domum latiùs teneant. *de morib. Ger-*
man.

(*b*) Voy. dans *Gregoire* de Tours, Liv.
VIII. ch. 18. & 20. L. IX. chap. 16. & 20.
les fureurs de Gontran fur les mauvais trai-
temens faits à Ingunde fa niece par Leuvi-
gilde, & comme Childebert fon frere, fit
la guerre pour la venger.

(*c*) Loi Salique, tit. 47.

(*d*) Ibid. tit. 61. §. 1.

(*e*) Et deinceps ufque ad quintum genu-
culum qui proximus fuerit in hereditatem
fuccedat. tit. 56. §. 35.

Il me sera aisé de prouver que la Loi Salique n'exclut pas indistinctement les filles de la terre Salique, mais dans le cas seulement où des freres les exclurroient. Cela se voit dans la Loi Salique même, qui après avoir dit que les femmes ne possederoient rien de la terre Salique, mais seulement les mâles, s'interprete & se restreint elle-même ; « c'est-à-dire, dit-el-« le, que le fils succedera à l'hérédité du pere. »

2°. Le Texte de la Loi Salique est éclairci par la Loi des Francs Ripuaires qui a aussi un titre (a) des Aleux très-conforme à celui de la Loi Salique.

3°. Les Loix de ces Peuples Barbares, tous originaires de la Germanie, s'interpretent les unes les autres, d'autant plus qu'elles ont toutes à peu près le même esprit. La Loi des Saxons (b) veut que le pere & la mere laissent leur hérédité à leur fils & non pas à leur fille, mais que s'il n'y a que des filles, elles aient toute l'hérédité.

4°. Nous avons deux anciennes Formules (c) qui posent le cas où suivant la Loi Salique les filles sont exclues par les mâles, c'est lorsqu'elles concourent avec leur frere.

5°. Un autre Formule (d) prouve que la fille succédoit au préjudice du petit-fils ; elle n'étoit donc exclue que par le fils.

6°. Si les filles par la Loi Salique avoient été généralement exclues de la succession des terres, il seroit impossible d'expliquer les Histoires, les Formules & les Chartres qui parlent continuellement des terres & des biens des femmes dans la premiere race.

On a (e) eu tort de dire que les Terres Saliques étoient des Fiefs. 1°. Ce Titre est intitulé des Aleux. 2°. Dans les commencemens les Fiefs n'étoient point héréditaires. 3°. Si les Terres Saliques avoient été des Fiefs, comment Marculfe auroit-il traité d'impie la Coûtume qui excluoit les femmes d'y succéder, puisque les mâles même ne succédoient pas aux Fiefs ? 4°. Les Chartres que l'on cite pour prouver que les Terres Saliques étoient des Fiefs, prouvent seulement qu'elles étoient des Terres franches. 5°. Les Fiefs ne furent établis qu'après la con-

---

(a) 56.
(b) Tit. 7. §. 1. Pater aut mater defuncti, filio non filiæ hereditatem relinquant ; §. 4. qui defunctus, non filios, sed filias reliquerit, ad eas omnis hereditas pertineat.

(c) Dans Marculfe, liv. II. form. 12. & dans l'Appendice de Marculfe, form. 49.
(d) Dans le Recueil de Lindembroch, form. 55.
(e) Ducange, Pithou, &c.

quête

quête , & les ufages Saliques exiftoient avant que les Francs partiffent de la Germanie. 6°. Ce ne fut point la Loi Salique qui en bornant la fucceffion des femmes , forma l'établiffement des Fiefs ; mais ce fut l'établiffement des Fiefs qui mit des limites à la fucceffion des femmes & aux difpofitions de la Loi Salique.

Après ce que nous venons de dire, on ne croiroit pas que la fucceffion perpétuelle des mâles à la Couronne de France pût venir de la Loi Salique. Il eft pourtant indubitable qu'elle en vient. Je le prouve par les divers Codes des peuples Barbares. La Loi Salique (*a*) & la Loi des Bourguignons (*b*) ne donnerent point aux filles le droit de fuccéder à la Terre avec leurs freres ; elles ne fuccéderent pas non plus à la Couronne : la Loi (*c*) des Wifigoths au contraire (*d*) admit les filles à fuccéder aux Terres avec leurs freres ; les femmes furent capables de fuccéder à la Couronne. Chez ces Peuples la difpofition de la Loi Civile força la Loi Politique.

Ce ne fut pas le feul cas où la Loi Politique chez les Francs céda à la Loi civile. Par la difpofition de la Loi Salique tous les freres fuccédoient également à la Terre , & c'étoit auffi la difpofition de la Loi des Bourguignons. Auffi dans la Monarchie des Francs & dans celle des Bourguignons , tous les freres fuccéderent-ils à la Couronne , à quelques violences , meurtres & ufurpations près chez les Bourguignons.

CHAPITRE XXIII.

De la Chevelure Royale.

LEs Peuples qui ne cultivent point les terres n'ont pas même l'idée du Luxe. Il faut voir dans *Tacite* l'admirable fimplicité des Peuples Germains ; les Arts ne travailloient point à leurs ornemens, ils les trouvoient dans la Nature. Si la famille de leur Chef devoit être remarquée par quelque figne , c'étoit dans cette même Nature qu'ils devoient le chercher : les Rois des Francs , des Bourguignons , & des Wifigoths avoient pour diadème leur longue chevelure.

(*a*) Tit. 62.
(*b*) Tit. 1. §. 3. tit. 14. §. 1. & tit. 51.
(*c*) Liv. IV, tit. 2, §. 1.

(*d*) Les Nations Germaines , dit *Tacite*, avoient des ufages communs , elles en avoient auffi de particuliers.

CHAPITRE

CHAPITRE XXIV.

Des Mariages des Rois Francs.

J'Ai dit ci-deſſus que chez les peuples qui ne cultivent point les terres, les mariages étoient beaucoup moins fixes, & qu'on y prenoit ordinairement pluſieurs femmes. « Les Germains étoient preſque les ſeuls (a) de tous les Barbares qui ſe « contentaſſent d'une ſeule femme, ſi l'on en excepte (b), dit « *Tacite* quelques perſonnes qui, non par diſſolution, mais à « cauſe de leur Nobleſſe, en avoient pluſieurs. »

Cela explique comment les Rois de la premiere race eurent un ſi grand nombre de femmes. Ces mariages étoient moins un témoignage d'incontinence qu'un attribut de dignité; c'eut été les bleſſer dans un endroit bien tendre que de leur faire perdre une telle prérogative (c). Cela explique comment l'exemple des Rois ne fut pas ſuivi par les Sujets.

CHAPITRE XXV.

Childeric.

« LEs mariages chez les Germains ſont ſéveres (d), dit *Tacite*, les vices n'y ſont point un ſujet de ridicule; cor-« rompre ou être corrompu ne s'appelle point un uſage ou une « maniere de vivre; il y a peu (e) d'exemples dans une Nation « ſi nombreuſe de la violation de la foi conjugale. »

Cela explique l'expulſion de Childeric : il choquoit des mœurs rigides, que la conquête n'avoit pas eu le tems de changer.

(a) Propè ſoli Barbarorum ſingulis uxoribus contenti ſunt. *de morib. German.*

(b) Exceptis admodùm paucis qui non libidine, ſed ob nobilitatem, plurimis nuptiis ambiuntur. *Ibid.*

(c) Voy. la Chronique de *Fredegaire* ſur l'an 628.

(d) Severa matrimonia . . . . nemo illic vitia ridet, nec corrumpere & corrumpi ſæculum vocatur, *de morib. Germ.*

(e) Pauciſſima in tam numeroſâ gente adulteria, *ibid.*

CHAPITRE

CHAPITRE XXVI.

De la Majorité des Rois Francs.

LEs peuples Barbares qui ne cultivent point les terres, n'ont point proprement de territoire, & font, comme nous avons dit, plutôt gouvernés par le Droit des gens que par le Droit civil. Ils font donc toûjours armés. Auffi Tacite dit-il « que « les Germains ne (*a*) faifoient aucune affaire publique ni parti- « culiere fans être armés. » Ils donnoient leur (*b*) avis par un fi- gne qu'ils faifoient avec leurs armes (*c*). Si-tôt qu'ils pouvoient les porter, on les préfentoit à l'Affemblée; on leur mettoit dans les mains un javelot (*d*); dès ce moment ils (*e*) fortoient de l'en- fance; ils étoient une partie de la famille, ils en devenoient une de la République.

Childebert II. avoit quinze (*f*) ans lorfque Gontran fon oncle le déclara majeur & capable de gouverner par lui-même. Il lui dit (*g*): « J'ai mis ce javelot dans tes mains comme un fi- « gne que je t'ai donné tout mon Royaume (*h*); » & fe tournant vers l'affemblée, « Vous voyez que mon fils Childebert eft de- « venu un homme; obéiffez-lui. »

On voit dans la Loi des *Ripuaires* cet âge de quinze ans, la capacité de porter les armes, & la majorité marcher enfemble. « Si un Ripuaire eft mort ou a été tué, y eft-il dit (*i*), & qu'il « ait laiffé un fils, il ne pourra pourfuivre ni être pourfuivi en ju- « gement qu'il n'ait quinze ans complets; & pour lors il répondra

---

(*a*) *Nihil neque publicæ neque privatæ rei nifi armati agunt.* Tacite de morib. German.

(*b*) *Si difplicuit fententia afpernantur; fin placuit frameas concutiunt,* ibid.

(*c*) *Sed arma fumere ante cuiquam moris quàm Civitas fuffecturum probaverit.*

(*d*) *Tum in ipfo Concilio vel Principum aliquis, vel pater, vel propinquus, fcuto frameáque juvenem ornant.*

(*e*) *Hæc apud illos toga, hic primus ju- ventæ honos; ante hoc domús pars videntur, mox Reipublicæ.*

(*f*) Il avoit à peine cinq ans, dit *Gre-* goire de Tours, Liv. V. chap. 1. lorfqu'il fuccéda à fon pere en l'an 575. c'eft-à-dire, qu'il avoit cinq ans. Gontram le déclare majeur en l'an 585. il avoit donc quinze ans.

(*g*) *Guntramnus datâ in Childeberti manu haftâ dixit: hoc eft indicium quod tibi omne Regnum meum tradidi.* Ibid. Liv. VII. chap. 33.

(*h*) Gontran déclaroit majeur fon neveu Childebert qui étoit déja Roi, & de plus il le faifoit fon héritier.

(*i*) Tit. 81.

Partie I. Pp lui-

« lui-même, ou choisira un champion. » Il falloit que l'efprit fût
affez formé pour fe défendre dans le Jugement, & que le corps
le fût affez pour fe défendre dans le combat. Chez les (a) Bourguignons, qui avoient auffi l'ufage du combat dans les actions judi-
ciaires, la Majorité étoit encore à quinze ans.

Agathias nous dit que les armes des Francs étoient légeres. Ils
pouvoient donc être majeurs à quinze ans. Dans la fuite les
armes devinrent pefantes ; & elles l'étoient déja beaucoup du
tems de Charle-Magne, comme il paroît par nos Capitulaires &
par nos Romans. Ceux qui (b) avoient des Fiefs, & qui par conféquent devoient faire le fervice militaire, ne furent plus majeurs
qu'à vingt-un ans (c).

CHAPITRE XXVII.

Continuation du même fujet.

ON a vu que chez les Germains on n'alloit point à l'Affemblée avant la majorité ; on étoit partie de la Famille &
non pas de la République. Cela fit que les enfans de Clodomir
Roi d'Orleans & conquérant de la Bourgogne, ne furent point
déclarés Rois, parce que dans l'âge tendre où ils étoient, ils ne
pouvoient pas être préfentés à l'Affemblée. Ils n'étoient pas Rois
encore, mais ils devoient l'être lorfqu'ils feroient capables de
porter les armes ; & cependant Clotilde leur ayeule gouvernoit
l'Etat (d). Leurs oncles Clotaire & Childebert les égorgerent &
partagerent leur Royaume. Cet exemple fut caufe que dans la
fuite les Princes pupiles furent déclarés Rois d'abord après la
mort de leurs peres. Ainfi le Duc Gondovalde fauva Childebert
II. de la cruauté de Chilpéric, & le fit déclarer Roi (e) à
l'âge de cinq ans.

Mais dans ce changement même on fuivit le premier efprit
de la Nation ; de forte que les Actes ne fe paffoient pas même

(a) Tit. 87.
(b) Il n'y eut point de changement
pour les roturiers.
(c) St. Loüis ne fut majeur qu'à cet âge;
cela changea par un Edit de Charles V. de
l'an 1374.
(d) Il paroît par *Gregoire* de Tours,
Liv. III. qu'elle choifit deux hommes de
Bourgogne, qui étoit une conquête de Clodomir, pour les élever au Siége de Tours
qui étoit auffi du Royaume de Clodomir.
(e) *Gregoire* de Tours, Liv. V. chap.
1 *vix luftro æta'is uno jam peracto, qui die
Dominica Natalis, regnare cæpit.*

au nom des Rois pupiles. Auſſi y eut-il chez les Francs une double adminiſtration, l'une qui regardoit la perſonne du Roi pupile, & l'autre qui regardoit le Royaume ; & dans les Fiefs il y eut une différence entre la tutelle & la baillie.

CHAPITRE XXVIII.

Eſprit ſanguinaire des Rois Francs.

CLOVIS n'avoit pas été le ſeul des Princes chez les Francs qui eût entrepris des expéditions dans les Gaules. Pluſieurs de ſes parens y avoient mené des Tribus particulieres ; & comme il eut de plus grands ſuccès, & qu'il put donner des établiſſemens conſidérables à ceux qui l'avoient ſuivi, les Francs accoururent à lui de toutes les Tribus, & les autres Chefs ſe trouverent trop foibles pour lui réſiſter. Il forma le deſſein d'exterminer toute ſa Maiſon, & il y réuſſit (*a*). Il craignoit, dit *Gregoire* (*b*) *de Tours*, que les Francs ne priſſent un autre Chef. Ses enfans & ſes ſucceſſeurs ſuivirent cette pratique autant qu'ils purent : on vit ſans ceſſe le frere, l'oncle, le neveu, que dis-je, le fils, le pere, conſpirer contre toute ſa famille. La Loi ſéparoit ſans ceſſe la Monarchie ; la crainte, l'ambition & la cruauté vouloient la réunir.

CHAPITRE XXIX.

Des Aſſemblées de la Nation chez les Francs.

ON a dit ci-deſſus que les peuples qui ne cultivent point les terres jouiſſoient d'une grande liberté. Les Germains furent dans ce cas. *Tacite* dit qu'ils ne donnoient à leurs Rois ou Chefs qu'un pouvoir très-modéré (*c*) ; & *Ceſar* (*d*), qu'ils n'avoient pas de Magiſtrat commun pendant la paix, mais que dans chaque village les Princes rendoient la juſtice entre les leurs. Auſſi

(*a*) *Gregoire* de Tours, Liv II.
(*b*) Ibid.
(*c*) *Nec Regibus libera aut infinita poteſtas. Cæterùm neque animadvertere, neque vin-* *cire, neque verberare, & . de morib. Germ.*
(*d*) *In pace nullus eſt communis Magiſtratus, ſed principes regionum atque pagorum inter ſuos jus dicunt.* de bello Gal. Liv. VI.

les Francs dans la Germanie n'avoient-ils point de Roi, comme
Gregoire (*a*) *de Tours* le prouve très-bien.

« Les Princes (*b*), dit *Tacite*, déliberent sur les petites cho-
« ses ; toute la Nation sur les grandes ; desorte pourtant que les
« affaires dont le peuple prend connoissance sont portées de mê-
« me devant les Princes. » Cet usage se conserva après la conquête, comme (*c*) on le voit dans tous les monumens.

Tacite (*d*) dit que les crimes capitaux pouvoient être portés devant l'Assemblée. Il en fut de même après la conquête, & les grands
Vassaux y furent jugés.

CHAPITRE XXX.

De l'autorité du Clergé dans la premiere race.

CHEZ les peuples Barbares les Prêtres ont ordinairement du
pouvoir, parce qu'ils ont & l'autorité qu'ils doivent tenir
de la Religion, & la puissance que chez des peuples pareils
donne la superstition. Aussi voyons nous dans *Tacite* que les
Prêtres étoient fort accrédités chez les Germains, qu'ils mettoient
la police (*e*) dans l'assemblée du peuple. Il n'étoit permis qu'à
(*f*) eux de châtier, de lier, de frapper ; ce qu'ils faisoient, non
pas par ordre du Prince, ni pour infliger une peine ; mais comme par une inspiration de la Divinité toûjours présente à ceux
qui font la guerre.

Il ne faut pas être étonné si dès le commencement de la
premiere race on voit les Evêques arbitres (*g*) des jugemens,
si on les voit paroître dans les assemblées de la Nation, s'ils in-
fluent si fort dans les résolutions des Rois, & si on leur donne
tant de biens.

(*a*) Liv. II.

(*b*) *De minoribus principes consultant, de majoribus omnes ; ita tamen ut ea quorum penes plebem arbitrium est, apud principes pertractentur*, de morib. Germ.

(*c*) *Lex consensu Populi fit & constitutione Regis.* Capitulaires de Charles le Chauve, *an.* 864. *art.* 6

(*d*) *Licet apud Concilium accusare & discrimen capitis intendere*, de morib. Germ.

(*e*) *Silentium per sacerdotes, quibus & coercendi jus est, imperator.* de morib. Germ.

(*f*) *Nec Regibus libera aut infinita potestas. Cæterùm neque animadvertere, neque vincire, neque verberare, nisi sacerdotibus est permissum, non quasi in pœnam, nec Ducis jussu, sed velut Deo imperante, quem adesse bellatoribus credunt.* Ibid.

(*g*) Voy. la Constitution de Clotaire, de l'an 560. article 6.

LIVRE

L I V R E DIX-NEUVIEME.

Des Loix dans le rapport qu'elles ont avec les principes qui forment l'esprit général, les mœurs & les manieres d'une Nation.

CHAPITRE PREMIER.

Du sujet de ce Livre.

CETTE matiere est d'une grande étendue. Dans cette foule d'idées qui se présentent à mon esprit, je serai plus attentif à l'ordre des choses qu'aux choses mêmes ; il faut que j'écarte à droite & à gauche, que je perce, & que je me fasse jour.

CHAPITRE II.

Combien pour les meilleures Loix il est nécessaire que les esprits soient préparés.

RIÉN ne parut plus insupportable aux Germains (*a*) que le tribunal de Varus. Celui que Justinien érigea (*b*) chez les Laziens pour faire le procès au meurtrier de leur Roi, leur parut une chose horrible & barbare. Mithridate (*c*) haranguant contre les Romains, leur reproche sur tout les formalités (*d*) de leur Justice. Les Parthes ne purent supporter ce Roi, qui ayant été élevé à Rome se rendit affable (*e*) & accessible à tout le monde. La liberté même a paru insupportable à des peuples qui n'étoient pas

(*a*) Ils coupoient la langue aux Avocats, & disoient : Vipere, cesse de siffler. *Tacite.*
(*b*) Agathias, Liv. IV.
(*c*) Justin, Liv. XXXVIII.
(*d*) *Calumnias litium*, ibid.
(*e*) *Prompti aditus, nova comitas, ignota Parthis virtutes, nova vitia.* Tacite.

P p 3   accoutumés

accoûtumés à en joüir. C'est ainsi qu'un air pur est quelquefois nuisible à ceux qui ont vécu dans des pays marécageux.

Un Vénitien nommé *Balbi*, étant au (*a*) Pégu, fut introduit chez le Roi. Quand celui-ci apprit qu'il n'y avoit point de Roi à Venise, il fit un si grand éclat de rire, qu'une toux le prit, & qu'il eut beaucoup de peine à parler à ses Courtisans. Quel est le Législateur qui pourroit proposer le Gouvernement populaire à des peuples pareils ?

CHAPITRE III.

De la Tyrannie.

IL y a deux sortes de tyrannie ; une réelle, qui consiste dans la violence du Gouvernement ; & une d'opinion, qui se fait sentir lorsque ceux qui gouvernent établissent des choses qui choquent la maniere de penser d'une Nation.

Dion dit qu'Auguste voulut se faire appeller Romulus ; mais qu'ayant appris que le peuple craignoit qu'il ne voulût se faire Roi, il changea de dessein. Les premiers Romains ne vouloient point de Roi, parce qu'ils n'en pouvoient souffrir la puissance : les Romains d'alors ne vouloient point de Roi, pour n'en point souffrir les manieres. Car quoique César, les Triumvirs, Auguste, fussent de véritables Rois, ils avoient gardé tout l'extérieur de l'égalité, & leur vie privée contenoit une espece d'opposition avec le faste des Rois d'alors, & quand ils ne vouloient point de Roi, cela signifioit qu'ils vouloient garder leurs manieres, & ne pas prendre celles des peuples d'Afrique & d'Orient.

Dion (*b*) nous dit que le peuple Romain étoit indigné contre Auguste, à cause de certaines Loix trop dures qu'il avoit faites : mais que si-tôt qu'il eut fait revenir le Comédien Pylade que les factions avoient chassé de la ville, le mécontentement cessa. Un Peuple pareil sentoit plus vivement la tyrannie lorsqu'on chassoit un baladin, que lorsqu'on lui ôtoit toutes ses loix.

(*a*) Il en a fait la description en 1596.   III. Partie I. pag. 33.
Recueil des Voyages, *qui ont servi à l'Eta-*   (*b*) Liv. LIV. pag. 532.
blissement de la Compag. des Indes, Tom.

CHAPITRE

CHAPITRE IV.

Ce que c'eſt que l'eſprit général.

PLUSIEURSchoſes gouvernent let hommes, le climat, la Religion, les Loix, les maximes du Gouvernement, les exemples des choſes paſſées, les mœurs, les manieres; d'où il ſe forme un eſprit général qui en réſulte.

A meſure que dans chaque Nation une de ces cauſes agit avec plus de force, les autres lui cedent d'autant. La nature & le climat dominent preſque ſeuls ſur les Sauvages; les manieres gouvernent les Chinois; les Loix tyranniſent le Japon; les mœurs donnoient autrefois le ton dans Lacédémone; les maximes du Gouvernement & les mœurs anciennes le donnoient dans Rome.

CHAPITRE V.

Combien il faut être attentif à ne point changer l'eſprit général d'une Nation.

S'IL y avoit dans le monde une Nation qui eût une humeur ſociable, une ouverture de cœur, une joie dans la vie, un goût, une facilité à communiquer ſes penſées; qui fût vive, agréable, enjoüée, quelquefois imprudente, ſouvent indiſcrete; & qui eût avec cela du courage, de la généroſité, de la franchiſe; un certain point d'honneur; il ne faudroit point chercher à gêner par des loix ſes manieres, pour ne point gêner ſes vertus. Si en général le caractere eſt bon, qu'importe de quelques défauts qui s'y trouvent?

On y pourroit contenir les femmes, faire des loix pour corriger leurs mœurs, & borner leur luxe: mais qui ſçait ſi on n'y perdroit pas un certain goût qui ſeroit la ſource des richeſſes de la Nation, & une politeſſe qui attire chez elle les étrangers?

C'eſt au Légiſlateur à ſuivre l'eſprit de la Nation, lorſqu'il n'eſt pas contraire aux principes du Gouvernement; car nous ne faiſons

fons rien de mieux que ce que nous faifons librement & en fuivant notre génie naturel.

Qu'on donne un efprit de pédanterie à une Nation naturellement gaie, l'Etat n'y gagnera rien, ni pour le dedans ni pour le
dehors. Laiffez-lui faire les chofes frivoles férieufement, & gaie-
ment les chofes férieufes.

CHAPITRE VI.

Qu'il ne faut pas tout corriger.

Q'UON nous laiffe comme nous fommes, difoit un Gentilhomme d'une Nation qui reffemble beaucoup à celle dont
nous venons de donner une idée. La Nature répare tout. Elle
nous a donné une vivacité capable d'offenfer & propre à nous faire manquer à tous les égards ; cette même vivacité eft corrigée
par la politeffe qu'elle nous procure, en nous infpirant du goût
pour le monde & furtout pour le commerce des femmes.

Qu'on nous laiffe tels que nous fommes. Nos qualités indifcre-
tes, jointes à notre peu de malice, font que les loix qui gêneroient
l'humeur fociable parmi nous, ne feroient point convenables.

CHAPITRE VII.

Des Athéniens & des Lacédémoniens.

L ES Athéniens, continuoit ce Gentilhomme, étoient un peuple qui avoit quelque rapport avec le nôtre. Il mettoit de la
gaieté dans les affaires; un trait de raillerie lui plaifoit fur la tri-
bune comme fur le théatre. Cette vivacité qu'il mettoit dans les
Confeils, il la portoit dans l'exécution. Le caractere des Lacédémoniens étoit grave, férieux, fec, taciturne. On n'auroit pas
plus tiré parti d'un Athénien en l'ennuyant, que d'un Lacédé-
monien en le divertiffant.

❊❊❊

CHAPITRE

CHAPITRE VIII.

Effets de l'humeur sociable.

PLus les peuples se communiquent, plus ils changent aisément de manieres, parce que chacun est plus un spectacle
pour un autre ; on voit mieux les singularités des individus. Le
climat qui fait qu'une Nation aime à se communiquer, fait aussi
qu'elle aime à changer ; & ce qui fait qu'une Nation aime à
changer, fait aussi qu'elle se forme le goût.

La Société des femmes gâte les mœurs & forme le goût,
l'envie de plaire plus que les autres établit les parures, & l'envie de plaire plus que soi-même établit les modes. Les modes
sont un objet important : à force de se rendre l'esprit frivole, on
augmente sans cesse les branches de son commerce (*a*).

CHAPITRE IX.

De la vanité & de l'orgueil des Nations.

LA vanité est un aussi bon ressort pour un Gouvernement
que l'orgueil en est un dangereux. Il n'y a pour cela qu'à
se représenter d'un côté les biens sans nombre qui résultent de
la vanité : de-là le luxe, l'industrie, les arts, les modes, la politesse, le goût ; & d'un autre côté les maux infinis qui naissent
de l'orgueil de certaines Nations, la paresse, la pauvreté, l'a-
bandon de tout, la destruction des Nations que le hasard a fait
tomber entre leurs mains, & de la leur même. La (*b*) paresse est
l'effet de l'orgueil, le travail est une suite de la vanité ; l'orgueil
d'un Espagnol le portera à ne pas travailler, la vanité d'un François le portera à sçavoir travailler mieux que les autres.

(*a*) La fable des Abeilles.
(*b*) Les Peuples qui suivent le Kan de
de Malacamber, ceux de Carnataca & de
Coromandel, sont des peuples orgueilleux
& paresseux ; ils consomment peu, parce
qu'ils sont misérables : au lieu que les Mogols & les peuples de l'Indostan s'occupent
& jouissent des commodités de la vie, comme les Européens. *Recueil des Voyages qui
ont servi à l'Etablissement de la Compagnie
des Indes*, Tom. I. pag. 54.

Partie I.　　　　　　　　Q q　　　Toute

Toute Nation pareffeufe eft grave ; car ceux qui ne travaillent pas fe regardent comme fouverains de ceux qui travaillent.

Examinez toutes les Nations, & vous verrez que dans la plûpart la gravité, l'orgueil & la pareffe marchent du même pas.

Les peuples d'Achim (*a*) font fiers & pareffeux; ceux qui n'ont point d'efclaves en louent un, ne fût-ce que pour faire cent pas & porter deux pintes de riz ; ils fe croiroient defhonorés s'ils les portoient eux-mêmes.

Il y a plufieurs endroits de la terre où l'on fe laiffe croître les ongles pour marquer que l'on ne travaille point.

Les femmes des (*b*) Indes croyent qu'il eft honteux pour elles d'apprendre à lire : c'eft l'affaire, difent-elles, des efclaves qui chantent des cantiques dans les Pagodes. Dans une Cafte elles ne filent point ; dans une autre elles ne font que des paniers & des nattes, elles ne doivent pas même piler le riz; dans d'autres il ne faut pas qu'elles aillent quérir de l'eau. L'orgueil y a établi ces regles, & il les fait fuivre.

CHAPITRE X.

Du caractere des Efpagnols & de celui des Chinois.

LEs divers caracteres des Nations font mêlés de vertus & de vices, de bonnes & de mauvaifes qualités. Les heureux mêlanges font ceux dont il réfulte de grands biens, & fouvent on ne les foupçonneroit pas; il y en a dont il réfulte de grands maux & qu'on ne foupçonneroit pas non plus.

La bonne foi des Efpagnols a été fameufe dans tous les tems. *Juftin* (*c*) nous parle de leur fidélité à garder les dépôts; ils ont fouvent fouffert la mort pour les tenir fecrets. Cette fidélité qu'ils avoient autrefois, ils l'ont encore aujourd'hui. Toutes les Nations qui commercent à Cadix confient leur fortune aux Efpagnols; elles ne s'en font jamais repenties. Mais cette qualité admirable jointe à leur pareffe, forme un mélange dont il réfulte des effets qui leur font pernicieux : les peuples de l'Europe font fous leurs yeux tout le commerce de leur Monarchie.

(*a*) Voy. Dampierre, Tom. III.   (*c*) Liv. XLIII.
(*b*) Lettres édif. 11. Recueil pag. 80.

Le caractere des Chinois forme un autre mélange qui est en contraste avec le caractere des Espagnols. Leur vie précaire (*a*) fait qu'ils ont une activité prodigieuse, & un désir si excessif du gain, qu'aucune Nation commerçante ne peut se fier à eux(*b*). Cette infidélité reconnue leur a conservé le commerce du Japon; aucun négociant d'Europe n'a osé entreprendre de le faire sous leur nom, quelque facilité qu'il y eût eu à l'entreprendre par leurs Provinces maritimes du Nord.

CHAPITRE XI.

Reflexion.

JE n'ai point dit ceci pour diminuer rien de la distance infinie qu'il y a entre les vices & les vertus : à Dieu ne plaise ! j'ai seulement voulu faire comprendre que tous les vices politiques ne sont pas des vices moraux, & que tous les vices moraux ne sont pas des vices politiques ; & c'est ce que ne doivent point ignorer ceux qui font des loix qui choquent l'esprit général.

CHAPITRE XII.

Des manieres & des mœurs dans l'Etat Despotique.

C'Est une maxime capitale, qu'il ne faut jamais changer les mœurs & les manieres dans l'Etat Despotique ; rien ne seroit plus promptement suivi d'une révolution. C'est que dans ces Etats il n'y a point de loix, pour ainsi dire ; il n'y a que des mœurs & des manieres ; & si vous renversez cela, vous renversez tout.

Les loix sont établies, les mœurs sont inspirées ; celles-ci tiennent plus à l'esprit général, celles-là tiennent plus à une institution particuliere : or il est aussi dangereux, & plus, de renverser l'esprit général, que de changer une institution particuliere.

On se communique moins dans les pays où chacun, & comme supérieur & comme inférieur, exerce & souffre un pouvoir arbitraire, que dans ceux où la liberté regne dans toutes les condi-

(*a*) Par la nature du climat & du terrain.
(*b*) Le P. *Duhalde*, Tom. II.

                        tions.

tions. On y change donc moins de manieres & de mœrus. Les manieres plus fixes approchent plus des loix. Ainſi il faut qu'un Prince ou un Légiſlateur y choque moins les mœurs & les manieres que dans aucun pays du monde.

Les femmes y ſont ordinairemer enfermées & n'ont point de ton à donner. Dans les autres pays où elles vivent avec les hommes, l'envie qu'elles ont de plaire, & le déſir que l'on a de leur plaire auſſi, font que l'on change continuellement de manieres. Les deux ſexes ſe gâtent, ils perdent l'un & l'autre leur qualité diſtinctive & eſſentielle ; il ſe met un arbitraire dans ce qui étoit abſolu, & les manieres changent tous les jours.

CHAPITRE XIII.

Des manieres chez les Chinois.

MAIS c'eſt à la Chine que les manieres ſont indeſtructibles. Outre que les femmes y ſont abſolument ſéparées des hommes, on enſeigne dans les Écoles les manieres comme les mœurs. On connoît un (*a*) Lettré à la façon aiſée dont il fait la révérence. Ces choſes une fois données en préceptes & par de graves Docteurs, s'y fixent comme des principes de Morale, & ne changent plus.

CHAPITRE XIV.

Quels ſont les moyens naturels de changer les mœurs & les manieres d'une Nation.

NOUS avons dit que les loix étoient des inſtitutions particuliéres & préciſes du Légiſlateur, & les mœurs & les manieres des inſtitutions de la Nation en général. De-là il ſuit que lorſque l'on veut changer les mœurs & les manieres, il ne faut pas les changer par les loix ; cela paroîtroit trop tyrannique : il vaut mieux les changer par d'autres mœurs & d'autres manieres.

(*a*) Dit le P. Duhalde.

Ainſi

Ainſi lorſqu'un Prince veut faire de grands changemens dans ſa Nation, il faut qu'il réforme par les loix ce qui eſt établi par les loix, & qu'il change par les manieres ce qui eſt établi par les manieres ; & c'eſt une très-mauvaiſe politique de changer par les loix ce qui doit être changé par les manieres.

La loi qui obligeoit les Moſcovites à ſe faire couper la barbe & les habits, & la violence de Pierre I. qui faiſoit tailler juſqu'aux genoux les longues robes de ceux qui entroient dans les villes, étoient tyranniques. Il y a des moyens pour empêcher les crimes, ce ſont les peines : il y en a pour faire changer les manieres, ce ſont les exemples.

La facilité & la promptitude avec laquelle cette Nation s'eſt policée, a bien montré que ce Prince avoit trop mauvaiſe opinion d'elle, & que ces peuples n'étoient pas des bêtes, comme il le diſoit. Les moyens violens qu'il employa étoient inutiles ; il ſeroit arrivé tout de même à ſon but par la douceur.

Il éprouva lui-même la facilité de ces changemens. Les femmes étoient renfermées & en quelque façon eſclaves ; il les appella à la Cour, il les fit habiller à l'Allemande, il leur envoyoit des étoffes. Ce ſexe goûta d'abord une façon de vivre qui flatoit ſi fort ſon goût, ſa vanité & ſes paſſions, & la fit goûter aux hommes.

Ce qui rendit le changement plus aiſé, c'eſt que les mœurs d'alors étoient étrangeres au climat & y avoient été apportées par le mêlange des Nations & par les conquêtes. Pierre I. donnant les mœurs & les manieres de l'Europe à une Nation d'Europe, trouva des facilités qu'il n'attendoit pas lui-même. L'empire du climat eſt le premier de tous les empires.

Il n'avoit donc pas beſoin de loix pour changer les mœurs & les manieres de ſa Nation ; il lui eût ſuffi d'inſpirer d'autres mœurs & d'autres manieres.

En général les peuples ſont très-attachés à leurs coûtumes ; les leur ôter violemment c'eſt les rendre malheureux ; il ne faut donc pas les changer, mais les engager à les changer eux-mêmes.

Toute peine qui ne dérive pas de la néceſſité eſt tyrannique. La loi n'eſt pas un pur acte de puiſſance ; les choſes indifférentes par leur nature ne ſont pas de ſon reſſort.

　　CHAPITRE

CHAPITRE XV.

Influence du Gouvernement Domeſtique ſur le Politique.

CE changement des mœurs des femmes influera ſans doute beaucoup dans le Gouvernement de Moſcovie. Tout eſt extrèmement lié : le Deſpotiſme du Prince s'unit naturellement avec la ſervitude des femmes, la liberté des femmes avec l'eſprit de la Monarchie.

CHAPITRE XVI.

Comment quelques Légiſlateurs ont confondu les principes qui gouvernent les hommes.

LEs mœurs & les manieres ſont des uſages que les Loix n'ont point établis ; ou n'ont pas pu, ou n'ont pas voulu établir. Il y a cette différence entre les loix & les mœurs, que les loix reglent plus les actions du Citoyen, & que les mœurs reglent plus les actions de l'homme. Il y a cette différence entre les mœurs & les manieres, que les premieres regardent plus la conduite intérieure, les autres l'extérieure.

Quelquefois dans un Etat ces choſes (*a*) ſe confondent. Lycurgue fit un même Code pour les loix, les mœurs & les manieres ; & les Légiſlateurs de la Chine en firent de même.

Il ne faut pas être étonné ſi les Légiſlateurs de Lacédémone & de la Chine confondirent les loix, les mœurs & les manieres : c'eſt que les mœurs repréſentent les loix, & les manieres repréſentent les mœurs.

Les Légiſlateurs de la Chine avoient pour principal objet de faire vivre leur peuple tranquile ; ils voulurent que les hommes ſe reſpectaſſent beaucoup, que chacun ſentît à tous les inſtans qu'il devoit beaucoup aux autres, qu'il n'y avoit point de Citoyen qui ne dépendît à quelqu'égard d'un autre Citoyen. Ils donne-

____

(*a*) Moïſe fit un même Code pour les Loix & la Religion. Les premiers Romains confondirent les coûtumes anciennes avec les Loix.

rent

rent donc aux regles de la civilité la plus grande étendue.

Ainfi chez les peuples Chinois on vit les gens (*a*) de village obferver entr'eux des cérémonies comme les gens d'une condition relevée , moyen très-propre à infpirer de la douceur, à maintenir parmi le peuple la paix & le bon ordre , & à ôter tous les vices qui viennent d'un efprit dur. En effet s'affranchir des regles de la civilité , n'eft-ce pas chercher le moyen de mettre fes défauts plus à l'aife ?

La civilité vaut bien mieux à cet égard que la politeffe. La politeffe flate les vices des autres, & la civilité nous empêche de mettre les nôtres au jour : c'eft une barriere que les hommes mettent entr'eux pour s'empêcher de fe corrompre.

Lycurgue dont les inftitutions étoient dures , n'eut point la civilité pour objet lorfqu'il forma les manieres ; il eut en vûe cet efprit belliqueux qu'il vouloit donner à fon peuple. Des gens toûjours corrigeans ou toûjours corrigés , qui inftruifoient toûjours & étoient toûjours inftruits , également fimples & rigides , exerçoient plutôt entr'eux des vertus qu'ils n'avoient des égards

---

CHAPITRE XVII.

Propriété particuliere au Gouvernement de la Chine.

LEs Légiflateurs de la Chine firent plus (*b*) ; ils confondirent la Religion , les Loix, les mœurs & les manieres ; tout cela fut la Morale , tout cela fut la Vertu. Les préceptes qui regardoient ces quatre points furent ce que l'on appella les Rites. Ce fut dans l'obfervation exacte de ces Rites que le Gouvernement Chinois triompha. On paffa toute fa jeuneffe à les apprendre , toute fa vie à les pratiquer. Les Lettrés les enfeignerent, les Magiftrats les prêcherent ; & comme ils enveloppoient toutes les petites actions de la vie , lorfqu'on trouva le moyen de les faire obferver exactement, la Chine fut bien gouvernée.

Deux chofes ont pu aifément graver les Rites dans le cœur & l'efprit des Chinois; l'une la difficulté de l'écriture , qui a fait que pendant une très-grande partie de la vie l'efprit en a été unique-

____

(*a*) Voy. le *P. Duhalde.*   *P. Duhalde* nous a donné de fi beaux mor-
(*b*) Voy. les Livres Claffiques ; dont le   ceaux

ment (*a*) occupé, parce qu'il a fallu apprendre à lire dans les livres & pour les livres qui les contenoient; l'autre que les préceptes des Rites n'ayant rien de spirituel, mais simplement des regles d'une pratique commune, il est plus aisé d'en convaincre & d'en frapper les esprits que d'une chose intellectuelle.

Les Princes qui au lieu de gouverner par les Rites, gouvernerent par la force des supplices, voulurent faire faire aux supplices ce qui n'est pas dans leur pouvoir, qui est de donner des mœurs. Les supplices retrancheront bien de la Société un Citoyen, qui, ayant perdu ses mœurs viole les Loix; mais si tout le monde a perdu ses mœurs, les rétabliront-ils? Les supplices arrêteront bien plusieurs conséquences du mal général, mais ils ne corrigeront pas ce mal. Aussi quand on abandonna les principes du Gouvernement Chinois, quand la Morale y fut perdue, l'Etat tomba dans l'Anarchie, & l'on vit des révolutions.

CHAPITRE XVIII.

Conséquences du Chapitre précédent.

IL résulte de-là que la Chine ne perd point ses Loix par la conquête. Les manieres, les mœurs, les Loix, la Religion y étant la même chose, on ne peut changer tout cela à la fois; & comme il faut que le vainqueur ou le vaincu changent, il a toûjours fallu à la Chine que ce fût le vainqueur. Car ses mœurs n'étant point ses manieres, ses manieres ses Loix, ses Loix sa Religion, il a été plus aisé qu'il se pliât peu-à-peu au peuple vaincu, que le peuple vaincu à lui.

Il suit encore de-là une chose bien triste; c'est qu'il n'est presque pas possible que le Christianisme s'établisse jamais à la (*b*) Chine. Les vœux de virginité, les assemblées des femmes dans les Eglises, leur communication nécessaire avec les Ministres de la Religion, leur participation aux Sacremens, la Confession auriculaire, l'extrème-onction, le mariage d'une seule femme, tout cela renverse les mœurs & les manieres du pays, & frappe encore du même coup sur la Religion & sur les Loix.

(*c*) C'est ce qui a établi l'émulation, la suite de l'oisiveté & l'estime pour le savoir.

(*b*) Voy. les raisons données par les Magistrats Chinois dans les Decrets par lesquels ils proscrivent la Religion Chrétienne, *Lettres édif.* 17. *Recueil.*

La

La Religion Chrétienne par l'établissement de la charité, par un culte public, par la participation aux mêmes sacremens, semble demander que tout s'unisse; les Rites des Chinois semblent ordonner que tout se sépare.

CHAPITRE XIX.

Comment s'est faite cette union de la Religion, des Loix, des mœurs & des manieres chez les Chinois.

LEs Légiflateurs de la Chine eurent pour principal objet du Gouvernement la tranquilité de l'Empire. La fubordination leur parut le moyen le plus propre à la maintenir. Dans cette idée ils crurent devoir infpirer le refpeƈt pour les peres, & ils ramafferent toutes leurs forces pour cela. Ils établirent une infinité de rites & de cérémonies, pour les honorer pendant leur vie & après leur mort. Il étoit impoffible de tant honorer les peres morts, fans être porté à les honorer vivans. Les cérémonies pour les peres morts avoient plus de rapport à la Religion, celles pour les peres vivans avoient plus de rapport aux Loix, aux mœurs & aux manieres: mais ce n'étoit que les parties d'un même Code, & ce Code étoit très-étendu.

Le refpeƈt pour les peres étoit néceffairement lié avec tout ce qui repréfentoit les peres, les vieillards, les maîtres, les Magiftrats, l'Empereur. Ce refpeƈt pour les peres fuppofoit un retour d'amour pour les enfans, & par conféquent le même retour des vieillards aux jeunes gens, des Magiftrats à ceux qui leur étoient foûmis, de l'Empereur à fes fujets. Tout cela formoit les rites, & ces rites l'efprit général de la Nation.

On va fentir le rapport que peuvent avoir avec la conftitution fondamentale de la Chine, les chofes qui paroiffent les plus indifférentes. Cet Empire eft formé fur l'idée du Gouvernement d'une famille. Si vous diminuez l'autorité paternelle, ou même fi vous retranchez les cérémonies qui expriment le refpeƈt que l'on a pour elle, vous affoibliffez le refpeƈt pour les Magiftrats qu'on regarde comme des peres; les Magiftrats n'auront plus le même foin pour les peuples qu'ils doivent confidérer comme des enfans; ce rapport d'amour qui eft entre le Prince & les fujets,

Partie I.   R r   fe

se perdra aussi peu à peu. Retranchez une de ces pratiques, & vous ébranlez l'Etat. Il est fort indifférent en soi que tous les matins une belle-fille se leve pour aller rendre tels & tels devoirs à sa belle-mere : mais si l'on fait attention que ces pratiques extérieures rappellent sans cesse à un sentiment qu'il est nécessaire d'imprimer dans tous les cœurs, & qui va de tous les cœurs former l'esprit qui gouverne l'Empire, l'on verra qu'il est nécessaire qu'une telle ou une telle action particuliere se fasse.

CHAPITRE XX.

Explication d'un paradoxe sur les Chinois.

CE qu'il y a de singulier, c'est que les Chinois dont la vie est entierement dirigée par les rites, sont néantmoins le peuple le plus fourbe de la terre. Cela paroît surtout dans le Commerce, qui n'a jamais pû leur inspirer la bonne foi qui lui est naturelle. Celui qui achete doit porter (*a*) sa propre balance ; chaque Marchand en ayant trois, une forte pour acheter, une légere pour vendre, & une juste pour ceux qui sont sur leurs gardes. Je crois pouvoir expliquer cette contradiction.

Les Législateurs de la Chine ont eu deux objets ; ils ont voulu que le Peuple fût soûmis & tranquile, & qu'il fût laborieux & industrieux. Par la nature du climat & du terrain il a une vie précaire ; on n'y est assuré de sa vie qu'à force d'industrie & de travail.

Quand tout le monde obéit & que tout le monde travaille, l'Etat est dans une heureuse situation. C'est la nécessité, & peut-être la nature du climat, qui ont donné à tous les Chinois une avidité inconcevable pour le gain, & les Loix n'ont pas songé à l'arrêter. Tout a été défendu quand il été question d'acquérir par violence ; tout a été permis quand il s'est agi d'obtenir par artifice ou par industrie. Ne comparons donc pas la Morale des Chinois avec celle de l'Europe. Chacun à la Chine a dû être attentif à ce qui lui étoit utile : si le fripon a veillé à ses intérêts, celui qui est dupe devoit penser aux siens. A Lacédémone il étoit permis de voler, à la Chine il est permis de tromper.

(*a*) Journal de Large en 1721. & 1722. Tom. VIII. des Voyages du Nord, pag. 363.

CHAPITRE

CHAPITRE XXI.

Comment les Loix doivent être relatives aux mœurs & aux manieres.

IL n'y a que des inftitutions fingulieres qui confondent ainfi des chofes naturellement féparées, les Loix, les mœurs & les manieres : mais quoiqu'elles foient féparées, elles ne laiffent pas d'avoir entr'elles de grands rapports.

On demanda à *Solon* fi les Loix qu'il avoit données aux Athéniens étoient les meilleures. « Je leur ai donné répondit-il, les meilleu-« res de celles qu'ils pouvoient fouffrir » : belle parole qui devroit être entendue de tous les Légiflateurs. Quand la Sageffe Divine dit au peuple Juif: « Je vous ai donné des préceptes qui ne font « pas bons », cela fignifie qu'ils n'avoient qu'une bonté relative ; ce qui eft l'éponge de toutes les difficultés que l'on peut faire fur les Loix de Moïfe.

CHAPITRE XXII.

Continuation du même fujet.

QUAND un Peuple a de bonnes mœurs, les Loix deviennent fimples. *Platon* (*a*) dit que Radamante, qui gouvernoit un Peuple extrèmement religieux, expédioit tous les procès avec célérité, déférant feulement le ferment fur chaque chef. Mais, dit le même *Platon* (*b*), quand un peuple n'eft pas religieux, on ne peut faire ufage du ferment que dans les occafions où celui qui jure eft fans intérêt, comme un Juge & des témoins.

(*b*) Des Loix, Liv. XII.   (*b*) Ibid.

CHAPITRE XXIII.

Comment les Loix suivent les mœurs.

DANS le tems que les mœurs des Romains étoient pures, il n'y avoit point de Loi particuliere contre le Péculat. Quand ce crime commença à paroître, il fut trouvé si infame, que d'être condamné à restituer, (*a*) ce qu'on avoit pris, fut regardé comme une grande peine; témoin le jugement de L. Scipion (*b*).

CHAPITRE XXIV.

Continuation du même sujet.

LES Loix qui donnent la tutelle à la mere, ont plus d'attention à la conservation de la personne du pupile; celles qui la donnent au plus proche héritier, ont plus d'attention à la conservation des biens. Chez les Peuples dont les mœurs sont corrompues, il vaut mieux donner la tutelle à la mere. Chez ceux où les Loix doivent avoir de la confiance dans les mœurs des Citoyens, on donne la tutelle à l'héritier des biens, ou à la mere, & quelquefois à tous les deux.

Si l'on réfléchit sur les Loix Romaines, on trouvera que leur esprit est conforme à ce que je dis. Dans le tems où l'on fit la Loi des douze tables, les mœurs à Rome étoient admirables. On déféra la tutelle au plus proche parent du pupile, pensant que celui-là devoit avoir la charge de la tutelle qui pouvoit avoir l'avantage de la succession. On ne crut point la vie du pupile en danger, quoiqu'elle fût mise entre les mains de celui à qui sa mort devoit être utile. Mais lorsque les mœurs changerent à Rome, on vit les Législateurs changer aussi de façon de penser. Si dans la substitution pupillaire, disent *Caïus* (*c*) & *Justinien* (*d*), le testateur craint que le substitué ne dresse des embuches au pupile, il peut laisser à découvert la substitution vulgaire (*e*),

(*a*) *In simplum.*
(*b*) Tite-Live, Liv. XXXVIII.
(*c*) Insticut. Liv. II. tit. 6. §. 2. de la compilation d'Ozel, à Leyde 1658.
(*d*) Institut. L. II. *de pupil. substit.* §. 3.

(*e*) La substitution vulgaire est: Si un tel ne prend pas l'hérédité, je lui substitue, &c. la pupillaire est, Si un tel meurt avant sa puberté, je lui substitue, &c.

&

& mettre la pupillaire dans une partie du teſtament qu'on ne pourra ouvrir qu'après un certain tems. Voilà des craintes & des précautions inconnues aux premiers Romains.

CHAPITRE XXV.

Continuation du même ſujet.

LA Loi Romaine donnoit la liberté de ſe faire des dons avant le mariage ; après le mariage elle ne le permettoit plus. Cela étoit fondé ſur les mœurs des Romains, qui n'étoient portés au mariage que par la frugalité, la ſimplicité & la modeſtie ; mais qui pouvoient ſe laiſſer ſéduire par les ſoins domeſtiques, les complaiſances & le bonheur de toute une vie.

La Loi des (*a*) Wiſigoths vouloit que l'époux ne pût donner à celle qu'il devoit épouſer, au-delà du dixieme de ſes biens, & qu'il ne pût lui rien donner la premiere année de ſon mariage. Cela venoit encore des mœurs du pays. Les Légiſlateurs vouloient arrêter cette jactance Eſpagnole, uniquement portée à faire des libéralités exceſſives dans une action d'éclat.

Les Romains par leurs Loix arrêterent quelques inconvéniens de l'empire du monde le plus durable, qui eſt celui de la Vertu ; les Eſpagnols par les leurs vouloient empêcher les mauvais effets de la tyrannie du monde la plus fragile, qui eſt celle de la beauté.

CHAPITRE XXVI.

Continuation du même ſujet.

LA Loi (*b*) de *Théodoſe* & de *Valentinien* tira les cauſes de répudiation des anciennes mœurs (*c*) & des manieres des Romains. Elle mit au nombre de ces cauſes l'action d'un mari (*d*) qui châtieroit ſa femme d'une maniere indigne d'une perſonne

(*a*) Liv. III. tit. 1. §. 5.
(*b*) Leg. 8. cod. *de Repudiis.*
(*c*) Et de la Loi des 12. Tables, V. Ci-ceron 2. Philippique.
(*d*) *Si verberibus quæ ingenuis aliena ſunt, afficientem probaverit.*

Rr 3   ingénue

ingénue. Cette caufe fut omife dans les Loix fuivantes (*a*): c'eft que les mœurs avoient changé à cet égard; les ufages d'Orient avoient pris la place de ceux d'Europe. Le premier Eunuque de l'Imperatrice, femme de Juftinien fecond, la menaça, dit l'Hiftoire, de ce châtiment dont on punit les enfans dans les Ecoles. Il n'y a que des mœurs établies, ou des mœurs qui cherchent à s'établir, qui puiffent faire imaginer une pareille chofe.

Nous avons vû comment les Loix fuivent les mœurs : voyons à préfent comment les mœurs fuivent les Loix.

CHAPITRE XXVII.

Comment les Loix peuvent contribuer à former les mœurs, les manieres & le caractere d'une Nation.

LEs Coûtumes d'un peuple efclave font une partie de fa fervitude; celles d'un peuple libre font une partie de fa liberté. J'ai parlé au Livre II. (*b*) d'un peuple libre; j'ai donné les principes de fa conftitution : voyons les effets qui ont dû fuivre, le caractere qui a pû s'en former, & les manieres qui en réfultent.

Je ne dis point que le climat n'ait produit en grande partie les Loix, les mœurs & les manieres dans cette Nation; mais je dis que les mœurs & les manieres de cette Nation devroient avoir un grand rapport à fes Loix.

Comme il y auroit dans cet Etat deux pouvoirs vifibles, la puiffance légiflative & l'exécutrice, & que tout Citoyen y auroit fa volonté propre, & feroit valoir à fon gré fon indépendance; la plûpart des gens auroient plus d'affection pour une de ces puiffances que pour l'autre, le grand nombre n'ayant pas ordinairement affez d'équité ni de fens pour les affectionner également toutes les deux.

Et comme la puiffance exécutrice difpofant de tous les emplois, pourroit donner de grandes efpérances & jamais de craintes, tous ceux qui obtiendroient d'elle feroient portés à fe tourner de fon côté, & elle pourroit être attaquée par tous ceux qui n'en efpéreroient rien.

Toutes les paffions y étant libres, la haine, l'envie, la jaloufie,

(*b*) Dans la Novelle 117. chap. 14.   (*a*) Ch. 6.

l'ardeur

l'ardeur de s'enrichir & de se distinguer, paroîtroient dans toute leur étendue ; & si cela étoit autrement, l'Etat seroit comme un homme abattu par la maladie, qui n'a point de passions parce qu'il n'a point de forces.

La haine qui seroit entre les deux partis dureroit, parce qu'elle seroit toûjours impuissante.

Ces Partis étant composés d'hommes libres, si l'un prenoit trop le dessus, l'effet de la liberté seroit que celui-ci seroit abbaissé, tandis que les Citoyens, comme les mains qui secourent le corps, viendroient relever l'autre.

Comme chaque particulier toûjours indépendant suivroit beaucoup ses caprices & ses fantaisies, on changeroit souvent de parti, on en abandonneroit un où l'on laisseroit tous ses amis pour se lier à un autre dans lequel on trouveroit tous ses ennemis, & souvent dans cette Nation on pourroit oublier les Loix de l'amitié & celles de la haine.

Le Monarque seroit dans le cas des particuliers ; & contre les maximes ordinaires de la prudence, il seroit souvent obligé de donner sa confiance à ceux qui l'auroient le plus choqué, & de disgracier ceux qui l'auroient le mieux servi, faisant par nécessité ce que les autres Princes font par choix.

On craint de voir échapper un bien que l'on sent, que l'on ne connoît guere, & que l'on peut nous déguiser ; & la crainte grossit toûjours les objets. Le peuple seroit inquiet sur sa situation, & croiroit être en danger dans les momens même les plus sûrs.

D'autant mieux que ceux qui s'opposeroient le plus vivement à la puissance exécutrice, ne pouvant avoüer les motifs intéressés de leur opposition, ils augmenteroient les terreurs du peuple, qui ne sçauroit jamais au juste s'il seroit en danger ou non. Mais cela même contribueroit à lui faire éviter les vrais périls où il pourroit dans la suite être exposé.

Mais le Corps Législatif ayant la confiance du Peuple, & étant plus éclairé que lui, il pourroit le faire revenir des mauvaises impressions qu'on lui auroit données, & calmer ses mouvemens.

C'est le grand avantage qu'auroit ce Gouvernement sur les Démocraties anciennes, dans lesquelles le peuple avoit une puissance immédiate ; car lorsque des Orateurs l'agitoient, ces agitations avoient toûjours leur effet.

Ainsi quand les terreurs imprimées n'auroient point d'objet certain, elles ne produiroient que de vaines clameurs & des injures ;

&

& elles auroient même ce bon effet qu'elles tendroient tous les reſſorts du Gouvernement, & rendroient tous les Citoyens attentiſs. Mais ſi elles naiſſoient à l'occaſion du renverſement des Loix fondamentales, elles feroient ſourdes, funeſtes, atroces, & produiroient des cataſtrophes.

Bientôt on verroit un calme affreux pendant lequel tout ſe réuniroit contre la puiſſance violatrice des Loix.

Si dans le cas où les inquiétudes n'ont pas d'objet certain, quelque puiſſance étrangere menaçoit l'Etat, & le mettoit en danger de ſa fortune ou de ſa gloire; pour lors les petits intérêts cédant aux plus grands, tout ſe réuniroit en faveur de la puiſſance exécutrice.

Que ſi les diſputes étoient formées à l'occaſion de la violation des Loix fondamentales, & qu'une puiſſance étrangere parût; il y auroit une révolution qui ne changeroit pas la forme du Gouvernement ni ſa conſtitution; car les révolutions que forme la Liberté ne ſont qu'une confirmation de la Liberté.

Une Nation libre peut avoir un libérateur; une Nation ſubjuguée ne peut avoir qu'un autre oppreſſeur.

Car tout homme qui a aſſez de force pour chaſſer celui qui eſt déja le Maître abſolu dans un Etat, en a aſſez pour le devenir lui-même.

Comme pour joüir de la liberté il faut que chacun puiſſe dire ce qu'il penſe, & que pour la conſerver il faut encore que chacun puiſſe dire ce qu'il penſe; un Citoyen dans cet Etat diroit & écriroit tout ce que les Loix ne lui ont pas défendu de dire ou d'écrire expreſſément.

Cette Nation toûjours échauffée pourroit plus aiſément être conduite par ſes paſſions que par la Raiſon, qui ne produit jamais de grands effets ſur l'eſprit des hommes; & il ſeroit facile à ceux qui la gouverneroient de lui faire faire des entrepriſes contre ſes véritables intérêts.

Cette Nation aimeroit prodigieuſement ſa liberté, parce que cette liberté ſeroit vraie; & il pourroit arriver que pour la défendre elle ſacrifieroit ſon bien, ſon aiſance, ſes intérêts; qu'elle ſe chargeroit des impôts les plus durs, & tels qu'un Prince deſpotique n'oſeroit les faire ſupporter à ſes Sujets.

Mais comme elle auroit une connoiſſance certaine de la néceſſité de s'y ſoûmettre, qu'elle payeroit dans l'eſpérance bien fondée de ne payer plus; les charges y ſeroient plus péſantes que le

ſentiment

fentiment de ces charges : au lieu qu'il y a des Etats où le fentiment eft infiniment au-deffus du mal.

Elle auroit un crédit fûr, parce qu'elle emprunteroit à elle-même,
& fe payeroit elle-même. Il pourroit arriver qu'elle entreprendroit
au-deffus de fes forces naturelles, & feroit valoir contre fes ennemis des immenfes richeffes de fiction, que la confiance & la nature de fon Gouvernement rendroient réelles.

Pour conferver fa Liberté elle emprunteroit de fes Sujets ; &
fes Sujets qui verroient que fon crédit feroit perdu fi elle étoit
conquife, auroient un nouveau motif de faire des efforts pour défendre fa Liberté.

Si cette Nation habitoit une Ifle, elle ne feroit point conquérante, parce que des conquêtes féparées l'affoibliroient. Si le
terrain de cette Ifle étoit bon, elle le feroit encore moins, parce qu'elle n'auroit pas befoin de la guerre pour s'enrichir ; & comme aucun Citoyen ne dépendroit d'un autre Citoyen, chacun
feroit plus de cas de fa liberté que de la gloire de quelques Citoyens ou d'un feul.

Là on regarderoit les hommes de guerre comme des gens d'un
mêtier qui peut être utile & fouvent dangereux, comme des
gens dont les fervices font laborieux pour la Nation même ; &
les qualités civiles y feroient plus confidérées.

Cette Nation que la paix & la liberté rendroient aifée, affran-
chie des préjugés deftructeurs, feroit portée à devenir commerçante. Si elle avoit quelqu'une de ces marchandifes primitives
qui fervent à faire de ces chofes auxquelles la main de l'ouvrier
donne un grand prix, elle pourroit faire des établiffemens propres à fe procurer la joüiffance de ce don du Ciel dans toute fon
étendue.

Si cette Nation étoit fituée vers le Nord, & qu'elle eût un
grand nombre de denrées fuperflues ; comme elle manqueroit
auffi d'un grand nombre de marchandifes que fon climat lui re-
fuferoit, elle feroit un commerce néceffaire, mais grand, avec
les peuples du Midi ; & choififfant les Etats qu'elle favoriferoit
d'un commerce avantageux, elle feroit des Traités réciproquement utiles avec la Nation qu'elle auroit choifie.

Dans un Etat où d'un côté l'opulence feroit extrême, & de
l'autre les impôts exceffifs, on ne pourroit guere vivre fans in-
duftrie avec une fortune bornée. Bien des gens, fous prétexte de
voyages ou de fanté, s'exileroient de chez eux, & iroient cher-

cher l'abondance dans les pays de la fervitude même.

Une Nation commerçante a un nombre prodigieux de petits intérêts particuliers; elle peut donc choquer & être choquée d'une infinité de manieres. Celle-ci deviendroit fouverainement jaloufe, & elle s'affligeroit plus de la profpérité des autres, qu'elle ne joüiroit de la fienne.

Et fes Loix, d'ailleurs douces & faciles, pourroient être fi rigides à l'égard du commerce & de la navigation qu'on feroit chez elle, qu'elle fembleroit ne négocier qu'avec des ennemis.

Si cette Nation envoyoit au loin des colonies, elle le feroit plus pour étendre fon commerce que fa domination.

Comme on aime à établir ailleurs ce qu'on trouve établi chez foi, elle donneroit aux peuples de fes colonies la forme de fon Gouvernement propre; & ce Gouvernement portant avec lui la profpérité, on verroit fe former de grands peuples dans les forêts mêmes qu'elle enverroit habiter.

Il pourroit être qu'elle auroit autrefois fubjugué une Nation voifine, qui par fa fituation, la bonté de fes ports, la nature de fes richeffes, lui donneroit de la jaloufie; ainfi quoiqu'elle lui eût donné fes propres Loix, elle la tiendroit dans une grande dépendance, de façon que les Citoyens y feroient libres, & que l'Etat lui-même feroit efclave.

L'Etat conquis auroit un très-bon Gouvernement civil: mais il feroit accablé par le Droit des gens; & on lui impoferoit des loix de Nation à Nation, qui feroient telles que fa profpérité ne feroit que précaire & feulement en dépôt pour un Maître.

La Nation dominante habitant une grande Ifle, & étant en poffeffion d'un grand commerce, auroit toutes fortes de facilités pour avoir des forces de mer; & comme la confervation de fa liberté demanderoit qu'elle n'eût ni places ni fortereffes, ni armées de terre, elle auroit befoin d'une armée de mer qui la garantît des invafions; & fa marine feroit fupérieure à celle de toutes les autres Puiffances, qui ayant befoin d'employer leurs finances pour la guerre de terre, n'en auroient plus affez pour la guerre de mer.

L'Empire de la mer a toûjours donné aux peuples qui l'ont poffédé une fierté naturelle; parce que fe fentant capables d'infulter partout, ils croyent que leur pouvoir n'a pas plus de bornes que l'Océan.

Cette Nation pourroit avoir une grande influence dans les affaires de fes voifins. Car comme elle n'employeroit pas fa puiffance

fance à conquérir , on rechercheroit plus fon amitié, & l'on crain-
droit plus fa haine, que l'inconftance de fon Gouvernement &
fon agitation intérieure ne fembleroient le permettre.

Ainfi ce feroit le deftin de la puiffance exécutrice, d'être prefque toûjours inquiétée au dedans , & refpectée au dehors.

S'il arrivoit que cette Nation devînt en quelques occafions le
centre des négociations de l'Europe , elle y porteroit un peu plus
de probité & de bonne foi que les autres ; parce que les Miniftres étant fouvent obligés de juftifier leur conduite devant un
Confeil populaire , leurs négociations ne pourroient être fecrettes , & ils feroient forcés d'être à cet égard un peu plus honnêtes-gens.

De plus, comme ils feroient en quelque façon garants des évenemens qu'une conduite détournée pourroit faire naître , le plus
fûr pour eux feroit de prendre le plus droit chemin.

Si les Nobles avoient eu dans de certains tems un pouvoir im-
modéré dans la Nation, & que le Monarque eût trouvé le moyen
de les abbaiffer en élevant le peuple , le point de l'extrême fervitude auroit été entre le moment de l'abbaiffement des Grands
& celui où le peuple auroit commencé à fentir fon pouvoir.

Il pourroit être que cette Nation ayant été autrefois foûmife
à un pouvoir arbitraire, en auroit en plufieurs occafions confer-
vé le ftyle, de maniere que fur le fonds d'un Gouvernement libre on verroit fouvent la forme d'un Gouvernement abfolu.

A l'égard de la Religion , comme dans cet Etat chaque Citoyen auroit fa volonté propre , & feroit parconféquent conduit
par fes propres lumieres ou fes fantaifies ; il arriveroit ou que
chacun auroit beaucoup d'indifférence pour toutes fortes de Religions de quelqu'efpece qu'elles fuffent , moyennant quoi tout
le monde feroit porté à embraffer la Religion dominante ; ou
que l'on feroit zélé pour la Religion en général , moyennant quoi
les Sectes fe multiplieroient.

Il ne feroit pas impoffible qu'il y eût dans cette Nation des
gens qui n'auroient point de Religion , & qui ne voudroient pas
cependant fouffrir qu'on les obligeât à changer celle qu'ils auroient s'ils en avoient une : car ils fentiroient d'abord que la vie
& les biens ne font pas plus à eux que leur maniere de penfer ,
& que qui peut ravir l'un , peut encore mieux ôter l'autre.

Si parmi les différentes Religions il y en avoit une à l'établiffement de laquelle on eût tenté de parvenir par la voie de l'efcla-

S s 2

vage ,

vage , elle y feroit odieufe ; parce que comme nous jugeons des chofes par les liaifons & les acceffoires que nous y mettons , celci ne fe préfenteroit jamais à l'efprit avec l'idée de liberté.

Les Loix contre ceux qui profefferoient cette Religion ne feroient point fanguinaires ; car la liberté n'imagine point ces fortes de peines : mais elles feroient fi réprimantes , qu'elles feroient tout le mal qui peut fe faire de fang-froid.

Il pourroit arriver de mille manieres que le Clergé auroit fi peu de crédit que les autres Citoyens en auroient davantage. Ainfi au lieu de fe féparer , il aimeroit mieux fupporter les mêmes charges que les Laïques , & ne faire à cet égard qu'un même Corps : mais comme il chercheroit toûjours à s'attirer le refpeÆ du peuple , il fe diftingueroit par une vie plus retirée , une conduite plus réfervée & des mœurs plus pures.

Ce Clergé ne pouvant protéger la Religion ni être protégé par elle , fans force pour contraindre , chercheroit à perfuader : on verroit fortir de fa plume de très-bons Ouvrages pour prouver a révélation & la providence du Grand Etre.

Il pourroit arriver qu'on éluderoit fes Affemblées , & qu'on ne voudroit pas lui permettre de corriger fes abus mêmes , & que par un délire de la liberté on aimeroit mieux laiffer fa réforme imparfaite , que de fouffrir qu'il fût réformateur.

Les dignités faifant partie de la Conftitution fondamentale feroient plus fixes qu'ailleurs : mais d'un autre côté les Grands , dans ce pays de liberté , s'approcheroient plus du peuple ; les rangs feroient donc plus féparés , & les perfonnes plus confondues.

Ceux qui gouvernent ayant une puiffance qui fe remonte , pour ainfi-dire , & fe refait tous les jours , auroient plus d'égards pour ceux qui leur font utiles que pour ceux qui les divertiffent : ainfi on y verroit peu de courtifans , de flateurs , de complaifans , enfin de toutes ces fortes de gens qui font payer aux Grands le vuide même de leur efprit.

On n'y eftimeroit guere les hommes par des talens ou des attributs frivoles , mais par des qualités réelles ; & de ce genre il n'y en a que deux , les richeffes & le mérite perfonnel.

Il y auroit un luxe folide , fondé non pas fur le rafinement de la vanité , mais fur celui des befoins réels ; & l'on ne chercheroit guere dans les chofes que les plaifirs que la nature y a mis.

On y joüiroit d'un grand fuperflu , & cependant les chofes frivoles

voles y feroient profcrites : ainfi plufieurs ayant plus de bien que d'occafions de dépenfe, l'employeroient d'une maniere bifarre, & dans cette Nation il y auroit plus d'efprit que de goût.

Comme on feroit toûjours occupé de fes intérêts, on n'auroit point cette politeffe qui eft fondée fur l'oifiveté; & réellement on n'en auroit pas le tems.

L'époque de la politeffe des Romains eft la même que celle de l'établiffement du pouvoir arbitraire. Le Gouvernement abfolu produit l'oifiveté, & l'oifiveté fait naître la politeffe.

Plus il y a de gens dans une Nation qui ont befoin d'avoir des ménagemens entr'eux & de ne pas déplaire, plus il y a de politeffe. Mais c'eft plus la politeffe des mœurs que celle des manieres qui doit nous diftinguer des peuples barbares.

Dans une Nation où tout homme à fa maniere prendroit part à l'adminiftration de l'Etat, les femmes ne devroient guere vivre avec les hommes. Elles feroient donc modeftes, c'eft-à-dire, timides : cette timidité feroit leur vertu, tandis que les hommes fans galanterie fe jetteroient dans une débauche qui leur laifferoit toute leur liberté & leur loifir.

Les Loix n'y étant pas faites pour un particulier plus que pour un autre, chacun fe regarderoit comme Monarque; & les hommes dans cette Nation feroient plutôt des Confédérés que des Concitoyens.

Si le climat avoit donné à bien des gens un efprit inquiet & des vûes étendues, dans un pays où la Conftitution donneroit à tout le monde une part au Gouvernement & des intérêts politiques, on parleroit beaucoup de politique; on verroit des gens qui pafferoient leur vie à calculer des évenemens, qui vû la nature des chofes & le caprice de la fortune, c'eft-à-dire, des hommes, ne font guere foûmis au calcul.

Dans une Nation libre il eft très-fouvent indifférent que les particuliers raifonnent bien ou mal; il fuffit qu'ils raifonnent : de-là fort la liberté qui garantit des effets de ces mêmes raifonnemens.

De même dans un Gouvernement Defpotique il eft également pernicieux qu'on raifonne bien ou mal; il fuffit qu'on raifonne pour que le principe du Gouvernement foit choqué.

Bien des gens qui ne fe foucieroient de plaire à perfonne, s'abandonneroient à leur humeur; la plûpart avec de l'efprit feroient tourmentés par leur efprit même : dans le dedain ou dans le dé-

S s 3

goût

goût de toutes chofes, ils feroient malheureux avec tant de fujets de ne l'être pas.

Aucun Citoyen ne craignant aucun Citoyen, cette Nation feroit fiere ; car la fierté des Rois n'eft fondée que fur leur indépendance.

Les Nations libres font fuperbes ; les autres peuvent plus aifément être vaines.

Mais ces hommes fi fiers vivant beaucoup avec eux-mêmes, fe
trouveroient fouvent au milieu de gens inconnus ; ils feroient timides, & l'on verroit en eux la plûpart du tems un mêlange bifarre de mauvaife honte & de fierté.

Le caractere de la nation paroîtroit furtout dans leurs ouvrages
d'efprit, dans lefquels on verroit des gens recueillis & qui auroient penfé tout feuls.

La Société nous apprend à fentir les ridicules ; la retraite nous
rend plus propres à fentir les vices. Leurs écrits fatyriques feroient
fanglans, & l'on verroit bien des Juvenals chez eux avant d'avoir
trouvé un Horace.

Dans les Monarchies extrèmement abfolues, les Hiftoriens trahiffent la vérité, parce qu'ils n'ont pas la liberté de la dire ; dans
les Etats extrèmement libres, ils trahiffent la vérité à caufe de leur
liberté même, qui produifant toûjours des divifions, chacun deviendroit auffi efclave des préjugés de fa faction, qu'il le feroit
d'un Defpote.

Leurs Poëtes auroient plus fouvent cette rudeffe originale de
l'invention, qu'une certaine délicateffe que donne le goût ; on y
trouveroit quelque chofe qui approcheroit plus de la force de
Michel-Ange, que de la grace de Raphaël.

Fin de la Premiere Partie.